中国电子商务与物流精准扶贫
理论与实践研究

李永飞　等著

西北工业大学出版社

西　安

【内容简介】 本书共分9章,主要内容为中国电子商务精准扶贫概述、中国电子商务物流精准扶贫概述、电子商务与物流精准扶贫相关理论、中国电子商务与物流精准扶贫脱贫现状与预测、中国电子商务与物流企业精准扶贫措施、中国电子商务精准扶贫模式、中国电子商务精准扶贫绩效评价、中国电子商务物流精准扶贫绩效评价以及中国电子商务与物流精准扶贫措施等。

本书主要阅读对象为农村电子商务与物流精准扶贫的政府工作人员、企业负责人、研究学者、本科生、研究生及相关领域实践管理人员等。

图书在版编目(CIP)数据

中国电子商务与物流精准扶贫理论与实践研究 / 李永飞等著. — 西安 : 西北工业大学出版社,2021.11
ISBN 978 - 7 - 5612 - 8001 - 0

Ⅰ. ①中… Ⅱ. ①李… Ⅲ. ①电子商务-扶贫-研究-中国 ②物流-扶贫-研究-中国 Ⅳ. ①F724.6 ②F259.2 ③F124.7

中国版本图书馆 CIP 数据核字(2021)第 213935 号

ZHONGGUO DIANZI SHANGWU YU WULIU JINGZHUN FUPIN LILUN YU SHIJIAN YANJIU
中国电子商务与物流精准扶贫理论与实践研究

责任编辑:蒋民昌		**策划编辑:**蒋民昌	
责任校对:陈 瑶		**装帧设计:**董晓伟	

出版发行: 西北工业大学出版社
通信地址: 西安市友谊西路 127 号   **邮编:** 710072
电　　话: (029)88491757,88493844
网　　址: www.nwpup.com
印　刷　者: 广东虎彩云印刷有限公司
开　　本: 787 mm×1 092 mm　　1/16
印　　张: 15.5
字　　数: 407 千字
版　　次: 2021 年 11 月第 1 版　　2021 年 11 月第 1 次印刷
定　　价: 60.00 元

如有印装问题请与出版社联系调换

前　　言

　　精准扶贫方略是以习近平总书记为核心的党中央,为全面实现小康社会,高瞻远瞩、深谋远虑,把扶贫开发工作提升至治国理政新高度并广泛凝聚社会各界力量而推进实施的一项重大举措。其中,电子商务与物流精准扶贫是精准扶贫方略中至关重要的组成部分。

　　本书以中国电子商务与物流精准扶贫为研究对象,在对中国电子商务与物流精准扶贫现状与困境深入分析的基础上,从系统的角度,引入精准扶贫理念,系统分析中国电子商务与物流对精准扶贫的影响及作用机理,研究总结了符合中国贫困地区实际情况的具体电子商务与物流精准扶贫、脱贫理论和实践经验,给出了针对性的中国电子商务与物流精准扶贫、脱贫发展对策和建议。

　　本书共9章,具体分为:

　　第1章 中国电子商务精准扶贫概述。主要介绍电子商务精准扶贫定义、电子商务精准扶贫分类、电子商务精准扶贫形式、电子商务交易模式、电子商务的特征、电子商务的功能和电子商务的运营模式。

　　第2章 中国电子商务物流精准扶贫概述。主要介绍电子商务物流概念、电子商务物流的特点、电子商务物流种类、电子商务物流精准扶贫模式等。

　　第3章 电子商务与物流精准扶贫相关理论。主要介绍贫困地区贫困成因理论、我国扶贫过程中贫困治理理论、权利贫困理论、共享型增长减贫理念、参与式扶贫理念、合作型反贫困理论、滴漏理论、利贫式减贫理念、我国精准扶贫理论、社会比较理论、公共服务理论与新公共服务理论等电子商务与物流精准扶贫相关理论。

　　第4章 中国电子商务与物流精准扶贫脱贫现状与预测。主要介绍全国电子商务与物流精准扶贫现状、存在问题和未来发展趋势等内容。

　　第5章 中国电子商务与物流企业精准扶贫措施。主要介绍阿里巴巴、京东、中国邮政、顺丰等全国电子商务与物流企业精准扶贫现状、存在问题和未来发展趋势等研究内容。

　　第6章 中国电子商务精准扶贫模式。主要介绍现有电子商务农村精准扶贫模式、现有电子商务企业精准扶贫模式、中国电子商务精准扶贫创新模式和中国电子商务物流精准扶贫创新模式等研究内容。

　　第7章 中国电子商务精准扶贫绩效评价。主要介绍基于平衡记分卡＋关键绩效指标的电子商务精准扶贫绩效评价体系构建思路、步骤、目的、作用、要求、程序、持续改进等内容。

第 8 章 中国电子商务物流精准扶贫绩效评价。主要介绍中国电子商务物流精准扶贫绩效概述、QFD 的构建、精准扶贫帮扶对象需求指标获取、神经网络构建、训练方法选择、基于神经网络的(物流)中国农村电子商务物流精准扶贫企业(QFD)绩效评价、中国农村电子商务物流精准扶贫企业服务能力绩效综合评价的改进等研究内容。

第 9 章 中国电子商务与物流精准扶贫措施。对于推进电子商务精准扶贫的建议有进一步加强农村物流和网络基础设施建设、积极推进农村贫困地区信征体系建设、加快贫困地区特色农产品品牌建设、完善农村电子商务生态体系、注重人才吸收与培养;对于物流精准扶贫的对策建议有强化事前统筹规划、发展骨干物流企业与物流园区、加大合作深度、发挥扶贫示范效应、扩大物流企业在农村地区设施网络布局、建立农村物流共同配送模式。

本书第 1~3 章由董焕焕、卢嘉润、杨寒磊共同撰写(每人编写 3 万余字),第 4~9 章由李永飞撰写,全书由李永飞统稿。硕士研究生张瑞、樊锦鹏、魏驭芝、张金、贺桂英、邓广豫等负责本书的文字校对和图片处理工作。

撰写本书曾参阅了相关项目的课题研究成果,主要为国家社科基金西部项目"丝绸之路经济带沿线供应链质量变革机制研究"(项目编号:18XGL001)、陕西省软科学研究计划一般项目"面向精准扶贫的陕西省农村电子商务发展模式和路径研究"(项目编号:2017KRM142)、陕西省教育厅科研计划项目"陕西省装备制造供应链产品质量问题协调及风险分担研究"(项目编号:17JK0705)的研究成果。

本书由西安邮电大学学术专著出版基金资助出版。在撰写本书的过程中,笔者曾参阅了相关文献资料,在此谨向其作者表示感谢。

限于笔者水平,书中难免有不足之处,恳请读者批评指正。

著 者

2021 年 3 月

目　　录

第 1 章 中国电子商务精准扶贫概述

早在 2015 年,国务院扶贫办就将电商扶贫列为十大精准扶贫工程之一,同年,国务院办公厅发布了《关于促进农村电子商务加快发展的指导意见》,2015 年年底,电商扶贫被正式列入中共中央国务院关于打赢脱贫攻坚战的决定。电商扶贫包括通信等基础设施建设、平台建设、物流体系构建、电商人才培训、融资补贴等诸多措施,也就是说,只要有利于促进贫困地区的电商发展的措施,都可纳入电商扶贫的工作范畴内。

电商在扶贫过程中发挥着巨大的作用,而让这"巨大作用"惠及贫困地区还需物流的支撑。物流业是支撑产业扶贫、消费扶贫、电商扶贫的强大动能,是农资、生活消费品下乡和农产品上行的重要保障。对于物流企业而言,助力脱贫攻坚既是体现企业社会责任所在,同时也是布局农村市场的良好契机。以京东为例,在电商发展的驱动下,2020 年,京东物流已覆盖大陆地区所有区县,以及超过 55 万个行政村,给乡村带来现代化生活便利的同时,也助力农产品上行融入乡村产业发展。后续京东物流将持续围绕完善农村物流网络、农产品冷链物流、融入现代农业发展等方面,创新服务模式,响应国家政策,助力乡村振兴。

1.1 电子商务精准扶贫定义

中国社会科学院信息化研究中心主任汪向东教授是较早研究电商扶贫的业界学者,他提出的定义是:"电商扶贫,即电子商务扶贫开发,就是将今天互联网时代日益主流化的电子商务纳入扶贫开发工作体系,作用于帮扶对象,创新扶贫开发方式,改进扶贫开发绩效的理念与实践。"

"电商扶贫,就是把'互联网+'纳入政府扶贫工作体系中",通过一户带多户,一店带多村的精准扶贫带贫机制,对接城乡广域的大市场,注重农产品上行,促进商品流通,以此拉动贫困户的就业增收,促进城乡经济社会协调发展,实现共赢。

《电商赋能 弱鸟高飞——电商消贫报告(2015)》提出了电商消贫的定义,即"通过建设和安装新型基础设施,培育和培养电商生态和电商意识,建立本地化的电子商务服务体系,从而促进贫困人群利用互联网技术和手段开展创新与创业,提高信息化服务水平,最终改变贫困人群的生产和生活方式,实现脱贫致富"。

总体看来,电子商务精准扶贫的定义可以简单地概括为"运用电子商务来促进贫困地区家庭脱贫致富,带动当地产业发展"。具体可以表述为:动员政府、电商、生产经营主体和社会各方力量,通过完善贫困地区的相关基础设施,建立"互联网+"与电子商务的理念和体系,帮助提升贫困地区农户和生产经营者的电子商务运用能力,促进当地农产品及特色产品的生产、加工、销售和品牌化建设,方便群众的生产生活,带动就业和创业,增加农民收入,推动经济社会发展转型,从而加快脱贫致富步伐的一系列举措。陕西省 2010—2019 年贫困人口和贫困发生率数据如图 1-1 所示。

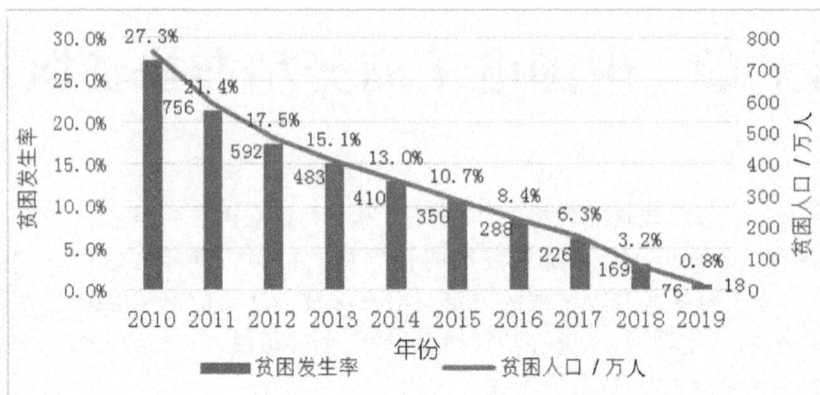

图 1-1　陕西省 2010—2019 年贫困人口和贫困发生率数据

　　然而从不同研究角度给出的电商扶贫内涵是不一致的,为了方便研究,可以将其概括为狭义的电商扶贫和广义的电商扶贫,其内涵如下。

1.1.1　狭义的电商扶贫

　　狭义的电商扶贫可以理解为电子商务层面的扶贫开发,包括六个方面的基本内容:
　　(1)扶持和带动贫困家庭进行网上销售创业,进行基础知识培训及相应的启动资金支持等;
　　(2)动员电商平台、电商企业直接参与贫困地区的特色产品开发并组织在网上销售;
　　(3)改善农村电子商务发展基础,主要是对贫困村的信息、交通、物流基础加强建设,满足电子商务发展的需要;
　　(4)强化社会资源的统筹,包括政府推动当地优势特色农产品的开发、宣传与推广,动员企业与社会各界与农村对接,扩大网上销售和农村特色旅游开发等;
　　(5)电商企业吸纳部分当地就业,带动当地电子商务创业;
　　(6)电子商务进农村后,给农民生产生活带来的各种便利,如代缴费、网络代购、金融服务等。

1.1.2　广义的电商扶贫

　　广义的电商扶贫可以理解为延伸到“互联网＋”层面的扶贫开发,除过狭义电商扶贫的六方面内容以外,还包括:互联网＋金融,多元化解决贫困地区的金融瓶颈;互联网＋公益,通过互联网搭建扶贫信息交汇平台,促进社会各方捐助资金、物流,实施相关项目,开展城乡结对,让扶贫人人可为;互联网＋营销,通过众筹、预售、订制、领养等方式,促进产销衔接;互联网＋农业,从电商的需要出发,倒推产业的标准化、质量可追溯和品牌化进程等。电子商务精准扶贫的内涵如图 1-2 所示。

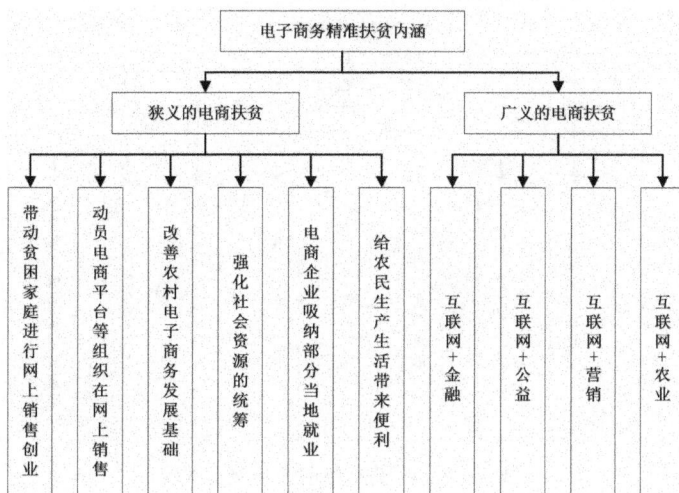

图 1-2　电子商务精准扶贫内涵

1.2　电子商务精准扶贫分类

1.2.1　专项扶贫

电商扶贫既可用于一业、一地、一事,又可同时用于或辐射到多业、多地、多事。电商扶贫有时可以是产业扶贫的专项,有时却又往往不能用产业扶贫专项的边界去框定它。那种养鸡的扶贫款不能用来养羊的产业专项扶贫的陈规,尤其不宜用于电商扶贫。想通过开网店帮扶贫困户,就更要敬畏市场,更要跟着用户需求,而不是按照扶贫主体的良好意愿走,有时根据市场用户的需要,进行自我否定和快速调整是必须的。

1.2.2　行业扶贫

电子商务涉及面广,电商扶贫也应该纳入各行业部门扶贫的内容,明确部门职责,条块联动发展和优化特色产业依托,从科技、教育、文化等方面开展电商扶贫,完善电商基础设施,改进对电商的公共服务与管理,完善电商从业者的社会保障,助力实现资源与生态环境目标。

1.2.3　社会扶贫

电子商务目前已经覆盖到我国半数网民和企业,电商扶贫也无疑需要社会各类主体的广泛参与。电商扶贫不仅可以,而且应该与定点扶贫、东西部扶贫协作和各界各主体的扶贫开发活动尽可能结合起来,体现在帮扶对象和帮扶效果上。电子商务精准扶贫的分类如图 1-3所示。

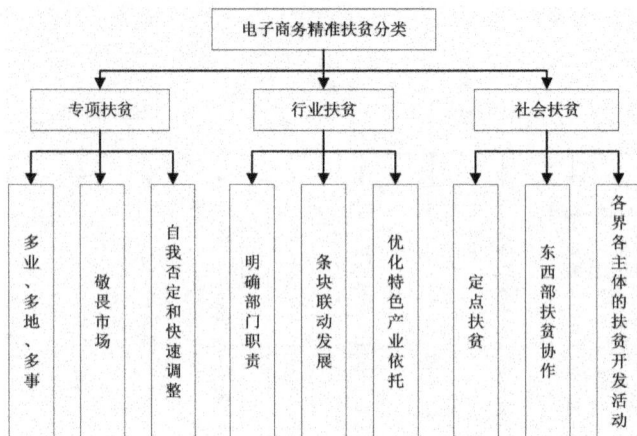

图1-3 电子商务精准扶贫分类

1.3 电子商务精准扶贫形式

1.3.1 直接到户

通过教育培训、资源投入、市场对接、政策支持、提供服务等形式,帮助贫困户直接以电子商务交易实现增收,达到减贫脱贫效果。其中,最典型的方式就是帮助贫困户在电子商务交易平台上开办网店,让他们直接变身为网商。例如,甘肃、广东等地扶贫办组织的电商扶贫培训,中石化在安徽岳西县、河南慧谷电商学院和济南绿星农村电商培训中心等组织的培训,都特别把贫困户、"两后生"、残疾人等帮扶对象和精准扶贫对象作为培训重点,帮他们掌握电商知识,乃至手把手教他们开办自己的网店,并提供后续服务。

1.3.2 参与产业链

通过当地从事电子商务经营的龙头企业、网商经纪人、能人、大户、专业协会与地方电商交易平台等,构建起面向电子商务的产业链,帮助和吸引贫困户参与进来,实现完全或不完全就业,从而达到减贫脱贫效果。在梁春晓主编的《"新三农"与电子商务》一书中,列举了许多此类案例,从赵海伶、杜千里、孟宏伟到世纪之村、中闽弘泰,从潘东明领衔的遂昌网店协会到吕振鸿创办的"北山狼",他们不仅带动了一方经济发展,也帮助众多身边的乡亲,包括贫困人群增加了收入。当地政府支持他们,在某种意义上,也是在支持电商扶贫。

1.3.3 分享溢出效应

电商规模化发展,在一定地域内形成良性的市场生态,当地原有的贫困户即便没有直接或间接参与电商产业链,也可以从中分享发展成果。例如,电子商务为著名的淘宝村——东风村带来的变化:让具有劳动能力的贫困户,不仅很容易在网销产业链中找到发展机会,而且由它带动起新型城镇化进程,建筑、餐饮、交通、修理等一般性的服务业快速发展,也提供了大量就业,甚至创业的机会,道路、卫生、光纤入户、水电、公共照明等设施的改善,电商园区建设带来的农民住房条件的改善和服务便利化,也惠及包括失去劳动能力的贫困户在内的所有村民,让他们分享到电子商务发展的溢出效应。

1.4　中国电子商务精准扶贫发展现状及存在问题

1.4.1　中国电子商务精准扶贫发展现状分析

近年来,随着互联网的普及和农村基础设施的逐步完善,我国农村电子商务发展迅猛,交易量持续保持高速增长,已成为农村转变经济发展方式、优化产业结构、促进商贸流通、带动创新就业、增加农民收入的重要动力。但从总体上看,贫困地区农村电子商务发展仍处于起步阶段,电子商务基础设施建设滞后,缺乏统筹引导,电商人才稀缺,市场化程度低,缺少标准化产品,贫困群众网上交易能力较弱,影响了农村贫困人口通过电子商务就业创业和增收脱贫的步伐。2016—2019 年中国各省份剩余贫困县数量如图 1-4～图 1-7 所示。

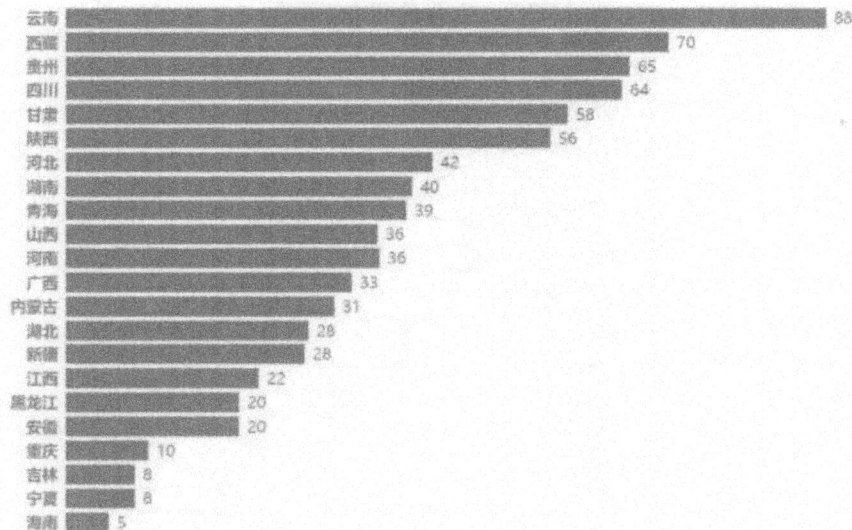

图 1-4　2016 年中国各省份剩余贫困县数量统计(单位:个)

中国电商扶贫联盟 2018 年 8 月成立以来,在商务部电子商务和信息化司的指导下,认真贯彻"精准扶贫　电商同行"理念,着重发挥电商行业优势,线上线下同步发力,积极促进农产品上行,培育农产品品牌,带动企业转型升级。截至 2020 年底,共帮助 1 229 家贫困地区农产品企业开展"三品一标"认证培训,资助 296 家通过认证;通过举办农产品品牌推介洽谈活动、引导成员企业开展多种形式产销和集中帮扶等,累计帮助对接和销售超过 150 亿元,帮扶带动贫困户超 110 万户。

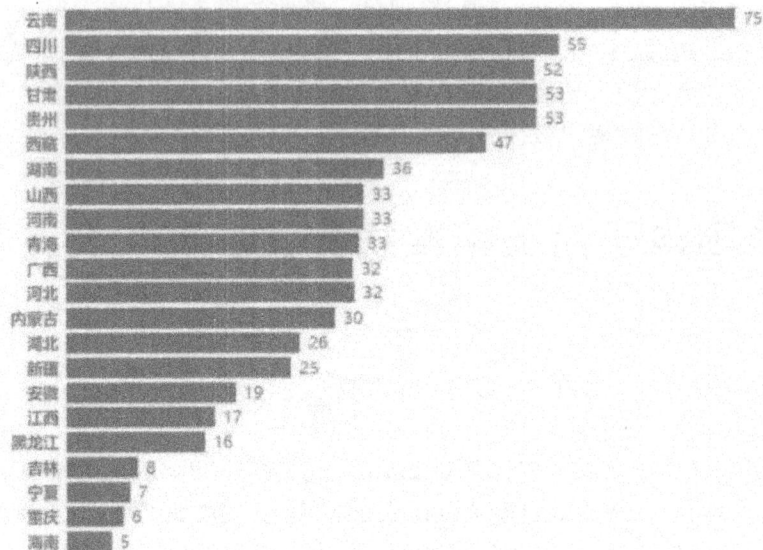

图 1-5　2017 年中国各省份剩余贫困县数量统计(单位:个)

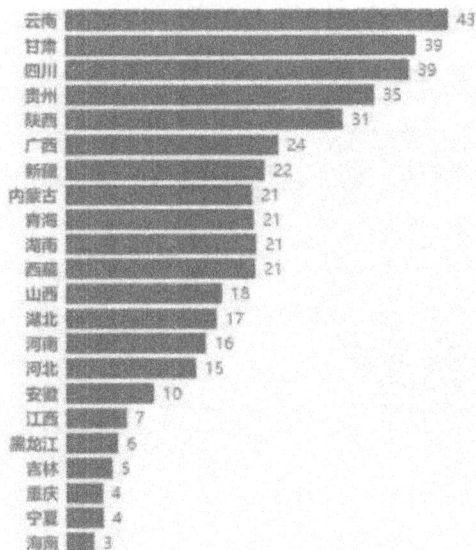

图 1-6　2018 年中国各省份剩余贫困县数量统计(单位:个)

　　截至 2019 年年底,我国贫困发生率降至 0.6%。"十三五"期间,全国贫困人口每年净减少 1 000 万人以上。截至 2020 年年底,我国所有贫困人口实现全部脱贫摘帽,960 多万贫困人口通过易地扶贫搬迁脱贫,有效解决了"十三五"期间近 1/5 贫困人口的脱贫问题。截至 2020 年底,贵州省 9 个县退出贫困县序列,至此,我国 832 个贫困县全部实现脱贫摘帽。截至 2020 年 10 月 31 日,52 个挂牌督战县 2020 年已外出务工贫困劳动力 299.56 万人,是 2019 年外出务工人数的 117.72%。截至 2020 年 6 月底,参与"万企帮万村"的民营企业 10.95 万家,帮扶 12.71 万个村;产业投入 915.92 亿元,公益投入 152.16 亿元,安置就业 79.9 万人,技能培训 116.33 万人。截至 2020 年 10 月 31 日,中西部 22 个省份共认定 136 130 个扶贫产品,已销售 2 276.65 亿元。

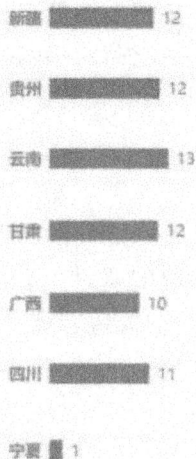

图 1-7　2019 年中国各省份剩余贫困县数量统计(单位:个)

随着电子商务的发展和覆盖率的提高,我国精准扶贫工作也产生了新的方式。"互联网+"时代,电子商务不仅能够成为带动农村经济发展的主要手段,而且也可以成为精准扶贫工作的载体和新型推动力。在后续工作中,研究如何发挥电子商务的优势带领农民脱贫致富是扶贫工作的重心。

1. 冷链物流不够完善

农村电商的经营产品以农产品为主,因此在产品运输过程中对冷链物流的依赖性较强。但实际上大部分贫困地区的冷链物流发展速度较慢,且在当下的市场环境中快递物流行业竞争激烈,其中不乏恶意竞争的商家。畲族乡处于交通要道,地理位置特殊,随着物流市场和电商发展速度的逐渐加快,当地物流快递行业之间的恶性竞争激烈,且当地冷链物流发展滞后,并没有形成规范化的物流体系,导致物流无法满足畲族乡农产品上市后的大量无损耗运输要求。同时,个别冷库的选址在交通不便的偏僻地区,在冷库修建好之后也没有继续投入配置相应的冷冻设施。

2. 电商品牌特色不足

部分贫困地区虽然已经成立了自己的电商品牌,但实际上经营的产品结构单一,且自身的品牌特色也不够突出,简单讲就是创新意识不足,同时产品的质量也参差不齐。以畲族乡的电商品牌为例,当地的电商产品主打醋酸萝卜和辣椒酱等特色农产品,但此类产品随处可见,特色不足,因此销路不够好。实际上,畲族乡可以以民族特色产品作为电商主打产品售卖,打造属于自己的品牌特色销路。

3. 电商经营人才匮乏

我国有许多贫困地区的电商发展面临着专业人员招聘难度大和个体电商专业能力提升困

难的问题。主要原因在于贫困地区往往经济发展较为落后,且生活水平不高,尤其在公共基础设施建设方面还存在较大的不足,导致对大学生返乡创业和外出务工人员返乡支持电商助农工作的吸引力不足。

4.电商平台利用率低

贫困地区在"互联网+"时代背景下创建电商精准扶贫工作中,电商平台利用率低是常见情况,具体原因在于贫困地区的品牌成果往往存在转化不到位的问题。有的地区大部分电商从业者都是农民,在实际工作的过程中缺乏电商的长远发展意识,仅仅将电商作为产品销售渠道,并不注重售后服务和产品的质量。

5.缺乏利益联结机制

由于部分贫困地区的带动部门和贫困户之间的利益联结机制不够稳固,导致贫困户的实际自主脱贫能力十分有限。造成此种情况的原因在于贫困地区的电商精准扶贫项目主要是在政府的领导下进行,而贫困户在生产和电商经营的过程中话语权不大,更多的时候是被动接受领导部门指示。在此环境下,一旦扶贫政策产生变化,贫困户会再次返贫。由此可见,没有利益联结机制的脱贫工作,持久性和稳定性都不够强。

6.缺乏产品质量标准

"互联网+"时代背景下通过创建电商带动贫困户脱贫达到精准扶贫目的的主要支撑点,在于带动贫困区的农产品销量提升。但实际上,我国大部分贫困地区的产品质量监管力度不大,农民为追求短期利益在产品中以次充好等问题屡见不鲜。

1.4.2 促进中国电子商务精准扶贫的具体措施

1.加强完善冷链物流体系效率

面对部分贫困地区冷链物流发展不够成熟,同时物流工作的平台化、网络化和集群化发展建设不够的情况,各地可以着手完善冷链物流体系,为"互联网+"时代下创建电商精准扶贫新模式提供发展基础。如:可以从降低物流企业成本入手,在工作中严格落实国家和省市关于精准扶贫工作的政策精神,从对物流货车的检验测试、税务减免、物流行业水电费优惠等方面着手降低物流运输成本,从而达到通过完善物流体系的方式进一步提升贫困地区物流企业的活力,同时营造物流企业健康发展环境,为精准扶贫工作提供便利的目的。冷链物流业务流程如图1-8所示。

除此之外,还可以充分发挥大数据和物联网工作的指导优势。在实际的冷链物流体系完善过程中,贫困地区可以利用大数据优势,在构建标准化冷链物流体系时,充分利用物联网技术的服务指导功能,实现数据互相连通,逐渐在贫困地区构建全环节、全链条的高效物流体系,使传统的物流发展模式向开放创新性冷链物流发展转变,即促进冷链物流从传统阶段向高阶智慧阶段转变。基于物联网的冷链物流新运作模式如图1-9所示。

为加大电商精准扶贫工作的落实力度,贫困地区应该积极面向社会招商引资,引进更多的大型物流企业在贫困地区落户,以点带面提升当地整体冷链物流产业的服务水平。

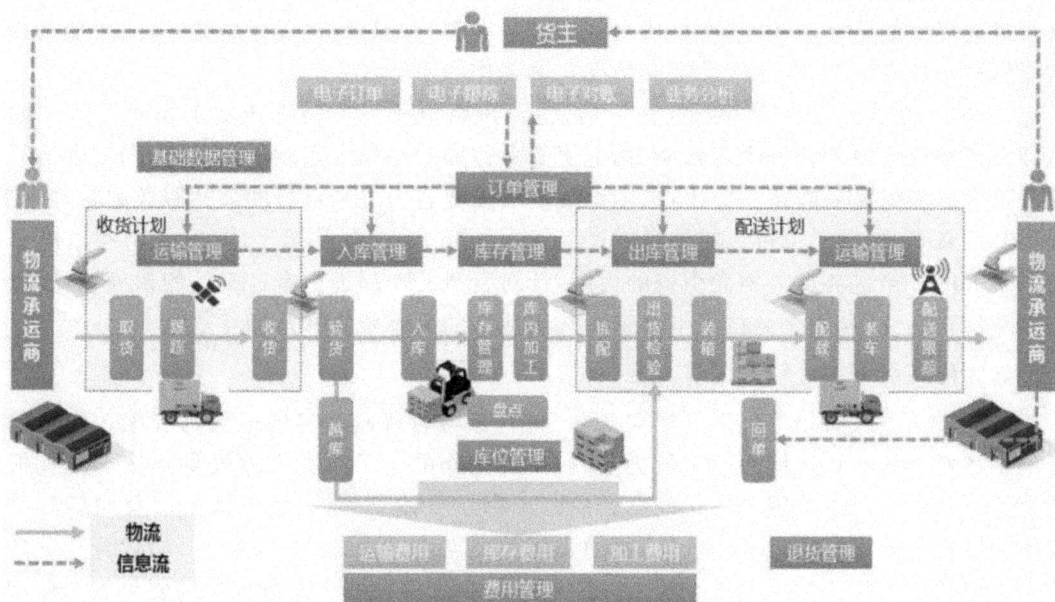

图 1-8 冷链物流业务流程

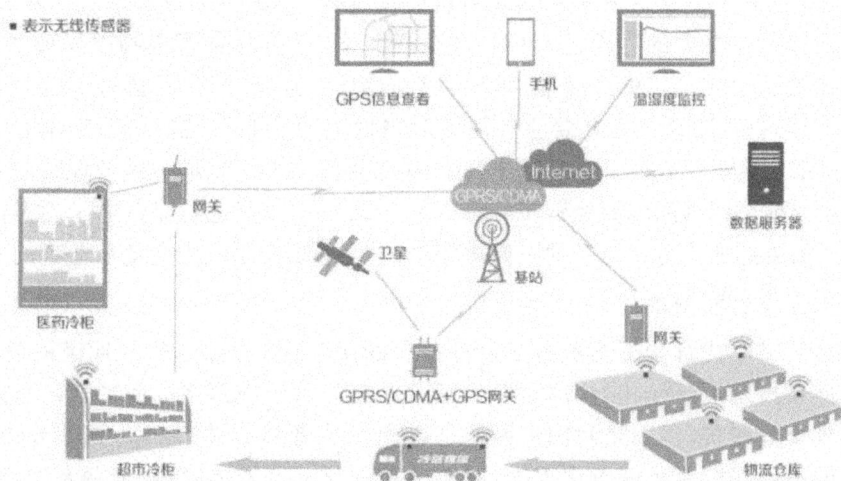

图 1-9 基于物联网的冷链物流新运作模式

2. 在电商经营过程中突出品牌特色

在"互联网＋"时代背景下开展电商精准扶贫工作并寻找新的工作模式时,政府需要发挥自身的积极促进和引导作用,即在强化服务理念、扎实服务举措等方面着手,积极开展相关的服务活动。同时,在电商经营过程中强调突出品牌特色,也可以与淘宝、天猫等第三方电子商务平台加大合作和对接力度。企业利用淘宝的推荐和引流力量对当地的特色美食进行宣传,有效提高了产品销量。

为加快品牌特色形成,贫困地区可以和第三方电子商务平台签订合作契约,将本地的特色产品在店铺中进行销售,全力推动当地特色电商品牌形成。在构建品牌的同时,应注意诚信和交易可追溯体系的建立。同时,产品质量的提升也提高了产品的市场竞争力,有效增加贫困户收入,保证"互联网＋"背景下开展电商精准扶贫工作的实际效果。

此外,除了在农业上进行电商扶贫活动,也可以将电子商务精准扶贫工作向旅游方面发展。即发挥贫困地区的特色品牌效应,用电子商务作为活动切入点刺激市场,帮助贫困地区扩展业务范围。为保障品牌特色突出,贫困地区政府需要着力提高自身的公共服务和管理水平,全面提升群众素质,同时也可以将特色农产品、副产品和手工制品等形成产业链,利用电子商务在网络上的宣传优势加大招商引资的力度,针对自身的产品进行有针对性的招商活动,重点引进高端科技企业,利用企业技术带动整个贫困地区的品牌效应和市场竞争力。

3. 加大电商经营人才队伍培养力度

"互联网＋"时代背景下的电商精准扶贫工作,参与者普遍是贫困地区的农民。由于贫困地区的生活条件和市场发展程度都较为落后,导致优秀的电子商务人才投身扶贫事业扎根农村的意愿不够强。而由贫困户转化的电商经营者存在整体年龄偏大、学历低以及对新鲜事物接受能力不强等问题,难以满足电子商务的实际发展需求。同时,"互联网＋"时代背景下的电子商务精准扶贫工作一般不重视企业文化的塑造。高端人才在工作过程中需要寻找企业归属感,而贫困地区的电子商务能够给人才提供的提升和培训机会不多,贫困地区电商企业员工的薪资与经济发达地区的待遇也存在较大差异。同时,贫困地区的电子商务一般是从微商发展而来的,多数由贫困户的亲属和家庭成员共同经营管理。因此,从业者的提升渠道单一,贫困户主动提升自身专业能力的意愿也不足,在"互联网＋"时代背景下遇到电子商务精准扶贫工作的机遇和挑战也没有足够的应变能力,导致贫困地区的电子商务经营队伍始终难以壮大。

除人才的引进外,贫困地区还要注意加大对当地电商从业人员的培训工作力度,如某贫困乡在县、镇、村中构建了三级电子商务服务网络,由政府引导与各地职业院校取得联系,主动要求电子商务专家根据贫困县的电商经营实际情况展开培训。尤其是对经营电子商务的贫困户,有关部门更加积极主动地进行一对一的电商操作培训,全面提升了当地电商从业者的专业能力。

4. 提高电商平台利用率

在"互联网＋"时代背景下开展电商精准扶贫的工作中,大部分贫困地区的电商平台利用率不高。虽然在技术上已经相对成熟,但实际上对于如何合理运用电商平台,发挥电子商务的全部优势实现全面脱贫,仍旧是我国贫困地区电商经营者和有关部门需要思考的问题。大部分贫困地区的电商经营者品牌意识不强,并不注重优化消费者体验,对消费者的意向和市场发展趋势把握不足,最终导致电商平台利用率低。在工作中关注的内容只有销量的增减,不注意介绍产品的生产流程、优势等细节,对于大数据分析结果的利用率也不高。电商经营者应抓住机会在电商平台上宣传产品的特点、营养价值以及生产和运输流程等,提升平台利用率,同时也刺激消费者的购买欲望。2011—2018 年电子商务市场交易规模数据及分析如图 1－10 所示。

5. 完善利益联结机制

"互联网＋"时代背景下开展电商精准扶贫的主要工作区域在农村,贫困户是核心受益者。在开展扶贫工作的过程中,各地政府应始终坚持"互联网＋"背景下开展电商精准扶贫是为了农民、依靠农民,同时扶贫成果由农民享有的原则。简单地讲,就是在利用电子商务进行精准扶贫的过程中,应将帮助农民增收作为开展贫困地区电子商务工作的目标和落脚点。政府在发展贫困地区电子商务的同时,应向贫困户宣传电子商务带来的利益,同时保障参与电子商务经营的贫困户都享受到电商扶贫的成果,调动已经参与电子商务经营的贫困户工作积极性,同时刺激未参与电子商务经营的贫困户加入。如某单位扶贫部门通过订单帮扶、股份合作及资产收益等带贫模式,使贫困群体在电子商务发展过程中切实感受到电商带来的利益,并在工作中着手融入资产、信息等多种电商要素,进一步推动"互联网+"时代背景下展开电商精准扶贫工作的落实。

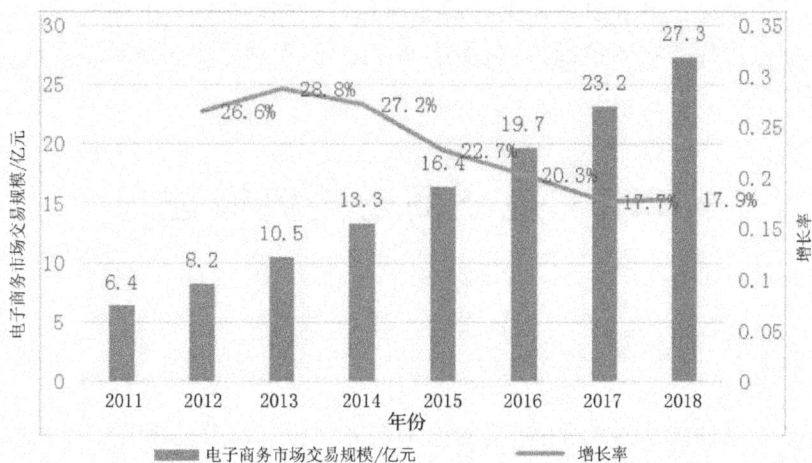

图 1-10　2011—2018 年电子商务市场交易规模数据及分析

6. 完善产品质量标准体系

提升产品质量是获取更高市场份额的主要途径,"互联网+"时代背景下展开电商精准扶贫工作也是如此。有关部门应建立产品质量标准,避免在电商销售的过程中出现产品质量参差不齐的情况。同时,对产品的原料、运输等进行严格管控,一旦发现贫困户存在以次充好的行为就给予警告并限期整改,从而提升整体电商扶贫产品的质量。

电子商务精准扶贫发展现状、问题及相应措施如图 1-11 所示。

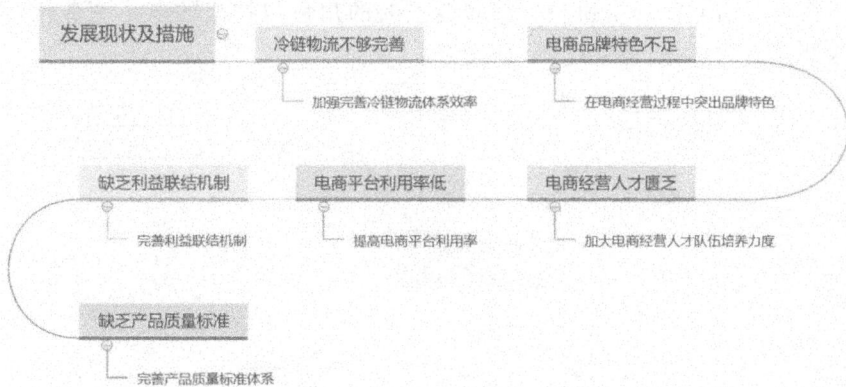

图 1-11　电子商务精准扶贫发展现状、问题及相应措施

第2章 中国电子商务物流精准扶贫概述

在我国电子商务物流精准扶贫中,物流业是支撑产业扶贫、消费扶贫、电商扶贫的强大动能,是农资、生活消费品下乡和农产品上行的重要保障,物流扶贫贵在精准、重在精准、成败在精准。依托中国电子商务物流精准扶贫,缩小城乡差距,带动农民增收致富是脱贫攻坚战之后的又一重大课题。

2.1 电子商务物流概述

2.1.1 电子商务物流概念

对电子商务物流的理解有两种:一是指电子商务交易过程中的物流活动;二是指利用电子商务化的手段,尤其是利用互联网技术完成的物流活动。

电子商务物流也可以从广义和狭义两个角度来理解,广义的电子商务物流是指依靠计算机技术、互联网技术、电子商务技术、移动电子商务技术等电子化手段进行的物流活动,其本质是通过电子化手段来实现物流的自动化、网络化、智能化和全球化等,降低物流成本、提高物流运行效率;狭义的电子商务物流是指基于互联网、移动通信网络所进行的物流活动,即网上物流。

2.1.2 电子商务物流的特点

随着物流在电子商务活动中扮演着越来越重要的角色与物流的电子商务化,电子商务物流的特点也逐渐偏向信息化、自动化等,如图2-1所示。

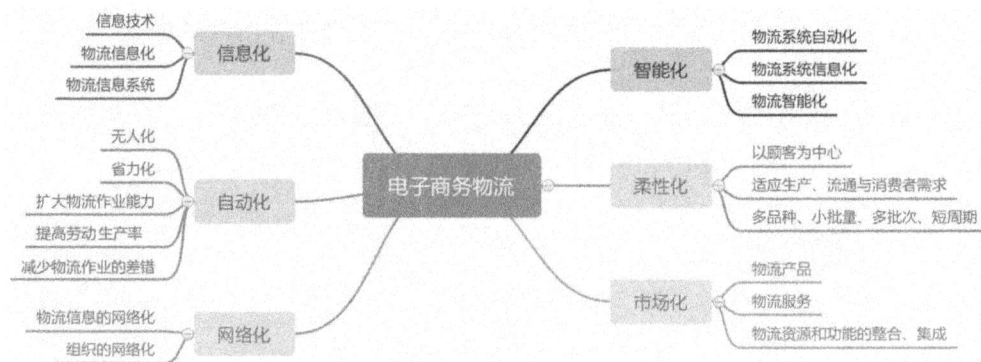

图2-1 电子商务物流的特点

2.1.3　电子商务物流的种类

经济活动中物流无处不在,虽然物流活动的基本要素一致,但由于物流对象、物流目的、物流范围不同,形成的物流种类也不同。

1. 自营物流

企业自身经营物流,称为自营物流。采取自营模式的电子商务企业主要有两类:一是资金实力雄厚且业务规模较大的传统商务公司;二是传统的大型制造企业或批发企业经营的电子商务网站,由于自身在长期经营传统商务中已经建立了自己的物流体系,在开展电子商务活动时只需将其改进、完善,便可满足电子商务条件下对物流的配送要求。选用自营物流,可以使企业对物流环节有较强的控制能力,易于与其他环节密切配合,全力、专门地服务于该企业的运营管理,使企业的供应链更好地保持协调、简洁与稳定。

自营物流能够保证供货的准确和及时,保证顾客服务的质量,维护了企业和顾客间的长期关系。但自营物流所需的投入非常大,建成后对规模的要求很高,大规模才能降低成本,否则将会长期处于不盈利的境地。而且投资成本较大、时间较长,对于企业柔性有不利影响。另外,自建庞大的物流体系,需要占用大量的流动资金。更重要的是,自营物流需要较强的物流管理能力,建成之后需要工作人员具有专业化的物流管理能力。综上,从竞争角度来考虑,自营物流有两个重要的决策变量:一是看是否能提高企业的运营效率;二是看是否能降低企业的运营成本。

2. 第三方物流

第三方物流(Third-Party Logistics,简称 3PL 或 TPL)是指物流活动由商品供方与需方之外的第三方专业化物流公司所提供,第三方物流不参与商品的买卖,而是以合同或契约的形式提供从生产到销售整个流通过程中的物流服务,包括商品的运输、储存、装卸搬运等。

在国内,第三方物流企业一般都是具有一定规模的物流设施设备(库房、站台、车辆等)及专业经验、技能的批发、储运或其他物流业务经营企业。第三方物流对于提高企业经营效率具有重要作用:首先,企业将自己的非核心业务外包给从事该业务的专业公司去做;其次,第三方物流企业作为专门从事物流工作的企业,有丰富的专门从事物流运作的专家,有利于确保企业的专业化生产,降低费用,提高企业的物流水平。

3. 物流一体化

20 世纪 80 年代,西方发达国家如美、法、德等国提出了物流一体化现代理论,并应用和指导其物流发展,取得了明显效果。物流一体化是在第三方物流的基础上发展起来的。所谓物流一体化是指以物流系统为核心,由生产企业,经由物流企业、销售企业,直至消费者的供应链整体化和系统化。它是物流业发展的高级和成熟的阶段。

在电子商务时代,物流一体化的发展可分为物流自身一体化、微观物流一体化和宏观物流一体化三个层次:①物流自身一体化是指物流系统的观念逐渐确立,运输、仓储和其他物流要素趋向于完备,子系统协调运作,系统化发展;②微观物流一体化是指市场主体企业将物流提高到企业战略的地位,并且出现了以物流战略作为纽带的企业联盟;③宏观物流一体化是指物流业发展到这样的水平:物流业占到国家国民总产值的一定比例,处于社会经济生活的主导地位,它使跨国公司从内部职能专业化和国际分工程度的提高中获得规模经济效益。

4. 物流联盟

物流联盟为了达到比单独从事物流活动取得更好的效果,在企业间形成了相互信任、共担风险、共享收益的物流伙伴关系,介于自营和外包之间的一种物流模式,可降低前两种模式的风险。企业间不完全采取导致自身利益最大化的行为,也不完全采取导致共同利益最大化的行为,只是在物流方面通过契约形成优势互补、要素双向或多向流动的中间组织。

电子商务企业与物流企业联盟,一方面有助于电子商务企业降低经营风险,提高竞争力,从物流企业处学习到物流技术和管理技巧;另一方面也使物流企业有了稳定的货源。

以上 4 种物流模式各有优势,但同时也存在一些劣势,优劣势对比见表 2 - 1。

表 2 - 1　各物流模式优/劣势比较

物流模式	优　势	劣　势
自营物流	掌握控制权 盘活企业原有资产 降低交易成本 避免商业秘密的泄露 提高企业品牌价值	投资成本大、时间较长 占用较多流动资金 物流体系庞大,需要更多专业人员
第三方物流	使企业能集中精力于自己的核心业务 降低企业固定资产投资,加速资金运转 提供个性化服务	企业不能保证到货的准确和及时 难以维护与顾客的长期关系
物流一体化	灵活性较大 有利于实现总体物流的组织与协调管理 对客户的反馈信息可以做出迅速的反应 有利于建立与客户的密切关系	构建成本大 很难发挥分工的经济优势 对物流的投入不断加大
物流联盟	可以开拓全球市场 有助于降低企业风险 降低物流成本,提高企业竞争力 有利于弥补业务范围内服务能力的不足	冲击主业发展,降低专业化水平 影响与客户关系 体系脆弱,容易解体

5. 供应链

我国《物流术语》(GB/T 18354－2006)中对供应链的定义为:生产及流通过程中,设计将产品或服务提供给最终用户所形成的网链结构。

供应链由一些节点组成,它包括原材料的供应节点;经过网链中不同企业节点的制造加工、组装、分销等过程直到最终用户节点;各个节点通过物流、信息流、资金流的交互活动而形成稳定的战略关系;各节点在产品或服务的生产、交换和消费中,一环扣一环,形成一种网链结构。从这个角度来看,供应链也可以定义为:供应链是围绕核心企业相关节点,在生产或服务过程中,通过信息流、物流、资金流的交互活动,从源端供应节点提供原料开始,制成中间产品或服务以及最终产品或服务,最后经由配销网络把产品服务送到终端消费节点手中而联结成的战略关系,形成的一个整体的网链结构,如图 2 - 2 所示。

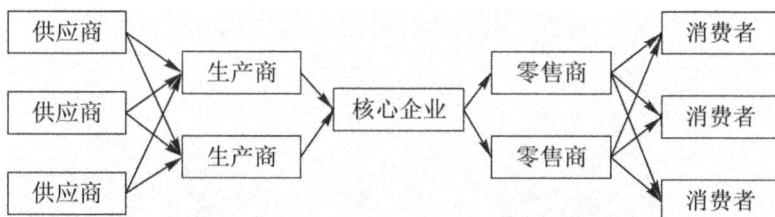

图 2-2　供应链结构

作为一种战略概念,供应链也是一种产品,而且是可增值的产品;其目的不仅是降低成本,更重要的是提供用户期望以外的增值服务,以产生和保持竞争优势。从某种意义上讲,供应链是物流系统的充分延伸,是产品与信息从原料到最终消费者之间的增值服务。

6.新型物流

新型物流主要包括绿色物流、冷链物流、危险品物流、应急物流、实体分仓物流、地下物流、智慧物流、智能物流、新零售模式下的新物流、无车承运人、网络货运等。

(1)绿色物流。如图 2-3 所示,绿色物流(Environmental Logistics)通过充分利用物流资源,采用先进的物流技术,合理规划和实施运输、储存、装卸、搬运、包装、流通加工、配送、信息处理等物流活动,降低物流对环境影响的过程。绿色物流是指物流过程中抑制物流对环境造成危害的同时,实现对物流环境的净化,使物流资源得到充分的利用。它包括物流作业环节和物流管理全过程的绿色化。绿色物流的最终目标是可持续性发展,实现该目标的准则不仅仅是经济利益,还包括社会利益和环境利益,并且是这些利益的统一。

图 2-3　绿色物流示意图

(2)冷链物流。冷链物流泛指冷藏冷冻类食品在生产、贮藏运输、销售,到消费前的各个环节中始终处于规定的低温环境下,以保证食品质量,减少食品损耗的供应链系统。冷链物流的适用范围包括:①初级农产品。如蔬菜、水果,肉、禽、蛋,水产品,花卉产品。②加工食品。如速冻食品、禽、肉、水产等包装熟食,冰淇淋、奶制品、巧克力,快餐原料。③特殊商品。如药品。所以它比一般常温物流系统的要求更高、更复杂,建设投资也要大很多,是一个庞大的系统工程。冷链物流示意图如图 2-4 所示。

图 2-4　冷链物流示意图

据中物联冷链委和链库数据平台显示,2020 年全国冷链市场规模达到 3 740 亿元,同比增长 10.3%,全国冷库总量达到 7 080 万吨,折合 1.77 亿立方米,同比增长 17.1%,全国冷藏车保有量达到 28.67 万辆,同比增长 33.54%。我国每年消费的易腐食品超过 10 亿吨,其中需要冷链运输的超过 50%,但目前综合冷链流通率仅为 19%,而欧美的冷链流通率可以达到 95% 以上。因此农产品的腐损率相对较高,仅果蔬一类每年的损失额就可以达到 1 000 亿元以上。同时近年来,电商已经延伸至生鲜领域,在平均 3~4 天的运送耗时下,冷链物流成为必然趋势。

(3)应急物流。我国对应急物流的定义为:针对可能出现的突发事件做好预案,并在事件发生时能够迅速付诸实施的物流活动。所谓应急物流,是指以追求时间效益最大化、灾害损失及不利影响最小化为目标,通过现代化信息和管理技术整合采购、运输、储存、分拨、配送等各种功能活动,对各类突发性公共事件所需的应急物资实施从起始地向目的地高效的计划、组织、实施、控制过程。应急物流就是指为应对突发事件而对物资、人员、资金等的需求进行紧急保障的一种特殊物流活动。

应急物流一般具有突发性、弱经济性、不确定性和非常规性等特点,多数情况下通过物流效率实现其物流效益,而普通物流既强调效率又强调效益。目前中国的应急物流有自己的特点,其表现为:政府高度重视,企业积极参与;军民携手合作,军队突击力强;平时预有准备、预案演练到位等。应急物流可以分为军事应急物流和非军事应急物流。非军事应急物流主要有医疗应急物流、交通应急物流、危险品应急物流等。医疗应急物流示意图如图 2-5 所示。

(4)实体分仓物流。相对于传统的分仓,实体分仓物流就是电子商务交易中信息流和资金流可以快速传输,而商品在发生正向与逆向物流过程中会耗费更大的时间、物力和财力,把商品留在当地的分仓,在需要的时候再进行近距离配送。通俗来讲,分仓物流就是根据各地消费者的消费特征,将商品提前运送到就近的仓库,这不仅可以提高商家的效益,也可以提升顾客的购物体验,一举两得。

(5)地下物流。当前各国关于城市地下物流系统的概念并不统一,美国称地下物流系统为地下管道货运系统(Freight Transport by Underground Pipeline or Tube Transport),荷兰称其为城市地下物流系统(Underground Logistics System),德国以运载工具将其命名为 Cargo cap 系统,而在日本则将其称为地下货运系统(Underground Freight Transport System)。

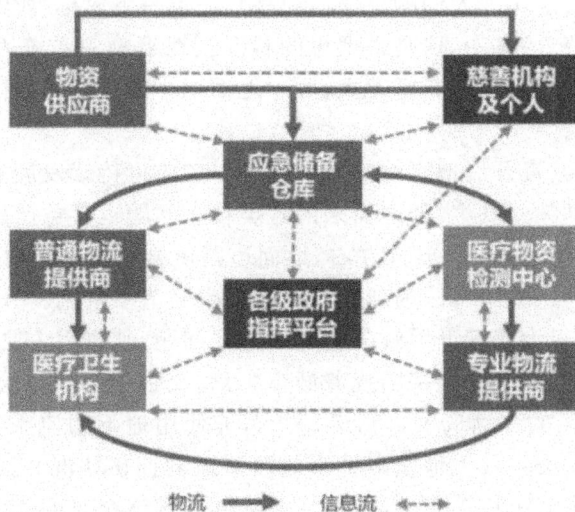

图 2 - 5　医疗应急物流示意图

地下物流系统是指运用自动导向车(AGV)和两用卡车(DMT)等承载工具,通过大直径地下管道、隧道等对固体货物实行输送的一种全新概念的运输和供应系统。20 世纪 90 年代以来,利用地下物流系统进行货物运输的研究受到了西方发达国家的高度重视,并作为未来可持续发展的高新技术领域。地下系统是一种新兴的运输和供应系统,是相对于公路、铁路、航空及水路这些传统的运输和供应系统外的另一种更加便捷的运输方式,并逐渐显示出自身的优越性。

从目前的信息化时代看,传统的运输方式早已超越了它所能承受的最大极限,甚至已经阻碍了社会的发展。发展地下物流,从长远来看,投资建设的成本会不断降低,系统不仅能带来不可限量的生态和社会效益,而且对实现可持续发展,建设资源节约型、环境友好型社会大有裨益,因此建设地下物流迫在眉睫。早期地下物流系统应用情况见表 2 - 2。

表 2 - 2　早期地下物流系统应用情况

国　家	城　市	应用情况
法国	巴黎	1832 年,建造的地下排水系统,经过后来不断的改进,至今已延伸到 1 500km
英国	伦敦	1863—1869 年间,建设了多条地下运输系统,以气力为推动力量,运输管线尺寸为 30×33in(1 英寸 = 2.54cm),轨道规格达 24in,运输速度可达 40mi/h(1 英里 = 1.609 34km)。1897 年,该系统停止运行。1927 年,建成一个被称为"Mail Rail"的地下运输系统,用于伦敦市区的邮局之间的邮件传递,每天处理 400 多万件的急件和包裹。后来该系统升级为新的自动化地下管道运输系统,管道的内径为 2.74m,每辆运输车的运输能力为 1t,行驶速度可达 60km/h
美国	芝加哥	1906 年,美国芝加哥建成一个长达 60 英里的地下货物运输网络,以电力为驱动,运输城市垃圾和煤
日本	东京	1915 年,日本的东京车站与中央邮局之间的地下邮件系统已建成并且投入使用

地下物流系统最终的发展目标是形成一个连接城市各居民楼或生活小区的地下管道物流

运输网络,并达到高度智能化。人们购买任何商品只需点一下鼠标,所购商品就像自来水一样通过地下管道很快地"流入"家中,这是最理想的状况。地下物流系统因其自身的独特性而具有无可比拟的优越性,尤其是在人口密度大、可用地面积小的国家和地区。发展地下物流系统有非常重要的现实意义。

发达国家纷纷投入巨资开展地下物流系统研究以顺应可持续发展的需要。当城市规模发展到一定阶段,经济活动频繁发生,随之而来的各类社会问题也日益严重起来。在人口众多的城市每平方公里人口密度达到 8 000 人左右,地面道路供给的能力受到严重削弱,不可能持续地大幅度扩充道路设施,这就给市区内新项目的建设带来诸多限制。

地下物流系统能在很大程度上缓解甚至解决这些问题,其作用主要表现如下。

1)缓解城市交通压力。交通拥挤困扰着城市生活,交通不畅给社会经济生活带来诸多不便。据统计,地面上 60% 的车辆从事货物运输。若能使用地下物流系统,成功地将物流部分从地面交通中分离出来,必将极大地缓解城市地面交通的拥挤状况。同时地下物流系统使货物直接从地下走,减少了城市机动车的流量,从而降低了城市交通事故率。

2)优化城市经济结构。物流被视为企业"第三利润源",运输费用和存储费用是物流成本的重要组成部分。地下物流系统自成一体,它与其他地面运输互不影响,也不受气候和天气的影响,可实现高效化、智能化、无中断物流运输,同时它也在实现零库存方面起着积极的作用。地下物流是提高城市货物运输通达性和质量的有效途径,它能带动其他相关经济领域的发展,实现整个城市经济结构的优化。

3)改善城市生态环境。市区内的物流运输多采用大吨位卡车作为运输工具,燃料不完全燃烧所产生的碳、硫、磷的氧化物是"酸雨"形成的罪魁祸首;此外,车辆运行过程中的噪声、粉尘也破坏了城市生态环境。地下物流系统可以实现污染物零排放,没有噪声污染,还能将原用于交通运输的部分地表还原成城市绿化带,采用该系统能大大改善城市生态环境。

4)保护文化遗址。为了缓解交通拥挤需对现有地表交通网络进行扩张,很多时候摧毁了原本应受到保护的古建筑。地下物流系统能很好地解决这个问题,因此引入地下物流概念的城市规划必将大大促进文化遗址保护工作的进行。

5)提高城市物流效率。随着电子商务的出现,人们对于交易速度的要求也越来越高,地下物流系统具备快速、安全、准时等特点,能提供高效的物流系统,提高城市物流效率和物流服务水平,解决了由电子商务发展带来的"物流瓶颈"问题。地下物流系统也极大地支持了电子商务对物流的需求,特别是给一些如生鲜食品、冷冻商品等对时间要求较高的货物运输提供了一个很好的解决方案。

近年来,随着计算机科学和信息技术的发展和完善,发展具有高度智能化、自动化、高效率的信息控制系统来有效管理和控制物流运输成为必然的选择,也是当下城市地下物流系统极其重要的组成部分。因此根据构成功能的不同,城市地下物流系统可以划分为实体部分和控制部分,实体部分主要包括城市地下物流系统的运输网络、运载工具、动力设施、运输终端、网络节点等具体实物,控制部分主要包括城市地下物流系统的信息管理、信息控制、导航系统、维护管理等软件。如图 2-6 所示。

(6)智慧物流。指的是基于物联网技术应用,实现互联网向物理世界延伸,互联网与物流实体网络融合创新,实现物流系统的状态感知、实时分析、科学决策与精准执行,进一步达到自主决策和学习提升,拥有一定智慧能力的现代物流体系。基于物联网技术应用提出的智慧物流定义,并借用物联网三层技术架构,提出了智慧物流的技术架构也由感知层、网络层、应用层组成;之后又提出了智慧物流的大脑思维系统、信息网络传输系统和自动执行系统三大系统的理论,分析了智慧物流的发展现状,分析了智慧物流的智慧来源,建立了智慧物流完善的理论体系。智慧物流是在物流自动化、网络化、数字化、智能化基础上发展起来的,根据智慧物流的定义,可以辨析清楚物流自动化、智能物流、数字物流等概念之间的关系,了解智慧物流发展路径,澄清很多概念混乱问题。智慧物流有如下两大基础支撑理论:

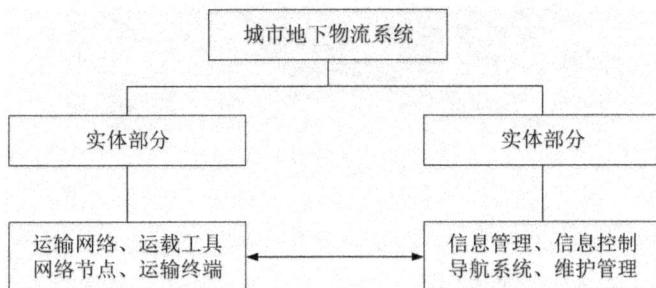

图 2-6　地下物流系统构成示意图

1)信息物理系统(Cyber - Physical Systems,CPS)。信息物理系统是智慧物流基础理论。Cyber:Cyber Monday 源自希腊语单词 Kubernetes,意思是舵手。具有"控制"的含义,该词汇同时又具有网络、信息、计算等含义,工业领域的工业 4.0 就是工业 CPS 系统。智慧物流系统是软硬结合、虚实一体的系统,智慧物流的技术体系应该是大数据、云计算、物联网、互联网、控制系统的集成。从这个角度,支撑智慧物流的体系的基础理论只能是 CPS。通俗的说,智慧物流就是物流 CPS。

2)机器智能(MI)理论。智慧物流智能晋级的技术是机器智能。智慧物流系统的本质是机械组成的智慧系统,或者是人与机械共同组成的智慧系统。目前人工智能理论发展很快,很多人把人工智能引入智慧物流系统,推动智慧物流发展。但是我认为,目前科学界对人工智能和机器智能缺乏概念辨析与分析,人工智能重点在于训练机器系统的"智",模仿人的智能。但是,我们需要的是机器不能具有人的自我性,不能具备感情,在此基础上,需要利用机器系统的特点,发展出远远超越我们人类智能的机器智能,并进化出系统的自我提升的智慧能力。

(7)智能物流。智能物流简单来说就是物联网在物流领域的应用,它是指在物联网的广泛应用的基础上利用先进的信息管理、信息处理技术、信息采集技术、信息流通等技术,完成将货物从供应者向需求者移动的整个过程,其中包括仓储、运输、装卸搬运、包装、流通加工、信息处理等多项基本活动。它是一种为需方提供最佳服务,为供方提供最大化利润,同时消耗最少的社会和自然资源,争取以最少的投入来获得最大的效益的整体智能社会物流管理体系。如图 2-7 所示,智能物流是物流信息化的发展目标以及现代物流业发展的新方向。

(8)新零售模式下的新物流。新零售是指企业以互联网为依托,通过运用大数据、人工智能等先进技术手段,对商品的生产、流通与销售过程进行升级改造,进而重塑业态结构与生态圈,并对线上服务、线下体验以及现代物流进行深度融合的零售新模式。新零售强调将线下物流、服务、体验等优势与线上商流、资金流、信息流融合,拓展智能化、网络化的全渠道布局。

图 2-7 京东智能物流

新零售模式下的新物流的特征之一是企业要以消费者为驱动,从更令人信任的商品、更佳的购物体验、更优性价比以及更快速的配送等方面出发,打造以消费者为中心的物流新格局。例如,零售商可通过掌握客户消费行为特征,展开个性化、定制化物流服务,甚至展开科学预测,提前备货;通过采取"产地直采+物联网"等技术,实现降低成本、增加客户信任度的效果;通过构建逆向物流和售后服务提升客户体验感和满意度;通过智慧物流、资源共享和效率提升来实现物流成本的下降;通过店仓一体化、智能柜、微仓、众包快递等方式,解决新零售模式下的"最后一公里"难题。此外,新零售模式下的新物流还强调由数字化驱动,构建以数据为内核的数字化供应网络,提高供应链的透明度和服务水平,最终达到更加贴近终端、直面消费者、去库存、提高物流响应速度,以及实现企业差异化竞争优势和提升企业整体价值等目的。

(9)无车承运人。"无车承运人"是由美国 truck broker(货车经纪人)这一词汇演变而来,是无船承运人在陆地的延伸。"无车承运人"指的是不拥有车辆而从事货物运输的个人或单位。"无车承运人"具有双重身份,对于真正的托运人来说,其是承运人;但是对于实际承运人而言,其又是托运人。"无车承运人"一般不从事具体的运输业务,只从事运输组织、货物分拨、运输方式和运输线路的选择等工作,其收入来源主要是规模化的"批发"运输而产生的运费差价。

无车承运人(NTOCC:Non-Truck Operating Common Carrier)是以承运人身份与托运人签订运输合同,承担承运人的责任和义务,通过委托实际承运人完成运输任务的道路货运经营者。无车承运人具有资源整合能力强、品牌效应广、网络效应明显等特点,利用互联网手段和组织模式创新,有效促进货运市场的资源集约整合和行业规范发展,对于促进物流货运行业的转型升级和提质增效具有重要意义。无车承运人与实际承运人的区别如下:

1)法律地位不同。"无车承运人"属于承运人的范畴,其业务活动是以承运人的身份接受货载,并以托运人的身份向实际承运人委托承运,签发自己的提单,并对货物的安全负责。在"无车承运人"与实际承运人对货物的损失都负有赔偿责任的情况下,二者要承担连带责任;而货运代理人则是受货方委托,代货方办理货物运输的人,属代理人范畴,其业务活动是代理货主办理订舱、报关的等业务,不对货物的安全运输承担责任。

2)身份不同。二者虽然都是中介组织,但"无车承运人"是处于中介组织与实际承运人之间的一种业态形式,兼具二者的共同特性。"无车承运人"与托运人是承托关系,与收货人是提单签发人与持有人的关系。即对于托运人而言,他是承运人;而对于实际承运人来讲,他又是托运人。货运代理是受他人委托办理服务事务,与托运人是被委托方与委托方的关系,与收货人则不存在任何关系,而在托运人与收货人之间承担的只是介绍人的角色。

3)收费性质不同。"无车承运人"是以承运人的身份向货主收取运费。在整个运输过程中,"无车承运人"在收取货主运费后,需委托实际承运人完成运输,并向其支付运费,赚取两者的运费差价;货运代理人收取的是服务中介费。因此,是否赚取运费差价,是判断经营者是否承揽无车承运业务的重要依据。

4)成立的条件及审批程序不同。按照规定,我国对成立货运代理企业实行审批制,对注册资本规模上做出了严格的要求。其中,经营海上国际货物运输代理业务的,注册资本最低限额为 500 万元人民币;经营航空国际货物运输代理业务的,注册资本最低限额为 300 万元人民币;经营陆路国际货运代理业务或者国际快递业务的,注册资本最低限额为 200 万人民币。如果货物运输代理企业要设立分支机构,则每设立一个分支机构,应当增加注册资本 50 万元。然而,我国对于无车承运企业实行的是登记制,而不是审批制,要想成立无车承运企业只需要交纳一定数额的保证金。无车承运的内涵如图 2-8 所示。

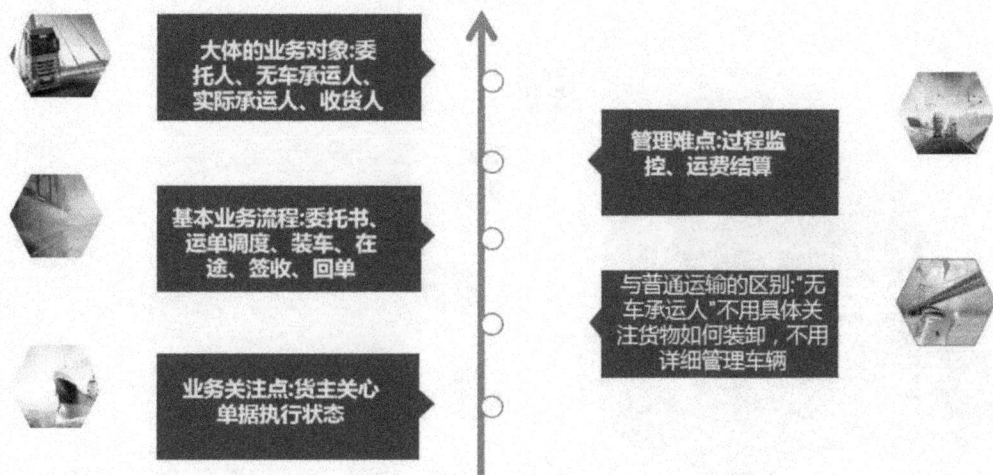

图 2-8　无车承运的内涵

无车承运人合规性和运营流程如图 2-9 和图 2-10 所示。

(10)网络货运。网络货运是在利用互联网技术开发的车货匹配平台和道路货运无车承运人的基础上发展起来的,通过互联网平台加数字化技术引用,在大数据的介入下,促使货运全网互联互通,借助智慧物流模式进行行业升级。网络货运平台可实现线上交易等功能,平台还会承担运输途中的部分风险。《网络平台道路货物运输经营管理暂行办法》对网络货运经营者有关承运车辆及驾驶员资质审核、货物装载及运输过程管控、信息记录保存及运单数据传输、税收缴纳、网络和信息安全,货车司机及货主权益保护、投诉举报,服务质量及评价管理等作了系统规定,合理界定了平台责任,规范平台经营行为。

网络货运经营,是指经营者依托互联网平台整合配置运输资源,以承运人身份与托运人签订运输合同,委托实际承运人完成道路货物运输,承担承运人责任的道路货物运输经营活动。

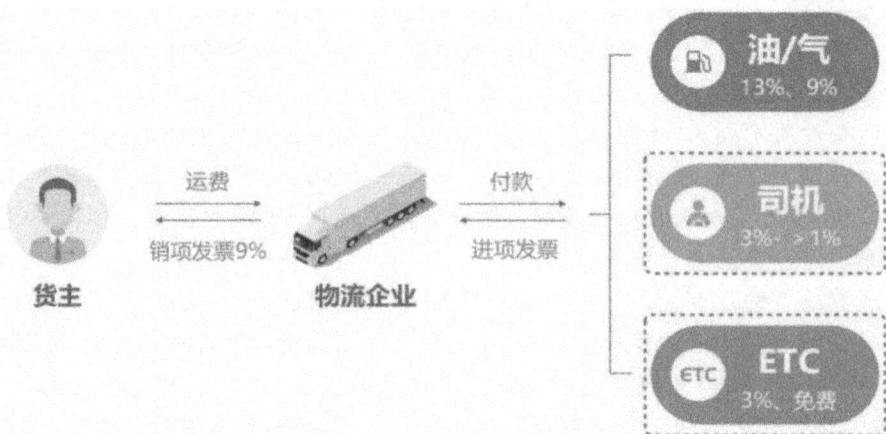

图 2-9　无车承运人合规性

图 2-10　无车承运的运营流程

　　网络货运不仅可以帮助企业实现运力资源的高效调配,还可以帮助物流企业真正实现降本增效。网络货运还为多家合作企业提供了平台推广、运营、财税等方面的支持,结合客户情况,为客户提供定制化指导服务。在企业快速发展的同时,有效降低运营成本,保持核心竞争力,助力企业做强做大。网络货运的模式优势如图 2-11 所示。

　　网络货运主要通过车货匹配、车后市场等合规服务、税筹优化、电子商务、数据运用、物流金融服务等方式盈利,其主要盈利模式如图 2-12 所示。

　　网络货运主要盈利点如图 2-13 所示。

图 2-11　网络货运优势图

图 2-12　网络货运主要盈利模式图

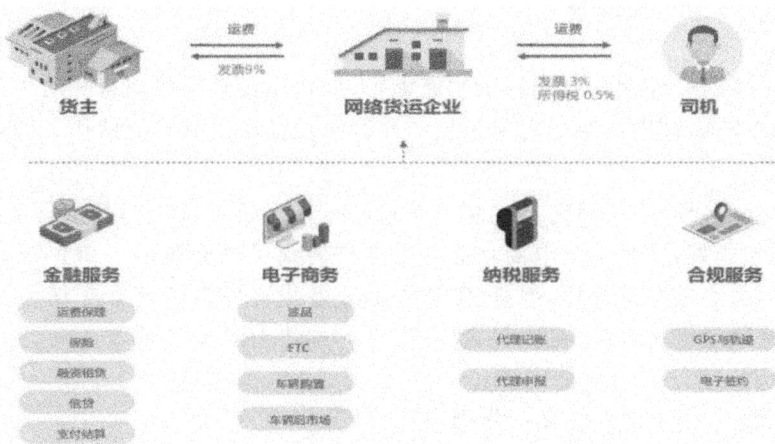

图 2-13　网络货运的主要利润点

2.2 电子商务物流发展模式

2.2.1 轻资产模式

轻资产,所谓的轻资产主要是最少的占用自己的资金,以达到利润最大化,如某些服装品牌只负责设计,品牌管理,以及营销渠道,将物流,生产外包给其他公司做,由于不用自己出钱建厂,不需要占用自己太多的资金,这就是轻资产。

轻资产模式的企业往往能够有效利用三个杠杆:善于有效利用资产杠杆,即:利用与整合存量关键资源能力,因此自身投资少,业务系统轻资产,包括直接资产轻,或者举重若轻,或者化重为轻;善于有效利用负债杠杆,即:库存低,应收账款少,有息负债少,运营效率高,风险低,运营资本消耗少,甚至为负;善于有效利用价值杠杆,即:投入资本收益高,成长速度快,成长价值和价值实现效率高,能很快获得资本青睐。耐克、阿迪达斯、可口可乐、维森置业,都属于轻资产商业模式。

2.2.2 垂直一体化模式

垂直一体化,也被叫作纵向一体化,从配送中心到运输队伍,全部由电商企业自己整体建设,这是完全相反于轻公司轻资产模式的物流模式,它将大量的资金用于物流队伍、运输车队、仓储体系建设。典型企业有京东商城、苏宁电器等。

垂直一体化模式,改变了传统电子商务企业过于注重平台运营而轻视物流配送的状况,将较多的资金和精力转投物流体系建设,希望以在物流方面的优势加大在电商业务上的竞争力。

2.2.3 半外包模式

相对于垂直一体化的过于复杂和庞大,半外包是比较经济而且相对可控的模式,它也被称为半一体化模式,即电商企业自建物流中心和掌控核心区域物流队伍,而将非核心区物流业务进行外包。

这种半外包模式,仍然需要电商企业自己投入大量资金进行物流体系建设。垂直一体化也好、半外包也好,实际上是电商企业将业务扩展到了物流业的一亩三分地,虽然对于做好顾客的物流服务有较高的保障,但是,需要电商企业投入较多的资金和精力,以及需要电商企业具备较大的物流管理经验,可以说,这实际上存在很大的经营风险。

2.2.4 云物流云仓储模式

借鉴目前热门的云计算、云制造等概念,云物流云仓储模式就是指充分利用分散、不均的物流资源,通过某种体系、标准和平台进行整合,为我所用、节约资源。

从理论上讲,云物流实现了"三化":一是社会化,快递公司、派送点、代送点等成千上万的终端都可以为我所用;二是节约化,众多社会资源集中共享一个云物流平台,实现规模效应;三是标准化,一改物流行业的散、乱,建立统一的管理平台,规范服务的各个环节。

2.3　中国电子商务物流精准扶贫
发展现状及存在问题

2013 年 11 月,习近平总书记视察湖南湘西"十八洞村"时首次提出了在我国实施"精准扶贫"的构想。精准扶贫是根据贫困地区和贫困人口的现实问题及具体情况进行的针对性扶贫,不同于以往的粗放式扶贫,精准扶贫的对象更明确,目标更清晰,方法更具体,其成效也取决于具体实施扶贫和把控贫困的精准程度上。

2.3.1　中国电子商务物流精准扶贫发展现状

2020 年政府工作报告中指出要坚决打赢脱贫攻坚战,同时实施扩大内需战略,推动经济发展方式加快转变。推动消费回升的一个重要方面就是支持电商、快递进农村,拓展农村消费。我国农村人口接近 9 亿,占我国人口总数的 64%,是中国消费者群体中潜在的巨大基数。国家统计局最新数据显示,2019 年城镇消费品零售额 3 51317 亿元,比 2018 年增长 7.9%;乡村消费品零售额 60 332 亿元,增长 9.0%。乡村消费总额是城镇消费总额的近 2 倍,农民是我国扩大内需消费的中坚力量。同时,还要拓展农民的就业增收渠道,将线下和线上平台进行充分利用,将电商平台引入农村是农民增收的一条重要渠道。

2019 年,邮政业积极服务乡村振兴战略,大力推进军民融合发展,快递业积极落实乡村振兴战略,大力推动"快递下乡"。中央部署了 55.6 万个建制村直接通邮任务,西藏、新疆、青海、四川、内蒙古、重庆、云南和甘肃等省区市快递乡镇网点覆盖建设。据国家邮政局发布,农村地区快递网点超过 3 万个、公共取送点达 6.3 万个,乡镇快递网点覆盖率达到 96.6%。新增快递服务先进制造业项目 675 个,年支撑制造业产值超 1 万亿元,为推动农村电商发展、农村消费升级做出了巨大贡献。

根据商务大数据监测,2019 年,全国农村网络零售额达 1.7 万亿元,同比增长 19.1%,高于全国网上零售额增速 2.6 个百分点。其中,农村实物商品网络零售额为 1.3 万亿元,占全国农村网络零售额的 78.0%,同比增长 21.2%。全国贫困县网络零售额达 1 489.9 亿元,同比增长 18.5%。根据商务大数据监测,全国农产品网络零售额达 3 975 亿元,同比增长 27.0%。2015—2019 年农村销售额如图 2-14 所示。

2019 年全国农产品网络零售额达 3 975 亿元,同比增长 27.0%,高于全国网上零售额增速 10.6 个百分点。其中,休闲食品、茶叶、滋补食品零售额排名前三,占比分别 24.9%、12.0% 和 11.8%;水果、肉禽蛋、奶类同比增速排名前三,分别为 53.2%、39.4% 和 37.5%,生鲜农产品上行持续高速增长(见图 2-15)。东、中、西部和东北地区农产品网络零售额占全国农村网络零售额比重分别为 62.6%、19.2%、13.6% 和 4.6%,同比增速分别 29.6%、23.3%、24.0% 和 21.3%。

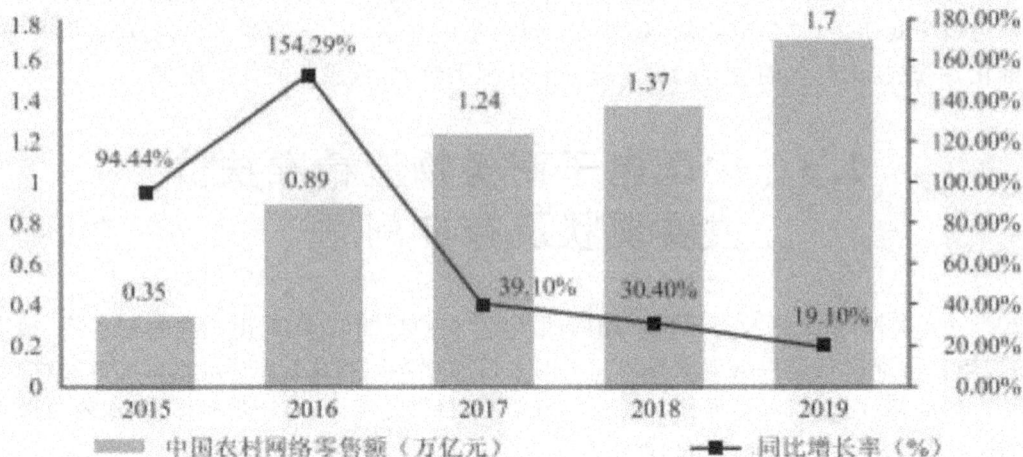

图 2-14 2015—2019 年中国农村网络销售额

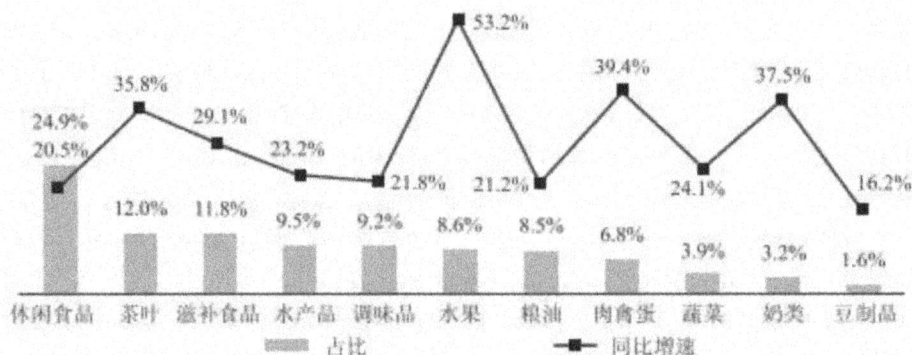

图 2-15 2019 年中国农产品网络销售额

2.3.2 中国电子商务物流精准扶贫发展存在的问题

1.农村冷链物流产业链薄弱

冷链物流水平是一个国家农业现代化水平的重要标志,也体现着现代农业的综合效益,但目前我国农村冷链物流发展存在瓶颈,农村冷链物流基础设施还达不到一条完整冷链物流产业链所要求的水平,其中的许多环节如产地预冷、冷库储存、配送、零售还没有形成规模化、标准化。加快农村冷链物流基础设施建设,是增强贫困户"造血"能力、巩固脱贫成果的有效举措。

2.农村快递网络不健全

相较于城市交通条件便捷、快递网络健全,农村地理位置偏僻、交通不发达,因此农村的"最后一公里"问题极其突出。配送费用高、效率低是快递下乡难的主要原因。农民会出现"买难""卖难"的情况,目前大部分快递只能送到县城入户,一般一个乡镇只有一个快递物流点,村级快递物流点很少。村民需要到乡镇或者县城取快递,大大增加了他们的交通成本。贫困地区的物流运输成本是普通地区的4～10倍,农产品存在上行难问题。农村网购"最后一公里"示意图如2-16所示。

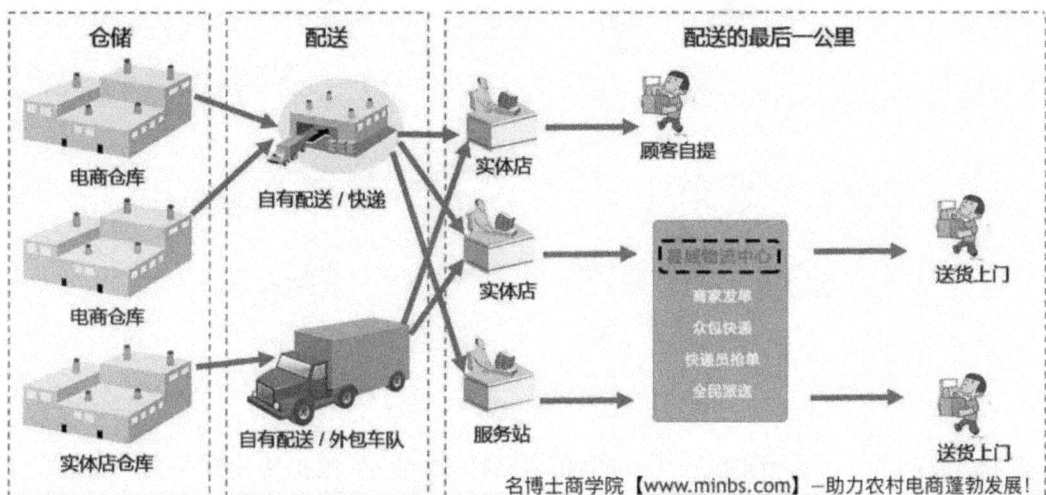

图 2-16　农村网购"最后一公里"

3.农民对电子商务的认知不到位,人才缺失

目前,农村电子商务市场在逐渐扩大,渐渐凸显了日益壮大的电子商务规模与农民认知不到位、人才缺失之间的矛盾。农民受自身文化水平的限制,对农村电子商务的认知不够全面,导致农村电子商务规模体系不够完善,薪资待遇不佳。另外,目前农村电子商务平台的服务人员对计算机网络等现代信息技术应用能力弱,而且农村电子商务相关人才极其匮乏,急需进一步加强人才引进与培训。

2.4　我国主要物流精准扶贫平台

现阶段,我国的主要物流扶贫平台有:阿里巴巴、顺丰优选、京东平台。

2.4.1　阿里巴巴平台

如图2-17所示,阿里巴巴平台主要采用多维度的商业平台模式,主要的形式有天猫、淘宝以及聚划算等,在这些模式中具有创新意义的有"挑食"板块、"舌尖上的中国"的在线发售和原产地预售模式,配合菜鸟未来的冷链物流来发展。

数据统计,2013—2020年,阿里平台农产品销售总额达到了1万亿元,2018—2020年,共有832个国家级贫困县在阿里巴巴平台的网络销售额超过2700亿元。作为国内头部电商平台,阿里凭借互联网助农脱贫模式帮助偏远贫困地区"触网"并走出贫困,近些年,阿里聚焦农产品出村的"最先一公里",帮助农产品上行,不断推进数字农业建设。2019 年,阿里设立大农业办公室,聚合淘宝天猫、阿里云、菜鸟、盒马等 20 多个业务,打造多方位的互联网助农体系。

图 2-17 阿里巴巴扶贫平台集群

为了让农产品更迅速地走出产地,流向市场,2020 年以来,阿里持续升级农产品数字化供应链,阿里先后在广西、云南、山东、四川、陕西建设 5 个数字农业产地仓,构成全国农产品五大集运枢纽,并在多个省会城市打造 20 余个销地仓。阿里通过"产地仓+销地仓"模式织就了一张数字化的农产品流通网络,一年将有超过 100 万吨农产品被新鲜送往全国,贫困县域的农产品出村的几率因此大大增加。

除此之外,阿里的淘宝村为乡村振兴贡献了一分力量,成为连接县镇发展的纽带,催生了新的数字产业带。数据显示,2020 年,中国建有 5 425 个淘宝村;1 756 个淘宝镇;活跃网店 296 万个;淘宝村年交易额首次突破 1 万亿元。其中,在 75 个国家级贫困县,诞生了 119 个淘宝村、106 个淘宝镇,创造了 12 万个创业机会,带动直接就业机会 34 万多个。截至 2020 年底,淘宝举办了 330 万场农产品直播,诞生了超过 11 万农民主播,"手机成为新农具,直播成为新农活"正在成为现实。

针对快递不进"村"的难题,阿里巴巴菜鸟网络首创了"农村快递物流智慧共配",目前已落地 27 个省份的 900 多个县域。现在,阿里已经能将物联网、光谱识别、区块链溯源、电商大数据等技术应用于农业领域,并与 30 多位农业院士及首席科学家进行合作。

2.4.2 顺丰速运(顺丰优选)平台

顺丰速运是中国的快递物流综合服务企业,1993 年 3 月 26 日在广东顺德创立,总部位于广东深圳市。顺丰速运为广大客户提供快速、准确、安全、经济、优质的专业快递服务。以"成就客户,推动经济,发展民族速递业"为自己的使命,积极探索客户需求,不断推出新的服务项目,为客户的产品提供快速、安全的流通渠道。2021 年 4 月 22 日,顺丰控股公告称,2021 年一季度营收 426 亿元,同比增加 27.07%。一季度净亏损 9.89 亿元,上年同期盈利 9.07 亿元。

顺丰速运主要采用 C2B 直供销售模式,其中高附加值类别为核心内容。最初,这种电子商务模式主要以独立运作的形式出现。相应的,该电子商务模型中使用的物流部门也是独立运作的。这种电子商务模式主要依靠高客户单价来弥补相关风险,再加上季节性直供销售模式,逐步建立一个与众不同的商业平台。

顺丰优选(Motion optimization)是顺丰集团旗下以"优选商品,服务到家"为宗旨,依托线上电商平台与线下社区门店,为用户提供日常所需的全球优质美食的一个平台。顺丰优选引入了全球领先的质检认证标准 SGS,实现从采购到销售的全流程监管,用户可根据需求选择不同的商品组合与服务。

2.4.3　京东物流平台

作为电子商务模式,京东主要采用 ABC 交易对接模式。目前,京东仅从事农产品网上交易,主要基于其开放平台。通过研究,京东将进一步加大农产品销售服务,将相关环节整合为一体,不断提高销售水平。

京东集团自 2007 年开始自建物流,2012 年正式注册物流公司,2017 年 4 月 25 日正式成立京东物流集团。京东物流以技术驱动,引领全球高效流通和可持续发展为使命,致力于将过去十余年积累的基础设施、管理经验、专业技术向社会全面开放,成为全球值得信赖的供应链基础设施服务商。

围绕"短链、智能、共生",京东物流坚持"体验为本、技术驱动、效率制胜",当前正携手社会各界共建全球智能供应链基础网络(GSSC),打造供应链产业平台,为客户提供全供应链服务和技术解决方案,为消费者提供"有速度更有温度"的高品质物流服务。

2021 年 2 月 16 日,京东物流在港交所提交招股书,正式启动 IPO,成为京东集团旗下进行 IPO 的第三家子公司。5 月 2 日,京东物流通过港交所聆讯,并披露了 2020 年财报,数据显示,2020 年,京东物流营收达 734 亿。

京东物流在成本控制领先于竞争对手阿里巴巴的菜鸟网络:一方面,京东仓库圈地成本很低,例如不久前他们与河南郑州的签约,会将结算、税收都留在河南,并创造就业条件,所以能够以一个十分优惠的价格拿到土地;另一方面,无论京东还是阿里巴巴,大型物流仓库都会用以租售,但淘宝和天猫的大量小型商户是完全用不上如此规模的库存空间的,虽然京东也会遇到类似问题,但他们的自营业务能够直接使用这些空间。

自建物流体系能够让京东为用户提供正品保证,并且合理匹配用户的收货时间——考虑到不少用户的工作时间,京东可以做到每天三个时间段送货上门,这是第三方物流难以实现的。京东在三、四线城市的渗透还较低,其中一个非常重要的原因就是自营物流还没有能覆盖到这些区域,而随着物流配送将延展到这些区域,能够帮助京东扩展更大的电商市场。

京东快递(Jingdong express)是京东物流的服务之一,拥有中国电商领域规模最大的物流基础设施。它为客户提供有温度的优质包裹交付服务,提供多种时效产品选择和个性化增值服务,更加专业、多样,为用户提供更加贴心的体验,拥有特瞬送、特快送、特惠送等增值服务。

2.5 面向精准扶贫的电子商务物流模式

物流电商产业作为一种扶贫手段,已在农村精准扶贫落地生根,开花结果。电子商务具有超时空、跨地域、低成本、扁平化、社会化多样性、差异化、没有中间环节、高速发展、一瞬即逝和机不可失,时不再来等特性。这些特性和优势吸引了广大农民,通过电商开网店、开微店,对农村经济产生巨大作用。各级政府官员为了跟上形势,也不得不解放思想,学习物流电商,了解世界。物流电商的上述特性和巨大优势,更让各级官员突然顿悟,感到做好物流电商的紧迫性,意识到政府主导是做好物流电商的关键,再一次的解放思想,开拓创新。

2.5.1 新一代信息技术融合的物流电商产业模式

目前,农村市场的商品种类、数量、时尚度等,还远远不能满足广大消费者的需求。物流电商中间环节很少,单位商品销售人工费用也较低,在商品价格上具有实体商店难以比拟的优势,物流电商的出现使得上述问题迎刃而解,选择商品不再或较少受到空间、距离和店铺经营规模的限制,对满足农村精准扶贫消费需求发挥了巨大作用。

目前,个性化、多样化、差异化消费渐成主流,但是消费者却难以购买到这些个性化、多样化、差异化等与众不同的商品。新一代信息技术融合的物流电商产业精准扶贫模式,通过大数据、云计算等技术,具有强大的搜索功能,可为消费者提供同类型但不同品牌、不同价位、不同规格、不同花色的多种多样的产品。物流电商也能利用上述技术,海量分析消费者的消费行为,探寻研究消费者的消费心理,不仅要确定每个个体消费者的消费轨迹,量身定制提供专属服务的方案和计划,更重要的是要透过个体的消费者,归纳出不同消费群体的消费趋势,预估未来的消费需求,然后再通过更强有力、更有针对性的促销方式进行引导,挖掘潜在的消费需求,培育和创造未来的消费需求。

2.5.2 物流电商产业带动农村一二三产业融合发展模式

物流电商产业作为一种依托现代信息技术进行的新型商务活动产业,是推动农村一二三产业深度融合的重要引擎。物流电商产业带动农村一二三产业融合发展模式将农业现代化与物流电商产业结合,坚持规划科学化、经营规模化、生产现代化、管理精细化、人才专业化的产业发展理念,通过物流电商大数据,因地制宜地选择适合本地实际情况并能体现本地特色的好品种。在此基础上,发展家庭农场、推动"公司＋基地＋农场"、"合作社＋基地＋农场"等原产地直供产业模式。依托物流电商,推进网络化制造和经营管理,加速研发设计、生产制造、业务重组等向全球体系演进,促进农村精准扶贫创新模式向高效共享和协同转变,推动定制化、高端化、智能化的农村精准扶贫转型升级道路。

2.5.3　物流电商"互联网＋"思维产业模式

物流电商可以"互联网＋"思维整合农村现有资源,广泛搜集特色农产品,挖掘深层次农产品历史文化内涵,将物流电商与科教、旅游、文化结合,提升农产品历史文化和档次品味。结合农村实际情况,建立特色种植园区、特色产品初加工园和特色农产品观光园物流电商合作基地,将物流电商展示和营销与产业综合示范充分结合,统一策划包装、设计、营销,实施农产品品牌创建计划,共同打造生态农产品知名品牌。

2.5.4　产业人才集聚和深度融合模式

通过建立物流电商示范基地,物流电商扶贫论坛等方式,引导和带动物流电商企业入住农村精准扶贫基地,逐渐形成产业集聚和深度融合效应,同时吸引物流电商人才服务基地。通过为物流和电子商务专业毕业生提供优惠的入职政策来加大邮政物流电商人才的引入,从而为邮政物流电商发展提供专业技术支持,实现邮政物流电商促进农村精准扶贫精准扶贫的目标。

通过强化与大学等高等院校之间的联合电商人才培养模式,加强农村物流物流、物流电商和人才培养的有机结合,培养物流电商实用型人才。以"合作办学、合作育人、合作就业、合作发展"为主线,分层次、分类别进一步推进农村物流电商人才培养机制创新。农村企业通过邀请物流电商专家和技术人员对镇及村级领导干部进行物流电商知识培训,对农民进行物流电商基础知识普及,对网商进行网络经营和技术培训。另外,通过靠实各职能部门和乡镇责任,明确责任主体,把发展壮大农村富民产业与健全产品网货供应链、网店培育、技能培训等物流电商扶贫措施相结合,推进"产品网货供应平台建设""网店提质增效""特色产品培育""贫困村智力扶贫培训"工作,积极创建集指导、培训、管理于一体的农业村级物流电商扶贫点,及时为农民解决问题。

2.5.5　电商对接产业产销一体化双流通模式

以物流电商平台、城乡物流配送体系、连锁商业网点为依托,通过线上线下融合发展,经过严格的实名认证、资质审核和服务验证,构建化肥、农药、种子、生活用品等工业品能下乡、农产品能上行的产销一体化市场双流通体系,使贫困地区群众享受与城市居民相同的网购便利化,促进特色农产品销售,提升农产品的商品化、标准化、品牌化和整体发展水平,以产业发展带动脱贫工作。

该体系主要是通过电子商务,经过严格的实名认证、资质审核和服务验证,为优质农产品进入超市搭建平台,可通过农民和商家直接签订意向协议书,或通过当地政府向双方担保,农民和商家再签订意向协议书,由农民向超市、菜市场和便民店等商家直供农产品,同时从上述商家购买化肥、农药、种子、生活用品等工业品。

该体系将现代物流电商流通方式引向广阔农村,将千家万户的村民与千变万化的大市场对接起来,构建市场经济条件下的产销一体化链条,市场需要什么,农民就生产什么,既可避免生产的盲目性,稳定产品销售渠道和价格,同时,还可减少流通环节,降低流通成本,给消费者带来实惠,实现政府、商家、农民和消费者四方共赢。另外,若农业基地距离城市较近,可采取具有"互动、体验、信任"三位一体特性的基地＋互联网＋社区O2O社区物流电商新模式,经过严格的实名认证、资质审核和服务验证,获取更快捷、便利、高效的服务。

2.5.6　城际配送网、城市配送网和城乡配送网"三网"融合模式

通过物流电商线上线下相结合的方式,协同合作,将集货、分货、仓储、运输、包装、咨询等服务功能结合起来,可倒逼农村物流业优化升级,在配送数量与配送质量等方面建立起可靠的保障,为客户提供差异化的配送服务,缩短销售与生产的距离,实现配送快速响应,形成多层次农村物流配送网络,实现城际配送网、城市配送网和城乡配送网"三网"融合模式,提高农村精准扶贫城乡物流有效供给面,打通农村精准扶贫物流"最后一公里"。可在农业种植区实施"互联网＋农产品"示范工程,与邮政网点相结合,部门实现下行物流到田园,上行物流到城市的目标,无缝对接城乡物流配送体系,实现农村精准扶贫。

2.5.7　"农业互联网＋物流＋电商物流"产业深度融合发展新模式

针对农村物流电商信息在互联网上的传播,分析农村物流电商信息在网络上传播的特征特性,分析影响农村物流电商信息传播速度、传播范围的因素及其作用机理,依托农村精准扶贫"物流＋电商""农业互联网＋高效物流""农业互联网＋物流＋电商物流"等产业深度融合发展等新模式,全过程、全环节、全方位加大农村物流电商供给侧改革、加快农村精准扶贫提质增效创新实践,实现农业社会化服务的农村精准扶贫跨境电子商务产业链新模式,最终构建"立足区域、服务全国、联结全球"的农业物流电商一体化农村精准扶贫产业集群,促进农村精准扶贫和可持续发展。

2.5.8　"直播带货＋智能物流"新发展模式

直播带货,是指通过一些互联网平台,使用直播技术进行近距离商品展示、咨询答复、导购的新型服务方式,或由店铺自己开设直播间,或由职业主播集合进行推介。直播带货模式带有鲜明的消费社会特征,是网红文化、直播场景和粉丝经济商品化的结果。直播带货的虚拟空间,是流量和商品寻求变现之场域,也是带货者与用户打破消费、娱乐和文化边界的狂欢之所。网民在一场场直播带货式抢购中,回应着巴赫金笔下那种"狂欢广场式的"生活。支撑着狂欢节式的现代社群集体消费神话的,恰恰是直播带货日渐成熟的商业模式。

一方面,"直播带货"互动性更强、亲和力更强,消费者可以像在大卖场一样,跟卖家进行交流甚至讨价还价;另一方面,"直播带货"往往能做到全网最低价,它绕过了经销商等传统中间渠道,直接实现了商品和消费者对接。

目前,产品供应链的薄弱是直播带货模式面临的严重问题。直播带货模式的健康发展,一方面应该洞察内容生产和商品销售的区别,在消费狂欢的场景中明晰带货者个人品牌的价值,爱惜羽毛,珍惜信任;另一方面,必须建立完善的产品供应链。部分MCN机构建立了选品规则以过滤出优质产品,这使得跟商家的合作生态更加健康。也有MCN机构推出自营优质商

品,尝试产业链的整合与品牌化。未来不排除会诞生超级"带货"机构,从人、货、场三方面实现垂直整合,在"人"端有网红带货达人矩阵,在"货"端有自有产品供应链、自有工厂、自有品牌,在"场"端有电商平台矩阵。例如,部分网红店铺,融合 MCN 机构、广告公司、产品供应链和销售商职能,建立了全新的产业链生态体系。

第3章 电子商务与物流精准扶贫相关理论

3.1 精准扶贫相关理论

在分析精准扶贫相关理论时,追本溯源,首先要对贫困形成的原因进行探讨,继而对各个历史阶段以来在扶贫工作方面所做出的努力、提出的理论,以及到如今精准扶贫理论的提出,对其内涵、特征的界定。

3.1.1 贫困成因理论

在探讨贫困成因时,首先要对贫困这一概念做出说明。美国的社会学家戴维认为:贫困是物质资源匮乏的一种生活状态。我国学者则是从理论和实践中认为贫困是经济意义上的贫困,即"收入贫困",而且强调的是绝对贫困,即个人或家庭的基本收入无法满足成员的最低生活保障。但是近几年,此种观点在逐渐的改变,有学者提出最基本的贫困是一种缺乏最基本的生存资源的状态,这种状态主要表现在收入水平的低下;但是除此以外,贫困还应该包括情感上的贫困和自我价值的贫困,主要表现为社交生活上的孤立和发展机会的缺乏。

故可以将贫困分为4类,即收入贫困、能力贫困、权利贫困以及心理贫困,其相应关系如图3-1所示。

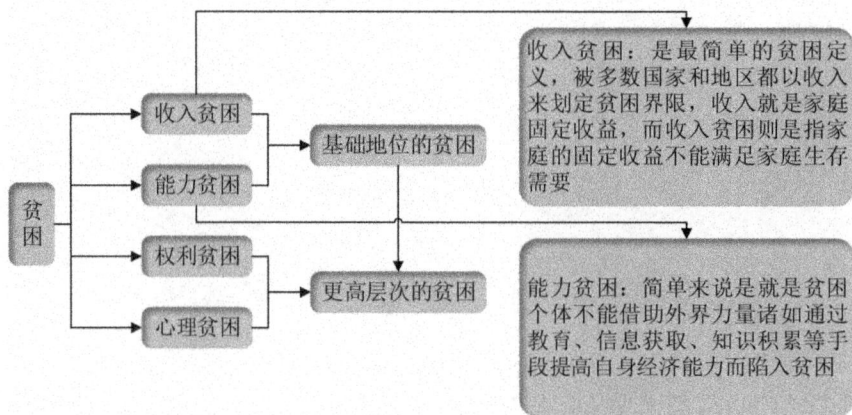

图 3-1 贫困的分类及收入贫困和能力贫困的解释

收入贫困和能力贫困是比较普遍,也是研究较多的,处于贫困现象中的基础地位,图3-1

也对这两种贫困进行了解释;权利贫困和心理贫困则是在前两者的基础上更高层次的贫困。通过图 3-1 理解贫困概念之后,对形成原因做深入探讨。

由于本文研究的是贫困地区电子商务精准扶贫,故分析贫困形成原因时主要针对贫困地区的贫困成因。国内外不少学者对贫困成因进行研究,形成了不少理论观点,表 3-1 是国内外学者及其相关理论介绍。

表 3-1　国内外学者研究贫困及其相关理论介绍

学者名称	贫困理论介绍
美国经济学家 拉格纳·纳克斯	提出贫困的恶性循环理论,即若干个相互影响、相互关联的"恶性循环系列"使得资本形成不够充分,导致发展中国家长期存在的贫困状况
美国经济学家 纳尔逊	提出"低水平均衡陷阱",即任何超过最低水平的人均国民收入的增长都将被人口增长所抵消
瑞典经济学家 缪尔达尔	认为在欠发达国家和地区,较低的收入水平大大降低了居民的生活质量,导致人口劳动力普遍不高,生产效率低下;而生产效率较低下是国家经济水平缓慢提升的原因,缓慢增长的经济水平促使发展中国家陷入低收入与贫困的积累性循环困境之中

通过对农村贫困群体的研究,总结农村贫困群体产生的原因主要有以下三个方面:所有制分配方式不同导致的贫困、区域经济发展不平衡所导致的贫困以及经济结构调整所导致的贫困。就分配方式导致的致贫原因来说,我国的基本国情决定了我国是以公有制为主体、多种所有制并存的基本经济制度,在这种经济制度下的分配方式并非是一种"平均分配"的方式,而是按劳分配,以劳动者能力、劳动质量、劳动成果为主的分配方式。这种分配方式使得劳动者因其个体之间的差异,在能力上的区别进而导致的劳动质量与劳动成果的不同,所得到的收入上也必然存在多少之分。

对于农村来说,这种分配方式因农村人口所具备的知识技能、劳动技能相对薄弱,多数只能以劳力为主,出现分配不公。详细来说,农村贫困主要产生的原因有环境因素、经济因素、教育因素以及信息落后等,如图 3-2 所示。

通过数据分析和查询,下面阐述了关于这三个方面的具体事例。

1. 环境因素

一般情况下,那些长时间处于贫困状态甚至无法摆脱贫困状态的地区,它们的自然环境都相对恶劣。生态环境的脆弱、时常多发的灾害,使得农业产量不能够得到一个相对稳定的健康发展,如此一来,这些地区也就几乎失去了吸引投资,让这些地区不能够得到发展。例如2006—2010 年期间,四川、重庆、云南、贵州、广西等地就受到严重的自然灾害的影响(见表 3-2)。

表 3-2　四川、重庆、云南、贵州、广西等地受灾情况统计

时　间	地　点	受灾情况
2006 年	四川、重庆	遭受百年不遇的大旱
2007 年	四川、重庆	发生严重春旱,入汛后旱涝急转,连续多次严重暴雨洪涝灾害

续表

时 间	地 点	受灾情况
2008 年	四川	发生了地震,其中以汶川最为严重
2010 年	云南、贵州、广西、四川和重庆	遭到了百年一遇的特大旱灾,这场旱灾已经严重影响了春耕春播,云南部分旱区绝收后不得不面临口粮危机

由表 3-2 可知,这些极端的自然环境的发生使农村更加贫困,给该地区的人民生活带来了极大困苦,也让这些地区的脱贫工作面临重重的阻碍。

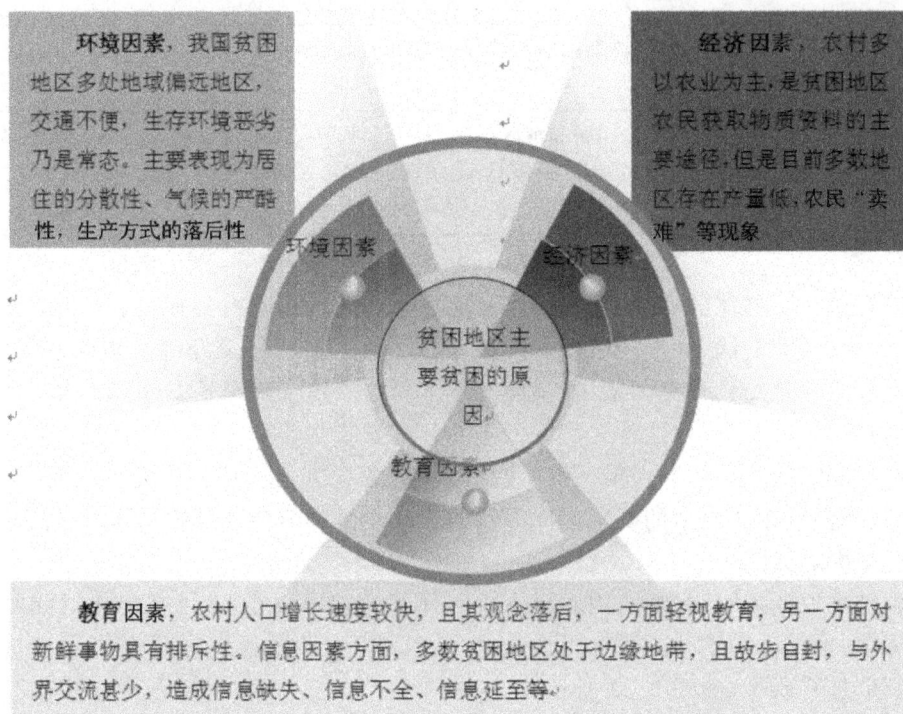

图 3-2 关于贫困地区贫困主要产生因素及相关解释

2. 教育因素

农村贫困地区的教育投入有限,教育制度的不尽合理,都导致了农村地区教育成效不明显,我国农村人口素质仍普遍偏低,这不仅表现在文盲、半文盲的比重占的比重较大,更表现在文化水平和科技水平低下、思想观念落后等方面。

根据联合国教科文组织统计,20 世纪 80 年代末,具有小学文化程度的农民可使劳动生产率提高 45%,中学文化程度可提高 105%,大学文化程度可提高 300%,教育和收入及劳动生产率有正相关效应。劳动者素质如此重要,我国贫困户平均受教育年限仅为 7 年的现状不容乐观。在经济高速发展和知识日新月异的信息时代,低素质劳动力既难以接受先进的现代农业科技,也难以适应非农产业的要求。对于外出打工的农民工而言,由于既不懂某些行业的技术要求,也无法快速学习和应用新技术,新的经营管理理念接受不了。这就导致自身素质无法满足城市的需要,只能从事最辛苦且报酬很低的工作,生活质量差,家庭收入无望增加,摆脱贫困遥遥无期。可见,教育问题不解决,不从根本上提高贫困地区农民的整体素质,一个地区脱贫将会很难。

3. 经济因素

以东西部经济发展为例,西部经济发展缓慢,远远落后于东部,贫困人口和贫困程度也尤为严重。我国在经济政策方面,从改革开放到西部大开发以前,一直都是向东部及沿海地区倾斜。不仅给东部及沿海地区提供引进外资、进出口配额等方面的优惠政策,还在金融信贷政策上,向东部及沿海地区倾斜,不仅限制了西部地区的本地融资,也一定程度上导致本地资金外流,进一步影响了西部的脱贫和发展。另外,国家更注重东部地区的基建投资,把很多基建投资分配到了东部地区。最后,我国一直以来的"剪刀差"现象导致了东西部经济差距愈来愈大,西部以生产原材料、农产品为主,在现行价格体系下,原材料、农产品价格较低,而东部地区生产的产成品价格较高。西部地区越是想脱贫,就需要输出更多的原料和产品,用获得的收入购买生活所需品,这种循环持续的次数越多,经济差距就越大,当地农民就更容易陷入贫困。

3.1.2　贫困治理理论

在了解贫困治理理论时,应当先了解当代中国农村扶贫开发的历史进程。改革开放以来,特别是从 20 世纪 80 年代中期开始,我国在全国农村范围内开展了有组织、有计划、大规模的扶贫开发。历时近 40 年的农村扶贫开发大体经历了体制改革推动扶贫、大规模开发式扶贫、扶贫攻坚、新时期扶贫开发和最后决胜阶段:①体制改革推动扶贫是从 1978—1985 年,它是农村扶贫开发的起始阶段,农村扶贫工作的主要特点是体制改革推动扶贫。这一时期,党和国家确立了农村扶贫开发政策。②大规模开发式扶贫是从 1986—1993 年,它是农村开发扶贫的全面开展阶段,农村扶贫工作的主要特点是把扶贫与开发结合起来,即把解决农村贫困人口的温饱问题与对农村贫困地区进行全面开发有机地结合起来。这一时期,我国解决了大多数贫困地区人民的温饱问题。③扶贫攻坚是从 1994—2000 年,它是农村开发扶贫的"八七"攻坚阶段,农村扶贫开发工作的主要特点是在坚持以往行之有效的政策和措施的基础上,贯彻和执行《国家八七扶贫攻坚计划(1994—2000 年)》。这一时期,经过七年的努力,我国基本解决农村贫困人口的温饱问题。④新时期扶贫开发是从 2001—2011 年,它是农村开发扶贫的新时期新阶段,我国农村扶贫开发工作的主要特点是在坚持以往行之有效的政策和措施的基础上,贯彻和执行《中国农村扶贫开发纲要(2001—2010 年)》。⑤最后决胜阶段是 2012 年至今,党的十八大以来,以习近平为核心的党中央对扶贫攻坚做出新的部署,吹响了打赢脱贫攻坚战的号角,全党全社会、全国各地各级部门积极行动起来,把到 2020 年消除整体绝对贫困、区域贫困推向最后决胜阶段。

研究不同时期农村扶贫开发呈现出的特点、采取的政策措施,揭示农村扶贫开发的意义和启示,对于进一步做好我国农村的扶贫开发工作具有重大的指导作用。图 3-3 所示是近些年来的重要措施。

我国扶贫治理的理论体系主要经历:农村经济体制改革扶贫、以贫困县为瞄准目标的大规模开发式扶贫、以贫困村为瞄准目标的创新扶贫以及以消灭绝对贫困为目标的精准扶贫等 4 个阶段,如图 3-4 所示。

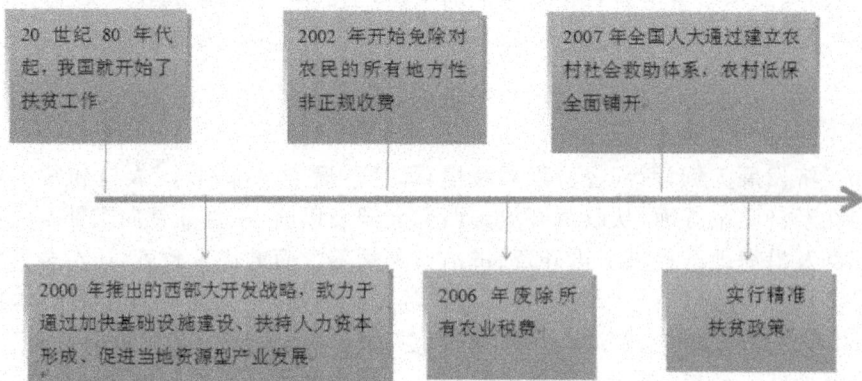

图 3-3 我国扶贫工作重要措施时间表

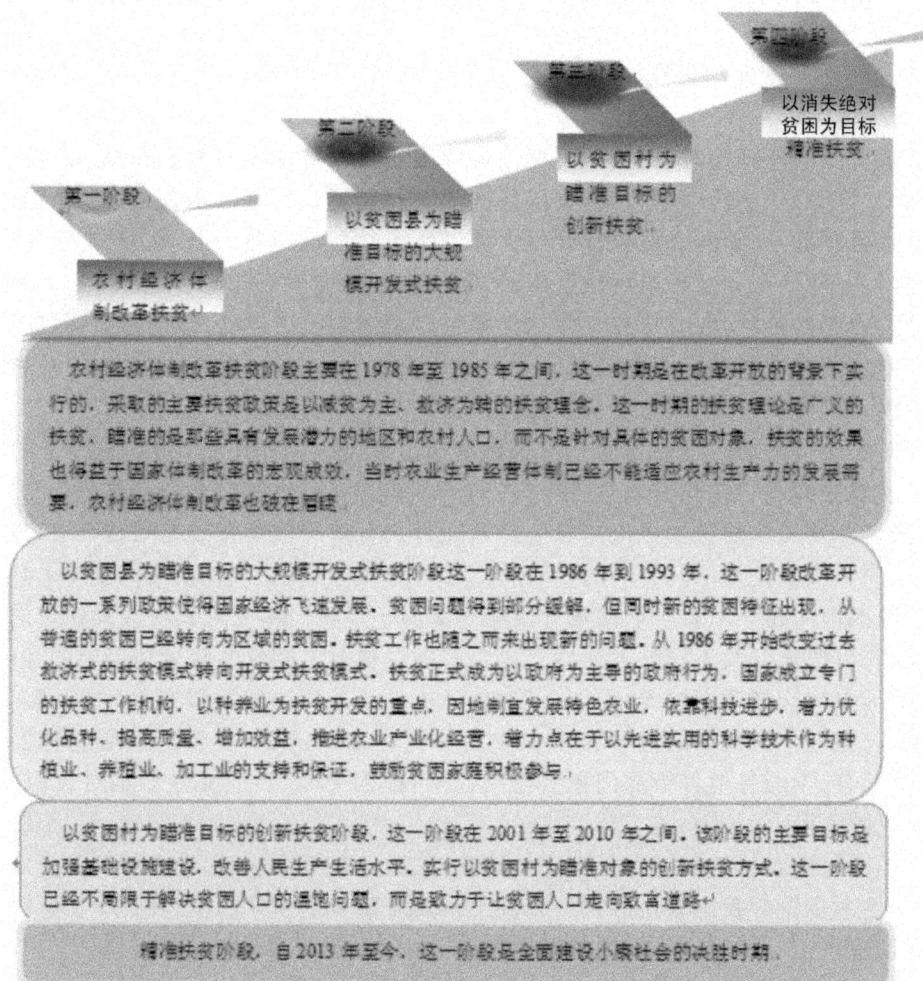

图 3-4 扶贫治理的理论体系阶段

3.1.3　权利贫困理论与共享型增长减贫理念

诺贝尔经济奖得主阿玛蒂亚·森从饥荒与权利的关系视角提出了权利贫困理论。受森的理论启发,亚洲开发银行于 2007 年提出了以"机会均等"与"公平共享"为核心的共享型增长减贫理念,又称为包容型增长减贫理念。关于这两股理论的介绍如图 3-5 所示。

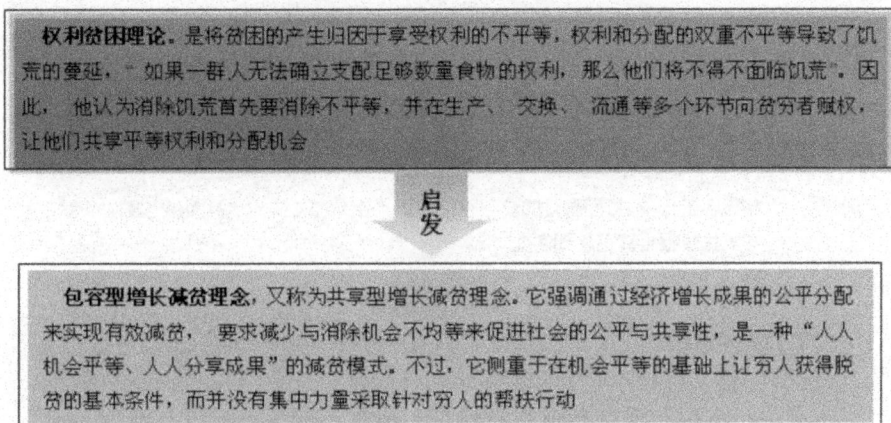

权利贫困理论。是将贫困的产生归因于享受权利的不平等,权利和分配的双重不平等导致了饥荒的蔓延,"如果一群人无法确立支配足够数量食物的权利,那么他们将不得不面临饥荒"。因此,他认为消除饥荒首先要消除不平等,并在生产、交换、流通等多个环节向贫穷者赋权,让他们共享平等权利和分配机会

启发

包容型增长减贫理念,又称为共享型增长减贫理念。它强调通过经济增长成果的公平分配来实现有效减贫,要求减少或消除机会不均等来促进社会的公平与共享性,是一种"人人机会平等、人人分享成果"的减贫模式。不过,它侧重于在机会平等的基础上让穷人获得脱贫的基本条件,而并没有集中力量采取针对穷人的帮扶行动

图 3-5　权利贫困理论与包容型增长减贫理念概念

3.1.4　参与式扶贫理念与合作型反贫困理论

参与式扶贫理念源于参与式发展理论,它将"参与"和"赋权"两大核心思想融入扶贫工作中,参与的关键在于赋权。但是由于参与式扶贫理念在实践过程中存在难以落实的困难,就有学者提出了"合作型反贫困理论"。图 3-6 所示是有关这两个概念的详细内涵。

3.1.5　滴漏理论与利贫式减贫理念

滴漏理论又称"涓滴理论""涓滴效应",盛行于 20 世纪五六十年代。它主张在经济发展过程中减少政府对贫困阶层和群体的优先照顾,而主要依靠市场机制的"涓滴效应"来实现经济增长的成果向穷人惠及或扩散,并带动其脱贫和致富。但由于制度不完善等原因,使得效果并不明显。针对涓滴理论实施弊端和不足,利贫式减贫理念应运而生。它是一种有利于穷人的减贫模式,更是一种具有精准性和针对性的制度安排,为我国建立贫困对象瞄准机制提供了有益的启发。图 3-7 描述了涓滴理论的优缺点以及利贫式减贫理论的概念。

精准扶贫理念既融合了国内外减贫理论的精髓,又根据本土环境进行了有效创新;它既是一种利贫式减贫手段,又是注重多方参与、协同联动的合作型扶贫模式。精准扶贫理念取长补短,形成了适合我国现实国情的减贫、治贫方式。已有学者对中国农村贫困的成因和农村反贫困措施的研究见表 3-3。

"参与"是指贫困农民参与扶贫决策以及扶贫资金和资源投放的领域、项目和产业选择，参与扶贫项目的决定、管理、监督和评估，分享扶贫项目的利益。

关键

"赋权"意味着建立一套贫困农民进入扶贫项目场域的体制机制，消除贫困人口准入的各种制度和体制障碍，保障贫困农民的参与需求。

核心思想

参与式扶贫理念：从参与式扶贫从贫困农户的角度出发，主张从制度建设和机制创新等方面赋予贫困群体的参与权利，为他们表达意见和需求开拓了渠道

不足

在现实工作中，贫困群体的参与往往力不从心，加之扶贫涉及面相当复杂，参与式扶贫很难真正落到实处

改进提出

"合作型反贫困理论"，指出"反贫困工作不是由任何一个单一主体的投入即可完成的，它需要政府、社区、贫困群体之间的有效合作，且必须通过一个有效的合作平台来完成。"在反贫困实践中，政府和贫困群体应处于同等的主体地位，并在扶贫行动中通力合作。为此，其主张构建四大合作机制：官民合作机制、贫困户经济合作机制、社区与农户间合作机制、政府部门间合作机制。这种扶贫方式既有利于解决政府力量有限、资源整合等难题，又能够充分调动贫困群体主动脱贫的积极性，它也是精准扶贫中联动帮扶的重要理论依据

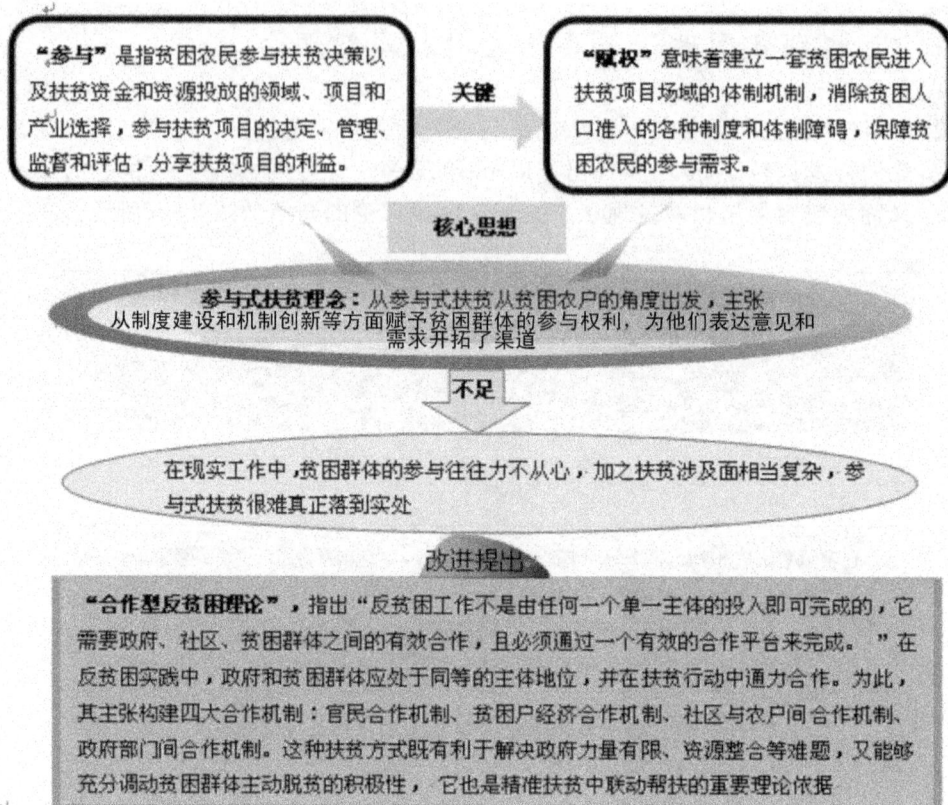

图 3-6　参与式扶贫理念与合作型反贫困理论

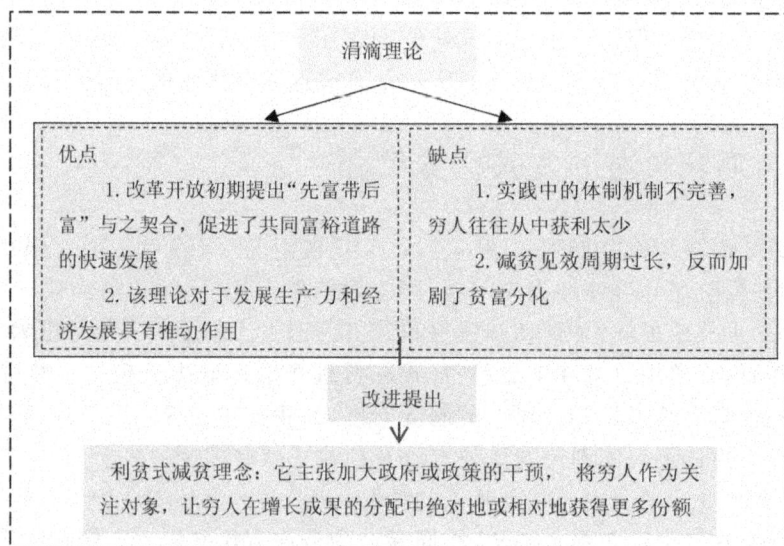

涓滴理论

优点	缺点
1.改革开放初期提出"先富带后富"与之契合，促进了共同富裕道路的快速发展 2.该理论对于发展生产力和经济发展具有推动作用	1.实践中的体制机制不完善，穷人往往从中获利太少 2.减贫见效周期过长，反而加剧了贫富分化

改进提出

利贫式减贫理念：它主张加大政府或政策的干预，将穷人作为关注对象，让穷人在增长成果的分配中绝对地或相对地获得更多份额

图 3-7　涓滴理论与利贫式减贫理念

表 3 - 3 中国农村贫困的成因和农村反贫困的措施

中国农村贫困的成因	社会学家费孝通提出其基本原因是人均耕地面积的严重不足,相伴而生的就是地理和资源条件等方面的不利因素
针对农村反贫困的措施	马国贤表示要将市场机制更多地引入农业,以提高劳动生产率
	张鸿、李永飞等众多学者则非常注重通过电子商务实现农村精准扶贫、脱贫
	朱玲提出要加强贫困瞄准机制的效果,转贫困区域的扶贫为贫困个体的扶贫

所谓电商扶贫,就是以电子商务为手段,拉动网络创业和网络消费,推动贫困地区特色产品销售的一种信息化扶贫模式。

20 世纪 90 年代后,联合国就认为减贫的重要方式之一是利用信息技术。国际组织也普遍认识到,在更广的范围内(包括农村区域)应用信息和通信技术,不仅可以增加贫困者机会的获得、劳动效率的提高和风险规避能力的增长,而且可以在政治、社会和权利保护上实现反贫困。

近年来,随着我国电子商务发展突飞猛进,信息网络技术和电子商务为扶贫开发工作带来新的机遇。但我国农村电子商务精准扶贫则处于初期发展阶段,要发挥农村电子商务效应首先应加大对网络基础设施建设,表 3-4 介绍了有关学者对农村电子商务扶贫的相关研究。

表 3 - 4 农村电子商务扶贫相关研究

有关学者	研究理论介绍
林毅夫	国家财政政策中规划的资金应当尽可能多地转移到农村电子商务等公共基础设施建设中,其重点在于让农村经济进入良性循环,从实际情况上增加农民收入
郑新立	建设社会主义新农村的提议最重要之处就在于要改变农村电子商务、物流、交通等基础设施、公共服务落后的局面
麻茵萍	以制约电子商务在农产品流通领域应用的关键因素和问题为突破口,分析了我国农村电子商务发展现状和农产品流通领域引进电子商务的必要性,特别是电子商务在农产品流通领域应用中政府应该采取的公共政策。
李永飞等人	电商扶贫需重视"物流＋电商"一体化,基地＋城市社区,电超对接,互联网＋电子商务,区域特色的跨境电子商务产业链等新模式

3.1.6 我国精准扶贫理论

精准扶贫理念如图 3-8 所示,习近平总书记提出的精准扶贫理念,精准扶贫是相对于粗放式扶贫模式而言,是指针对不同贫困对象采取相对应的措施,帮助贫困个体摆脱贫困状况。精准扶贫的关键在于扶贫对象的精准识别以及整合扶贫资金,开展产业扶贫计划。以往的扶贫开发模式仅仅做到了资金的筹措和发放,在资金的管理、分配方面存在着大量的问题,使得扶贫工作中出现大量问题,诸如扶贫资金、项目等资源无法准确到村到户,应该扶贫的却没有,反而家庭条件好的得到扶贫。因此为提高我国扶贫工作的精准度,建立精准扶贫工作机制,针对不同贫困地区的不同贫困原因、不同贫困状况,因地制宜的对扶贫资源进行合理配置,从"大水漫灌"转向"精确滴灌",监督资源的合理使用,将"输血式"的扶贫转向"造血式"的扶贫,将传统的"授人以鱼"扶贫思维转为"授人以渔"的扶贫思维。

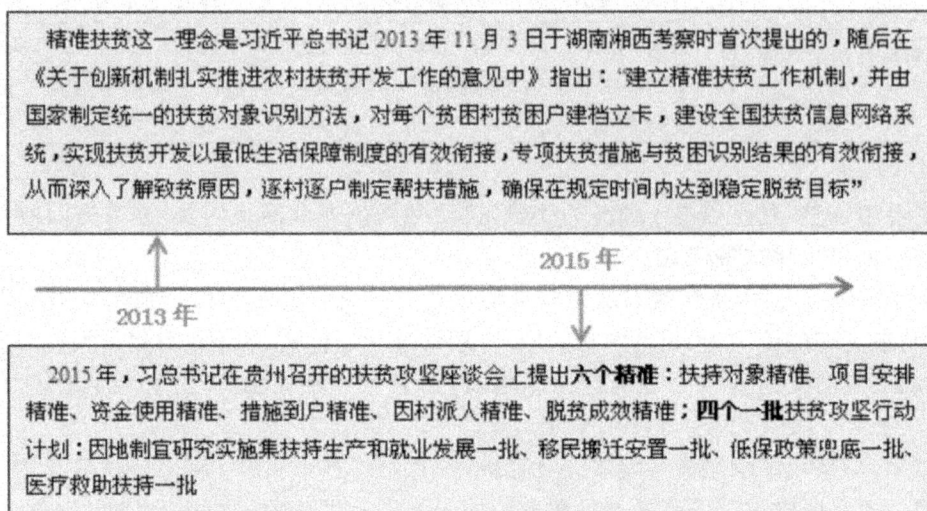

图 3-8　精准扶贫理念

3.1.7　公平理论

公平理论观点:人的工作积极性不仅与个人实际报酬多少有关,而且与人们对报酬的分配是否感到公平更为密切。人们总会自觉或不自觉地将自己付出的劳动代价及其所得到的报酬与他人进行比较,并对公平与否做出判断。公平感直接影响一个人的工作动机和行为。因此,从某种意义来讲,动机的激发过程实际上是人与人进行比较,做出公平与否的判断,并指导行为的过程。公平理论研究的主要内容是职工报酬分配的合理性、公平性及其对职工产生积极性的影响。公平理论的主要内容如图3-9所示。

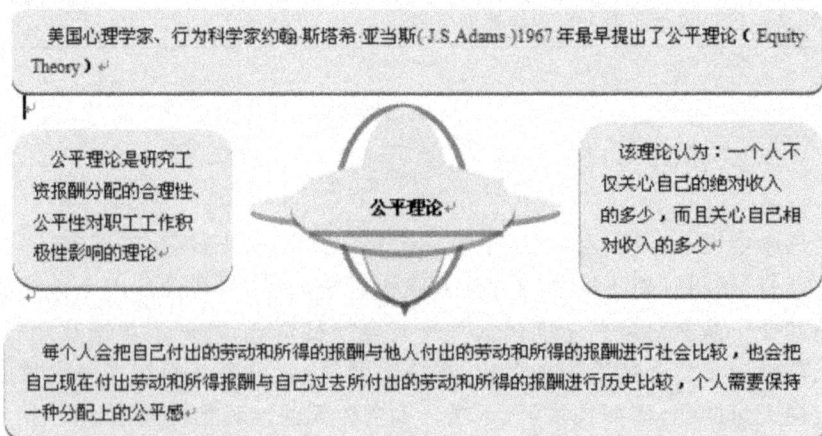

图 3-9　公平理论

每个人都会自觉或不自觉地进行社会比较,同时也自觉或不自觉地进行历史比较。当个人对自己的报酬作社会比较或历史比较的结果表明收支比率相等时,便会感到受到了公平待遇,因而心理平衡,心情舒畅,工作努力。如果认为收支比率不相等时,便会感到自己受到了不公平的待遇,产生怨恨情绪,影响工作积极性。当认为自己的收支比率过低时,会产生报酬不足的不公平感,比率差距越大,这种感觉越强烈。这时个人就会产生挫折感、义愤感、仇恨心理,甚至产生破坏心理。

学者们基于公平理论,从不同的角度提出了社会比较理论、工作公平感理论和程序公平理论等理论。这三种理论的概念介绍如图 3 - 10 所示。

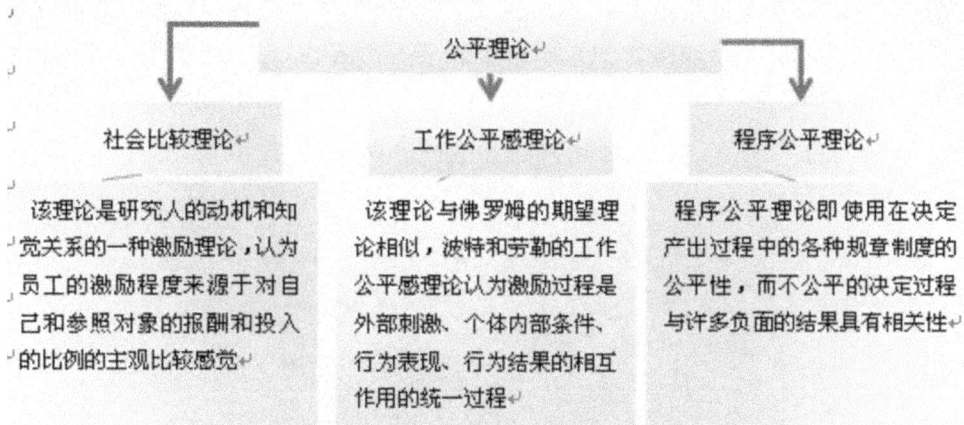

图 3 - 10　社会比较理论、工作公平感理论和程序公平理论比较

1. 社会比较理论

该理论的基本观点认为:一个人在取得成绩并获得报酬后,他不仅仅关心自身所获得报酬这个绝对量,而且会关心自身所获得报酬的相对量,经过将自己获得的"报偿"(包括金钱、工作安排以及获得的赏识等)与自己的"投入"(包括教育程度、所作努力、用于工作的时间、精力和其它无形损耗等)的比值与组织内其他人作社会比较(横向比较)和把自己目前投入的努力与目前所获得报偿的比值,同自己过去投入的努力与过去所获报偿的比值进行比较(纵向比较又叫历史比较)后确定自身所获得报酬是否合理,并依据横向比较和纵向比较后的结果会调整自身今后对工作投入的积极性。只有经过横向和纵向比较,发现自身与他人的"报偿"相等时他才认为公平。调查研究结果表明:不公平感的产生,绝大多数也是由于经过比较后认为自身目前的报酬过低而产生的;但是少数情况下,也会由于经过比较认为自身的报酬过高而产生不公平感。

2. 工作公平感理论

工作公平感理论在 20 世纪六七十年代是非常有影响的激励理论。该理论认为设置了激励目标、采取了激励手段,并不一定能获得所需的行动和努力,并使员工感到公平和满意。工作公平感理论认为要形成激励→努力→绩效→奖励→满足并从满足回馈努力的良性循环和公平机制,取决于奖励内容,奖惩制度,组织分工,目标导向行动的设置,管理水平,考核的公正性,领导作风和个人心理期望等诸多综合性因素。

3. 程序公平理论

对于邮政服务供应链而言,程序公平更多地影响邮政服务供应链企业员工的满意度、员工对邮政服务供应链企业的忠诚度和信任度,因此在邮政服务供应链企业管理过程中,程序的公平往往比结果公平更重要,从邮政服务供应链管理角度看,邮政服务供应链企业应该关注的重点不仅在结果,而且在过程上怎样通过政策、制度等解决邮政服务供应链企业面临的问题。

3.1.8 新公共服务理论

公共服务(Public Service)是指由政府或公共组织或经过公共授权的组织提供的具有共同消费性质的公共物品和服务。如图 3-11 所示,从内容和形式、专业属性以及工程专业属性对公共服务进行分类介绍。

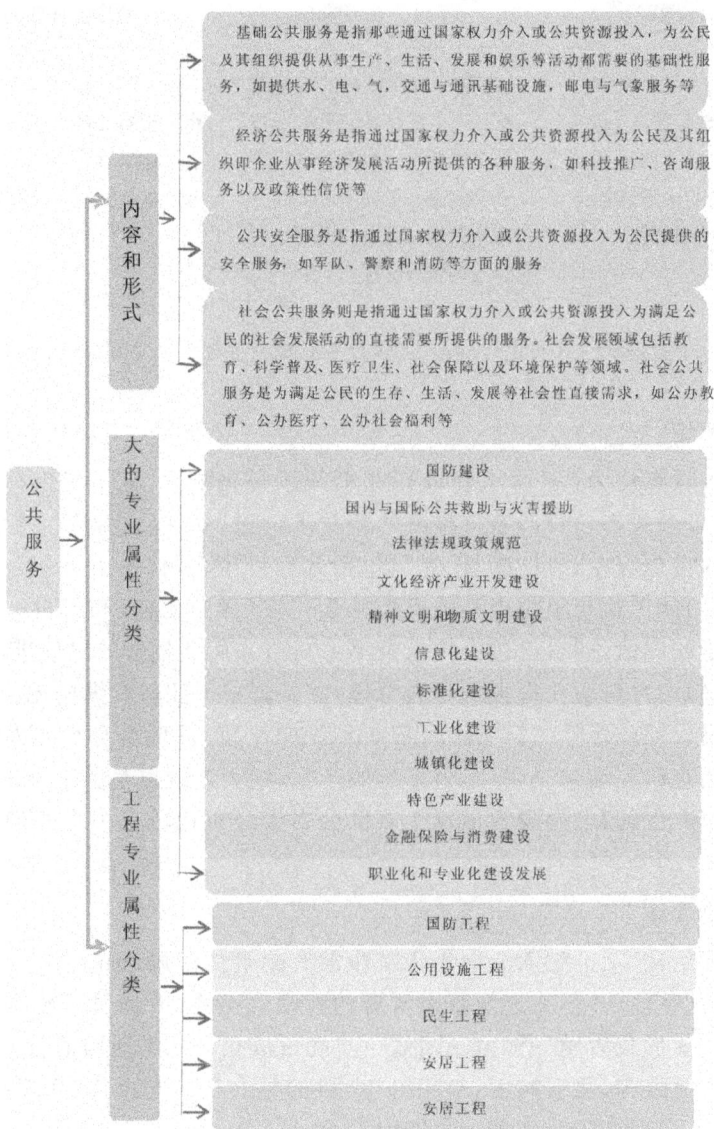

图 3-11 公共服务的分类

公共服务问题是一个世界性、历史性的重要疑难课题,更是一个世界性的重要现实疑难问题,百年来,围绕公共服务问题,各国政府以及学术界从不同角度进行了热烈的讨论,形成了一些共识,也产生了许多不同的流派。公共服务理论的历史发展如图 3-12 所示。

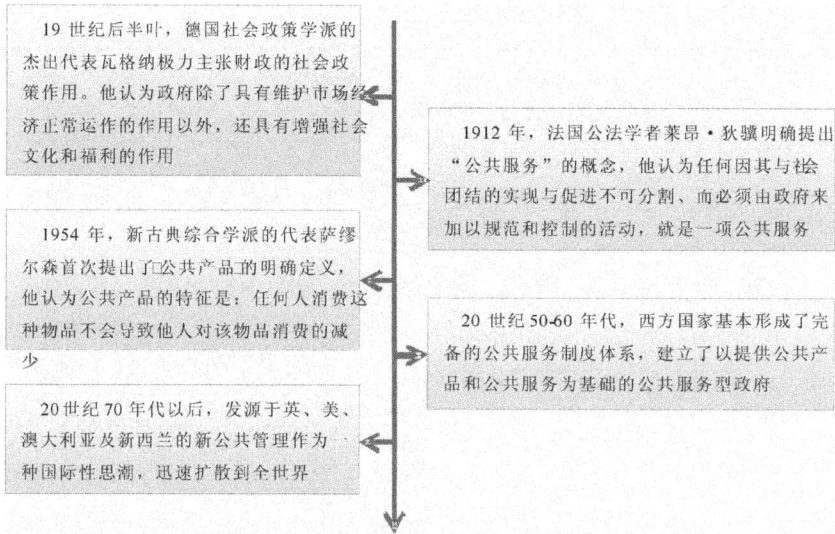

图中内容:

19 世纪后半叶,德国社会政策学派的杰出代表瓦格纳极力主张财政的社会政策作用。他认为政府除了具有维护市场经济正常运作的作用以外,还具有增强社会文化和福利的作用

1912 年,法国公法学者莱昂·狄骥明确提出"公共服务"的概念,他认为任何因其与社会团结的实现与促进不可分割、而必须由政府来加以规范和控制的活动,就是一项公共服务

1954 年,新古典综合学派的代表萨缪尔森首次提出了公共产品的明确定义,他认为公共产品的特征是:任何人消费这种物品不会导致他人对该物品消费的减少

20 世纪 50-60 年代,西方国家基本形成了完备的公共服务制度体系,建立了以提供公共产品和公共服务为基础的公共服务型政府

20 世纪 70 年代以后,发源于英、美、澳大利亚及新西兰的新公共管理作为一种国际性思潮,迅速扩散到全世界

图 3-12　公共服务理论的历史发展

新公共管理(New Public Management,NPM)是一个非常松散的概念,NPM 既指一种试图取代传统公共行政学的管理理论,又指一种新的公共行政模式。代理政府、政府新模式、国家中空化、市场化政府、国家市场化等均是对新公共管理的不同描述。新公共管理的最基本的特征表现如图 3-13 所示。

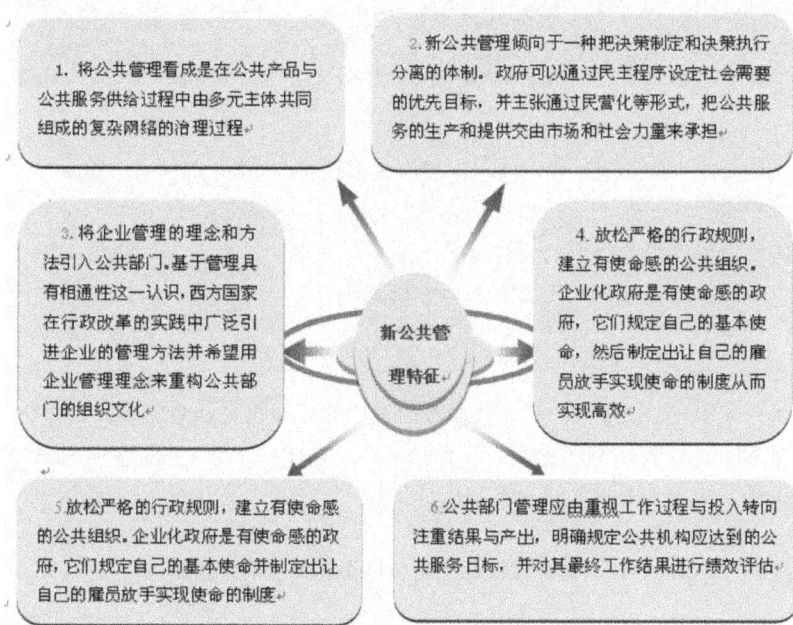

图中内容:

1. 将公共管理看成是在公共产品与公共服务供给过程中由多元主体共同组成的复杂网络的治理过程

2. 新公共管理倾向于一种把决策制定和决策执行分离的体制。政府可以通过民主程序设定社会需要的优先目标,并主张通过民营化等形式,把公共服务的生产和提供交由市场和社会力量来承担

3. 将企业管理的理念和方法引入公共部门。基于管理具有相通性这一认识,西方国家在行政改革的实践中广泛引进企业的管理方法并希望用企业管理理念来重构公共部门的组织文化

4. 放松严格的行政规则,建立有使命感的公共组织。企业化政府是有使命感的政府,它们规定自己的基本使命,然后制定出让自己的雇员放手实现使命的制度从而实现高效

新公共管理特征

5. 放松严格的行政规则,建立有使命感的公共组织。企业化政府是有使命感的政府,它们规定自己的基本使命并制定出让自己的雇员放手实现使命的制度

6. 公共部门管理应由重视工作过程与投入转向注重结果与产出,明确规定公共机构应达到的公共服务目标,并对其最终工作结果进行绩效评估

图 3-13　新公共管理的最基本的特征

20世纪八九十年代以来,由罗伯特·登哈特提出的新公共服务理论代表了公共行政理论一种新的发展趋向。新公共服务理论是在对新公共管理理论进行反思和批判的基础上产生的,它对传统公共行政、新公共管理的超越主要体现在:

(1)关注公共利益,如图3-14所示。

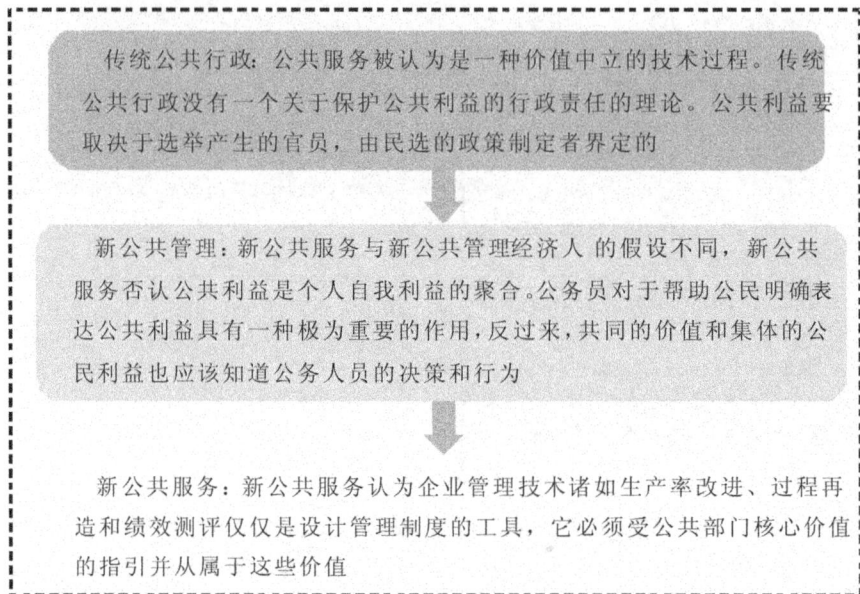

传统公共行政:公共服务被认为是一种价值中立的技术过程。传统公共行政没有一个关于保护公共利益的行政责任的理论。公共利益要取决于选举产生的官员,由民选的政策制定者界定的

新公共管理:新公共服务与新公共管理经济人的假设不同,新公共服务否认公共利益是个人自我利益的聚合。公务员对于帮助公民明确表达公共利益具有一种极为重要的作用,反过来,共同的价值和集体的公民利益也应该知道公务人员的决策和行为

新公共服务:新公共服务认为企业管理技术诸如生产率改进、过程再造和绩效测评仅仅是设计管理制度的工具,它必须受公共部门核心价值的指引并从属于这些价值

图3-14　新公共服务理论公共利益方面的超越体现

(2)强调公民权利,如图3-15所示。

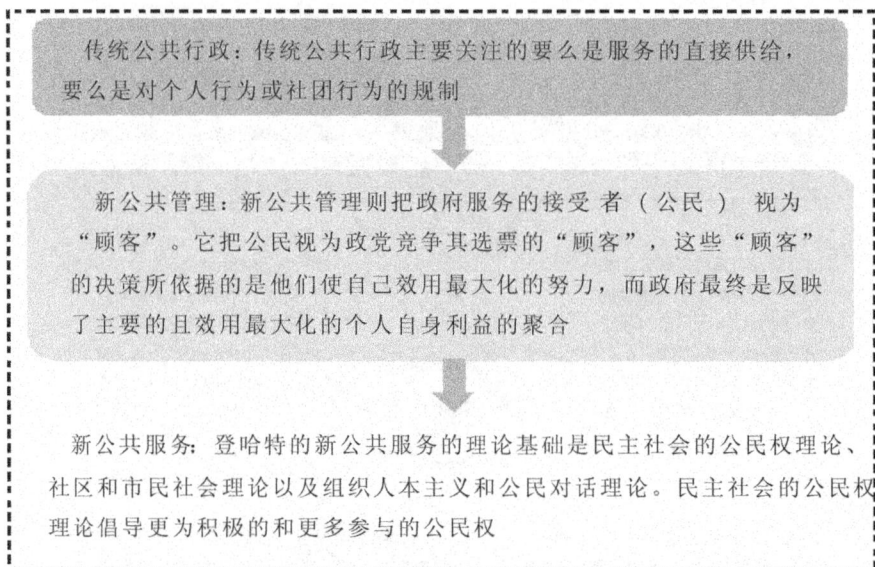

传统公共行政:传统公共行政主要关注的要么是服务的直接供给,要么是对个人行为或社团行为的规制

新公共管理:新公共管理则把政府服务的接受者（公民）视为"顾客"。它把公民视为政党竞争其选票的"顾客",这些"顾客"的决策所依据的是他们使自己效用最大化的努力,而政府最终是反映了主要的且效用最大化的个人自身利益的聚合

新公共服务:登哈特的新公共服务的理论基础是民主社会的公民权理论、社区和市民社会理论以及组织人本主义和公民对话理论。民主社会的公民权理论倡导更为积极的和更多参与的公民权

图3-15　新公共服务理论公民权利方面的超越体现

图3-15描述了新公共服务公民理论权利方面的概念。新公共服务理论认为,政府与公

民之间不同于企业与其顾客之间的关系。新公共服务理论把个人看作是在自治过程中扮演更积极作用的分享者。因此,他们提出了"公民优先"的理念。"公民优先"理念认识到把公民当成顾客的局限性,顾客基本上关注的是他的期望以及这些需求如何能迅速得到满足,而公民关注的是公共利益以及这个社会的长期结果。"公民优先"提倡的是一种互惠的回应性,鼓励越来越多的人去担负作为公民的责任。

(3)重塑政府角色,如图 3-16 所示。

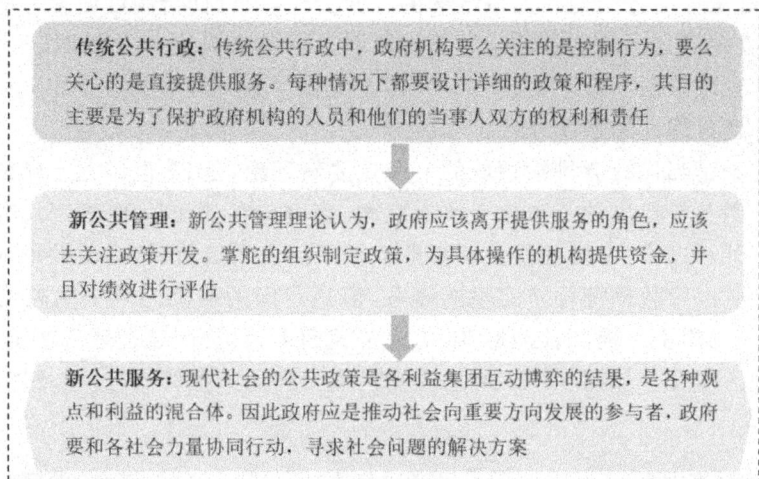

传统公共行政: 传统公共行政中,政府机构要么关注的是控制行为,要么关心的是直接提供服务。每种情况下都要设计详细的政策和程序,其目的主要是为了保护政府机构的人员和他们的当事人双方的权利和责任

新公共管理: 新公共管理理论认为,政府应该离开提供服务的角色,应该去关注政策开发。掌舵的组织制定政策,为具体操作的机构提供资金,并且对绩效进行评估

新公共服务: 现代社会的公共政策是各利益集团互动博弈的结果,是各种观点和利益的混合体。因此政府应是推动社会向重要方向发展的参与者,政府要和各社会力量协同行动,寻求社会问题的解决方案

图 3-16 新公共服务理论政府角色方面的超越体现

图 3-16 描述了新公共服务政府角色方面的概念。目前,新公共管理模式已经被确立为治理和公共行政领域中的主导模式,在这一过程中,尽管对民主公民权和公共利益的关注并没有完全丧失,但是这种关注被置于次要的地位,与新公共管理理论主张"市场式政府"的治理模式不同,新公共服务理论主张组织与公民参与政府管理的民主治理模式,主张"参与式国家"的政府治理模式。在这种治理模式中,参与社会管理的主体不仅有各级政府,还有非政府组织、社区、公民和其他组织,他们在社会管理系统中获得越来越多的参与机会,政府与他们之间的关系不是从属关系,而是多元主体的合作伙伴关系,这种关系体现了社会管理的公共取向、民主取向、社群取向和多元化取向。

从上述可以看出,新公共服务理论是对新公共管理理论的一种扬弃,它试图在承认新公共管理理论对于改进当代公共管理实践所具有的主要价值并抛去公共管理理论特别是企业家政府理论的固有缺陷的基础上,提出和建立的一种更加关注民主价值和公共利益、更加适合于现代公民社会发展和公共管理实践需要的颇具创新性的理论。它从一个侧面提醒我们"在民主社会里,当我们思考治理制度时,对民主价值的关注应该是极为重要的。效率和生产力等价值观不应丧失,但应当被置于民主、社区和公共利益这一更广泛的框架体系之中。"从这个意义上,新公共服务代表了行政理论发展的新趋向。

新公共服务理论是从市场和经济学的角度重塑行政的理念和价值,从而建立了一整套全新的行政发展架构的理论体系。在对新公共管理进行性批判和反思的基础上,一些学者提出了新公共服务的新理论。丹哈特夫妇提供了新公共服务与新公共管理比较的一个代表性范式,他们提出了对服务行政有相当指导意义的七个方面:①服务而非掌舵;②公共利益是目标而非副产品;③战略地思考,民主地行动;④服务于公民而不是顾客;⑤责任并不是单一的;⑥重视人而不只是生产率;⑦超越企业家身份,重视公民权和公共服务。

3.1.9 资产建设理论

贫困一直以来都是一个全球性的问题。传统的救助方式是以收入再分配为核心的社会福利政策,但是随着全球经济结构和人口结构的不断变化,现行社会制度面临一些无法解决的难题,迫切需要社会政策方面的创新。这时美国圣路易斯华盛顿大学教授谢若登针对现行的以收入为基础的社会政策是不公平的这一研究结论提出了资产建设理论,图 3-17 是对传统社会福利以及资产建设理论的概念介绍。

资产建设理论是当代社会科学领域的一个重要新理论,是 20 世纪九十年代美国圣路易斯华盛顿大学教授谢若登提出的一个社会政策框架,该理论在他出版的《穷人与资产》一书中首次提出的。改革开放以来,中国的反贫困事业取得了巨大的成就,社会救助形成了包括最低生活保障、灾害救助、医疗救助等相对完整的体系,但是我国的贫困问题依然较为严重。围绕贫困问题的研究,大都集中在提高救助标准,扩大覆盖面上,自资产建设理论产生以来,对完善社会救助政策有很大启发。如图 3-17 所示是资产建设理论产生背景、过程及理论观点。

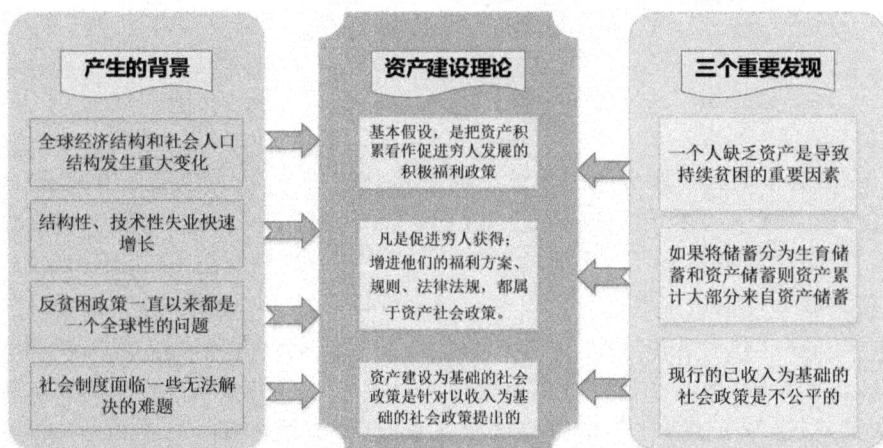

图 3-17 资产建设理论产生背景、过程及理论观点

3.2 电子商务精准扶贫相关理论

3.2.1 电子商务理论

电子商务是基于互联网信息技术发展起来的,其具有影响范围广,交易效率高,交易成本低等特点。随着越来越多的商家和消费者利用线上平台进行交易,电子商务已形成一股不可逆的发展趋势,并对传统商业产生了巨大的冲击。以服装和零售业为例,海澜之家、家乐福等

品牌企业的销售额与交易量急剧下滑,市场影响力逐年下降。除了诸如消费饱和商品过度同质化的缘由外,电子商务的迅速崛起也是不容忽视的因素。产生这种现象的主要原因如图3-18所示,是电子商务在降低交易成本同时又提高了交易效率。根据当前的发展趋势,在未来一段时间内,我国电子商务发展规模和普及程度仍将继续扩大,电商交易也将逐步融入农村人口的生活消费习惯中,通过生产者与市场的无缝连接,可以创造更多的盈利机会,进而带动当地经济的发展。

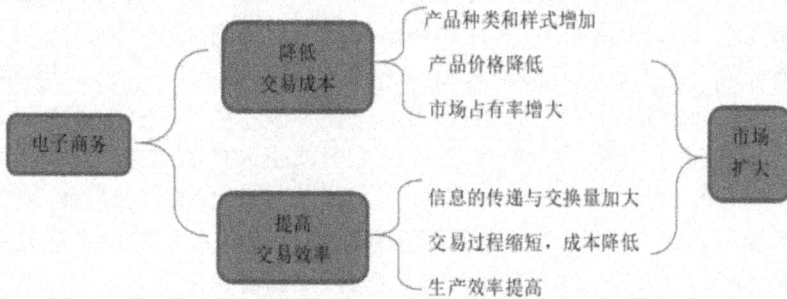

图 3-18　电子商务促进市场增大示意图

3.2.2　农村电子商务理论

农村电子商务是借助于网络平台,为农村的各种资源服务,比如三农信息服务站,能够提供各种农业信息。作为农村电子商务平台的实体终端直接扎根于农村服务于三农,真正使三农服务落地,使农民成为平台的最大受益者。关于农村电子商务理论,许多学者都对它进行了研究,形成了许多的理论观点,相关学者的理论观点见表3-5。

表 3-5　农村电子商务相关理论

国内外学者	研究理论介绍
周海琴	从农村电子商务所用到的媒介工具、交易主体和经济活动主要方式三方面阐述了农村电子商务的概念:农村电子商务就是指利用简单、快捷、低成本的电子通讯方式、买卖双方在不用见面情况下就可将农村经济活动中易得到的产品传递到市场完成交易的全过程,该过程包括网上培训、网上广告、网上营销、商品流转和网上售后服务等,每一项的优劣直接累加成农村电子商务实施的优劣
刘可	认为农村电子商务是涉及农村、农业、农民以电子化手段进行商贸交易的农村经济活动
李异菲、张德亮	将农村电子商务比作桥梁用以连接农村小生产与市场大需求,而农村电子商务的建立可降低流通环节成本。农村电商的发展只是发展的区域有所限制,依然符合电子商务的发展规律,电子商务的发展规律对于农村电商同样适用

农村电子商务与传统经济相比较,因其建立在互联网之上,故这种经济形态被称为网络经济。农村电子商务作为电子商务的重要部分,在遵循网络经济的一般规律外,还有自己特定的

发展规律,例如:网络经济中比较重要的有梅特卡夫定理、非摩擦经济效应等。梅特卡夫定理是一条关于网上资源的定律,网络的价值与联网的用户数的平方成正比,新技术的使用率越高,技术的价值也就越高,因此,网络产品的使用率越高,使用价值越高,网络整体的价值也就越高。相应的,农村电子商务的价值也体现在参与者的规模上。20 世纪 90 年代产生了以"富者越富,赢家通吃"为主体思想的非摩擦经济,在这个理论中表明发展农村电子商务要迅速建立起品牌,认为农村电子商务卖的是品牌而不是产品。

农村电子商务也遵循电子商务的特有规律如长尾理论和注意力经济,长尾理论是网络时代兴起的一种新理论,主要指商品生产、存储和销售成本的急剧降低,使得生产门槛降低,促使需求猛增。维基百科对注意力经济的定义是:人类能够把注意力集中在处理的信息上的能力有限,即注意力有限,而世界上的信息无限。形成一种类似经济学的有限资源与无限欲望的对价关系,甚至比实际货币的影响更宏大,关系到该企业或个人的收益成败,所以称为注意力经济。屈莉莉在其编著的《电子商务经济学》中谈到,通过培养潜在的消费群体,以最大限度吸引用户或消费者注意力,以期获得最大的未来商业利益的经济模式称之为注意力经济。在这种经济状态下,电子商务发展的关键在于吸引大众视野,挖掘潜在消费者,

3.2.3 农村电子商务扶贫相关理论

1. 反贫困理论

在人类不断同贫困作斗争的过程中,从反贫困的过程来看对反贫困的表述主要有三种:减少贫困、减缓贫困和消除贫困。减少贫困强调减少贫困人口的数量;减缓贫困强调反贫困的重点在于减缓贫困的程度;消除贫困则强调反贫困的目的是最终消除贫困,也是反贫困的最终目标。中国在其反贫困过程中,习惯于用"扶贫"来表示反贫困的具体行为过程。

利用经济发展带动贫困个体脱贫致富的典型代表就是极化涓滴效应和包容性增长理论等。极化涓滴效应解释了经济发展从发达地区向不发达地区延伸的过程。这一理论是极化效应转向涓滴效应的创新,赫希曼认为,经济的增长会率先出现在某个区域并向其他周边区域扩散。也就是说,在贫困地区中,若其中一个区域发展起来,就可带动周围村庄发展起来。如图 3 - 19 所示,在村庄 A 首先引入电子商务,使得村庄 A 相比周围村庄率先发展起来,获得扶贫效果,同时也为周围以 B 为代表的村庄提供就业机会,同时提供技术支持、在村庄 B 开设园区,为村庄 B 引入电子商务奠定良好基础,村庄 B 得到发展机会,达到减贫脱贫目的。

学者文雁兵对于经济增长缓解贫困做了大量研究,贫困从最开始的收入贫困到能力贫困、权利贫困、制度性贫困经历了四个阶段,同样经济增长也经历了四个阶段,纯粹的增长、基于广泛基础的增长、益贫式增长到包容性增长,认为经济增长是减贫的必要而非充分条件。经济增长一定程度上可以达到减贫效果,但并不是减贫的唯一方法,且在一些地区存在因经济增长引发的收入不均,导致"贫困化增长"。为此文雁兵提出以包容性增长理论为主的减贫策略,认为经济增长并不能有效减少贫困,反而会扩大贫富差距,因此通过扶贫或益贫、提供生产性就业、提升人力资本能力、加强社会保障等达到减贫脱贫目的。

农村电子商务精准扶贫,恰恰结合了这两个方面,在图 3 - 19 中,积极开展农村电商带动贫困地区发展的同时,政府大力发展相关人才技能培训,通过提高个体生产技能从根本上解决贫困区域发展问题,两个方面共同着手以达到扶贫目的。

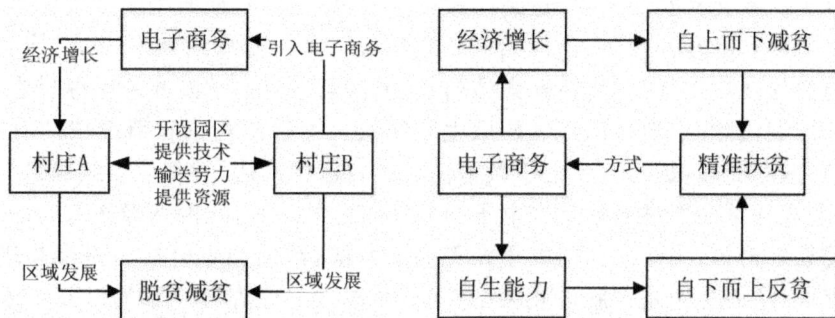

图 3-19 极化涓滴效应与包容性增长理论

贫困问题不仅是经济领域研究的重点,而且对社会领域来说也有重要研究价值。以社会视角来观看贫困问题,主要从国家层面和个人层面来阐述反贫困理论,进而提出相关扶贫策略。就个人层面来说,主要以促进贫困个体摆脱贫困的人力资本理论为典型代表,这一理论主要以舒尔茨的为主,属于可持续生计理论中的一部分。

可持续生计理论主要体现了如何利用大量的财产、权利和可能的策略去提升生计水平;其目的在于从贫困地区自身来解决贫困问题,针对本地的实际情况挖掘本地资源、发展区域特色产业,制定符合区域发展的有效扶贫措施。舒尔茨认为小农生产者具有维持和发展自我生计的积极力量,并且愿意接受对自身有益的技术成就,但这些能力需要正确引导与促进,正是可持续生计理论中的人力资本观点。同样厄普霍夫在研究中也提出政府应该引导农民发挥自身的潜力,提升自我价值,从自身着手,实现脱贫致富的目标。

综观当前的反贫困理论,无论是用来解释经济增长对于收入差距影响的库滋涅茨"倒 U曲线",一部分地区先行发展利用优势带动其它地区发展的梯度转移理论,还是经济增长通常是从一个或数个"增长中心"向其它地区逐渐漫延传导的增长板理论,随着电力、网络、交通的发展,市场界限已被移化城市与外国区域的边界逐渐消失,经济发展区域不断扩散的中心——外围理论,抑或是利用信息化减贫的理论,其围绕中心都是通过贫困地区的发展,达到反贫困目的,而贫困地区发展的首要衡量因素就是经济的发展。综合以上理论,经济的发展不仅是数值上的增长,应是多层面上经济的综合增长,并且在扶贫的过程中,政府不仅要确保经济的持续稳定增长,更要关注贫困个体能否参与到经济增长过程中,能否享受到经济增长带来的成果。

2. 电商扶贫理论

电商扶贫,即电子商务扶贫开发,就是将电子商务纳入扶贫开发工作体系,作用于帮扶对象,是创新式扶贫开发方式,改进了扶贫开发绩效的理念与实践。电商扶贫就是将电子商务的理念应用于精准扶贫之中,利用电商交易的优势,例如它可以打破地域界限,不受时间约束,还可以优化配置资源,发掘被低估的贫困地区的产品潜在价值等。汪向东教授在其博客《电商扶贫的几个问题》详细谈到电商扶贫这种方式,通过对接市场,扩大市场规模,打破本地市场的局限性。

关于电商扶贫主要有直接到户、参与产业链和分享溢出效应等三种形式。

(1)直接到户。即通过教育培训、资源投入、市场对接、政策支持、提供服务等形式,帮助贫困户直接以电子商务交易实现增收,达到减贫脱贫效果。其中,最典型的方式就是帮助贫困户在电子商务交易平台上开办网店,让他们直接变身为网商。例如,今年以来,甘肃、广东等地扶贫办组织的电商扶贫培训,中石化在安徽岳西县、河南慧谷电商学院和济南绿星农村电商培训中心等组织的培训,都特别把贫困户、“两后生”、残疾人等帮扶对象和精准扶贫对象作为培训重点,帮他们掌握电商知识,乃至手把手教他们开办自己的网店,并提供后续服务。

(2)参与产业链。即通过当地从事电子商务经营的龙头企业、网商经纪人、大户、专业协会与地方电商交易平台等,构建起面向电子商务的产业链,帮助和吸引贫困户参与进来,实现完全或不完全就业,从而达到减贫脱贫效果。例如,在本人与梁春晓主编的《“新三农”与电子商务》一书中,列举了许多此类案例,从赵海伶、杜千里、孟宏伟到世纪之村、中闽弘泰,从潘东明领衔的遂昌网店协会到吕振鸿创办的“北山狼”,他们不仅带动了一方经济发展,也帮助众多身边的乡亲、包括贫困人群增加了收入。当地政府支持他们,在某种意义上,也是在支持电商扶贫。

(3)分享溢出效应。即电商规模化发展,在一定地域内形成良性的市场生态,当地原有的贫困户即便没有直接或间接参与电商产业链,也可以从中分享发展成果。例如,在沙集,电子商务为著名的淘宝村——东风村带来的变化:解决招工难的问题,让具有劳动能力的贫困户,不仅很容易在网销产业链中找到发展机会,而且由它带动起新型城镇化进程,建筑、餐饮、交通、修理等一般性的服务业快速发展,也提供了大量就业、甚至创业的机会,道路、卫生、光纤入户、水电、公共照明等设施的改善,电商园区建设带来的农民住房条件的改善和服务便利化,也惠及包括失去劳动能力的贫困户在内的所有村民,让他们分享到电子商务发展的溢出效应。

这种新的扶贫方式,与之前的扶贫方式相比完全不同,最初的扶贫方式是给予贫困户资源,例如扶贫款和补贴,即“授之以鱼”;然后是“授之以渔”产业开发的方式,教贫困户怎么提高种植方法、养殖技术,但是往往会受限于本地市场,若本地市场饱和,会出现贫困加剧的现象。这是贫困地区一般都会有的问题,因本地的购买力有限,再加上贫困地区产业结构较为单一趋同,即使能够种出来、养出来,但是卖的时候还会碰到种种问题,卖不出好价钱。所以,产业开发,即使授人以渔,也会碰到渔场本身贫瘠的瓶颈,渔场要么是无鱼可打的,要么是打到鱼以后卖不出去,资源问题和市场问题是制约扶贫方式的难点。电商扶贫则是资源、市场双结合,既营造渔场,又负责对接市场,让我们有鱼可渔,有鱼能售。

电商扶贫中最显著的一个概念就是销售渠道扁平化。渠道扁平化这一概念通常用在企业当中,是指通过缩减分销渠道中不增值的环节或者增值很少的环节,以降低渠道成本,实现生产商与最终消费者的近距离接触,实现企业利润最大化目标,并有效地回避渠道风险,从而实现企业经营的良性发展。我们知道产品所能销售的市场范围不仅受到品牌、营销策略的因素影响,还受到其销售过程中的运输成本、市场信息沟通等因素影响。

随着产销两地的距离增大,其运输成本不断增加,而市场有效信息却随之减少。因此在传统的农村销售市场中,农民很少能直接面对最终客户,而是经由收购商以低价收购后在转销给上一层,再由上一层转销给代理商,最终到消费者手中,这样一层一层销售中,最终只有农民收入最低。而农村电商的开展将通过简化交易环节,优化流通渠道,促使农民群体获得更多利润。

经济学中著名的理论“看的见的手和看不见的手”,即到底是政府主导还是市场控制。在电商扶贫中这两种观点都不再适合。相比之下摸得着的手,互联网下的资源市场双重驱动更加符合。资源驱动,简单说就是"有什么,卖什么";而市场驱动,就是市场"要什么,卖什么"。所谓市场资源双重驱动,就是在自己核心资源下,发挥最大的品牌效应,通过网络对接大市场,供给市场需求。

3.3　电子商务物流精准扶贫相关理论

2013 年,习近平总书记在湖南湘西"十八洞村"第一次提出"精准扶贫"以来,经过 8 年的脱贫攻坚,农村贫困人口从 2012 年年底的 9 899 万人减少至 2019 年年底的 551 万人,贫困县从 832 个减少至目前的 52 个。目前,我国区域贫困问题基本得到了解决,但扶贫之路还需继续前行,贫困户收入少、收入渠道单一的问题亟待解决。电商扶贫为精准扶贫找到了可行的方法和手段,也为农村电商提供了持续的支持和动力。据统计,2019 年全国农产品网络零售额达到 3 975 亿元,同比增长 27%,带动 300 多万贫困农民增收。实施精准扶贫,坚持因地制宜、科技兴农,在发展理念落后、技术资源有限的条件下指导帮扶贫困户发展农业产业。电子商务物流精准扶贫理论框架如图 3-20 所示。

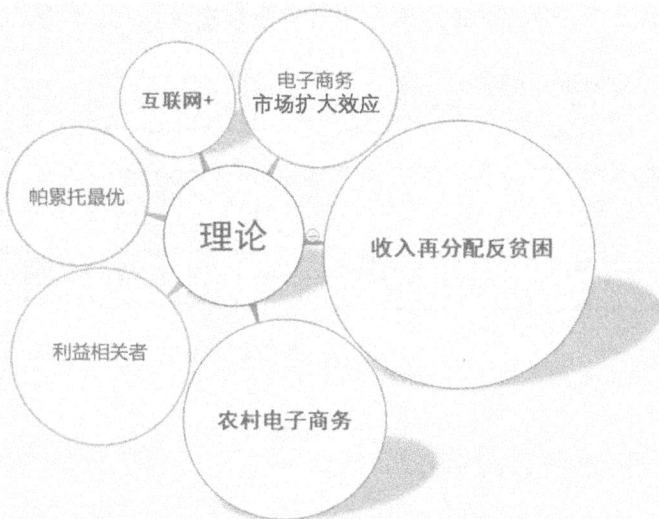

图 3-20　电子商务物流精准扶贫理论框架

3.3.1　电商市场扩大效应理论

电子商务的出现使消费者很容易了解到产品信息,而且生产商也能直接获得消费者对产品做出的反馈,由于消费者和生产者之间建立起直接的信息传播机制和反馈机制,交易行为更容易出现。提升交易效率不仅可以减少消费者付出的消费成本,增加消费者的消费需求,而且可以促进生产效率的提升,更容易形成细分化市场,增加了市场的整体需求。图 3-21 所示为电子商务扩大市场效应示意图。

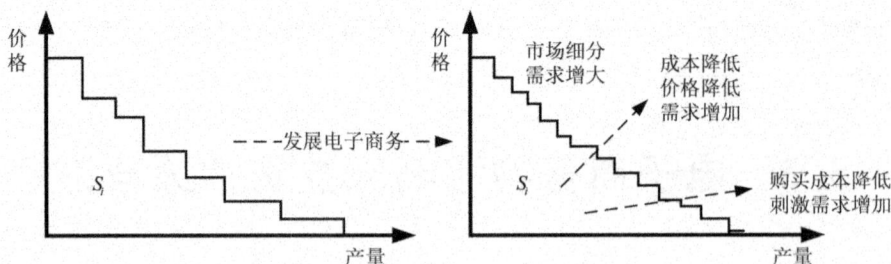

图 3-21　电子商务促进市场扩大的示意图

3.3.2　收入再分配反贫困理论

早在 20 世纪初期,英国经济学家霍布斯和皮古在全世界率先提出了收入再分配理论,皮古在《福利经济学》中系统地讨论了福利经济学的理论,并主张实现国民经济的均等化。他认为社会资源分配和经济收入的不均衡,是贫困发生的主要原因,社会想要长久稳定,就需要政府对资源进行合理的二次分配,以通过减小贫富差距来实现,如图 3-22 所示。

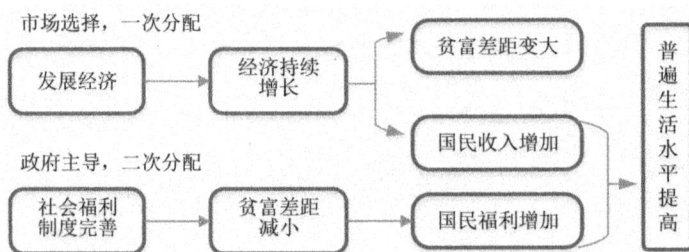

图 3-22　收入再分配反贫困理论

3.3.3　利益相关者理论

利益相关者理论是 20 世纪 60 年代左右在西方国家逐步发展起来的,进入 20 世纪 80 年代后其影响迅速扩大,并开始影响美英等国的公司治理模式的选择,并促进了企业管理方式的转变。之所以会出现利益相关者理论,是有其深刻的理论背景和实践背景的。利益相关者理论立足的关键之处在于它随着时代的发展,物质资本所有者在公司中地位呈现逐渐弱化的趋势。所谓弱化物质所有者的地位,指利益相关者理论强烈地质疑"公司是由持有该公司普通股的个人和机构所有"的传统核心观念。

3.3.4　帕累托最优理论

帕累托最优,也称为帕累托效率,是指资源分配的一种理想状态,假定固有的一群人和可分配的资源,从一种分配状态到另一种状态的变化中,在没有使任何人情况变坏的前提下,使得至少一个人变得更好,这就是帕累托改进或者帕累托最优化。帕累托最优状态就是不可能再有更多的帕累托改进的余地;换句话说,帕累托改进是达到帕累托最优的路径和方法。

经济学理论认为,在一个自由选择的体制中,社会的各类人群在不断追求自身利益最大化的过程中,可以使整个社会的经济资源得到最合理的配置。市场机制实际上是一只"看不见的手",推动着人们往往从自利的动机出发,在各种买卖关系中,在各种竞争与合作关系中实现互利的经济效果。交易会使交易的双方都能得到好处。虽然在经济学家看来,市场机制是迄今为止最有效的资源配置方式,可是事实上由于市场本身不完备,特别是市场的交易信息并不充分,使社会经济资源的配置造成很多的浪费。

第4章 中国电子商务与物流精准扶贫脱贫现状与预测

4.1 中国扶贫脱贫现状分析

2013年11月,习近平到湖南湘西考察时首次作出了"实事求是、因地制宜、分类指导、精准扶贫"的重要指示。2015年6月习近平总书记到贵州省考察时系统阐述精准扶贫思想,并提出"四个切实""五个一批""六个精准"等重要思想,奠定了精准扶贫、精准脱贫的基本。在2015年的中央扶贫开发工作会议中习近平强调,消除贫困、改善民生、逐步实现共同富裕,是社会主义的本质要求,是我们党的重要使命。全面建成小康社会,是我们对全国人民的庄严承诺。

同年10月,在2015减贫与发展高层论坛上习近平主席讲到:"消除贫困是人类的共同使命,是当今世界面临的最大全球性挑战",在主旨演讲中明确提出了中国政府到2020年的减贫目标:未来5年,我们将使中国现有标准下7 000多万贫困人口全部脱贫。党的十八大以来,以习近平同志为核心的党中央把扶贫开发纳入"四个全面"战略布局,作出一系列部署。在农村贫困户的帮扶问题上不仅是经济帮助,更要技术帮助,使其长久发展。李克强总理在政府工作报告中提出了"互联网+"的行动计划。同年9月,在夏季达沃斯论坛上,李克强总理提出"大众创业,万众创新"的口号。是我国经济走向的指引,为我国现阶段经济发展确定了方向。为农村电子商务的发展与进步提供了更好的平台,同时这也为解决我国农村贫困人口经济发展提供了新思想。

数据显示,我国2015年农村贫困人数减少1 240万人,减少了上年农村贫困人口的20%,农村贫困人口数量与我国乡村人口总数量的比值也由原来的8%下降到7%,如图4-1所示。这样的扶贫成果令人瞩目,是扶贫进程中坚实的一步。

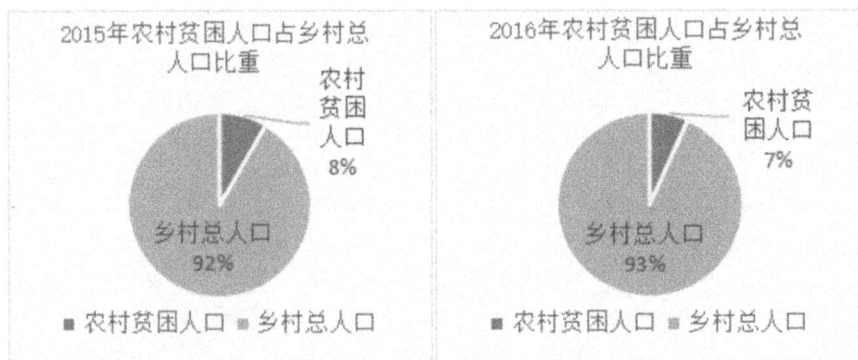

图4-1 2015—2016年农村贫困人口占乡村总人口比重

在 2016 年的人大、政协会上,脱贫问题被反复提出,扶贫工作成为"十三五"时期我国的重要工作,习近平总书记一再强调找到"穷根"、精准扶贫,才能真正实现脱贫攻坚战的胜利。

在"十三五"期间的工作安排中,习近平总书记强调为了全面建成小康社会,得到国际社会的认可,在宣布全面建成小康社会时亦要对生活水平处于扶贫标准线以下的数千万人进行帮扶。

在我国政府的高度重视下,精准扶贫工作在有序地进行中,并且取得了瞩目的成果。中国统计年鉴数据显示:2015 年我国农村贫困人口总数为 5 575 万人,经过一年的努力下降到 4 335 万人,同时低收入人群人均可支配年收入也由 2015 年的 5 221.2 元增长到 5 958.4 元,增长幅度达到 14%,实现了巨大的跨越,如图 4-2 所示。

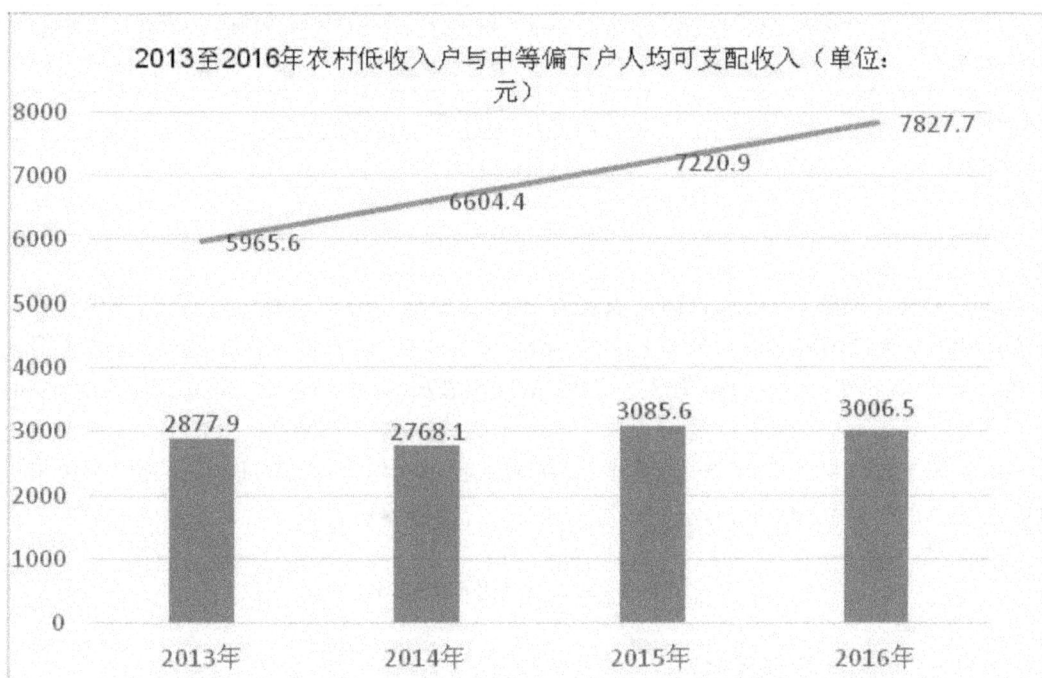

图 4-2　2013 至 2016 年农村低收入户与中等偏下户人均可支配收入

李克强总理在 2017 年的政府工作报告中指出,我国建设小康社会的重要一环就是贫困地区和贫困人口,李克强强调假脱贫、被脱贫、数字脱贫等行为要坚决杜绝,强调脱贫工作要被群众认可,要经得起历史检验。

2017 年政府重视扶贫工作,加大扶贫专项资金的拨付,2017 年的扶贫专项资金高达 2016 年的 130%;政府下达 320 万贫困人口的搬迁工作;大力帮扶农村电商物流的发展。截至 2017 年底,全国农村贫困人口减少 1 289 万人,减贫达到 56%。

2017 年农村贫困地区居民的居住条件得到改善。在房屋质量方面,贫困地区农村居民户均住房面积较 2012 年增加 21.4 平方米,58.1% 的村民住上了由钢筋混凝土或砖混材料建成的住房,是 2012 年的 118.9%;在饮用水质量方面,89.2% 的农户村内饮水无困难,这一数据较 2013 年提高了 8.2%,70.1% 的农户可以享受管道供水,比 2013 年提高 16.5%,43.7% 的农户使用净化处理后的自来水这一数据较 2013 年提高 13.1%;在居住条件方面,2017 年

94.5％的贫困地区农户拥有独用厕所,比 2012 年提高 3.5％,33.2％的贫困地区农户可以使用卫生厕所,是 2012 年的 107.5％。

贫困地区农村居民家庭耐用消费品升级换代。从传统耐用消费品看,2017 年贫困地区农村每百户拥有电冰箱、洗衣机、彩电分别为 78.9 台、83.5 台和 108.9 台,分别比 2012 年增加 31.4 台、31.2 台和 10.6 台,拥有量持续增加,和全国农村平均水平的差距逐渐缩小;从现代耐用消费品看,2017 年贫困地区农村每百户汽车、计算机拥有量分别为 13.1 辆、16.8 台,分别是 2012 年的 4.9 倍和 3.1 倍,实现快速增长,见表 4-1。

表 4-1　2017 年贫困地区农村每百户拥有耐用消费品数量表

传统耐用消费品		现代耐用消费品	
传统耐用消费品种类	贫困地区农村每百户拥有传统耐用消费品数量/台	现代耐用消费品种类	贫困地区农村每百户拥有现代耐用消费品数量/台
电冰箱	78.9	汽车	13.1
洗衣机	83.5	计算机	16.8
彩电	108.9		

依据国家统计局数据,按现行国家农村贫困标准测算,2013—2016 年,我国 6 000 多万人实现脱贫,2016 年贫困发生率 4％,较 2013 年降低了 6.2％。2017 年末,全国农村贫困人口 3 046 万人,较 2016 年减少 1 289 万人。2018 年全国农村贫困人口数量保持高速减少,同时贫困发生率也显著下降,全国农村贫困人口 1 660 万人,较 2017 年减少 1 386 万人;贫困发生率 1.7％,比上年下降 1.4 个百分点,如图 4-3 所示。我国贫困地区农村居民收入增长快于全国农村收入增长的平均水平,是打赢脱贫攻坚战三年行动的良好开局。

图 4-3　2016—2018 年农村贫困人口情况

2020 年 3 月 6 日,习近平在北京出席决战决胜脱贫攻坚座谈会,会议指出,党的十八大以来,在党中央坚强领导下,在全党全国全社会共同努力下,我国脱贫攻坚取得决定性成就。脱贫攻坚目标任务接近完成,贫困人口从 2012 年年底的 9 899 万人减到 2019 年年底的 551 万人,贫困发生率由 10.2％降至 0.6％,区域性整体贫困基本得到解决,如图 4-4 所示。今年脱贫攻坚任务完成后,我国将提前 10 年实现联合国 2030 年可持续发展议程的减贫目标,世界上没有哪一个国家能在这么短的时间内帮助这么多人脱贫,这对中国和世界都具有重大意义。

图 4 - 4　2012—2019 年农村贫困人口情况

2020 年,在新冠疫情肆虐的背景下,中国依旧顶住压力,创造了一个"奇迹"。在 2 月 25 日举行的全国脱贫攻坚总结表彰大会上,我国代表人士庄严宣布,我国已实现了现行标准下 9 899 万农村贫困人口全部脱贫,832 个贫困县全部摘帽,12.8 万个贫困村全部出列,完成了消除绝对贫困的任务。

据国家统计局全国农村贫困监测调查,分三大区域看,2019 年末农村贫困人口均减少,减贫速度均超过上年。西部地区包括 12 个省级行政区,分别是四川、重庆、贵州、云南、西藏、陕西、甘肃、青海、宁夏、新疆、广西、内蒙古,西部地区农村贫困人口 323 万人,比上年减少 593 万人;中部地区有 8 个省级行政区,分别是山西、吉林、黑龙江、安徽、江西、河南、湖北、湖南,中部地区农村贫困人口 181 万人,比上年减少 416 万人;东部地区包括北京、天津、河北、辽宁、上海、江苏、浙江、福建、山东、广东和海南等 11 个省(市),东部地区农村贫困人口 47 万人,比上年减少 100 万人,见表 4 - 2。

表 4 - 2　分地区农村贫困人数(单位:万人)

地　区	2017 年	2018 年	2019 年
西部地区	1 634	916	323
中部地区	1 142	597	181
东部地区	246	147	47
合计	3 022	1 660	551

分省看,2019 年各省份贫困发生率普遍下降至 2.2% 及以下。其中,贫困发生率在 1%~2.2% 的省(自治区)有 7 个,包括广西、贵州、云南、西藏、甘肃、青海、新疆;贫困发生率在 0.5%~1% 的省(自治区)有 7 个,包括山西、吉林、河南、湖南、四川、陕西、宁夏。

2020 年,贫困地区农村居民人均可支配收入 12 588 元,比上年名义增长 8.83%,扣除价格因素,实际增长 5.6%;增速分别比全国居民和全国农村居民快 3.5、1.8 个百分点。2018 年,我国贫困地区农村居民人均可支配收入 10 371 元,比 2017 年的 9 377 元高出 994 元,名义增长 10.6％,去掉价格因素,2018 年贫困地区农村居民人均可支配收入实际增长 8.3％,高于全国农村地区的平均水平,圆满完成增长幅度高于全国增速的年度目标任务,如图 4-5 所示。

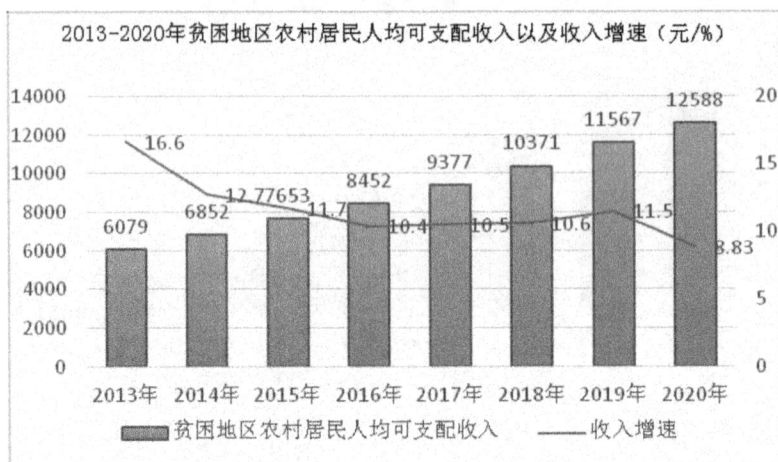

图 4-5 2013—2020 年贫困地区农村居民人均可支配收入以及收入增速

2018 年深度贫困地区农村居民人均可支配收入增速高于贫困地区增速 0.1 个百分点。深度贫困地区农村居民人均可支配收入 9 668 元,比上年增加 935 元,名义增长 10.7％,比贫困地区增速高 0.1 个百分点。其中,"三区三州"农村居民人均可支配收入 9 796 元,比上年增加 938 元,增长 10.6％,增速与贫困地区增速持平。

"三区三州"的"三区"是指西藏自治区,青海、四川、甘肃、云南四省藏区及南疆的和田地区、阿克苏地区、喀什地区、克孜勒苏柯尔克孜自治州地区;"三州"是指四川凉山州、云南怒江州、甘肃临夏州。"三区三州"是国家层面的深度贫困地区,是国家全面建成小康社会最难啃的"硬骨头"。"三区三州"占据我国约 1/3 面积,但其大部分位于青藏高原,由于气候、地形等原因,长期受贫困的影响,贫困程度深、范围广。"三区三州"作为国家扶贫重点地区,政府不断进行政策倾斜,资金扶持等,加快这一地区的社会建设。

2017 年中办、国办印发《关于支持深度贫困地区脱贫攻坚的实施意见》,安排"三区三州"地区的脱贫工作,其中包括大力促进旅游业发展。2018 年 1 月"三区三州"举行旅游扶贫对接活动,2 月文化和旅游部与国务院扶贫办针对"三区三州"的旅游业发展在甘肃临夏州举行"三区三州"旅游大环线推介活动,推广"三区三州"自身的旅游资源、文化资源。

"三区三州"的旅游环线共计约 1.1 万千米,其路径围绕青藏高原地区展开,主要公路有 G30、G314、G3012 等,旅游环线充分联系"三区三州"范围内的自然、人文景观,连通丝绸之路、茶马古道、唐蕃古道等历史遗迹,包括新藏公路、珠穆朗玛峰、三江并流等高海拔地区旅行的极限体验和多元民族历史文化线路。力求打造主题鲜明,广为人知,认可度高的特色旅游品牌。

"三区三州"的旅游环线共有 4 条支线线路,6 条主题线路。大环线设置 4 条支线线路,即北段—西段的丝路文化经典线、南段的边境极限体验线、东南段的滇藏茶马古道寻踪线、东段的大香格里拉人间乐土线;6 条主题线路,即丝路风沙沙漠探险线、青藏天路风情体验线、唐蕃古道民族文化线、大漠高原秘境线、川藏大北线、318 中国景观大道川藏线;56 条徒步旅游线路,包括西藏 10 条、青海 6 条、川西 10 条、甘肃 6 条、云南 14 条、新疆 10 条,如图 4-6 所示。

2020 年 6 月 30 日,国家电网有限公司经营区域内"三区三州"深度贫困地区电网建设任务全面完成,四川、甘肃、青海、新疆、西藏 5 省(区)198 个贫困县,443 万户 1777 万居民用上了安全可靠稳定的大网电。

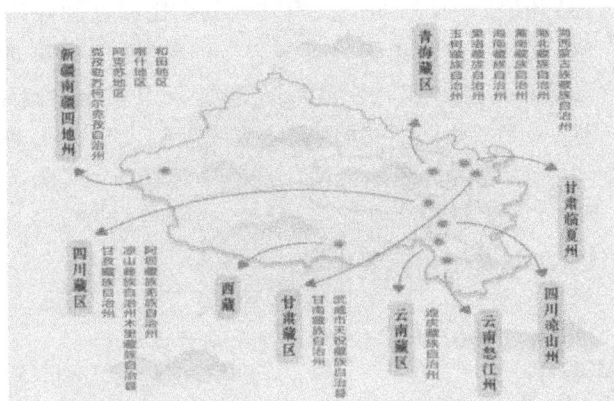

图 4-6　"三区三州"旅游大环线

针对"三区三州"的贫困情况,阿里巴巴集团也加入到扶贫工作之中,阿里巴巴集团迅速建立自己的脱贫团队,把电商扶贫的政策落到实处,让人烟稀少的高原地区,也可以享受电商脱贫的帮助,如图 4-7 所示。

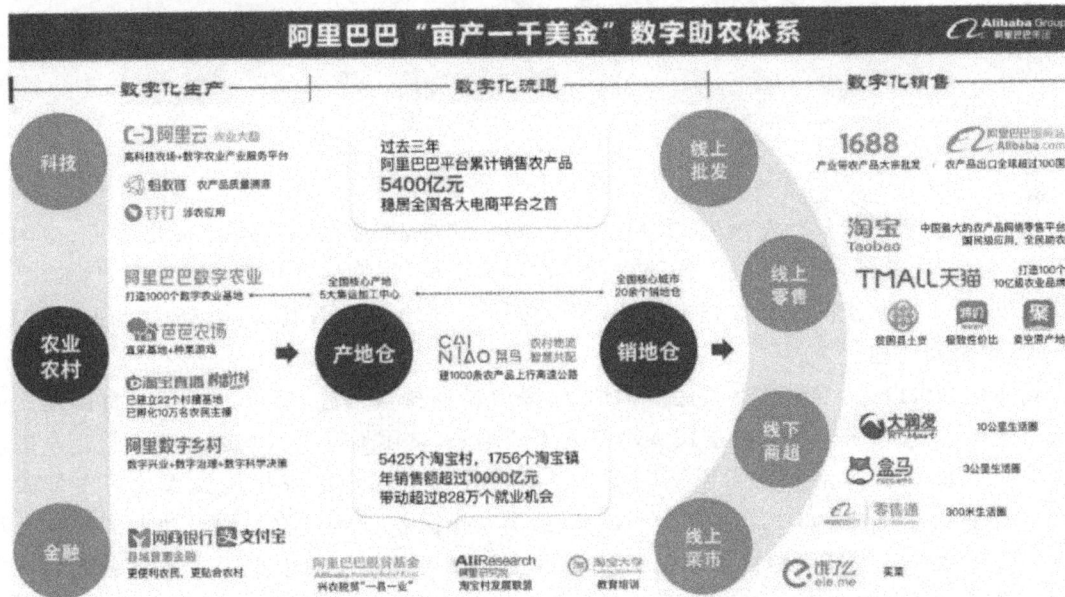

图 4-7　阿里巴巴数字助农体系

"亩产一千美金"是阿里巴巴对"三区三州"的扶贫项目,2018 年该项目首先在云南实施,逐渐开办 26 个兴农扶贫品牌站,政企合作,共同寻找县域特色农产品,并帮助农户制定标准种植流程。9 月 5 日到 10 日,阿里巴巴利用自身线上销售平台,帮助销售售云南地区的元阳红米、文山三七、普洱茶等 26 个县的 92 款农产品卖出大山,共计收入近 1 100 万元,帮扶到 760

户建档立卡贫困户。2019年9月25日,在杭州云栖大会数字乡村分论坛上,阿里巴巴宣布成立数字乡村实验室,"亩产一千美金"计划再升级。新成立的数字乡村实验室,有三项主要职能:一是基于县域产业角度,打通和沉淀全县域的数据;二是探索整个乡村振兴需要应用到的数字技术;三是结合特定县开展"一县一业",探索其数据应用模型和数据应用案例。

依据阿里巴巴公布的《"三区三州"电商发展报告(2018)》数据可知,阿里巴巴共帮扶"三区三州"的209个区县(含县级市)建立电商经济,帮助53个区县实现网络销售额(GMA)翻番增长,如图4-8所示。同时"三区三州"农村居民人均可支配收入到达9 796元,较去年增长938元,增长率10.6%,增速与全国范围贫困地区增速持平。2018年"三区三州"的网络销售额中,本地农产品占比较大,占到了38.3%。"三区三州"二三产业落后,又多处于我国边境,大力发展本地特色农产品,是这一地区扶贫的主要出路。

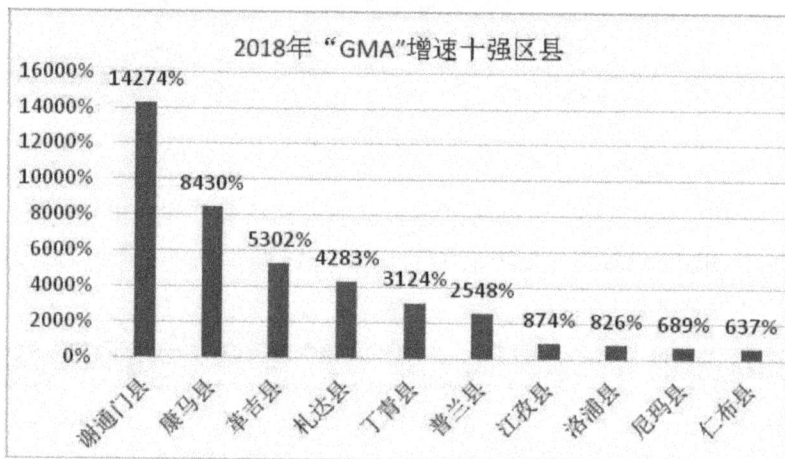

图4-8 2018年"GMA"增速十强区县

根据《中国农村扶贫开发纲要(2011—2020年)》精神,按照"集中连片、突出重点、全国统筹、区划完整"的原则,我国扶贫工作还重点关注革命老区、民族地区以及边疆地区,目前,全国共划分了14个现阶段的脱贫攻坚主战场,其中包括11个集中连片特殊困难地区与西藏、四省藏区、新疆南疆三地。

党的十八大以来,我国重点关注贫困地区,采取精准扶贫措施,持续加大了对贫困地区的帮扶力度,使得农村贫困地区的居民人均收入不断增长,贫困地区的人均收入逐渐接近全国农村的平均水平,人民生活水平得以不断提高。集中连片特困地区农村居民人均可支配收入10 260元,较去年增加996元,名义增长10.7%,高于全国农村居民收入增长速度的1.9个百分点。14个集中连片特困地区农村居民人均可支配收入增速均快于全国农村居民人均可支配收入增速。其中8个集中连片特困地区农村居民人均可支配收入增速快于上年水平,这8个集中连片特困地区分别是燕山—太行山区、大兴安岭南麓山区、六盘山区、四省藏区、四省藏区、吕梁山区、武陵山区、乌蒙山区。

4.2　中国电子商务与物流扶贫脱贫现状分析

商务大数据监测显示,2020 年全国农村网络零售额达 1.79 万亿元,同比增长 8.9%。电商加速赋能农业产业化、数字化发展,一系列适应电商市场的农产品持续热销,有力推动乡村振兴和脱贫攻坚。

农村地区线上销售火爆是 2020 年我国线上销售的特点之一。根据国家统计局数据,2020年全国网上零售额达 11.76 万亿元,同比增长 10.9%,实物商品网上零售额达 9.76 万亿元,同比增长 14.8%,占社会消费品零售总额的比重接近 1/4。网络零售在促消费、稳外贸、扩就业、保民生等方面作用不断增强,为形成以国内大循环为主体、国内国际双循环相互促进的新发展格局贡献了新活力,表 4 - 3 为 2020 年我国实物商品网络零售额与网络总零售额基本情况。

表 4 - 3　2020 年我国实物商品网络零售额与网络总零售额基本情况

时　间	实物商品网络零售额/亿元	同比增长/(%)	网络总零售额/亿元	同比增长/(%)
1～2 月	11 233	3.0	13 712	-3.0
1～3 月	18 536	5.9	22 169	～0.8
1～4 月	25 751	8.65	30 698	1.7
1～5 月	33 939	11.5	40 176	4.5
1～6 月	43 481	14.3	51 501	7.3
1～7 月	51 018	15.7	60 785	9.0
1～8 月	58 651	15.8	70 326	9.5
1～9 月	66 477	15.3	80 065	9.7
1～10 月	75 619	16.0	91 275	10.9
1～11 月	87 792	15.7	105 374	11.5
1～12 月	97 590	14.8	117 601	10.9

从增长速度来看,随着信息技术的进步和网络覆盖范围的扩大,尤其是国家对农村地区网络建设的支持力度不断加大,网络购物用户规模持续壮大,网络零售额增速远远超过社会商品零售总额的增速。2020 年上半年由于受到新冠肺炎疫情的影响,增速放缓。随着疫情逐渐稳定,网络零售额增速开始加快,1～12 月网上零售额增速同比增长 10.9%。如图 4 - 9 为 2020年中国网络零售额与社会消费品零售总额增速。

2020 年社交电商继续保持快速增长,预计整体规模达 3.7 万亿元。其中,拼团 1.8 万亿元,直播短视频 9 096 亿元,会员分销型 6 725 亿元,社区团购 1 206 万元,内容 805 万元以及社交电商服务商 1 064 亿元。2020 年社交电商消费者继续保持增长,下一年度预计超过 7 亿人,2020 年从业者人数超过 7 000 万人。传统电商和社交电商消费者重合度越来越高,两种购物行为进一步融合,社交电商渗透率接近 70%。

在物流方面,2020 年我国年快递业务量突破 800 亿元,这是我国快递业务量自 2014 年后第七年位于世界第一。国家邮政局表示,2020 年我国邮政业务总量和业务收入分别完成 2.1万亿元和 1.1 万亿元,同比分别增长 29.4％和 14.1％,业务收入与 GDP 比值超过 1％。此外,国家邮政局还预测,2021 年我国邮(快)件业务量将完成 1 219 亿件,同比增长 12％左右;全行业业务收入完成 1.2 万亿元,同比增长 11％左右。其中,快递业务量完成 955 亿件,同比增长 15％左右;业务收入完成 9 800 亿元,同比增长 12％左右。

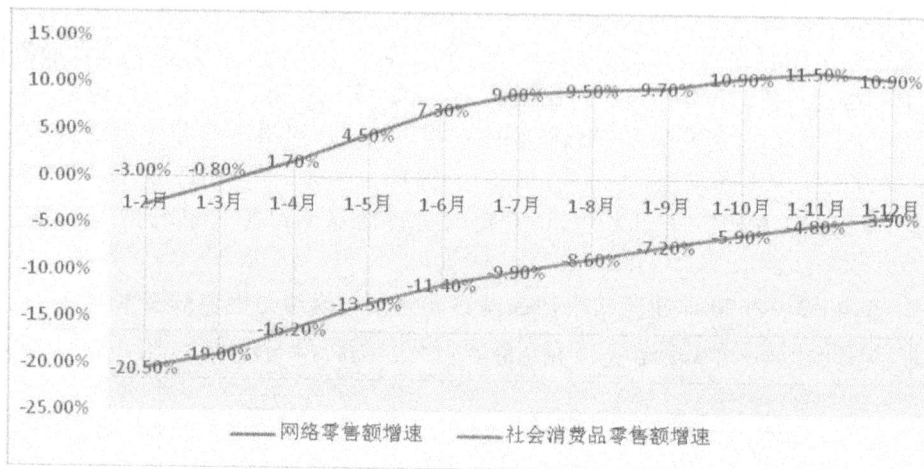

图 4-9 2020 年中国网络零售额与社会消费品零售总额增速

依据统计数据,2020 年全国快递业务量最多的城市为金华市,业务量达 90.1 亿件。广东省快递服务量累计完成 220.8 亿件,同比增长 31.4％,快递收入 2 182 亿元,同比增长 18.1％,快递业务收入累计 2 182.5 亿元。表 4-4 为 2020 年 1～12 月全国快递业务量前 10 城市具体排名。

表 4-4 2020 年 1～12 月全国快递业务量前 10 城市具体排名

排　名	城　市	快递业务累计/万件
1	金华市	901 084.6
2	广州市	761 578.1
3	深圳市	537 243.1
4	上海市	336 330.7
5	杭州市	300 081.0
6	北京市	238 221.3
7	揭阳市	234 698.1
8	东莞市	211 687.3
9	苏州市	210 197.9
10	泉州市	171 757.7

4.3　中国主要贫困省(区、市)电子商务与物流扶贫现状

　　我国农村贫困情况在东、西、中部分布不均,中、西部地区成为贫困的重灾区,西部地区尤其严重。2019 年我国东部地区农村贫困人口 47 万人,中部地区农村贫困人口 181 万人,西部地区农村贫困人口 323 万人,见表 4 - 5。

表 4 - 5　2019 年我国不同地区农村贫困人口占比

地　区	农村贫困人口/万人	占比/(%)	排　序
东部地区	47	8.53	3
中部地区	181	32.85	2
西部地区	323	58.62	1

　　我国西部占地约 686 万平方千米,约占全国总面积 72%。西部地区总人口约 3.8 亿,是全国总人口的 29% 左右,并且,我国西部地区与俄罗斯、吉尔吉斯斯坦、尼泊尔、老挝等 12 个国家相连接,仅陆地边境线就长达 1.8 万余千米,是我国陆地边境线总长的 91%,有大陆海岸线 1 595km,是我国总海岸线的 10%,处于重要的地理位置。

　　我国西部地区民族众多,除去汉族外还有 44 个少数民族,由于民族众多,民族冲突和复杂的历史导致西部地区的贫困程度深、范围大,这也严重影响到我国西部地区的发展与团结,全国贫困情况的解决工作重在西部。恶劣的地形与气候是我国西部地区贫困的另一原因,西部地区地形复杂,平原地区总面积占到 42%,盆地约占 10%,其余都处于沙漠、戈壁、石山和海拔3 000 米以上的高寒地区,常年温度偏低,且降雨量少,近半数西部地区年降水量不到 200 毫米,如图 4 - 10 所示。

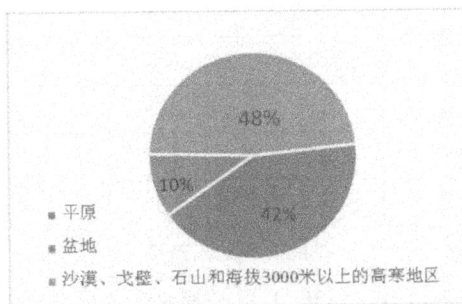

图 4 - 10　西部地区地形分布图

　　我国始终关注西部地区的发展动向,高度重视西部地区的贫困问题。党和国家不断给予大力帮助。电商扶贫是新疆扶贫攻坚的重要措施,线上交易能够克服交通不畅带来的障碍,可以有效节约成本,增加交易的收益性,更是能够通过线上交易向东部、中部地区输送新疆特色产品,树立新疆品牌,为贫困居民增收。

2015 年,电商扶贫正式被列入我国十大精准扶贫工程之一,并且,国务院办公厅发布了《关于促进农村电子商务加快发展的指导意见》,指导电商扶贫的具体工作有序开展。我国电商扶贫工程任务主要包括基础设备的建设、电商平台建设、完善物流体系、培养电商相关人才等众多对电商发展有利的工作。国家要求在 2020 年要完成超 6 万个针对农村的电商扶贫站点,这一数量约是全国贫困村的 1/2,建成超过 4 万家电商扶贫示范店,并且力争贫困县内农村年线上销售额超过 2016 年的两倍。2019 年,中国电商扶贫实现了贫困县全覆盖。引导 21 家电商企业深化电商公益扶贫频道,对接贫困县超过 600 个。综合示范已累计服务贫困人口 1 000 多万人次,带动 300 多万贫困人口增收。

阿里巴巴召开了"第八届中国淘宝村高峰论坛新闻发布会"。会上公布的数据显示,截至 2020 年 6 月 30 日,全国淘宝村数量已经达到了 5 425 个,相比 2019 年的 4 310 个增加了 1 115 个,如图 4-13 所示。其中,中西部和东北地区淘宝村数量从 2019 年的 172 个增加到 341 个,将近翻了一番。淘宝镇由 223 个增加到 393 个,增长了 76%。

全国淘宝村分布不均匀,东部地区借其自身的地理与经济优势使淘宝村集中分布。2020 年浙江省拥有全国最多的淘宝村,其以 1 757 个淘宝村位列全国一;广东省以 1 025 个淘宝村位列第二;江苏省以 664 个淘宝村位列第三。从淘宝镇的方面来看,浙江省以 304 个淘宝镇的数量位于全国第一;江苏省以 248 个淘宝镇,位于全国第二名;广东省以 225 个淘宝镇排名第 3 名,2020 年全国各省(自治区、直辖市)淘宝村、淘宝镇数量详细情况,见表 4-6、表 4-7 和图 4-11。

表 4-6　2020 年全国各省(自治区、直辖市)淘宝村数量(单位:个)

省区市	2020 年	2019 年	省区市	2020 年	2019 年
浙江	1757	1573	陕西	16	2
广东	1025	798	湖南	12	6
江苏	664	615	广西	10	3
山东	598	450	重庆	9	3
河北	500	359	辽宁	9	11
福建	441	318	山西	7	2
河南	135	75	云南	6	1
湖北	40	22	吉林	4	4
天津	39	14	贵州	4	2
北京	38	11	新疆	3	1
江西	34	19	黑龙江	2	1
安徽	27	13	宁夏	1	1
上海	21	0	海南	1	0
四川	21	6	甘肃	1	0

表 4 - 7　2020 年全国各省(自治区、直辖市)淘宝镇数量(单位:个)

省区市	2020 年	2019 年	省区市	2020 年	2019 年
浙江	304	240	广西	15	9
江苏	248	155	云南	14	9
广东	225	155	天津	13	2
河北	220	149	山西	11	3
福建	153	106	黑龙江	8	5
山东	134	87	内蒙古	8	0
河南	94	44	辽宁	8	6
安徽	68	48	吉林	5	2
江西	54	46	重庆	3	0
四川	38	14	贵州	2	1
北京	37	1	陕西	2	1
湖南	33	20	海南	1	0
湖北	29	15	西藏	1	0
上海	28	0			

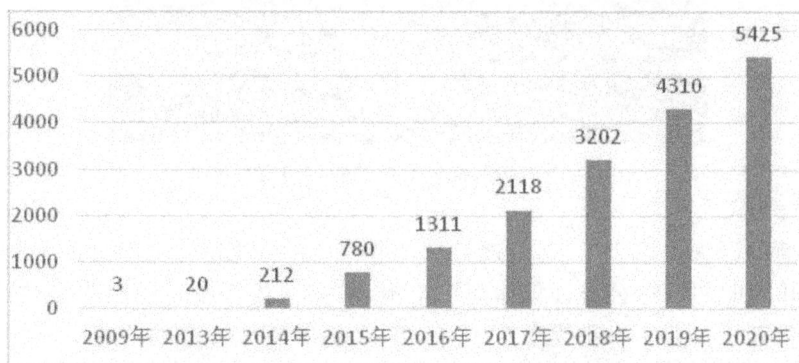

图 4 - 11　全国淘宝村数量(单位:个)

电商扶贫得到了广泛的认可,我国西部地区为了摆脱长久的贫困问题,全面推进电商进农村,并且从上到下,从政策到资金都往贫困农村倾斜,不断地促进电子商务与农村精准扶贫措施相协调。但是,目前在电商扶贫方面依旧存在问题:缺乏统一的有力领导、相关精英人才缺乏、物流周期长、相关基础设施落后、商品的同质化严重、产业链不完善等,并且多数电商平台模仿性强,缺乏带头企业,这些都阻碍了西部地区更加快速地实现电商扶贫和创业增收的步伐。

4.3.1 四川省电子商务扶贫状况

四川省紧抓脱贫攻坚作风,扶贫开发领导小组把惩治腐败作为四川省扶贫的重点工作,确保扶贫工作做到实处、扶贫过程扎实、扶贫成效明显。对贫困户实行特定的补助资金管理卡,以一卡通的形式,保证扶贫资金的安全问题,并以此为契机展开农村贫困帮扶过程中存在的腐败和作风问题,对扶贫过程加强监督,严肃追查其中存在的责任。2018 年"两个确保""两个稳定"是四川省脱贫攻坚的主要目标与标准,四川省不断致力于提高脱贫质量,资金倾斜深度贫困地区和特殊贫困群体,重点关注彝区脱贫帮扶情况,争取取得脱贫好成绩。

凉山彝区作为四川省深度贫困地区,是四川省脱贫攻坚战胜利的拦路虎,影响脱贫成果,如图 4-14 所示。四川省出台《关于精准施策综合帮扶凉山州全面打赢脱贫攻坚战的意见》,在产业就业、医疗卫生等 12 个方面确定 34 条有利政策;组织 5 700 余名优秀干部 11 个帮扶队"一县一队"实地帮扶(见图 4-12)。

图 4-12　四川贫困地区分布图及攻坚重点

四川省不断创新脱贫攻坚工作。首创"四川扶贫"公益性集体商标标识,目前已通过 613 个市场主体试用"四川扶贫"公益性集体商标申报;落实 6 类 101 项税收优惠政策,为 88 个贫困县兑现西部大开发企业所得税优惠 2.48 亿元;在确保质量安全的前提下,优先推进安全住房、安全饮用水等 5 项脱贫攻坚重点任务建设,确保 2019 年底前全面完成基础设施建设任务。

2018 年四川省扶贫工作成绩显著,当年一共实现 5 486 个特色产业项目。实现 158.25 万人增收;当年建成 16.2 万套扶贫搬迁住房,2018 年四川省投入扶贫资金共计 153 亿元;帮扶贫困学生 984 万人;宽带基本覆盖四川省所有贫困村,当年四川省实现减贫 104 万人。较 2017 年下降 8.5%,30 个贫困县实现摘帽。圆满地完成了 2018 年扶贫任务,如图 4-13 所示。

省扶贫开发局相关负责人介绍,四川省计划 2019 年实现 50 万贫困人口脱贫、1 482 个贫困村退出、31 个贫困县摘帽,见表 4-8。

表 4-8　"十三五"时期大小凉山彝区脱贫规划进程

内　容	合　计	2016 年	2017 年	2018 年	2019 年	2020 年
贫困人口/万人	35.6	8.8	12.3	11.1	3.4	0

续表

内 容	合 计	2016 年	2017 年	2018 年	2019 年	2020 年
贫困村/个	1 930	432	528	572	398	0
贫困县/个	13	0	0	4	9	0

图 4-13 四川省农村贫困人口

四川 2019 年脱贫攻坚的目标任务是:全省计划脱贫 55 万贫困人口、退出 1 522 个贫困村、摘帽 31 个贫困县。到 2019 底,全省除凉山州外,高原藏区 2 个州以及 18 个市的贫困县全部摘帽,见表 4-9。全省建档立卡贫困人口从 2015 年底的 380 万减少到 2019 年底的 20 万,贫困发生率从 5.8% 下降到 0.3%,甘孜、阿坝、凉山三州所有涉藏贫困县全部脱贫摘帽。

表 4-9 "十三五"脱贫攻坚规划目标表

序 号	指 标	单位	2020 年	属性
1	贫困人口	万人	脱贫 380.3	约束型
2	农村居民人均可支配收入	元	≥20 494	预期性
3	九年义务教育巩固率	%	95	约束型
4	农村危房改造	万户	38.4	预期性
5	异地扶贫搬迁人数	万人	116	约束型

2019 年四川脱贫攻坚重点抓好 5 个方面的工作。

1. 注重提高脱贫质量

坚持聚焦脱贫攻坚"两个确保"目标和"两个稳定"标准,深入推进打赢脱贫攻坚战三年行动,高质量实施 22 个扶贫专项年度方案。组织帮扶干部全覆盖大走访行动,开展脱贫攻坚基础设施质量大排查,统筹抓好脱贫对象"回头看""回头帮",扎实做好"插花式"贫困户脱贫工作。

2. 全力攻克深贫堡垒

坚持聚焦彝区藏区,统筹抓好东西部扶贫协作和省内对口帮扶,聚力推进住房、产业、就业、教育、医疗卫生等攻坚行动。全面落实综合帮扶凉山州脱贫攻坚 34 条政策措施,切实解决禁毒防艾、控辍保学、自发搬迁贫困户脱贫等难题。加大贫困发生率高于 20% 的贫困村帮扶力度。聚焦特殊贫困群体,全面落实综合保障政策,兜住民生底线。

3. 健全长效脱贫机制

着力完善扶贫产品销售体系,推广"以购助扶"模式,用好"四川扶贫"公益性集体商标,健全贫困利益联结机制;强化能力培训,提高劳务输出组织化程度,做好产销衔接、劳务对接。

4. 激发脱贫内生动力

统筹抓好扶贫扶志,广泛开展感恩奋进教育,深化"四好村"创建,持续发挥"农民夜校"作用,引导贫困群众学文化、学政策、学法律、学技术。推进文化惠民扶贫和"万千百十"文学扶贫,办好脱贫攻坚成果展,推好扶贫典型,讲好脱贫故事。

5. 加强扶贫信息化建设

充分利用现代信息化技术手段,推行扶贫项目资金互联网记账,建好用好脱贫攻坚项目库,实现扶贫干部运用脱贫攻坚大数据平台和手机 APP 开展工作,推动脱贫攻坚由"苦力活"向"技术活"转变,提高工作效率,减轻基层负担。

2018 年,四川实现电子商务交易额 32 986.9 亿元,同比增长 19.6%;其中,网络零售额实现 4 269.21 亿元,同比增长 28.6%。网络零售结构中,实物型网络零售额实现 2 341.11 亿元,在网络零售额中占比 54.8%,服务型网络零售额累计实现 1 928.10 亿元,在网络零售额中占比 45.2%,见表 4-10。

表 4-10　2018 年四川省服务型网络零售额及其占比

服务型行业	网络零售额/亿元	占比/(%)	排　序
在线旅游	716.39	37.16	1
在线餐饮	612.65	31.77	2
生活服务	214.73	11.14	3
休闲娱乐	158.85	8.24	4
游戏话费	145.28	7.53	5
其他服务	80.21	4.16	6

交易总量方面,成都、绵阳和内江 2018 年分别实现网络交易额 23 259.91 亿元、2 902.09 亿元和 644.43 亿元,占比分别为 70.51%,8.8% 和 1.95%,位列市(州)前三。交易规模占比方面,成都、内江、泸州等地电商交易额在全川占较上年全年提升最大,成都较去年提升 0.48 个百分点,内江较去年提升 0.15 个百分点,泸州较去年提升 0.09 个百分点。此外,攀枝花、遂宁、雅安交易额在全川排名较去年分别提升 1 位。

网络零售总量方面,成都、乐山和绵阳 2018 年分别实现网络零售额 2 971.41 亿元、204.07 亿元和 144.17 亿元,占比分别为 69.6%,4.78% 和 1.43%,位列市(州)前三。网络零售规模占比方面,绵阳、南充、内江等地网络零售额在全川占比较去年增幅最大,在四川网络零售中分别占比 3.38%,1.35%,1.43%,较上年全年分别提升 0.25,0.19,0.12 个百分点。

2018 年,四川实物型网络零售额实现 2 341.11 亿元,同比增长 21.67%。分为市州看,绵阳、内江、宜宾等地实物型网络零售额分别实现 92.47 亿元、42.61 亿元、29.32 亿元,在全川分别占比 3.95%,1.82%,1.25%,较上年分别提升 0.37,0.26,0.21 个百分点。此外,遂宁、乐山、南充实物型网络零售额全年同样有着良好表现,在全川排名较去年分别提升 1 位。

2018 年,四川服务型网络零售额实现 928.10 亿元,同比增长 38.04%。分为市州看,南充、绵阳、甘孜等地服务型网络零售额分别实现 33.33 亿元、51.71 亿元、24.64 亿元,在全川占比较上年分别提升 0.19,0.18,0.04 个百分点。

2018 年,四川农村网络零售额实现 926.22 亿元,体量在全国排名第 4 位,同比增长 30.45%,在四川整体网络零售额中占比 21.70%,较上年全年提升 0.32 个百分点。其中,四川农产品网络零售额实现 167.75 亿元,同比增长 44.26%。四川农村 147 个区县、90 个电子商务进农村综合示范县、88 个贫困县分别实现网络零售额 926.22 亿元、446.84 亿元、186.54 亿元,分别同比增长 30.45%,26.98%,25.44%。

从结构看,以餐饮、旅游为主导的农村服务型网络零售额实现 535.15 亿元,在四川农村网络零售额中占比 57.78%,高于四川服务型占比 12.62 个百分点。同时农产品及加工品、家具、家居用品、鞋服等成为农村实物型商品网络主动力,带动四川农村实物型网络零售实现 391.06 亿元,在农村网络零售额中占比 42.22%,同比增长 27.62%。

分行业看,农村食品行业实现 142.34 亿元,占四川农村实物型网络零售比重 36.4%,排名农村实物型各行业第 1。"天味食品""黄老五""竹叶青""古蜀味道""郎酒""老城南""柠聚园"等一批优势网络电商线上备受消费青睐。火锅底料、油泼辣子、钵钵鸡调料、香肠腊肉等川味食品,以茶叶、水果、五谷杂粮为代表的农产品以及白酒、零食等品类食品全年线上销量火爆。

同时农村家装家饰、3C 数码、珠宝配饰三大行业在四川农村实物型网络零售中分别占比 26.65%,4.82%,1.23%,较上年分别提升 11.09,1.46,0.36 个百分点。家装家饰行业中"全友家居""双虎家居""都市名门""南方家居"等龙头网商带动效应突出,3C 数码行业中电视机、热水器、油烟机、燃气灶、冰箱、空调、电磁炉、电热水壶等家用电器以及办公用品、手机配件等产品较为热销,珠宝配饰行业中南红玛瑙、蜜蜡手串、金丝楠木手串、银饰配饰等产品线上销量较好,如图 4-14 所示。

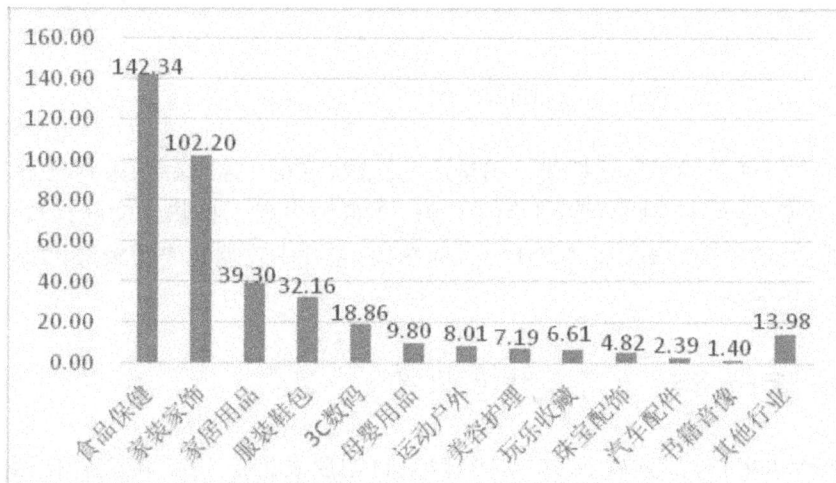

图 4-14　四川农村实物型网络零售情况(单位:亿元)

农村在线旅游行业实现 298.23 亿元,占农村服务型网络零售比重 55.73%,一、二、三、四季度同比逐季提升,四季度达 30.7%,引领农村服务型网络零售发展。农村在线餐饮、休闲娱乐、生活服务分别实现 154.4,27.58,34.58 亿元,占农村服务型网络零售比重分别为28.85%,5.15%,6.46%,较上年分别提升 9.91,0.42,0.31 个百分点。随着移动支付在城乡的快速普及应用,农村餐饮商家积极拓展线上订餐业务,以火锅、自助餐、中餐、小吃快餐为代表的农村在线外卖与团购为越来越多的消费者所青睐;休闲娱乐行业中,KTV、网吧电竞、养生等娱乐项目线上团购券和代金券销售火热;以鲜花园艺、证件摄影、配镜为代表的生活服务类项目线上较受消费者欢迎。

以农业及农业人口占比较大、经济发展程度较低、下级行政单位以"乡/镇"为主的 147 个区县、90 个国家级电子商务进农村综合示范县、88 个贫困县分别实现网络零售额 926.22,446.84,186.54 亿元,分别同比增长 30.45%,26.98%,25.44%。

四川农产品网络零售额实现 167.75 亿元,同比增长 44.26%。分行业看,水果、茶饮、草药分别实现网络零售额 45.84,36.15,29.18 亿元,占四川农产品网络零售额比重分别为27.33%,21.55%,17.40%,体量分居农产品行业前三。同时草药、畜禽、粮油在农产品网络零售中占比较上年分别提升 4.41,3.73,0.66 个百分点,如图 4-15 所示。

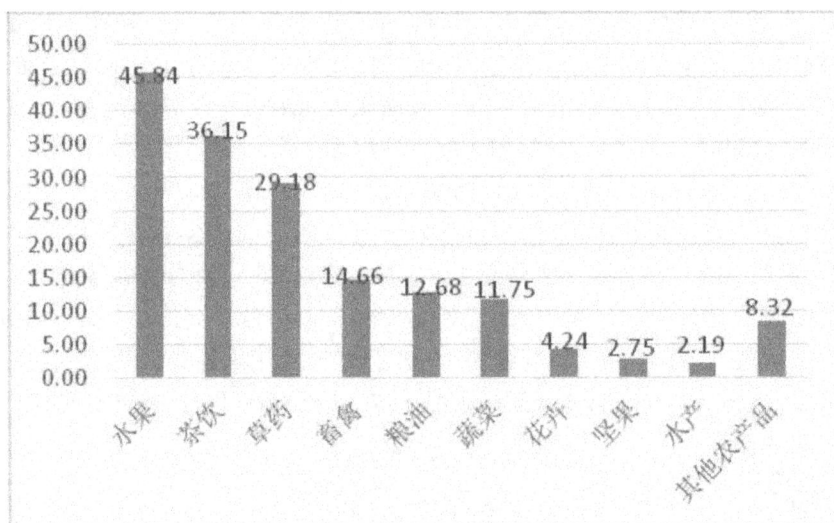

图 4-15　四川农产品网络零售额(单位:亿元)

柠檬、猕猴桃、橘子、芒果、枇杷线上销量居前;茶饮占据 3 席,绿茶、茉莉花茶、麦茶销售火热,草药占据 2 席,皂角米、辣木籽线上销量较好,禽畜中牛肉上榜热销交易指数,粮油中芝麻较受消费者欢迎,蔬菜中花椒、干辣椒线上较为热销,花卉中玫瑰花表现较好,交易指数排名第 15 位,如图 4-16 所示。

4.3.2　云南省电子商务扶贫状况

党的十八大以来,云南全省有 556 万贫困人口摆脱贫困。2017 年全省贫困人口净减少115 万人,实现 1 500 个贫困村出列、15 个贫困县脱贫摘帽,贫困发生率下降到 9.89%,贫困地区农民人均可支配收入由 7 847 元增加到 8 695 元,增速高于全省平均水平 3.47 个百分点。全省种植业带动 9 万户贫困户脱贫、养殖业带动 7.9 万户贫困户脱贫。在全省脱贫人口各项扶贫措施中,特色产业扶贫占比较高,脱贫人口中有 37.86％的贫困户、38.02％的贫困人口通过发展特色产业实现脱贫。迪庆、曲靖、昆明过半的脱贫人口发展了特色产业,其中迪庆脱贫人口发展特色产业占比达 84.13％。

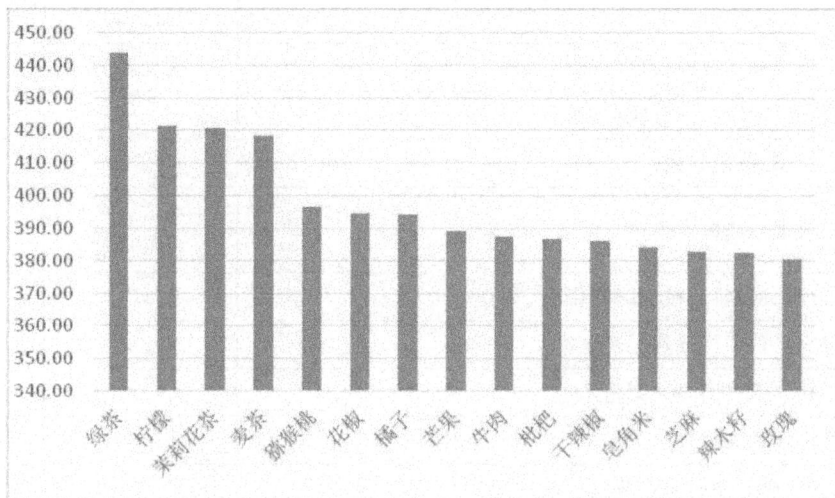

图 4-16　四川农产品网络交易指数(单位:亿元)

2018 年云南分级诊疗制度加快建立。全省所有三级医院均参与 2 种以上医联体模式建设,县域内县乡村一体化医共体建设稳步推进。全省县域内就诊率提升至 85.36％。公立医院改革持续深化。进一步巩固全面取消药品加成改革成果,全省公立医院占比下降至 28.65％,医疗服务收入占比提升到 30.42％。基层医疗卫生机构非基本药物配备使用比例由原来的 20％调整为 45％。2018 年预计全省可实现 150.36 万贫困人口净脱贫,1850 个贫困村达标出列,33 个贫困县有望脱贫摘帽。

省政府办公厅出台《关于加快推进产业扶贫精准脱贫的指导意见》,确定了云南省产业扶贫发展思路和总体目标,明确了省级各部门工作职责,提出了推进产业扶贫的具体措施。省农业厅聚焦全省 27 个深度贫困县,制定了《云南省打好深度贫困地区产业就业攻坚战实施方案》《云南省农业厅助推深度贫困地区脱贫攻坚工作方案》。

云南省第十三届人民代表大会第二次会议的《政府工作报告》指出 2019 年将坚决打好精准脱贫攻坚战,确保 130 万贫困人口净脱贫、2 457 个贫困村出列、31 个贫困县摘帽、7 个"直过民族"全部脱贫。2019 年是云南决战脱贫攻坚、决胜全面建成小康社会的关键之年,云南聚焦迪庆、怒江、昭通等深度贫困地区,着力解决"两不愁三保障"突出问题。大力推进产业、就业扶贫,新增转移就业贫困劳动力 10 万人以上。完成易地扶贫搬迁任务,确保搬迁一户、稳定脱贫一户。加强贫困地区义务教育控辍保学。切实保障贫困人口基本医疗需求。全面完成"4 类重点对象"危房改造任务。做好兜底保障工作,促进为民惠民医疗卫生事业发展。

深入推进"三医"联动和公立医院综合改革,推动 10 所县级公立医院晋升三级医院,推进 40 所县级公立医院提质达标,加快建设区域医疗中心,推进分级诊疗,全面提升基层医疗急救能力水平和疾病预防控制能力。建立健全稳定脱贫长效机制,研究解决收入水平略高于建档立卡贫困户的群体缺乏政策支持等新问题。做好脱贫攻坚与乡村振兴的衔接,巩固脱贫成果。抓好中央脱贫攻坚专项巡视和考核评估发现问题整改落实,做好沪滇、粤滇扶贫协作工作,加强对脱贫攻坚一线干部和驻村队员的关爱激励。确保130万贫困人口净脱贫、2 457个贫困村出列、31个贫困县摘帽、7个"直过民族"整族脱贫,见表4-11。

表4-11 云南省"十三五"脱贫攻坚目标和发展主要指标表

指　标	单位	2015年	2020年	属　性
1.建档立卡贫困人口数	万人	471	实现脱贫	约束型
2.建档立卡贫困村(行政村)数	个	4277	0	约束型
3.贫困县数	个	88	0	约束型
4.贫困地区农村常住居民人均可支配收入增速	%	12	年均增速高于全省平均水平	约束型
5.建档立卡贫困村通村道路硬化率	%	—	100	约束型
6.建档立卡贫困村自然村通电率	%	—	100	约束型
7.建档立卡贫困村通宽带率	%	—	100	预期性
8.贫困地区农村集中供水率	%	—	≥80	预期性
9.异地扶贫搬迁建档立卡贫困人口	万人		65	约束型
10."四类重点对象"危房改造率	%	—	100	约束型
11.建档立卡贫困户存量危房改造率	%	—	100	约束型
12.贫困县九年义务教育巩固率	%	—	≥93	约束型
13.建档立卡贫困村有卫生室	%	—	100	
14.建档立卡贫困村有合格村医	%	—	100	约束型
15.建档立卡贫困村人口因病致贫返贫户	万户	15.72	基本解决	预期性
16.建档立卡贫困户参加城乡居民养老保险比例	%	—	100	约束性
17.建档立卡贫困村集体经济年收入	万元	—	≥5	预期性
18.贫困地区森林覆盖率	%	—	≥60	预期性

2019年,云南以"一县一业""一村一品"为依托,实施贫困地区特色产业提升工程;打好就业扶贫硬仗,提高转移就业组织化程度,提高农村转移人口的就业质量、就业收入和就业稳定性;打好易地扶贫搬迁硬仗,确保2019年12月31日前完成新增34.5万人的搬迁入住;打好生态扶贫硬仗,利用生态工程建设、生态公益性岗位、生态产业发展、生态保护补偿等增加贫困群众收入,实现脱贫攻坚与生态文明建设"双赢";打好教育医疗住房"三保障"硬仗,阻止贫困现象代际传递,并让困难群众实现住房安全。

攻克深度贫困地区堡垒。云南省27个深度贫困县贫困人口有137.8万人、占全省贫困人口总数的76.1%,深度贫困地区是决战的核心战场。要加大对昭通、曲靖、红河、普洱、文山等重点深度贫困地区的投入力度,同时把消费扶贫重点放在深度贫困地区。

激发贫困群众内生动力。推广"以表现换积分、以积分换物品"的"爱心驿站""爱心公益超市"等自助式帮扶做法,实现社会爱心捐赠与贫困群众个性化需求的精准对接。

建立健全防止返贫脱贫长效机制。习近平总书记多次强调"限时脱贫不是暂时脱贫""要采取稳定脱贫措施,建立长效扶贫机制",更加注重提高脱贫效果的可持续性,这为我省建设防范返贫机制提供了基本遵循。所谓"返贫",是指贫困户经外界帮扶和自身努力脱贫后,因种种主客观原因又陷入贫困状况。鉴于各地陆续出现脱贫人口返贫现象,要从战略高度认识建立防范返贫机制的重要性和紧迫性,把解决防范返贫问题作为确保稳定脱贫的重要措施,摆到突出位置,抓紧抓好。云南无灾不成年,因灾因病返贫占比高。2018 年返贫人口中因灾返贫占53.3%,因病因残返贫占 19.79%。要把防止返贫的政策、脱贫长效机制和返贫监测机制一并健全。

完善督战机制。脱贫攻坚是"一把手"工程,云南省委省政府决定 2019 年 1 月至 3 月底,在全省范围开展脱贫攻坚"春季攻势"行动,着力解决影响"两不愁保障性扶贫"的突出问题。

2019 年 3 月 25 日,云南省市场监督管理局发布的最新数据显示,云南省网络市场主体持续增长,私营企业占比超七成,电商产业成为农村发展的新亮点。去年全省网络零售额达779.41 亿元,同比增长 44.73%。云南与阿里巴巴集团合作建成 34 个县级农村淘宝服务中心、1 490 个村级服务站;与京东集团合作在 9 个州市开设农特产馆,建成 53 个县级农村电商服务中心。

2020 年 2 月 3 日,习近平总书记主持召开中共中央政治局常务委员会听取脱贫攻坚总结评估汇报时指出,经过 8 年持续奋斗,云南如期完成了新时代脱贫攻坚目标任务,现行标准下农村贫困人口全部脱贫,贫困县全部摘帽,消除了绝对贫困和区域性整体贫困,近 1 亿贫困人口实现脱贫,取得了令全世界刮目相看的重大胜利。跟全国一样,云南全省现行标准下农村贫困人口全部脱贫、88 个贫困县全部摘帽、8 502 个贫困村全部出列,11 个"直过民族"和"人口较少民族"实现整体脱贫,困扰云南千百年的绝对贫困问题得到历史性解决。

4.3.3　贵州省电子商务扶贫状况

2018 年,贵州省抢抓机遇、攻坚克难,大力推进农村产业革命,深入开展"春风行动""夏秋攻势""秋后喜算丰收账"和"冬季充电",夺取了脱贫攻坚关键之年决定性胜利。作为全国脱贫攻坚主战场的贵州,2018 年减少贫困人口 148 万人,贫困发生率下降到 4.3%,14 个贫困县成功脱贫摘帽,易地扶贫搬迁入住 76.19 万人。全年完成农村"组组通"硬化路 5.1 万千米,98%的村民通硬化路,解决 88.4 万农村贫困人口饮水安全问题。建成易地扶贫搬迁安置房 18.24万套,实现县域冷库全覆盖,库容达到 120 万吨,如图 4 - 17 所示。

据了解,2018 年,贵州规范化培训农村劳动力 63 万人,教育精准扶贫资助贫困家庭学生46.5 万人。深度贫困村卫生室规范化建设全覆盖,基本医疗保险、大病保险、医疗救助覆盖全部贫困人口。安排预算内资金 170 多亿元用于脱贫攻坚,其中深度贫困地区近 60 亿元。全面启动实施乡村振兴战略,"四在农家·美丽乡村"小康行动完成投资 802 亿元。据悉,2019年,贵州省计划减少农村贫困人口 110 万人,18 个县通过脱贫摘帽考核验收,17 个县达到脱贫摘帽标准,全面完成 188 万人搬迁任务。

《贵州省进一步加快农村电子商务发展助推脱贫攻坚行动方案(2019—2020 年)》提出,到2020 年,实现全省培育网络电商 10 万家以上,带动 15 万人以上群众增收。根据该方案,贵州省进一步加快农村电子商务发展的目的在于促进全省特色农产品订得早、销得畅、卖得出,助推脱贫攻坚。

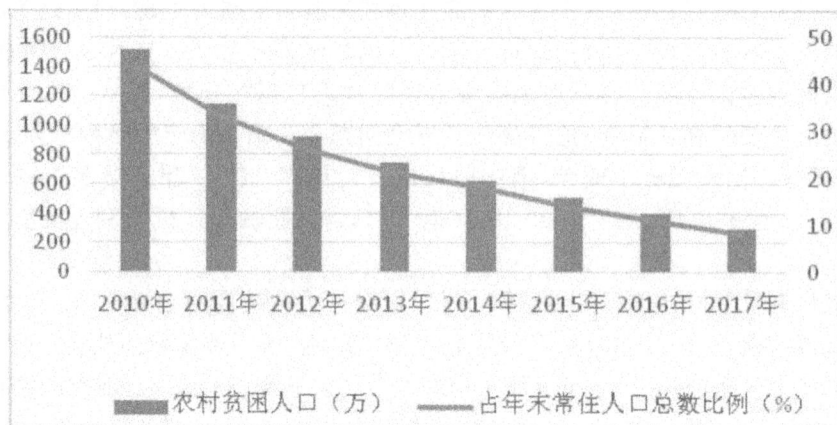

图 4 - 17　2010—2017 年贵州农村贫困人口及占当年末贵州常住人口总数的比例

一方面,贵州将加强与大型电商平台合作,推动天猫、京东、贵州电商云等落户全省电子商务进农村综合示范县。同时,还将依托龙头电商企业建设线上线下互动融合的社区电商体系,将项目建设和贫困地区农产品销售有机结合,打造农产品基地直供体系。

另一方面,贵州围绕 500 亩以上坝区农业产业结构调整,聚焦茶叶、食用菌、蔬菜等 12 个优势特色产业,完善"贫困户＋合作社＋电商"利益联结机制,实现电商与当地产业资源精准对接,完善电商供应链。到 2020 年,全省电商扶贫产业基础逐步健全,电商扶贫服务体系趋于完善,省级农村电商公共平台实现县域服务全覆盖,电商运营中心和快递物流中心实现贫困县全覆盖,电商服务站点和物流站点实现乡镇全覆盖,网络零售额年均增长 18％以上,如图 4 - 18 所示。

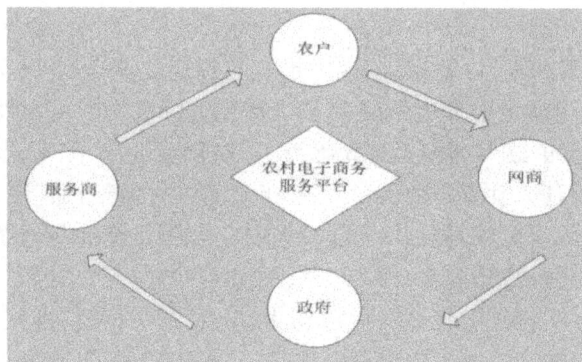

图 4 - 18　农村电子商务服务平台

国务院办公厅印发《关于促进农村电子商务加快发展的指导意见》(以下简称《意见》),全面部署指导农村电子商务健康快速发展。《意见》强调,按照全面建成小康社会目标和新型工业化、信息化、城镇化、农业现代化同步发展的要求,深化农村流通体制改革,创新农村商业模式,培育和壮大农村电子商务市场主体,加强基础设施建设,完善政策环境。到 2020 年,初步建成统一开放、竞争有序、诚信守法、安全可靠、绿色环保的农村电子商务市场体系。

此外,贵州还将完善电商扶贫服务体系,运用大数据对农产品销售情况和村级站点运营情况进行监测、统计和分析,指导农产品种植加工,并采取政府补贴、快递抱团下乡等措施,打造"黔货出山"集散平台,实现"买全省、卖全国"功能,如图4-19所示。

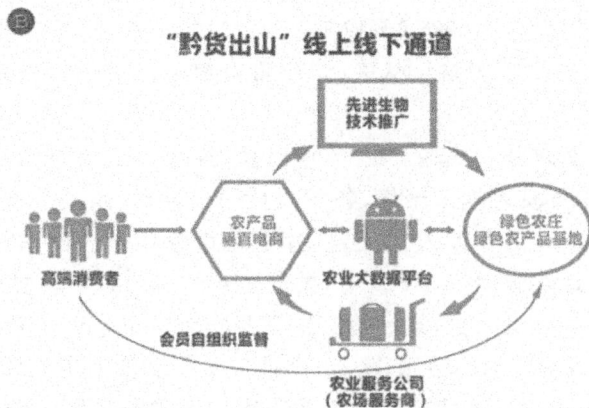

图4-19 "黔货出山"线上线下通道

到2020年,贵州力争省级农村电商公共平台实现县域服务全覆盖,电商服务站点和物流站点实现乡镇全覆盖,网络零售额年均增长18%以上。

2020年11月23日下午,贵州省政府新闻办召开新闻发布会,宣布贵州最后9个贫困县宣布脱贫退出,这是贵州省脱贫攻坚具有里程碑意义的重大事件。9个贫困县受访建档立卡脱贫户人均纯收入平均为11 487.39元,比2020年脱贫标准高7 487.39元,比全省贫困人口人均纯收入9 925.38元高出1 562.01元。9个贫困县基层干部群众对脱贫摘帽认可度全部超过90%,群众认可度平均为99.12%(比2019年的平均认可度97.95%,高1.17个百分点),为近年来最高,表明基层干部群众对脱贫攻坚成效越来越认可。

4.3.4 西藏自治区电子商务扶贫状况

西藏位于祖国西南边陲,既是深度贫困地区,脱贫攻坚任务艰巨,又是边疆民族地区,维护稳定任务艰巨。打赢西藏脱贫攻坚战,在全国具有特殊的艰巨性、敏感性和复杂性。2018年,自治区党委、政府带领各级各部门,深入贯彻习近平总书记关于扶贫工作和治边稳藏的重要论述,把脱贫攻坚作为头等大事,聚焦深度贫困,优化政策供给,项目资金倾向基层,推动全区深度贫困地区脱贫攻坚取得了新的决定性进展。

为深入贯彻习近平总书记提出的新增脱贫攻坚资金、项目、举措向深度贫困地区集中倾斜的要求,自治区党委、政府专题听取深度贫困市县工作汇报,逐县分析致贫原因、制定攻坚举措,研究出台了《深度贫困地区脱贫攻坚实施方案(2018—2020年)》和《打赢深度贫困地区脱贫攻坚战三年行动计划》。规划投资677.19亿元,实施项目1800个,细化了三年脱贫攻坚的目标任务、年度计划、保障措施,明确了任务书、时间表、路线图。同时,自治区修订完善《关于开展统筹整合涉农资金工作的实施意见》等5个规范性文件,出台《关于坚决克服脱贫攻坚工作中形式主义官僚主义减轻基层负担的规定》，全面启动了扶贫立法程序。脱贫攻坚政策性文件累计超过 70 件。

"十三五"期间,西藏通过产业扶贫实现 23.8 万建档立卡贫困人口脱贫,占 59 万建档立卡贫困人口的 40％多。至 2018 年底,产业扶贫已累计实现 21 万余人脱贫,完成"十三五"产业脱贫任务的 88％。2018 年底,西藏 25 个深度贫困县达到脱贫摘帽条件,2 100 个贫困村退出,预计 18.1 万人脱贫,贫困发生率降至 6％以下。到 2019 年底,西藏 74 个贫困县区实现摘帽,62.8 万建档立卡贫困人口实现脱贫。从 20 年起将由集中攻坚阶段全面转入巩固提升阶段,如图 4-22 所示。

广袤的农牧区是脱贫攻坚主战场。2017 年以来,自治区党委、政府组织各行业部门调规排序,引导各类资源向深度贫困地区聚集,各方力量同拍合奏、同频共振,集聚效应初步显现。易地扶贫搬迁已完成入住 21.8 万人、"三岩"片区跨市整体搬迁已入住 1 745 人;改造危房 0.49万户。产业扶贫累计实施项目 2 142 个,投资 214.24 亿元,带动脱贫 19.6 万人。继续推进生态保护与脱贫攻坚的有机结合,累计落实生态兼职岗位 66.66 万个,人均年补助 3 500 元。

据统计,2018 年西藏全区向日喀则、昌都、那曲 3 个深度贫困主战场投资 110.07 亿元,占全区年度资金总量的 76.7％。项目方面,《深度贫困地区脱贫攻坚实施方案》预计到 2018 年底实施项目 850 个、完成投资 350 亿元,分别占整体目标的 47％和 52％。同时,目前基层深度贫困地区脱贫已入库项目 1 070 个,投资预算 147 亿元。

近年来,西藏自治区会同国务院扶贫办连续 3 年召开深化对口援藏扶贫工作会议,借力援藏帮扶攻坚。2018 年签约项目 26 个、投资 80 亿元,已落地 25.6 亿元。在央企助力西藏脱贫攻坚活动中,活动签约项目 55 个、投资 352 亿元,现场招聘西藏籍高校毕业生 2 498 人,央企在藏重大项目吸纳 2.2 万贫困群众就业(见图 4-20)。

图 4-20 2015—2018 年西藏农村脱贫成效变化图(单位:％)

此外,西藏自治区区建立省级干部包县、市地级干部包乡、县级干部包村和其他干部包户的"四包"帮扶制度。共有 44 位省军级领导同志分别联系 44 个深度贫困县,13.67 万科级以上干部结对帮扶 26.62 万人。"百企帮百村"行动中,3.5 万贫困群众脱贫。

　　西藏平均海拔 4 000 米以上,是"三区三州"中唯一的省级集中连片深度贫困地区。近年来,在党中央的关怀、全国各地的援助下,西藏各族人民攻坚克难,脱贫攻坚取得巨大成就,贫困发生率从 2015 年底的 25.2% 下降到 2018 年底的 6% 以下。其中,产业扶贫成为持续增收、稳定脱贫的重要抓手。

　　2018 年,西藏产业扶贫按照"宜农则农、宜牧则牧、宜林则林、宜工则工、宜商则商、宜游则游"的发展思路,重点推进种植业、养殖业、加工业、商贸流通业、文化旅游业和资源开发利用六大产业。进一步提升了扶贫精度,密切产业与贫困户利益联结,以规划定项目、项目定人员、产业定收入、收入定增幅、增幅定目标和统一标识牌、明白卡、信息系统为主要内容的"五定三统一"机制,确保了建档立卡贫困户在产业发展中精准受益。全年投入产业扶贫资金 101 亿元,实施产业扶贫项目 823 个,实现了 7.28 万建档立卡贫困户脱贫,产业扶贫受益人数累计达 30 多万人,超额完成了年度产业脱贫任务。

　　在产业扶贫中,西藏注重立足资源禀赋和比较优势,因地制宜发展特色产业,宜农则农、宜牧则牧、宜林则林、宜商则商、宜游则游,让贫困群众不离乡、不离土或者离乡不离土就能融入产业发展、增收致富。

　　高寒缺氧、地广人稀,是西藏最基本的自然禀赋,这也决定了西藏在扶贫开发中,需要选择适合本地特点的产业发展路径,如图 4-21 所示。比如阿里地区,陆地面积相当于 3 个浙江省、总人口却不到浙江的 2‰,在这样的区域发展扶贫产业,就需要结合本地特点。西藏很多乡镇区域面积达数千平方公里,但居住人口只有一两千人,村居之间往来要翻山越岭走上大半天,将群众增收作为第一要务的扶贫产业,必然首先考虑当地的资源禀赋,以及群众就业是否"就近就便、能干会干"。山高水远、地广人稀的现状,决定了扶贫产业也只能因地制宜,而且在起步阶段,这些产业的产品数量、销售半径都很小。

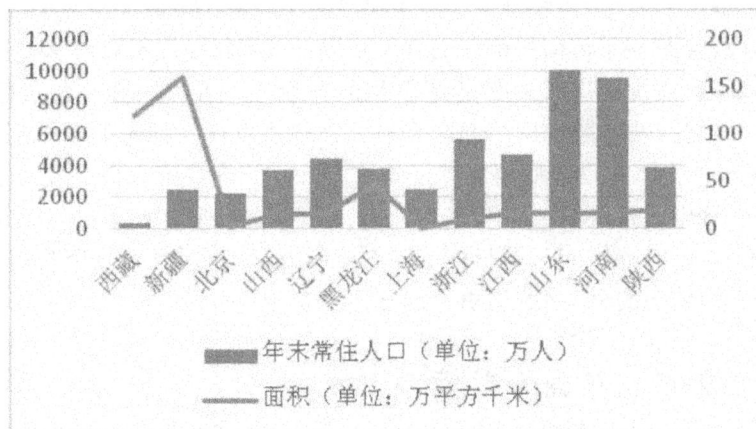

图 4-21　我国部分省份人口常住人口密度

　　除了自然禀赋,还有人的因素。广大牧区是西藏贫困人口最集中、扶贫攻坚难度最大的地区。由于历史原因,这里群众的市场经济意识普遍不强。一些边远地区的群众根本不到银行存款,更没有贷款的想法。每年卖了牛羊后,牧民们就把现金、金银或塞在墙缝里,或埋在地下,等到需要购买草料、牲畜时,再从墙缝找、地下挖。

　　畅通物流是扶贫产业能否长久存活的关键。为解决牧区群众"买卖难"问题,西藏自治区有关部门去年在班戈县开展县域商贸物流配送综合试点,由班戈县北拉镇古热那宗扎西亚培专业合作社、普保镇八村糌粑合作社等 6 个农民合作社组建的班戈县郎琴商贸有限公司,把牧区的 758 户(其中 321 户是建档立卡贫困户)群众组织起来,建设了 120 平方米的肉类冷冻库和蔬果冷藏点,配置了 3 台冷藏车,计划在全县 10 个乡镇 86 个行政村设置收购配送点,让全县优质农牧产品和外面的水果、蔬菜等便捷流通。

为促进特色产业的扶贫成效最大化,西藏自治区相继出台《西藏自治区产业精准脱贫工作指导意见》《西藏自治区"十三五"时期产业精准扶贫规划》《西藏自治区脱贫致富产业发展项目管理暂行办法》等一揽子措施与政策,规范扶贫产业发展,增强贫困地区和贫困群众的自我发展能力。截至 2018 年底,西藏累计实施产业扶贫项目 2 142 个,实现产业脱贫 21 万人;农牧业产业化龙头企业已达 125 家,农牧民专业合作社达 8 364 家。随着交通、物流条件的改善,一些起步于"小、散、粗"的扶贫产业,借助科技和电商平台正发生着可喜的变化。

在电商扶贫方面。2018 年西藏商品和服务类电子商务交易额为 206 亿元人民币,电子商务对西藏消费的驱动作用日益增强,对旅游、餐饮等服务行业潜力挖掘释放作用日益增大,电子商务已经成为西藏经济发展新引擎。

2018 年,西藏网络零售额约为 54.2 亿元,同比增长 137.7%,连续两年增速超过 50%;网络零售额占社会消费品零售总额的 9.1%,比上年增加 4.7 个百分点,电子商务对消费的促进作用不断提升。

2018 年,西藏实现快递业务量 725.8 万件,同比增长 27.9%,增速在新疆、甘肃、青海等西部偏远省区中处于前列,并在近三年内首次超过全国平均水平。

截至 2018 年底,西藏拥有电子商务企业 2 200 余家,涵盖交易、物流、支付、金融、营销等多种服务类型,其中拉萨市占主要部分,约 1 600 余家,林芝、山南都在 100 家以上,日喀则、昌都、那曲三地占比重少。另悉,西藏网商数量突破 3 万家,电商从业人数 1.6 万余人。

今后,西藏自治区商务厅将构建电子商务发展新生态,全力推动农牧区电子商务发展,推进线上线下融合发展,加快构建西藏商贸流通体系,鼓励企业在城乡和具备条件的乡镇建立物流配送网点,进一步完善城乡配送网络和县乡村三级邮政农牧区物流配送体系。

2019 年是西藏打赢脱贫攻坚战的决胜之年,剩下的 15 万贫困人口、662 个深度贫困村、19 个深度贫困县都是贫中之贫、困中之困,据悉,2019 年西藏计划产业脱贫 5.88 万人,有望提前一年全部实现"十三五"时期产业脱贫目标。到 2019 年底,西藏 74 个贫困县区实现摘帽,62.8 万建档立卡贫困人口实现脱贫,西藏历史性消除绝对贫困。

4.3.5　重庆市电子商务扶贫现状

2018 年,重庆市 65 个贫困村实现整村脱贫,全年减贫 3.9 万户,12 万人,全市的贫困人口减少至 4.6 万户,13.9 万人,贫困发生率由 2014 年底的 7.1% 降至 2018 年底的 0.7%,如图 4-22 所示。2018 年,开州、云阳、巫山顺利通过了国家验收,实现整体脱贫摘帽;奉节、石柱已完成贫困县退出实地评估检查,有望实现高质量脱贫摘帽,重庆市市的扶贫开发工作重点县由 14 个减至 4 个。

2019 年,重庆市脱贫攻坚工作将确保城口、巫溪、酉阳、彭水 4 个县脱贫摘帽,33 个贫困村、10 万贫困人口脱贫。2019 年是重庆市脱贫攻坚决战决胜、贫困县全部脱贫摘帽最为关键之年,全市锁定城口、巫溪、酉阳、彭水 4 个县脱贫摘帽,33 个贫困村、10 万贫困人口脱贫的目标进行攻坚,在思想武装、责任落实、聚焦深度、精准施策等 9 个方面持续发力。

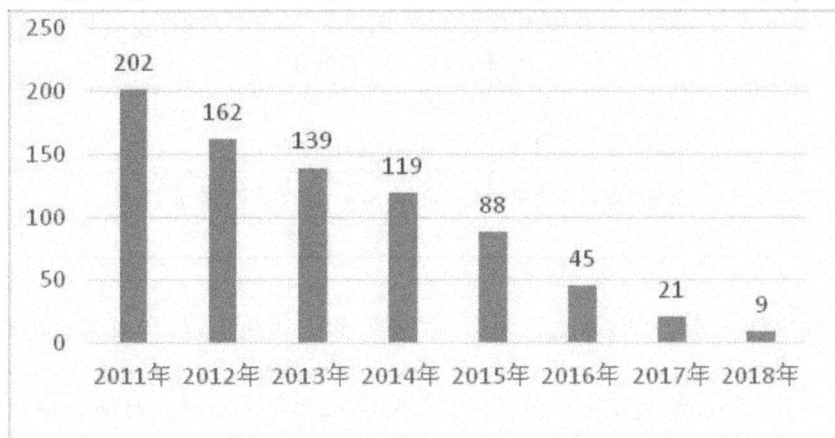

图 4-22　重庆 2011—2018 年农村贫困人口数量(单位:万人)

按现行国家农村贫困标准测算,2020 年重庆市已实现脱贫攻坚目标,1 919 个贫困村全部脱贫出列,14 个贫困区县全部摘帽,绝对贫困历史性消除。2020 年全市贫困地区农村常住居民人均可支配收入 15 019 元,比上年增长 8.6%,扣除价格因素,实际增长 6.1%。

4.3.6　陕西省电子商务扶贫状况

1.陕西省电子商务扶贫现状概述

陕西省是我国的农业大省,农村人口占比多于半数,地处我国西北部,与沿海省份相比,在交通运输以及经济交流与发展上稍显逊色。农村贫困村面积分布广,农村贫困户贫困程度深。2018 年陕西省涉及三个国家连片特困区,并且陕西省国贫困县数量居众多位居全国第三位。陕西省有 56 个国家扶贫工作开发重点县,陕西省贫困县城具体分布见表 4-12。

表 4-12　陕西省贫困县分布图

城　　市	国家扶贫工作开发重点县	数量/个
西安市	周至县	1
宝鸡市	太白县、麟游县、陇县、千阳县、扶风县	5
咸阳市	永寿县、长武县、旬邑县、淳化县	4
铜川市	耀州区、印台区、宜君县	3
渭南市	澄城县、合阳县、蒲城县、白水县、富平县	5
延安市	延川县、延长县、宜川县	3
榆林市	定边县、横山县、绥德县、米脂县、佳县、清涧县、吴堡县、子洲县	8

续表

城　　市	国家扶贫工作开发重点县	数量/个
汉中市	洋县、西乡县、勉县、宁强县、略阳县、镇巴县、留坝县、佛坪县、南郑县、城固县	10
安康市	汉滨区、汉阴县、石泉县、宁陕县、紫阳县、岚皋县、镇平县、旬阳县、白河县、平利县	10
商洛市	商州区、柞水县、镇安县、山阳县、商南县、洛南县、丹凤县	7

2018 年,陕西省坚持把脱贫攻坚作为头等大事和第一民生工程,全面落实精准方略,推动脱贫攻坚取得了决定性进展。2018 年全省有 104.5 万人实现脱贫,贫困发生率下降到 3.2% 左右,23 个贫困县各项指标均达到退出标准,有望摘帽,2011—2017 年陕西农村贫困人口变化图,如图 4-23 所示。

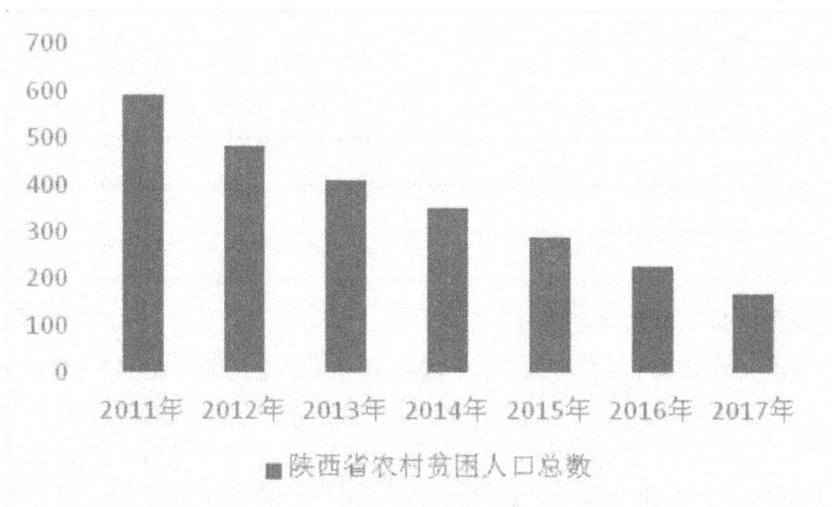

图 4-23　2011—2017 年陕西农村贫困人口变化图(单位:万人)

2018 年,陕西省聚焦深度贫困地区,在 11 个深度贫困县投入中央和省级财政专项扶贫资金 15.93 亿元,较上年增长 50%;增派扶贫干部 1 622 人,持续配强攻坚力量;增加公益专岗、生态护林员等就业岗位,带动帮扶 8 075 名贫困人口就业。

聚焦革命老区,2018 年,陕西省累计投入中央和省级财政专项扶贫资金 53.75 亿元,较上年增长 27.85%,使 13 个老区(县)有望脱贫摘帽,如图 4-24 所示。围绕特殊困难群体,组织卫生健康、残联、民政等部门开展特殊困难群体帮扶行动,全省累计救治特困人口 51.32 万人。

同时,陕西省开展基础设施"补短板"行动。2018 年,全省新改建公路 3 957 千米,整治通村公路"油返砂"7 624.6km,实现贫困地区建制村公路 100% 硬化截至 2019 年 5 月,全省共有乡镇 1 315 个(其中乡 21 个,镇 975 个,街道办事处 319 个),建制村 17 015 个。辖区内所有乡镇全部通硬化路、通客车。辖区内所有建制村全部通硬化路,通客车建制村 16 528 个,未通客车建制村 487 个,不具备条件通客车建制村 183 个,具备条件未通客车建制村 304 个,建制村通公路硬化率 100％,通客车率 97％;所有贫困村实现了通动力电和生活用电,电力入户率达到 100％;实现全省贫困村光纤全覆盖,使未通 4G 网络的贫困村数减少到 66 个。

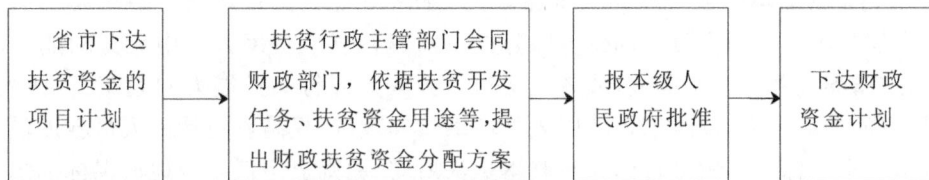

```
┌──────────┐    ┌──────────────┐    ┌──────────┐    ┌──────────┐
│ 省市下达   │    │ 扶贫行政主管部门会同 │    │          │    │          │
│ 扶贫资金的 │ →  │ 财政部门,依据扶贫开发 │ → │ 报本级人   │ → │ 下达财政   │
│ 项目计划   │    │ 任务、扶贫资金用途等,提 │    │ 民政府批准 │    │ 资金计划   │
│          │    │ 出财政扶贫资金分配方案 │    │          │    │          │
└──────────┘    └──────────────┘    └──────────┘    └──────────┘
```

图 4-24　扶贫资金分配管理流程

此外陕西省还全力巩固大扶贫格局。中央 35 个部委单位定点帮扶陕西省 50 个国家扶贫开发工作重点县,选派中央定点扶贫单位挂职干部 75 人,直接投入帮扶资金 2.77 亿元,引进资金 5.07 亿元。实施"3＋X"帮扶体系,全省 9 个国企合力团共对接项目 124 个,完成投资 91 亿元,带动贫困户 1.9 万户,实现就业 1.6 万人;校地结对"双百工程"建成产学研示范基地和落地实体项目 90 个,培训培养骨干教师、医生、护士、农技人员和新型农民等 4 万多人;优质医疗资源下沉,实现对贫困县医疗机构结对帮扶全覆盖,使贫困人口县域内就诊率达 85％以上。

深入开展"万企帮万村"精准扶贫行动。全省 6 646 家民营企业帮扶 7 621 个贫困村,实施项目 1.5 万个,涉及贫困人口 83.47 万人。42 家省级社会组织帮扶贫困人口 107.5 万人,投入帮扶资金 1.88 亿元;省内 7 983 家其他社会组织参与扶贫,投入扶贫资金 35 亿元,帮扶贫困户 46 万户。陕西省全面推广运用中国社会扶贫网,实现全省注册量 499.69 万人,满足对接贫困需求 28.13 万个,成功率达 86.86％。

2019 年,陕西省脱贫攻坚工作把提高脱贫质量放在首位,以深度贫困地区为脱贫攻坚重点,确保 56.5 万人高质量脱贫、29 个贫困县"摘帽"。民政脱贫攻坚工作,把兜底保障摆在突出位置,以织密织牢"六张保障网"和全面实施"四项助推脱贫攻坚行动"为抓手,切实兜住兜牢农村贫困群众基本生活底线,确保小康路上不漏一户、不少一人。

2020 年 10 月 13 日省政府新闻办举办的"决战脱贫攻坚"系列新闻发布会指出,陕西省 56 个贫困县全部脱贫摘帽,贫困人口由 2015 年年底的 229.88 万人减少到 2019 年年底的 18.34 万人,累计减贫 211.54 万人,贫困发生率下降至 0.75％,区域性整体贫困基本解决。贫困地区农村居民人均可支配收入由 2015 年的 7 692 元提高到 2019 年的 11 412 元。

2.陕西省电子商务扶贫措施

(1)织密织牢"六张保障网"。

1)织密织牢农村低保兜底保障网。进一步加强农村低保制度与扶贫开发政策的有效衔接,全面开展"三共同",确保将符合条件的建档立卡贫困户按规定程序全部纳入农村低保范围;对未脱贫建档立卡贫困户中靠家庭供养且无法单独立户的重度残疾人、重病患者等完全丧失劳动能力和部分丧失劳动能力的贫困人口(不含整户纳入低保范围的贫困人口),经个人申请、按程序审核审批后,参照单人户纳入农村低保范围,做到应保尽保、应兜尽兜。计划下拨中省农村低保补助资金 33.3 亿元,农村低保最低限定保障标准提高不低于 8％,确保农村低保标准动态、稳定地高于扶贫标准。严格落实"分类施保",对农村低保家庭中的 70 周岁以上老年人、儿童、重度残疾人、重病患者、单亲未成年人、哺乳期妇女、非义务教育阶段学生等人员,按照当地低保标准的一定比例增发低保金,提高救助保障水平。落实"渐退帮扶",对接收扶贫开发项目取得收入尚不稳定,但已不符合低保条件的建档立卡低保家庭,可按原政策继续给予12个月的农村低保,其中,农村残疾人低保家庭在此基础上可适度延长救助期限。

2)织密织牢农村特困人员救助供养保障网。对建档立卡贫困人口中无劳动能力、无生活来源、无法定赡养抚养扶养义务人,或者其法定义务人无履行义务能力的老年人、残疾人以及未满16周岁的未成年人,及时纳入特困人员救助供养范围;提高农村特困人员救助供养水平,特困人员基本生活标准应满足特困人员基本生活所需,原则上不低于当地低保标准的1.3倍;照料护理标准依据特困人员生活自理能力评估结果和服务需求,按照当地最低工资标准的一定比例分档制定,一般可分为三档,原则上全自理特困人员每月不低于当地最低工资标准的10%,半护理特困人员每月不低于当地最低工资标准的15%,全护理特困人员每月不低于当地最低工资标准的25%。对分散供养的特困人员,经本人同意,乡镇(街办)可委托其亲友或村(居)民委员会、供养服务机构、社会组织等提供日常看护、生活照料、住院陪护等服务。县级民政部门要积极协调乡镇人民政府(街办)加强对协议履行情况的监督,规范委托服务行为,督促约定服务事项落实到位,确保其"平日有人照应、生病有人看护",见表4-13。

表4-13 特困人员每月最低工资

贫困层次	工资发放周期	标 准
全自理特困人员	月	≥当地最低工资标准的10%
半护理特困人员	月	≥当地最低工资标准的15%
全护理特困人员	月	≥当地最低工资标准的25%

3)织密织牢临时救助救急解难保障网。进一步细化临时救助对象范围和类别,落实"分级审批""先行救助"工作机制,计划下拨中省临时救助补助资金4亿元,用于解决建档立卡贫困人口突发性、紧迫性、临时性基本生活困难。对于农村贫困人口的重大生活困难,可通过召开县级社会救助联席会议,采取"一事一议"的方式,根据具体情形分类分档设定救助标准,研究确定救助额度。全面落实县级民政部门委托乡镇(街办)开展临时救助审批的规定,合理设定并逐步提高乡镇(街办)临时救助金审批额度。全面建立乡镇(街办)临时救助储备金制度,积极协调县级财政部门向同级民政部门和乡镇(街办)提供一定资金预付额度,用于紧急情况临时救助资金支出和乡镇(街办)直接审批的临时救助资金支出,提高临时救助的时效性。

4)织密织牢残疾人社会福利保障网。进一步健全残疾人"两项补贴"管理制度,规范资金发放流程、方式;做好全国残疾人"两项补贴"信息系统上线运行与数据录入工作,增强补贴发放的准确性、时效性,计划下拨省级补贴资金4.9亿元,确保补贴资金逐步实现按月发放。强化对贫困重度残疾人的照料服务,探索通过政府购买服务、设立公益岗位、集中托养等方式,为16周岁以上不符合特困人员救助供养条件的贫困重度残疾人提供照料护理服务。安排省级福彩公益金500万元,支持"民康计划"等精准助残项目,免费为城乡困难残疾人安装假肢、矫形器等各类康复辅具;配合国家康复辅具中心实施"福康工程"项目,为深度贫困地区困难残疾人患者实施手术、配置康复辅具。积极开展精神障碍社区康复工作,联合省财政厅、省卫健委、省残联出台《关于加快精神障碍社区康复服务发展的实施意见》,使用省级福彩公益金资助建设精神障碍社区康复服务项目。做好严重精神障碍患者监护责任以奖代补政策落实。

5)织密织牢农村留守儿童关爱保护和困境儿童保障网。不断健全完善"政府、家庭、社会"三位一体的农村留守儿童关爱保护和困境儿童保障工作体系。强化农村留守儿童和困境儿童信息动态监测,扎实做好农村留守儿童和困境儿童信息采集、分析、运用工作,精准定位到村、精准识别到户、精准建档到人。落实农村留守儿童关爱保护和困境儿童保障措施,充分整合最低生活保障、临时救助、儿童福利、未成年人保护、慈善关爱等政策资源,切实落实好农村留守儿童监护、强制报告、临时监护、控辍保学、户口登记等责任,解决好困境儿童基本生活、基本医疗,强化教育保障,强化监护责任,加强残疾儿童福利服务工作。会同相关部门督促留守儿童父母依法履行监护职责,重点对无人监护或父母无监管能力的留守儿童加强监护,落实监护责任人;计划下拨资金 1 亿元,对全省孤儿和事实无人抚养儿童实施分类保障。加强基层儿童工作队伍建设,持续推动乡镇(街办)儿童督导员、村(居)儿童主任配备和培训工作;计划下拨资金 700 万元,加强未成年人救助保护机构建设,提高未成年人关爱保护能力。

6)织密织牢农村留守老年人关爱服务保障网。加强农村留守老年人信息台账动态管理和运用,落实定期探访制度,强化家庭监护主体责任意识,督促落实家庭监护责任。县级民政部门要督促乡镇(街办)统筹安排,由村(居)民委员会协助实施,坚持每季度上门走访、探望农村留守老年人,及时了解评估农村留守老年人生活情况,更新信息台账。积极开展农村留守老年人关爱服务活动,发挥农村互助幸福院作用,为全省 43.85 万农村特困老年人和高龄、留守老年人提供日间照料、短期托养、配餐、互助养老等生活服务。支持农村特困人员供养服务机构、农村互助幸福院与村卫生室签订合作协议,建立老年人健康档案,配合卫健部门为农村老年人提供基本医疗、定期体检、上门巡诊等医疗服务和健康管理、长期护理服务。加强农村居家养老服务设施建设,计划下拨资金 1.6 亿元,资助建设农村互助幸福院 2 000 个,满足农村老年人特别是贫困地区留守老年人居家养老服务需求;使用以奖代补资金 1 000 万元,对全省评定优秀的农村互助幸福院进行运营补助。充分发挥 1.76 万个农村老年协会的作用,积极开展老年人喜闻乐见的文体娱乐、互帮互助等活动。完善老年人高龄补贴制度,确保农村 70 周岁以上老年人按时足额领取高龄补贴。使用福彩公益金 150 万元,开展农村贫困留守老年人走访慰问活动。

(2)全面实施"四项助推脱贫攻坚行动"。

1)加强贫困地区农村自治组织建设助推脱贫攻坚行动。配合省委组织部拟订《陕西省乡村组织振兴行动方案》,将坚持党的领导核心地位嵌入村级协商、决策、管理和监督的全过程和各环节。制定出台推广"枫桥经验"创新社区治理的意见,加快推进农村基层自治组织规范化、制度化建设;市、县民政部门要认真落实省委组织部、省民政厅、省国土资源厅等部门关于加强移民搬迁社区自治建设的要求,合理划分移民社区自治单元,规范自治组织机构设置,加强政策培训,着力提升移民社区自治水平和服务能力;以县(市、区)为单位,修订完善村务公开目录,规范公开内容和程序,推进村级各类事项的阳光运行;县级民政部门要督促乡镇依法依规对村委会成员开展民主评议,评议结果要及时向村民公布,并与评议对象的使用和补贴待遇等直接挂钩;市、县民政部门要指导做好村规民约的修订和完善工作,村规民约要坚持问题导向,提出有针对性的抵制和约束内容,努力做到"一村一策"。要充分发挥村民议事会、人民调解委员会、道德评议会、红白理事会、禁毒禁赌会等群众组织作用,强化村规民约的遵守和落实;计划下拨资金 4 500 万元,资助建设 300 个农村社区服务中心,力争农村综合服务设施覆盖率达到 38%。

2)动员社会组织积极参与助推脱贫攻坚行动。充分发挥登记管理机关职能,加强对社会组织扶贫的动员引导,做好社会组织依法登记、年检年报、评估、监督等工作。加强社会组织与贫困地区帮扶项目信息对接,积极为社会组织开展扶贫活动提供信息服务,实现扶贫供给与扶贫需求有效衔接。配合财政、税务等部门,积极为社会组织落实捐赠资金所得税税前扣除相关政策。大力培育发展农村专业经济协会和社区服务类社会组织,到 2020 年,每个农村社区至少有 1 个农村经济服务类社会组织,充分发挥其在促进农村经济发展、促进农民增收方面的作用,为农村困难群众提供扶贫救助、生活照料、心理疏导、人文关怀等服务。持续推进苏陕社会组织扶贫协作第二批 39 个签约项目全面实施,指导承担苏陕社会组织扶贫协作任务的市、县(区)主动对接、积极协调江苏社会组织围绕革命老区、深度贫困县、深度贫困村,采取定点帮扶、对口支援、结对共建等方式开展对口帮扶。

3)汇聚公益慈善和社会工作人才力量助推脱贫攻坚行动。认真落实《慈善法》,畅通慈善捐赠渠道,汇聚慈善资源积极参与脱贫攻坚,全年募捐资金不少于 10 亿元。积极引导全省 44 家具有公开募捐资格的慈善组织,充分利用互联网、媒体等平台,开展慈善募捐。依托陕西省"救急难"平台,募集社会资金,对现行政策无法覆盖和政府救助后仍有较大困难的贫困群众,给予慈善救助,如图 4 - 25 所示。安排 2 000 万元省级福彩公益金,开展资助贫困家庭大学新生等主题助困活动。积极开展慈善示范社区(村)创建活动。认真组织实施社会工作专业人才服务"三区"计划、社会工作服务机构"牵手计划",拓展面向贫困地区的社会工作服务示范项目。贯彻落实《志愿服务条例》,持续推进扶贫、济困等重点领域志愿服务。加快应用全国志愿服务信息系统,深入开展志愿服务组织身份标识工作。做好脱贫攻坚志愿服务宣传展示活动,引导扶贫志愿服务深入开展。依托福彩销售网点,加快公益驿站建设,全年计划投入资金 1 300万元,建成公益驿站 448 个,为特困、流浪乞讨等人员提供救助服务。

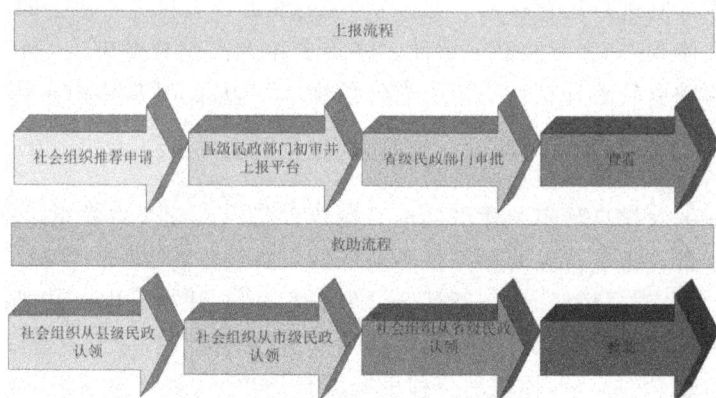

图 4 - 25 "急救难"平台救助流程

4)强化民政公共服务机构能力建设助推脱贫攻坚行动。持续加强贫困地区农村特困人员供养服务机构建设和设施改造,实施民政部、发展改革委、国务院扶贫办《深度贫困地区特困人员供养服务设施(敬老院)建设改造行动计划》,确保深度贫困县(区)至少建有 1 个县级供养服务机构,护理型床位达到 70% 以上,生活不能自理农村特困人员集中供养率不低于 50%。鼓励有条件的农村特困人员供养服务机构在满足特困人员集中供养需求的前提下,逐步为农村低保、低收入家庭和建档立卡贫困家庭中的老年人、残疾人,提供低偿或无偿地集中托养服务。

推动建立养老机构收住困难家庭失能半失能老年人护理补贴制度,对开展失能半失能老年人托养工作的养老机构进行补贴,实现"托养一个人、解放一群人、致富一家人"的目标,对建档立卡贫困户中 55 周岁以下的妇女优先在民政公共服务机构中从业,全年不少于 1 万人。调研起草《关于在民政公共服务机构中开展托养服务工作的意见》,到 2020 年,每个贫困县(区)建设 1 所主要为失能半失能老年人提供康复护理服务的社会福利中心(老年公寓)。

近年来陕西省电子商务实现持续快速发展,2018 年 1 月至 11 月,全省网络零售额实现 816.1 亿元,同比增长 39.2%,农村网络零售额 204.3 亿元,同比增长 60.1%,继续保持快速增长态势,见表 4-14。2017 年的数据显示,陕西省电商成长指数列全国第 6 位,发展指数升至全国第 10 名。电子商务在全省经济社会各个领域发挥着积极的作用,成为助农脱贫的重要措施。

表 4-14　2018 年 8 月全国网络零售实物行业各省份网络优势行业分布

省　份	行　业	零售额份额
陕西	图书音像	42.8%
广东	家居装饰	20.4%
浙江	服装服饰	26.1%
上海	家居家装	17.6%
北京	手机数码	29.8%
山东	家用电器	31.0%
四川	家居装饰	26.6%
广西	食品酒水	41.3%
吉林	医药保健	26.8%
西藏	服装服饰	25.9%

近年来,陕西省商务厅认真落实中省脱贫攻坚决策部署,积极组织全省商务系统以完善贫困地区电子商务公共服务体系为切入点,以电子商务进农村综合示范项目为承载,推进电子商务在贫困地区的应用发展,多次组织召开全省网络销售产品对接会,为农业生产加工企业和电商销售企业搭建产销合作平台,促成一批农产品网络销售和电商服务合作协议,不断引导电商服务资源向贫困地区聚集,促进政府和龙头企业共同发力,加大区域特色产品的整合和品牌的共推共享,提高产品网购规模和知名度,助力贫困地区农产品上网络销售售,推动农业产业化发展。

同时,在电商扶贫实践中,探索出一批可复制推广的好做法,进一步聚焦贫困村和贫困户,促成了千余名贫困人口通过电商创业,数百家电商企业精准带动大批贫困户网络销售产品对接会,为农业生产加工企业和电商销售企业搭建产销合作平台,促成一批农产品网络销售和电商服务合作协议,不断引导电商服务资源向贫困地区聚集,促进政府和龙头企业共同发力,加大区域特色产品的整合和品牌的共推共享,提高地产品网购规模和知名度,助力贫困地区农产品上网络销售售,推动农业产业化发展。在电商扶贫实践中,探索出一批可复制推广的好做法,进一步聚焦贫困村和贫困户,促成了千余名贫困人口通过电商创业,数百家电商企业精准带动大批贫困户增加收入。

陕西省政府及相关部门联合制定了《农业产业扶贫的政策措施》,尤其制定了一系列的关于扶贫和农业发展的政策,并且在新一轮的政策下,更加加强了对农业扶贫的精准性,以确保在未来的几年内实现农村贫困户实现全面的脱贫,并且实现特困地区农户的收入达到全省的平均水平,因此,需要重点去培养每个贫困地区形成一定的农业主导产业,使得每个贫困家庭能够学习到专业的农业生产技术。

打造区域产业优势方面,陕西省扶贫办表示将加大对贫困区域重点项目进行支持,以确保贫困地区的投资项目和投资资金不小于每年的平均水平。除此之外,政府还特意出台一系列的政策,其中包括扶持秦巴山区发展特色的茶叶产业,构建省级的特色现代化的茶园,并且以此带动周边地区和产业的发展。在秦岭高海拔地区建设符合当地气候环境高山优质蔬菜基地。发展符合各陕西地域特色的产业特色村,争取贫困家庭通过发展特色产业完成扶贫开发任务。

在各个县域地区实施情况来看,各级政府部门都特别重视以精准扶贫促进地方发展,为民服务。如图 4-26 所示是各个县级单位积极开展扶贫攻坚活动。

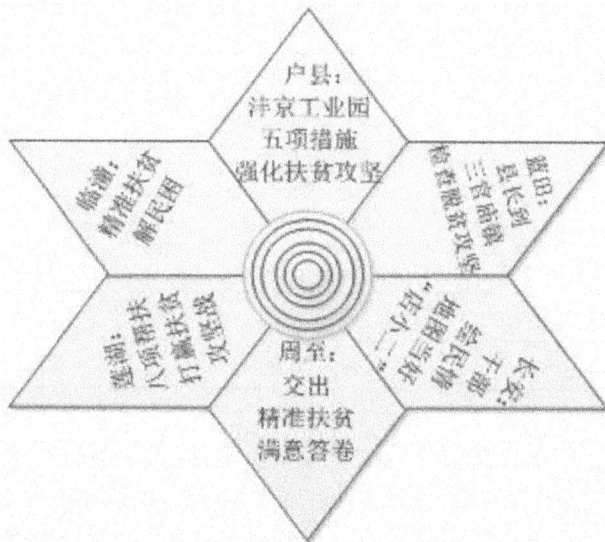

图 4-26 陕西精准扶贫地域行动

陕西省在具体的实施措施方面,对贫困地区进行了相关的技术培训,并且加大了对农具、农用车辆等补贴力度,加快农业现代化步伐。抓好贫困地区养殖区域划定工作,相关部门积极配合农户进行技术支持。

3. 陕西省农村电子商务的特点

随着现代信息技术的迅猛发展,"互联网+"广泛使用,农村电子商务这种新型业态应运而生,并对传统生产经营和农民增收方式带来深刻变革。陕西省农村电商大潮是从 2014 年下半年开始兴起,其发展表现出以下 4 个特点:

(1)起步虽晚,但发展速度较快。"中国电子商务发展指数报告"显示,2016 年陕西电子商务发展指数在全国的排名大幅提升至第 9 位,成长指数排名前三,电商发展潜力大;电商渗透指数位列全国第九,电商对经济的影响明显;电商支撑指数位列全国第十一,电商发展环境好。2016 年陕西省电子商务交易额 3 350 亿元,增长 18.4%;网络零售额 435 亿元,增长 28.9%。

网络销售商户超过 18 万户,其中农产品电商卖家超 2 万户。一大批传统企业开始"触电"并打造自有电商平台,涌现出陕西美农、丝路商旅、华圣果业、齐峰果业、羊羊村落、利安电超市等众多电商品牌。去年"双 11"当天,武功县陕西美农网络科技有限公司网上零售额 3 551 万元,同比增长 44.9%;青团网络销售 350 万,增长 59%;羊羊村落电子商务有限公司销售 1 573 万;陕西森弗高科实业有限公司全网零售额 1 135 万元;齐峰果业销售 328 万元。新上线的京东宝鸡馆销售额达 120 万元,平利县兴强公司单品茶叶销售 162.8 万元。值得一提的是,陕西擀面皮、核桃等农产品通过电商已销往巴黎、芝加哥等欧美市场。

(2)市场体系逐步完备,为电商扶贫创造条件。从陕西省农村近些年买卖市场来看,电子交易规模正不断壮大,截至 2016 年 12 月,农村网民网络购物用户规模为 510 万,与此同时,一些农民网商已经从卖农产品、土特产的初级阶段,发展到了联系当地工厂、采取品牌分销代理、代发货以及委托加工等多种形式,销售当地的优势产品,实行线上线下两结合进行农产品的销售。可见,农村地区电商市场已初具规模,市场体系在逐步完成,农村电子商务的发展模式开始渐入人心,并不断得到普及和完善。随着农村电商市场体系构建的不断优化,为贫困地区的扶贫工作创造了有利的市场大环境,农民依靠电商平台脱贫致富,农产品网络市场前景尤为可观,如图 4-27 所示。

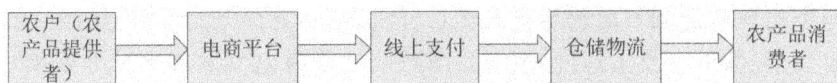

图 4-27　农产品销售体系

(3)贫困地区农民增收,扶贫效果逐渐显现。洛川苹果、眉县猕猴桃、紫阳富晒茶、榆林红枣、汉中仙毫等陕西品牌开始在网上走红,一批致富能手涌现,如榆林"土豆姐姐"冯小燕,通过微信卖土豆,仅向上海就销售 6 500 万元的土豆;富平"柿饼哥"党晨飞,去年卖出柿饼 300 多吨,销售额 6 000 多万元,他还带动全村 30 多户网上卖柿饼;铜川耀州果农陈刚承包 10 亩地,在网上销售种植的樱桃,获利 25 万元。2017 年,武功县通过电子商务,农民人均增收 275 元,山阳县农民人均增收 80 元。虽然尚无完整准确的统计,但电商发展促进农民增收是确实的。基层干部和农民群众普遍反映,通过电商卖农产品,没有中间商赚差价,卖得快价钱好,促进了农民增收。

(4)电商基础设施不断完善,贫困地区农民参与电商活动降低门槛。随着陕西省网络技术平台的不断完善,智能手机的普及,农村网商销售的技能知识培训以及农村网络基础设施也逐渐完善,这些技术和设备上的更新,使农民能通过网络浏览全国范围农产品的信息,进行信息发布和资格认证,完善监控农产品物流过程和配送系统,并且方便快捷地进行现金的结算,极大地降低了贫困地区农民参与电商活动的门槛。依据数据显示,截至 2015 年 6 月,陕西省90%的行政村已经开通宽带,网络基础设施的大面积覆盖使电商技术在我国农村地区得到充分应用,为农民通过电商平台销售农产品打下了扎实的地基,互联网以及电商技术加速向农村贫困地区渗透,为贫困区农民提供了更方便,快捷,低成本的网络活动平台。

各级政府非常重视,电商扶贫支持力度大。在陕西省委省政府高度重视下,在陕西省财政厅和商务厅等部门的共同努力下,2015 年国家对延安、榆林革命老区 15 个县各 1 850 万元的电子商务进农村示范县资金支持(共计 2.775 亿元);2016 年国家又对陕南、关中 15 个县各 1 500万元的该项资金支持(共计 2.25 亿元);2017 年陕西电子商务进农村示范县增加 19 个。陕西省委省政府不仅在资金上扶持农村电子商务的发展,同时也积极研究制定各类扶持农村电商发展政策,自 2015 以来出台 4 次文件安排部署,对电商的发展提出了指导意见,各市县(区)党委政府都予以贯彻落实。省财政每年分别安排近 5 000 万元和 3 000 万元,支持商务厅、供销系统推进电商发展。省商务厅确定了 5 个电商示范园区、15 个电商示范县、40 家电商示范企业,作为重点进行培育。省人社厅、团省委等部门已培训 8 000 多人从事农村电商,省工商联组织 25 家小微企业进军电商市场,省残联也在农村试点开展电商。

整体而言,陕西省农村电子商务虽然起步较晚,但发展速度很快,已处于西部省区前列,发展势头强劲,电商扶贫效果有所显现。

4. 陕西省农村电子商务发展存在问题

由于农村电子商务有其特殊性和内在要求,陕西农村电商发展也遇到一系列的问题。

(1)电商理念存在误区。广大农民和多数企业管理者电子商务相关知识匮乏,尚未充分意识到抢占网络零售市场的重要性和紧迫性,对电子商务突破传统交易的制约因素、提高经济效益等优势认识不足。同时,政府管理层对电子商务认识也存在误区。2014 年以前,中央和国务院没有安排农村电商工作,陕西农村电商徘徊不前;上年度以来,在从上到下都在抓电商,陕西农村电子商务出现从徘徊不前忽然转向贪功冒进现象,好多地方大干快上。有些地方根本没有想明白怎么干,硬着头皮干;有的地方妄图短期内就将电商发展到什么规模,有没有条件都要上,违背了经济规律,很有可能形成一批烂尾工程。

(2)统筹协调不够,电商资源优势尚未充分发挥作用。陕西省目前参与农村电商的政府部门和社团组织已有十几个,各自为战,没有形成整体合力,没有长远的规划,各阶段抓什么、怎么抓尚不明确。已有几个部门提出,仅由商务部门统筹协调力度不够。从发挥资源优势来看,陕西省高校较多,开展农村电商具有得天独厚的基础和条件,但除了西安邮电大学等少数院校外,主动参与农村电商的并不多,如图 4-28 所示。

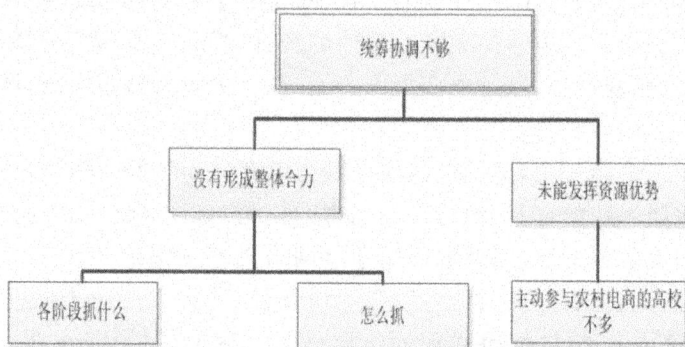

图 4-28　农村电子商务统筹协调不够

(3)电商发展很不平衡,应用普及率不高。全省电商经营主体的近 70%、交易额的近 80%集中在西安地区,其他地市提升较快但仍占比少。去年全省网上零售额 1 016.8 亿元,网上商户购销商品仍以外地产品为主,本地产品尤其是特色农产品在陕西卖家总销量中所占比例不到 20%;陕西省仅有 7% 的农村青年应用网络销售农产品,与东部发达省份 16% 的应用率相差较大。陕西省各示范县各拿到国家专项资金已经几年过去了,目前不少县农村电商推进仍未有明显起色,如图 4-29 所示。

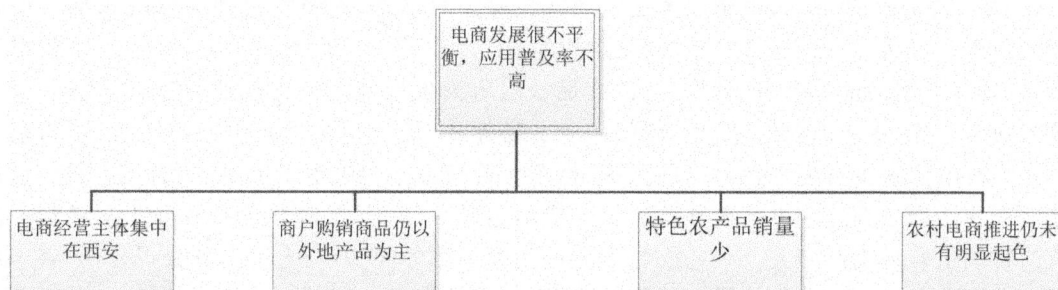

图 4-29　电商发展很不平衡、应用普及率不高的原因

(4)本省电商骨干企业较少,受制于引进的电商知名企业。目前陕西省虽有 2 万家农产品电商企业,但多为新开设的网店或由实体店转型而来,经营规模小,营销渠道少,更多地处于"小打小闹"的初级阶段,限额以上销售农产品的企业仅有 27 家。特别是缺少像陕西美农、"逛集网"这样年销售过亿元的骨干企业;缺少像西安软件产业园及武功县、山阳县电商孵化基地这样的产业园区,骨干企业和产业园区的支撑带动作用明显不足。还应看到,当前天猫、京东、苏宁易购、中国网库等第三方平台吸引了大量的农村电商流量,但在这些平台上获取流量的成本也在提高,还出现有的知名企业与地方政府签订合作协议时要价高(一个县至少 200 万元的平台建设费)、造声势搞活动、过低压农产品售价的现象。由于陕西过低压价,农产品虽卖出了,但农民并未增收。这些现象值得重视。

(5)农产品质量标准滞后,品牌效应不突出。陕西省农产品品种多、数量大,缺少质量标准,农民生产没标准,电商收购没标准,不利于在网络上打造陕西自己的产品品牌。从网上销售情况看,同类产品名称繁多,如县域名称的苹果就有好多种,岐山醋多达 20 多种,没有形成集群效应,客户难以区别和选择;"大路货"多,适销对路的少,信誉度不高,市场竞争力不强。喜中有忧的是,陕西洛川苹果、周至猕猴桃、蒲城酥梨、户县葡萄、铜川大樱桃等 13 个农产品进入中国农产品区域公用品牌 50 强,但品牌优势尚未发挥出来。这些陕西知名品牌的网上销量不如线下销量多,去年陕北红枣、洛川苹果线上销售额均不及线下的 10%,暴露出在广告宣传、包装策划、营销策略、品牌打造上存在的问题。

(6)物流仓储建设滞后,物流配送成本高。2014 年我国扶贫数据显示,在所有省份中,贫困县最多的是西藏自治区,云南省,第三是陕西省,有 50 个。

从贫困的区位分布来看,贫困分散于全国各地,但西部地区贫困尤为严重。因农产品生成主体大多分散在农村,虽然靠近原材料基地,但配送难度较大。目前陕西物流配送网络一般只延伸到县城,部分地区可达乡镇,大多数乡镇没有物流公司,对于绝大部分处在乡镇以下的农产品市场主体要从事网络销售,物流配送成为制约其发展的主要瓶颈。因保鲜、防破损要求,土特产品包装费用大,加之物流运输服务费偏高,导致农村电商单店存活率低。据调查,同样重量的农产品从陕西农村区县到上海的物流费用是上海到陕西区县的两倍还多。尽管物流市场竞争使得陕西各区县物流价格下降不少,但仍然比省会城市西安高,每千克比西安高出1~2元。另外,物流冷链仓储设施配备不足。农产品网络交易多为现货销售,产品鲜活,而物流过程中缺乏冷链仓储设施配备,容易导致买卖双方遭受不必要损失,也容易引起交易纠纷,如图4-30所示。

(7)基础条件较为薄弱,电子商务运营成本较高。目前,陕西省网络覆盖率较东部省份仍有相当差距。目前,陕西农村网络主要是中国电信,比较单一。在关中地区,农村网络村村通已基本形成,但网络信号差、速度慢,难以满足农村电商发展需求。在陕北、陕南等边远山区,尚没有网络设施,更多的农产品仍然依赖传统交易模式,信息不畅导致农产品销售不畅,效益减少。农村电商缺少自建平台。当前天猫、京东等第三方平台吸引了大量的农村电商流量,但随之而来的问题是在这些平台上获取流量的成本也越来越高,在地方政府或企业发展农产品电商的时候也容易受制于人。一些农村不断创新电子商务模式,与电子商务公司合作,将当地农副产品加以整合并通过电商平台销售,取得了一定的进展;山阳县仿照浙江遂昌的"赶街"模式,以大秦岭为品牌号召力,建立陕西自己的农产品电商平台——"逛街网",引导全国消费者在自建平台上购买陕西的农特产品,但当前影响力还有限。

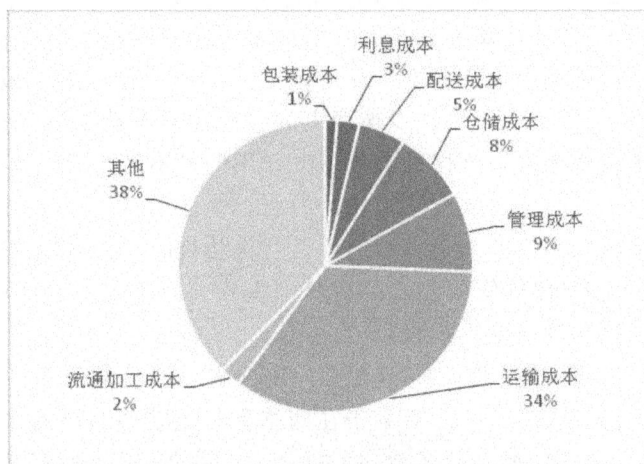

图4-30 农产品物流成本构成分析图

(8)人才短缺,制约了电商发展。电子商务是新兴产业,需要专业的技术人员来支撑。目前陕西省农村电商市场主体现有管理团队的专业技术水平,难以满足电子商务发展的需求,电商人才短缺问题较为突出。一些经营主体,虽然也开办网店,但由于专业水平低,网上营销能力不强,运营效果并不佳。如前所述的营销策略不灵活、品牌效应不突出等问题,无不为人才短缺、专业技术水平不高所致。还应指出,目前虽有多个部门通过政府购买服务搞培训,但针对性和操作性不强,效果上打了折扣。此外,农村青年群体的创业意识不强,创新动力不足,生力军作用尚未发挥出来,也是制约电商发展的重要因素。

由于陕西农村物流对陕西省的经济水平和农业水平有着重大影响,所以对于提高陕西农村物流水平和物流体系现代化有着重要要求。近年来陕西农村电子商务物流在政府的扶持和经济水平的推动下进行着创新性的发展,在以电子商务物流体系为基础的前提下,改变了古老的物流体系,带动陕西农村改变中小企业,不断地完善陕西农村的相关物流基础设施,强化陕西农村电商物流信息系统,并且和其他物流相关企业协调发展,从而满足了陕西经济社会发展的物流需求,和生产发展的需求。从 2012 年到 2016 年,陕西农村在电子商务物流体系建设中更是取得了巨大的成就,从 2012 年起始,无论是陕西农产品物流量还是其他业务量都是程递增的形式,而且随着"互联网＋"和"一带一路"等新政实行,陕西农村物流也由原始的线下分散型买卖向全新的电商化和标准化发展,如图 4-31 所示。

电商物流已经发展成为陕西农村电商物流发展的主流形式。然而由于陕西农村与物流相关的基础设施相对比较落后,相关专业人才也比较缺乏,再加上还没有形成完整的物流体系,也没有比较突出的品牌企业,所以陕西农村电商物流在发展中竞争力也大大减小,农村道路以及运输线路没有标准化和集成化也给陕西农村物流的发展带来了滞后性。同时没有完整的物流体系,不仅增加了物流成本而且不能保证物流活动顺利完整的进行,这也导致陕西农村电商物流发展受到阻碍。

2013 年以来,随着百度、阿里巴巴以及顺丰等物流企业在农村开始布置物流网络,到目前为止基本可以完成农村到县镇的"最后一公里"的物流活动,而且随着手机在农村的普遍使用,网络支付也逐渐地为陕西农村人所接受,这也为陕西农村电商物流的发展奠定了一定的基础。直到 2015 年年初,由于陕西物流发展速度快速发展,导致经济投入和发展跟不上物流发展速度,社会物流投入出现了下降趋势。根据陕西统计局统计数据展示,2014 年陕西省社会物流总额大约 37 078.1 亿元,同比增长 3.6％,比 2014 年 3 月份前下降 4.3％。

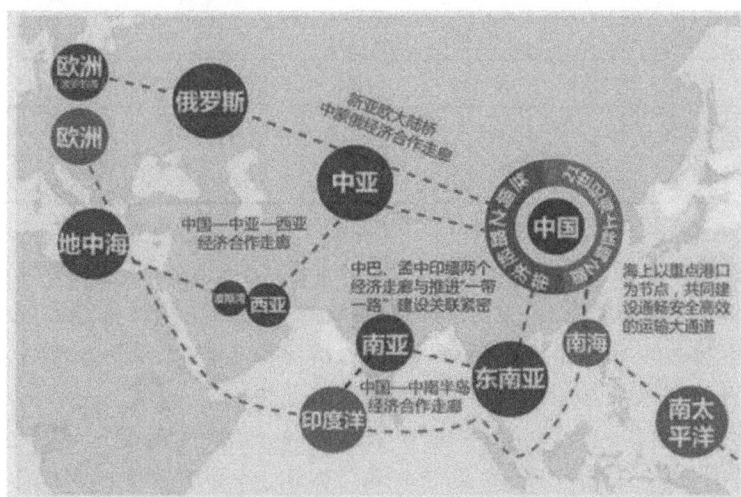

图 4-31　"一带一路"示意图

由于陕西农村物流是陕西社会物流总额的重要组成部分,所以社会物流总额回落的同时,陕西农村物流总额也受到了巨大的影响,到 2015 年,陕西农村物流总额为 1 471.58 亿元,比 2014 年下降了 4.5％。连续几年的回落对陕西农村的经济发展也造成了一定的影响,这也说明陕西农村电商物流的发展中还存在着很多的问题。

随着经济体制改革的深化,工业和城市现代化进程的加快,社会经济结构大变动,组织形式,就业方式、利益分配、经济多元化的发展交织在一起的混合,准确调查核实农民增收困难。近几年来,陕西省的综合经济能力虽然得到了提高,然而,与东部地区相比,仍有不小的差距。而且随着土地价格和人力成本的大幅度上升,使得陕西省农村经济发展受到了一定的限制,从而导致了陕西省农村物流的缓慢发展。

从整体来看,陕西省的整个农业结构也存在着问题,而且活力低下,整体的科技力量也不高,从而导致农产品丧失一些附加值。另一方面,作为农产品生产者,陕西省的农民整体素质不高,没有受到良好的文化教育,加上基础设施的不健全,从而导致了农产品从生产到物流环节都存在一定的问题,见表 4-15。

表 4-15　2016 年陕西农村居民收入及增幅在西部排位

序　号	地　区	人均可支配收入/元	人均可支配收入增幅/(%)	增幅位次
	全国	12 363	8.2	
1	内蒙古	11 609	7.7	11
2	重庆	11 549	9.9	2
3	四川	11 203	9.3	6
4	广西	10 359	9.4	5
5	新疆	10 183	8.0	9
6	宁夏	9 852	8.0	10
7	陕西	9 396	8.1	8
8	西藏	9 094	10.3	1
9	云南	9 020	9.4	4
10	青海	8 664	9.2	7
11	贵州	8 090	9.5	3
12	甘肃	7 457	7.5	12

2015 年,陕西全体居民人均可支配收入 17 395 元,全国 21 966 元,陕西农村居民人均可支配收入为 8 689 元,同比增长 9.5%。据陕西省统计局公布的统计数据,2016 年陕西农村居民收入在西部地区排位较后。由此可见,陕西省农村居民人均收入不论相对于全省还是西部乃至全国农村经济发展水平都不高,陕西农业基本特点如下:

(1)农产品种类的多样性。陕西省从地理上整体可分为六个地貌区域,风沙滩、黄土高原、大巴山地区、秦岭山、汉中安康盆地、和关中平原。客观上,由于多重地貌的不同气候变化,从而决定了农业的生产条件和农产品的多样性。可以说陕西省的种植业,养殖业应有尽有,其中主要包括:粮、棉、油、瓜、果、菜、糖、麻、茶、猪、牛、绵羊、鸡、鸭、鹅等。农产品的这种特点不可避免地导致了农业生产的复杂性。因此,积极地发展农产品物流将有效地促进农产品物流的发展,从而有必要调整产业结构。

(2)农业以旱作物为主。据省统计局数据显示,陕西省的人均水资源量每年只有 1 316m³,仅占全国人均占有量的一半。另一方面,而 62% 的耕地则是旱地,年降雨量从 400mm 到南部的 1 200mm。雨量少,分布不均,灌溉设施不足,这些不利的因素导致了陕西省近九年的土地干旱,因此旱情已成为陕西省农业的第一大自然灾害。特别是粮食生产,严重干旱,减少大,小干旱,减少小,不干旱就增产,粮食产量十分不稳定。

(3)小农经济、多产品和小农生产为主。陕西省的农村人均耕地面积仅 $0.1 \times 10^4 m^2$,低于世界平均水平的 43％。而且人均耕地占有量只有 $0.28×10^4 m^2$,是世界平均水平的 1 / 4。按农户算,只有小而分散的耕地地块,很难形成大规模。此外,几千年来,受传统自给自足思想的影响,大多数农民在少数农业区种植许多农作物,饲养多种家禽、家畜,虽然产品种类繁多,但规模不可观,形成不了商品,成本也高,产生不了多大的效益。

随着国家建设新农村战略的实施,陕西省加大了对农村基础设施建设的投资,农村公路建设资金占很大比重在很大程度上加快了农村物流的发展,特别是陕西省农村经济的发展。2000 年以后陕西省农村地区公路里程发展不断加速,每年的平均增长率在 21.2％左右,2011年已达到 121 589km,陕西省农村公路建设和社会进步相关数据见表 4 - 16。

表 4 - 16　陕西省农村公路建设及相关数据

年份/年	农村公路里程/km	城乡结构/（％）	农村人口数/万人
2007	81 604	59.4	2 776.46
2008	95 244	57.6	2 771.42
2009	103 044	56	2 766.53
2010	117 969	54.3	2 763.08
2011	121 589	52.7	2 750.96

在基础设施建设方面,去鼓励社会资金在县、乡两级,坚强建设设施,并且积极地构建一些物流的仓储基地。积极地去扶持,以此实现农村的物流和邮政的完美统一。并且积极地去完善县、乡、村的物流基础设施网络。

据调查显示,农村物流、仓储和建设滞后,技术人员匮乏,加之单一的农村网络,已成为陕西省农村物流发展的主要障碍。因此,急需新一代的物流技术去支持。物流信息技术在整个物流体系中已经占据很重要的位置。以此尽可能地去避免陕西省在面向精准扶贫的政策下农村物流中存在的问题。

电子商务的快速发展,已经成为陕西省乃至全国第三产业的一种重要经济增长方式。可是在陕西省农村地区,电子商务应用较少农村电商存在巨大发展机遇。比如,在阿里巴巴电商平台上,农民不仅可以选择喜欢的物资和农资,还可以通过网络平台销售自己的产品。在陕西省的一些县,当地政府官员是引领农民积极探索农村电商发展之路。

由于煤炭、石油和天然气的能源价格,加上相对落后的农村物流基础设施,该省农村物流成本高;从农村输出越来越多的农产品畅销国内外及农村物流的需求不断增加,导致陕西省农村物流产品价格继续上涨。这不利于农村经济的健康发展。

目前陕西省农村地区的网络并没有实现全覆盖,且网络信号时好时坏,这就导致企业无法实时监控配送订单的相关信息,这不仅给企业带来了许多的额外成本,也无法让消费者切实感受到现代物流所具有的信息化优势。另外,农村物流网站的不健全也是制约农村物流发展的一个重要因素。与农业相关的网站虽然不少,但主要都还是一些涉农网站,真正服务于农村物流的专业网站建设还是比较欠缺。

农村物流主要经营的还是生鲜食品,生鲜食品要想在配送期间保证其新鲜性,就必须要以先进的冷藏技术作为保障,而这正是广大农村地区所缺乏的。由此可见,物流技术的落后也严重制约着农村物流的发展。

此外,陕西省农村物流起步晚,当前对其深入研究得较少,无整体框架模式以及路径优化方案。缺少可以付诸实施的,针对陕西农村物流问题的发展模式和路径。表现为陕西省农村物流体系不健全,无法发挥农村物流对陕西省经济发展的重要作用。

陕西作为一个农业大国,农村地区的消费者普遍文化水平较低,与全国农村居民人均生活消费支出相比还存在一定差距。比如 2016 年全国农村居民人均生活消费支出为 10 130 元,而陕西人均只达到 8 568 元,落后于全国人均。主要原因是陕西省农村地区对新科技的感知能力普遍较弱,通过网络获取物流相关信息的能力也较弱。尽管有些农户拥有了稳定网络,但受制于自身水平也无法为物流运行提供有效保障。部分农村地区由于网络信号接收不畅通,导致消费者无法及时接收相关物流信息。同时,由于农村消费者在农忙时期经常不在家,导致快递无法及时签收,这都在不同程度上影响了陕西省农村物流的物流效率。

由于农村物流运营的成本较高,甚至是亏损运营,也导致了很多快递公司不愿接收农村地区的物流订单,已经严重阻碍了农村物流的快速发展。如淘宝网上的很多商家,会明确提出偏远地区不包邮或不送货。

理论上,现代物流理论的各种观念已经深入人心,不应该存在多大的问题。然而,理论与实践之间仍存在着许多差距。尤其,陕西省农产品的物流还是原有的物流设施和仓储设施缺乏统一的计划、采购、仓储、运输等物流活动的统一调度和协调运作,从而导致物流成本的增加,抑制农产品物流的发展。在精准扶贫的政策下,农产品的物流仍然存在着问题。如图 4-32 所示。

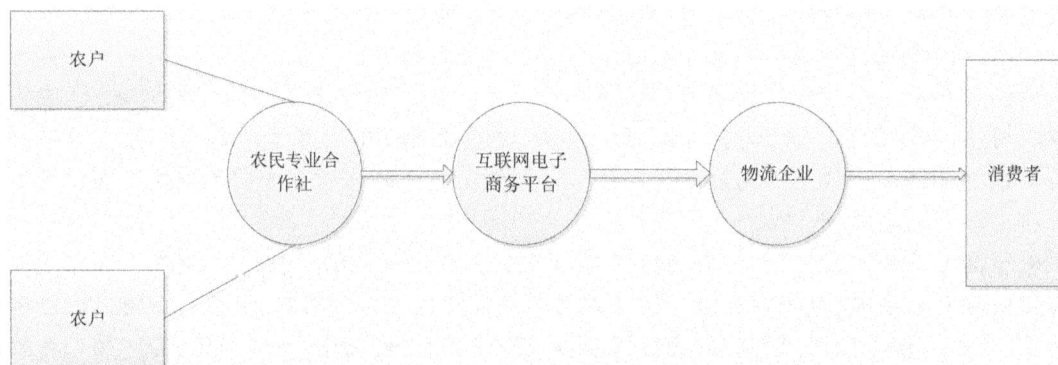

图 4-32 "互联网+农民专业合作社"的农产品物流发展模式

陕西省农村物流产业面临着管理体制的制约,导致农村物流发展缓慢。农产品物流的权限仍归属于各个管理部门。而每个部门都有自己管理的方式和方法,从而导致了物流中一定的权责重复,最后,它使分散和整合各种物流库存变得困难。再次,大量重复的物流建设和过度竞争的存在,以及物流成本的上升,使得陕西省农村的物流发展更为缓慢。

4.3.7 甘肃省电子商务扶贫状况

2018 年,甘肃省减少贫困人口 77.6 万人,贫困发生率由 9.6% 降到 5.6%。18 个县区退出贫困序列,贫困县从 75 个减少到 57 个,这是国家设定贫困县以来甘肃省第一次实现贫困县数量净减少。"两州一县"减少贫困人口 12.75 万人,贫困发生率由 12.57% 降到 7.4%。全省建档立卡人口人均可支配收入由上年的 4 800 元增加到 5 390 元,增长 12.3%。2011—2017 年甘肃省农村贫困人口,如图 4-33 所示。

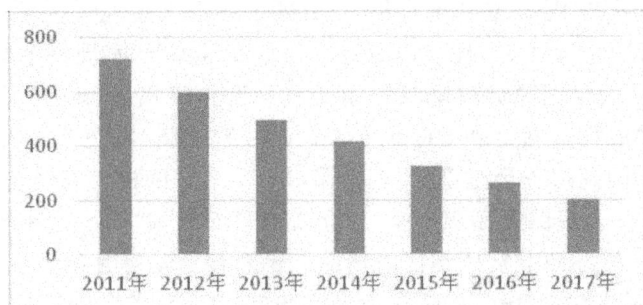

图 4-33　2011—2017 年甘肃省农村贫困人口(单位:万人)

2018 年,甘肃省紧盯“两不愁三保障”目标和深度贫困地区,全面夯实精准帮扶、产业扶贫、各方责任、基层队伍、工作作风“五个基础”,举全省之力打好精准脱贫攻坚战。甘肃省严格落实脱贫攻坚责任,靠实了横向到边、纵向到底、条块结合、省级领导统筹的责任体系。全面推行“一户一策”,40 多万干部进村入户,帮助 65 万户 261 万贫困人口制定精准脱贫计划。出台一系列政策性文件,构建了较为系统完备的政策体系。

统计数据显现,2018 年甘肃全省安排财政专项扶贫资金 173.3 亿元,其中省级 46.2 亿元,增长 145%;投入深度贫困地区财政专项扶贫资金 106.9 亿元,占全省的 61.7%。贫困地区学前三年毛入学率达到 87%,九年义务教育巩固率达到 93%,建立五级联动控辍保学机制,劝返建档立卡义务教育阶段学生 9 352 人,劝返率达到 99.93%。

此外,甘肃省 99.8% 的贫困村建起了村卫生室,贫困人口合规住院医疗费用报销比例达到 85% 以上。实施建档立卡贫困人口易地扶贫搬迁 15.9 万人。完成农村危房改造 7.9 万户。建成农村饮水安全巩固提升集中供水工程 839 处、分散工程 9 026 处,受益人口 382 万人,农村自来水普及率达到 88%。贫困地区自然村通动力电实现全覆盖,98% 以上的行政村开通光纤宽带。东部协作 4 市支持甘肃省帮扶财政资金 19.78 亿元,是上年的近 4 倍。33 家中央单位投入帮扶资金 3.91 亿元,实施帮扶项目 293 个,帮助引进项目 118 个、投资 39.76 亿元。2019 年甘肃省扶贫资金使用方法,见表 4-17。

表 4-17　2019 年甘肃省扶贫资金使用办法

项　目	资金/万元
2019 年第二批财政专项扶贫资金	450 000
“两州一县”	110 251
未脱贫县	185 772
已脱贫县保基数资金	79 001
倾斜支持计划脱贫县资金	倾斜支持计划脱贫县资金
“两不愁三保障”存在突出困难县区	56 151
专项扶持资金	7 725
易地扶贫搬迁贷款省级贴息资金	5 100

2018年，甘肃省坚持把产业扶贫作为脱贫攻坚的根本之策，着力健全生产组织、投入保障、产销对接、风险防范"四大体系"。制定出台"牛羊菜果薯药"六大特色产业精准扶贫三年行动方案。采取轻资产引进、混合型自建的办法，引进了一批大型龙头企业，贫困地区新增龙头企业291家，累计达到1 781家；新建农民专业合作社2 862个，实现每个贫困村2个以上合作社全覆盖，"庄浪模式"获全国脱贫攻坚组织创新奖。设立实施1 000亿元特色产业发展工程贷款、500亿元产业发展投资基金和500亿元农产品收购贷款，特色产业发展工程贷款累计发放395亿元，119亿元的到户资金全部到位，消除3 594个贫困村集体经济"空壳村"。

甘肃省建成贫困村果蔬保鲜库701座，成立省内外200多家企业参与的农业扶贫产业产销协会，与农业农村部举办西北贫困地区农产品产销对接活动暨甘肃特色农产品贸易洽谈会，更多特色农产品走向全国大市场。构建保险保本垫底、入股分红保底、公益岗位托底、低保政策兜底的保险保障体系，新增6个省级补贴险种，实现农业保险对有需求的建档立卡贫困户、所有种养产业及自然灾害和市场波动"两个风险"的全覆盖，被评为全国产业扶贫十大机制创新典型案例开展精准扶贫劳动力培训41.5万人，开发乡村公益性岗位3.7万个。光伏扶贫村级电站建成并网30.54万千瓦。兴办扶贫车间754个，吸纳就业4.92万人，其中贫困人1.62万人。

2018年，甘肃省统筹推进脱贫攻坚与乡村振兴，制定出台《甘肃省乡村振兴战略实施规划》。农业农村经济稳步发展，粮食总产量达到1 141.8万吨，特色农畜产品大幅度增长。新改建农村公路10 835千米，实现了具备条件的建制村开通硬化路目标。实施全域无垃圾专项治理行动，建成"美丽乡村"示范村697个、乡村旅游示范村100个，新改建农村卫生厕所39万户。农村"三变"改革探索出50多种改革模式，定西、张掖、嘉峪关3市被列为国家农村集体产权制度改革整市推行试点单位。

2019年，甘肃省将实现85万以上贫困人口脱贫，贫困发生率降到1.3%，29个片区（县）、1个插花县摘帽；农村居民人均可支配收入增长8%左右。另外，2019年，甘肃省还将加快建设国家中医药产业发展综合试验区，抓好当归、党参、黄芪等11个道地药材标准化示范基地建设；大力推进中药材精深加工，着力建好陇西、渭源、民乐等6个中药产业园区，打造陇西国家级中药材交易基地。发挥特色优势推动产业振兴，打造具有甘肃特色的"现代丝路寒旱农业"，推动县域经济突破发展。

2019年，甘肃省将强化科技创新助力支撑脱贫攻坚，为决胜全面建成小康社会贡献力量。2019年，甘肃省要依靠科技创新拓展现代农业发展新空间，坚持把产业扶贫作为重中之重，以"牛羊菜果薯药"为主攻方向，发展具有甘肃特色的现代"丝路"寒旱农业，加快构建现代农业产业体系；进一步加强以农业科研院所、龙头企业为主体的现代农业科技创新体系建设；积极利用互联网技术推进农业生产网络化、智能化、精准化，加快智能控制等技术在全省特色农业发展中的推广应用，增强农业生产的智能化水平，提升农业生产效率和农产品供给质量；在加工和流通环节，通过科技攻关，加快提升农产品产地初加工技术装备水平，推动全省特色农产品由初级产品到精深加工产品、由产业链初端到终端跃升。

根据《甘肃省精准脱贫验收标准及认定程序》和《甘肃省2020年度贫困县摘帽退出验收评估工作方案》规定，我省2020年申请摘帽退出的东乡县、临夏县、宕昌县、西和县、礼县、通渭县、岷县、镇原县等8个贫困县，经县级自评、市州初审、省级行业部门单项验收核查、第三方专项评估检查、省贫困县退出验收工作组会议审核、省脱贫攻坚领导小组专题会议审定，8个贫困县符合国家规定的贫困县摘帽退出标准与程序,拟退出贫困县序列。至此,甘肃省实现全面脱贫。

4.3.8　青海省电子商务扶贫状况

2019 年,是全面建成小康社会的关键之年,也是青海省全面消除绝对贫困的攻坚"清零"之年。2019 年,青海省全面完成剩余 17 个贫困县、170 个贫困村、7.7 万贫困人口脱贫攻坚任务,年底实现全省绝对贫困"清零",是今年青海省脱贫攻坚工作的重中之重。如何攻克深度贫困难题,如何巩固脱贫攻坚成果,是当前青海的重要任务。为实现这一目标,青海省脱贫攻坚工作实行挂图作战。2011—2017 青海省农村贫困人口数量,如图 4-34 所示。

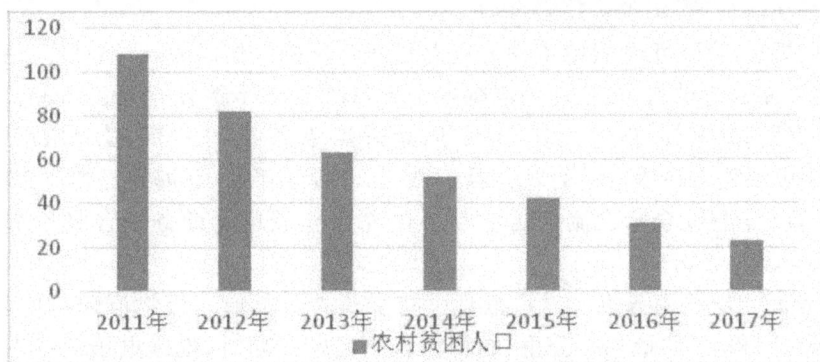

图 4-34　2011—2017 青海省农村贫困人口数量(单位:万人)

2019 年,青海省剩余 17 个贫困县中还有 12 个是深度贫困县,7.7 万贫困人口中,6.4 万是深度贫困人口,2.57 万属于特殊困难群体。其中,贫困孤寡老人 1 100 人,重度残疾贫困人口 3 400 人,大龄单身贫困青年人口 6 900 人,单亲贫困家庭人口 1.43 万人。针对特困群体,青海省扶贫开发局制定了专门的帮扶计划,将通过兜底保障、医疗救助、转移就业等多项帮扶措施,确保能脱贫、可持续。青海扶贫现状,见表 4-18。

表 4-18　青海扶贫现状

项　目	数量/万人
贫困人口	7.7
深度贫困人口	6.4
特殊困难群体	2.57
贫困孤寡老人	0.11
重度残疾贫困人口	0.34
大龄单身贫困青年人口	0.69
单亲贫困家庭人口	1.43

注:深度贫困县 12 个。

2019 年,青海省扶贫开发局局长马丰胜提出,3 月底前,2019 年计划摘帽的 17 个贫困县都要制定年度脱贫"路线图"和"时间表",将攻坚责任具体到部门、细化到人,将攻坚举措明确到村、落实到户。其中,要求 3 月份集中 1 个月时间,各地各部门对贫困底数进行再核实、再摸底;4 月份之前,各地要对 2017 年以前标注的脱贫人口,完成脱贫措施采集和补录工作;6 月底前,各地要对 2016 年以来实施的各类扶贫项目,特别是产业扶贫项目进行一次全面评估。同时,在民生保障方面,要求 3 月底前,完成全省建档立卡贫困户危旧房改造对象的摸排鉴定工作,年底前,全面完成贫困户危旧房改造任务;7 月份之前做好易地搬迁工程"扫尾"工作,配齐水电路讯网等基础设施,完善教育、医疗等公共服务保障;在基础设施建设上,要按照全省三年攻坚行动计划,统筹项目,整合资金,将两年任务集中起来重点攻坚。

同时,2019 年,青海省扶贫工作还将继续加强东西部扶贫协作,重点推进"1+2+10"帮扶协作协议落实。通过产业带动和就业增收,招商引资和项目落地,人才交流和智力引进等方式,加强两地互动帮扶,凝聚脱贫攻坚合力。

据了解,青海从 2015 年开展电子商务进农村综合示范工作以来,已累计有 4 批 29 个县入选国家电子商务综合建设项目,累计争取国家中央财政专项资金 4.9 亿元。同时,青海省海晏县、湟源县、平安区、兴海县、格尔木市、甘德县、囊谦县、尖扎县、乐都区、德令哈市、杂多县成功入选 2018 全国电子商务进农村综合示范县。截至 2018 年年底,青海省已建成 13 个县级电子商务服务中心、12 个县级仓储物流配送中心、142 个乡镇级电子商务综合服务站、1 044 个村级电子商务综合服务点。

2019 年,青海省电子商务进农村示范县已初步建立了县域三级物流配送体系,着重解决下行"最后一公里"和上行"最初一公里"的物流瓶颈问题。同时,推进电子商务进农村项目与精准扶贫相结合,开展电商扶贫试点,培育扶持贫困地区发展特色产业,帮助农牧民实现农产品上行。全省贫困村建成了 300 多个农村电商服务站点,探索出了"电商企业+合作社+农户+""互联网+农户+旅游"等电商扶贫模式,引导电商企业同合作社、种植养殖大户、贫困户合作,开展电商扶贫试点,建立产供销一体的营销网络,帮助农牧民实现农产品上行,实现增收脱贫。

青海农村电商还存在许多短板。农村电商发展仍面临诸多难题,农民网上销售农产品比较分散,缺乏规模效应等等许多短板,亟待破解。青海农村电商发展与省外发达地区相比,主要差距在于发展定位不清,发展策略不明,表现在引导政策趋同性、同质化突出。农村电商发展理念仍停留在借鉴、学习外省先进经验和做法,还没有形成符合我省农村实际的电商发展新思路;各级政府及部门主要时间和精力用在完成上级的各项任务和指标上,以各项工程和项目为抓手推动农村电商发展,虽然取得了前所未有的成果,但却容易陷入缺少特色、缺乏竞争力的困境,难以实现可持续发展。

同时,产业聚集度低,电子商务服务龙头企业较少,电商专业服务能力较弱;农村网速普遍偏慢、网络不稳定,网络使用效率低,网民渗透率有限,影响了农村电子商务的广泛应用和普及;乡村物流配送覆盖率较低,多数农村尤其是偏远农村的消费者仍需前往乡镇快递配送点自提包裹,配送成本居高不下;农产品电子商务人才不足成为制约青海省农产品电子商务发展的重要因素。

2020 年是扶贫攻坚全方位完美收官年,一条喜讯从青海传出。青海省全部 42 个贫困县区符合国家贫困县退出标准,正式"摘帽"。同时,该省 53.9 万贫困人口全部脱贫。这也让青海成为西藏以后,第二个在贫困县和贫困人口实现"双双清零"的省区。

4.3.9　新疆维吾尔自治区电子商务扶贫状况

近年来,新疆建立自治区、地、县、乡、村五级贫困人口扶贫大数据系统平台,全面落实转移就业、发展产业、耕地精准核实合理配置、落实边境地区护边员相关政策、实施生态补偿、易地扶贫搬迁、综合社会保障措施兜底等脱贫举措,坚决打好打赢精准脱贫攻坚战。2018 年,全区共投入扶贫资金 334.11 亿元,其中南疆四州占据 92.3%。2018 年,新疆共安排困难群众救助资金 73.1 亿元,同比增长 15%,增幅创历年新高。至 2018 年底,新疆实现 53.7 万贫困人口脱贫、513 个贫困村退出、3 个贫困县拟摘帽,贫困发生率已降至 6.51%。22 个深度贫困县实现 48.62 万人脱贫,444 个村退出,贫困发生率从 2017 年底的 22.28% 降至 12.71%。低保标准比上年提高 8%,农村低保达到 3 456 元/年;城市低保达到 428 元/月。2011—2017 年新疆农村贫困人口数,如图 4 - 35 所示。

图 4 - 35　2011—2017 年新疆农村贫困人口数

2018 年,新疆坚持把南疆四地州深度贫困地区作为主战场,将南疆四地州 22 个深度贫困县建档立卡贫困户中的 32.17 万兜底脱贫对象纳入农村低保保障范围,指导各地精准兜底、精准救助,制定脱贫攻坚社会救助兜底保障措施,确定了兜底保障一年渐退期,明确了重病患者和重度残疾人特殊低保政策、护边员家庭和外出务工家庭老年人优待政策。南疆 22 个深度贫困县的 6.89 万户建档立卡贫困户安居房全部竣工,7.5 万来自深度贫困家庭的劳动力实现稳定转移就业。同时,全疆各地着力保障和改善民生,近年来,新疆持续深化援疆扶贫、定点扶贫、区内协作扶贫等方式,实施"千企帮千村"精准扶贫行动,一批生态环境恶劣的深度贫困村通过易地搬迁实现整体脱贫。

2019 年,新疆聚焦南疆四地州深度贫困地区、特殊贫困群体和影响"两不愁三保障"的突出问题,加大攻坚力度,确保实现 60.61 万人脱贫、976 个贫困村退出、12 个深度贫困县摘帽。2019 年,新疆民政部门将聚焦总目标,认真贯彻落实自治区党委兜底保障脱贫一批的重大部署,扎实推进 2019 年民政领域脱贫攻坚重点工作。同时,严格按照"兜底网、织密网、建机制"要求,不断健全完善社会救助体系,为我区城乡困难群众织牢织密民生保障网,让全区 247 万城乡低保对象基本生活得到有力保障。

近年来,新疆大力发展农村电子商务。2018 年,新疆深入实施电子商务进农村综合示范工程,开展农产品线上线下产销对接,推进深度贫困县电商服务站点建设,加大贫困人口电商培训,农村电商取得良好发展。农村电商扶贫模式示意图,如图 4 - 36 所示。

据新疆商务厅消息,2015 年以来,新疆获批 40 余个国家级电子商务进农村综合示范县,中央资金支持超 9 亿元(人民币,下同),实现 22 个深度贫困县(市)全覆盖。依托电子商务进农村综合示范项目,对建档立卡贫困人口培训达 5.98 万人次,帮助建档立卡贫困人口销售农产品近 4 000 万元。

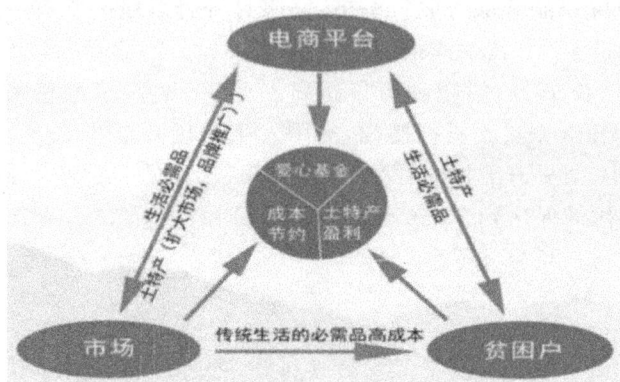

图 4 - 36   农村电商扶贫模式示意图

据第三方大数据统计,2018 年,新疆实现电商交易额 1 880.72 亿元,同比增长 16.07%。农村网络零售额实现 71.91 亿元,同比增长 44.51%。2018 年 11 月,阿里巴巴阿克苏苹果"未来农场"示范基地成立,这也是阿里巴巴在新疆打造的首个"未来农场"。"未来农场"将充分利用物联网和"互联网+"技术,提供一套最优种植技术方案。消费者则可在互联网实时看到"未来农场"的种植状态,真正实现苹果的产地溯源。2019 年 1 月,新疆还与阿里巴巴集团联手启动新疆"兴农扶贫"项目,新疆 42 个县市的农产品通过阿里巴巴电商平台销售,为新疆农产品销售赋能。

2019 年,新疆脱贫攻坚取得决定性进展。截至 2019 年底,新疆累计实现 73.76 万户 292.32 万人脱贫、3 107 个贫困村退出、25 个贫困县摘帽,贫困发生率由 2013 年底的 19.4% 降至 1.24%。其中:2019 年实现 16.02 万户 64.57 万人脱贫、976 个贫困村退出、12 个贫困县摘帽,是摘帽贫困县、退出贫困村、脱贫人口历年数量最多、脱贫成效最显著的一年。

2020 年,新疆将集中优势兵力打赢深度贫困歼灭战,确保全区剩余 10 个贫困县全部摘帽、559 个贫困村全部退出、4.21 万户 16.58 万贫困人口全部脱贫,确保 25 个已摘帽贫困县和 44 个有扶贫任务的非贫困县、3107 个已退出贫困村和 3 943 个有扶贫任务的非贫困村、73.76 万户 292.32 万已脱贫人口全面巩固不返贫,确保不发生新的贫困,确保贫困户农民人均纯收入稳定超过 4 000 元、"两不愁三保障"突出问题全面解决、贫困村"五通、七有"全面达标,确保现行标准下农村贫困人口全部脱贫、消除绝对贫困,贫困县全部摘帽、解决区域性整体贫困,坚决夺取脱贫攻坚战全面胜利,决胜全面建成小康社会。

4.3.10   宁夏回族自治区电子商务扶贫状况

作为西部地区、民族地区、革命老区、欠发达地区,自 20 世纪 80 年代开始,扶贫开发就始终是宁夏的头等大事。宁夏扶贫开发始于 1983 年,主要经历了"三西"农业建设(1983—1993年)、"双百"扶贫(1994—2000 年)、千村扶贫(2001—2010 年)、百万贫困人口扶贫攻坚(2011—2015 年)和精准扶贫精准脱贫(2016 年至今)五个阶段。自治区历届党委、政府高度重视扶贫开发工作,30 多年来坚持不懈、持续发力,实现了从输血式、救济式扶贫向造血式、开发式扶贫转变,从分散帮扶、普惠扶持向精准扶贫、精准脱贫转变,形成了党政主导、全社会参与的工作机制,全区扶贫开发工作取得显著成效,按照不同时期的扶贫标准,全区累计减少贫困人口330 万人。宁夏 2011—2017 年农村贫困人口,如图 4-37 所示。

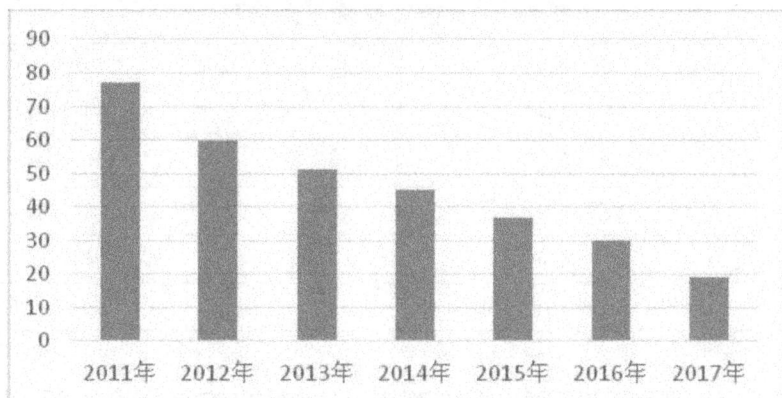

图 4-37　宁夏 2011—2017 年农村贫困人口(单位:万人)

特别是党的十八大以来,宁夏坚持精准扶贫精准脱贫基本方略,坚持"两不愁、三保障"目标标准,坚持"五个一批""六个精准",建立健全脱贫攻坚目标、责任、政策、投入、监督、考核体系,以脱贫攻坚统揽经济社会发展全局,大力实施脱贫富民战略,开创了脱贫攻坚良好局面。图解五个一批,六个精准,如图 4-38 所示。

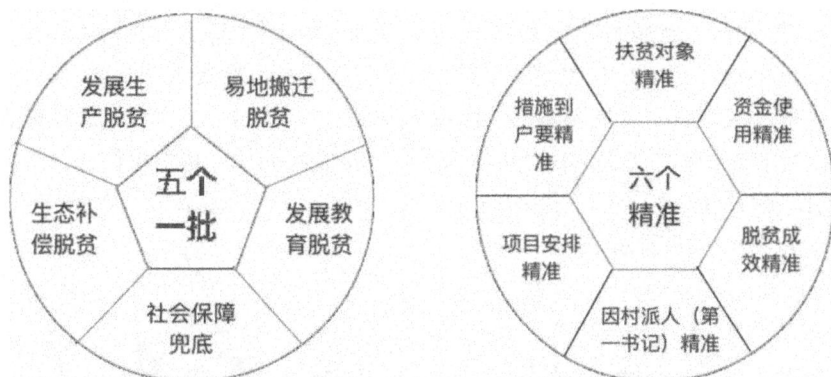

图 4-38　图解五个一批,六个精准

截至 2015 年底,宁夏贫困人口从 101.5 万人减少到 58.1 万人,贫困发生率由 25.6% 下降到 14.5%。到 2017 年底,贫困人口从 2011 年的 101.5 万人减少到 23.89 万人,贫困发生率由 25.5% 下降到 6%,贫困地区农民人均可支配收入由 2011 年的 4 193 元增长到 8 347 元,贫困群众生活水平明显提高,贫困地区面貌发生巨大变化。闽宁协作、华润母牛银行帮扶模式和宁夏金融扶贫、扶贫保、移民搬迁、订单式配送式技能培训等工作得到了中央领导和国务院扶贫办的肯定。

《2018 年宁夏回族自治区政府工作报告》提出,2018 年要聚焦深度贫困地区重点攻坚。瞄准"五县一片"特殊贫困地区,以解决突出瓶颈问题为重点,靶向实施"十大工程",培育一批产业扶贫示范村、龙头企业、合作社和致富带头人;搬迁安置建档立卡贫困人口 2.5 万人,完成"十三五"易地扶贫搬迁任务;改造危窑危房 2.2 万户,补上基础设施和公共服务短板。提升西海固脱贫引水能力,建成中部干旱带 7 座水库,完成盐环定、红寺堡扬水工程更新改造,农村自来水普及率达到 84% 以上。精准扶贫十大工程,见表 4-19。

表 4-19　精准扶贫十大工程

序　号	项　目	序　号	项　目
1	干部驻村帮扶	6	职业教育培训
2	扶贫小额信贷	7	易地扶贫搬迁
3	电商扶贫	8	旅游扶贫
4	光伏扶贫	9	构树扶贫
5	致富带头人创业培训	10	龙头企业带动

2018 年,宁夏深入贯彻习近平总书记东西部扶贫协作座谈会重要讲话精神,认真落实闽宁对口扶贫协作规划,广泛动员社会力量参与帮扶。统筹用好产业、金融、教育、健康、就业等组合政策,整合各类涉农资金,完善绩效考核评价体系,做到精准稳定可持续。因村因户施策,大力发展扶贫产业,扶贫小额贷款覆盖 70% 以上的建档立卡贫困户。2018 年,宁夏继续抓好整村推进,进一步改善贫困地区的发展条件和环境。坚持培训与就业挂钩,完成精准脱贫能力培训 8 万人,安排特殊困难人口专项公益性岗位 3 500 个,让贫困群众脱贫有技能、致富有路子。

2018 年,宁夏深入开展脱贫攻坚作风建设年活动,专项治理扶贫领域作风问题。严格贫困退出机制,防止早退错退,防止"数字脱贫""被脱贫"。对已脱贫人口继续帮扶,攻坚期内脱贫不脱帮扶、脱贫不脱政策、脱贫不脱项目,巩固提升脱贫成果。坚持扶贫与扶志、扶智相结合,加强宣传教育,倡导脱贫光荣,不吊高胃口,也不养懒汉,让贫困群众长志气、增动力。要在学习、思想、工作、生活上,加强对基层扶贫干部的关心关爱。2013—2020 年宁夏农村居民人均可支配收入,如图 4-39 所示。

图 4-39　2013—2020 年宁夏农村居民人均可支配收入

　　宁夏坚持治贫先治愚、扶贫必扶智,精准聚焦贫困地区和建档立卡贫困户,全面提升贫困地区教育发展水平,让一批贫困家庭孩子因教育改变了命运。着力推进就业扶贫、社保扶贫、人才扶贫,不断加大就业创业、技能培训、社会保险等领域扶贫力度,增强了贫困地区群众的幸福感与获得感。产业扶贫是精准扶贫精准脱贫的基础和根本,我区大力发展特色优势产业,特色产业收入占贫困群众收入的 1/3 以上。健康扶贫工作自 2016 年开展以来,较好地解决了贫困人口看得起病、看得上病、看得好病、少生病的问题,健康扶贫工作取得了阶段性成效。

　　在电商扶贫方面。2018 年,宁夏回族自治区出台了推进电子商务与快递物流协同发展实施方案。方案提出实施农村电商筑梦计划。计划提出自治区整合现有农村电子商务发展专项资金用于支持发展农村电子商务。各地、各有关部门要深化电子商务进农村综合示范工作,重点支持农村电商公共服务体系建设,加强培育龙头企业,切实解决农村电商快递物流“最后一公里”难题,进一步夯实农特产品“上行”基础,推动农村电子商务成为农村经济社会发展的新引擎。

　　方案还提出构建农村电商配送体系。推进“快递下乡”工程,构建与电子商务发展相匹配的快递配送网络布局,初步建立自治区、市、县(区)、乡(镇)四级邮政快递服务体系。合理规划和布局农村物流基础设施,推进农村电商与快递物流协同发展,加快村级电商服务网点布局,搭建城乡一体的仓储物流平台,打造“农产品进城,工业品下乡”的双向流通体系。支持发展产地预冷、冷冻运输、冷库仓储、定制配送等全程冷链物流,构建适应农村电商发展的物流配送体系。对在县域建立物流配送中心,且配送范围覆盖全县所有行政村的,根据快件配送数量和服务质量,给予物流配送企业相应的资金支持。

　　在众多政策引导下,2018 年,宁夏实现网络交易额 1 181.63 亿元,同比增长 21.76%,较全国高出 2.13 个百分点,其中大宗及 B2B 实现 1 033.13 亿元,占比 87.43%;全区网络零售额 148.5 亿元,同比增长 25.03%,较全国高出 2.09 个百分点;全区农村网络零售额 73 亿元,占全区网络零售总额的半壁江山;其中农产品网络零售额 54.15 亿元,同比增长 53.71%,以枸杞最为热销,交易指数大幅领先其他品类。截至 2018 年 12 月底,全区网络电商总数突破 10 万家,达到 107 850 家,其中平台型共计 10 家。

　　2020 年,宁夏农业农村部门紧盯贫困县区产业扶贫重点任务和关键环节,抽调 9 名厅级干部、69 名专家,组成 9 个帮扶指导组,围绕主体培育、产销对接、科技服务、人才培养等关键环节,列出清单、对账销号,推动产业扶贫政策、责任和工作的有效落实,确保今年通过发展产业带动 1.2 万贫困人口脱贫,同时,进一步巩固提升 150 个产业扶贫示范村、166 家扶贫龙头企业,新增扶贫产业合作社 137 家、发展致富带头人 2 581 人,通过订单带动、利润返还、股份合作等方式建立紧密的利益联结机制,实现贫困地区农民人均可支配收入增长 10% 以上。11 月 16 日,宁夏最后一个贫困县西吉县退出贫困县序列,标志着宁夏所有贫困县脱贫摘帽。

4.3.11　内蒙古自治区电子商务扶贫状况

　　2018 年,内蒙古全年减贫 23.5 万人,贫困发生率下降到 1.06%,10 个国贫旗县、13 个区贫旗县完成退出评估,有望实现摘帽。2018 年各级财政投入扶贫专项资金 101 亿元,内蒙古本级财政投入 39.45 亿元,盟市旗县财政投入 38.26 亿元,投入强度和力度居全国前列。把深度贫困地区作为重中之重,中央和自治区财政扶贫资金对每个深度贫困旗县增加 10%。另外，对每个深度贫困旗县再增加专项投入 1 000 万元，每个贫困人口增加 1 000 元。

2019 年，内蒙古自治区全年实现 14.1 万贫困人口脱贫，贫困人口由 2013 年的 157 万减少至 2019 年年底的 1.6 万，贫困发生率由 11.7％下降到 0.11％，剩余的 676 个贫困村全部出列，全区剩余的 20 个国家级贫困旗县已经完成旗县自查、盟市初审和自治区第三方实地专项评估检查，将按程序公告全部摘帽退出。全区 57 个贫困旗县农牧民人均可支配收入增幅在 9％以上，增幅高于全国平均水平，为 2020 年全面打赢脱贫攻坚战奠定了坚实基础。

同时，内蒙古以保证贫困群众收益为重点，实行扶贫“精准滴灌”。产业扶贫采取菜单式、企业或合作社带动、资产收益等模式，并有序推进光伏扶贫、电商扶贫、旅游扶贫等新业态，今年有 14.8 万贫困人口通过发展产业实现脱贫；就业扶贫以技能培训、岗位开发、劳务协作、就业服务为主要抓手，帮助 16 581 名建档立卡贫困人口稳定就业。2011—2020 年内蒙古农村贫困人口，如图 4-40 所示。

图 4-40　2011—2020 年内蒙古农村贫困人口（单位：万人）

2018 年，内蒙古在产业扶贫、就业扶贫、金融扶贫、教育扶贫、健康扶贫等方面脱贫帮扶更加精准。其中，新发放扶贫小额贷款 19 亿元，实施特色产业扶贫项目 7 290 个，扶持贫困人口 60.75 万人次，14.8 万贫困人口通过发展产业实现脱贫。完成异地搬迁贫困人口 4.15 万人，开工建设 353 个集中安置点。新发放扶贫小额贷款 21.6 亿元，覆盖贫困户 4.97 万户，生态扶贫为 1.15 万名贫困人口提供公益性护林员岗位，年人均补贴 1 万元。

与此同时，在健康扶贫方面，推进先诊疗、后付费、一站式结算等服务，贫困人口住院医疗费用实际报销比例达到 90％左右。内蒙古将符合条件的 16.94 万贫困人口全部纳入低保兜底范围，为符合条件的 18.8 万未脱贫人员代缴基本养老保险费，实现全覆盖。

2019 年，内蒙古确保实现 14 万以上贫困人口脱贫，20 个贫困旗县全部摘帽，贫困村全部出列，基本完成打赢脱贫攻坚战任务，为 2020 年巩固提高奠定坚实基础。2019 年，内蒙古将整合各类农牧业产业发展资金，对贫困旗县投入各类项目资金 100 亿元以上，确保完成农牧业产业扶贫 9.85 万人的目标。2013—2020 年内蒙古农村人均可支配收入，如图 4-41 所示。

产业扶贫方面，内蒙古通过农牧业产业发展实现 12.2 万人脱贫：①对有发展能力的强劳力，做到产业全覆盖，加大对贫困旗县产业发展资金倾斜力度，统筹农牧业各类资金 96.4 亿元，因地制宜支持强劳力贫困户发展肉羊、肉牛、生猪、家禽、饲料饲草、玉米、马铃薯、蔬菜等特色扶贫产业。②对弱劳力则通过新型经营主体、龙头企业减贫带贫，投入 3.6 亿元，带动 35.4

万贫困人口加入到农牧业产业化经营链条。③对贫困地区开展产销对接,确保农畜产品走出村、卖出好价钱。

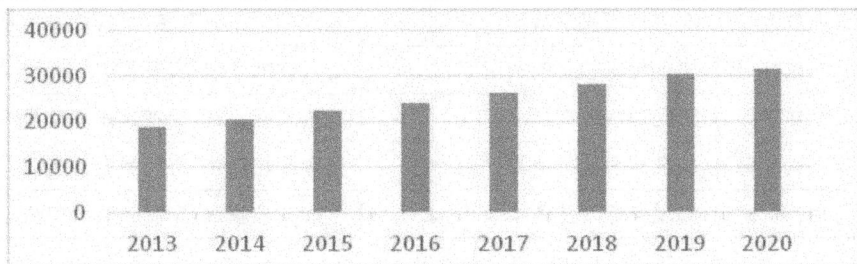

图 4-41　2013—2020 年内蒙古农村人均可支配收入(单位:万人)

医疗保障扶贫方面,内蒙古精准落实医疗保障扶贫政策,建立基本医保、大病保险、医疗救助、商业健康保险、大病保障基金等综合保障机制,确保建档立卡贫困人口实际报销比例达到国家要求,并且优化医保经办管理服务,加强部门间信息沟通,确保建档立卡贫困人口 100%参保。

就业扶贫方面,为打牢精准就业扶贫基础,内蒙古自治区人社部、自治区扶贫办通过建档立卡贫困劳动力信息筛查出法定劳动年龄内有就业愿望和就业能力的贫困劳动力 23 370 人。内蒙古还精准开展就业技能扶贫,开通了自治区精准脱贫就业创业培训网,开设了民俗旅游类、农牧业种养殖类等 7 大类、130 门课程,为贫困劳动力提供远程免费培训。此外,精准开展就业服务,提供免费的职业介绍和职业指导服务,共召开专场招聘会 50 场,用工单位提供就业岗位 8.2 万个。

2019 年,内蒙古加大各类农牧项目资金向贫困旗县的投入力度,重点向 20 个等待摘帽旗县倾斜,支持发展各具特色、优势明显的主导产业。对带贫能力强、效果好的各类新型经营主体加大支持力度,大力发展农畜产品加工业,促进贫困地区产业升级,使贫困户在农牧业产业链上持续稳定增收。推进农牧业产业精准扶贫工作,建立贫困旗县重点扶持产业项目库,因地制宜、因人而异精准选择脱贫项目,支持具有劳动力的贫困户通过发展产业脱贫。重点扶持肉羊、肉牛、生猪、家禽、玉米、饲草料、蔬菜、马铃薯 8 个扶贫优势特色产业,支持引导农牧业龙头企业和农畜产品加工企业减贫带贫。

2019 年,内蒙古为推进脱贫攻坚制定了 10 项“达标清零”行动,其中实现建档立卡贫困户危房清零是其中一项重要内容,内蒙古自治区住房和城乡建设厅村镇建设处处长说道,农村牧区危房改造,是落实脱贫攻坚“两不愁三保障”中住房安全保障的重要工作内容。2019 年为实现建档立卡贫困户危房清零,内蒙古将重点在保证建档立卡贫困户当年全部竣工的基础上,力争其他三类贫困户也在 2019 年底前全部竣工。2019 年 1 月初到 4 月底,指导各地利用农闲时间提前做好危房改造协议签订、档案整理、信息录入、储备建筑材料等前期工作;4 月初到 10 月底全面开工建设,11 月初到 12 月底,全面开展竣工验收。“十查十清零”专项行动,见表4-20。

表 4-20　"十查十清零"专项行动

序　号	内　容	序　号	内　容
1	一查义务教育保障,实现控辍保学清零	6	六查到户产业落实,实现户户增收清零
2	二查基本医疗保障,实现健康扶贫问题清零	7	七查精准管理,实现管理达标清零
3	三查安全住房保障,实现危房改造清零	8	八查基础资料,实现台账规范清零
4	四查安全饮水保障,实现饮水达标清零	9	九查驻村帮扶,实现制度落实清零
5	五查易地扶贫搬迁,实现搬迁入住清零	10	十查问题整改,实现问题清单清零

2020年是脱贫攻坚发展历程极不平凡的一年。面对新冠肺炎疫情和脱贫攻坚全面收官的双重压力,自治区扶贫办迎难而上、砥砺奋进,统筹推进疫情防控和脱贫攻坚,以更大的力度、更实的举措,如期完成了收官之年各项任务。2020年底,全区现行标准下的157万贫困人口全部脱贫,31个国贫旗县、26个区贫旗县全部摘帽退出,脱贫攻坚目标任务全部完成,脱贫攻坚战同全国一道取得全面胜利。

4.3.12　广西壮族自治区电子商务扶贫状况

2018年,全区扶贫系统认真贯彻落实党中央、国务院的决策部署,狠抓自治区党委、政府脱贫攻坚战三年行动部署的落实,聚焦深度贫困地区,扎实推进各项工作,全区脱贫攻坚取得新进展、新成效。

经自治区"四合一"实地核查认定,全区实现116万建档立卡贫困人口脱贫、1 452个贫困村出列,农村贫困发生率下降为3.7%。预计实现14个贫困县(含9个国定贫困县)脱贫摘帽,已经组织第三方机构对14个县进行了专项评估检查。

全区减少贫困人口95万人,贫困发生率5.7%,同比下降2.2个百分点。实现1 056个贫困村出列,6个区定贫困县(蒙山县、上思县、兴业县、百色市右江区、贺州市八步区、南丹县)脱贫摘帽。广西壮族自治区六个区定贫困县。

2018年以深度贫困地区为重点,以脱贫攻坚作风建设年和扶贫干部培训年活动为抓手,确保减少农村贫困人口115万人,实现1 450个贫困村和14个贫困县脱贫摘帽(龙胜各族自治县、田东县、田阳县、金秀瑶族自治县、富川瑶族自治县、资源县、大新县、宁明县、西林县、武宣县、金城江区、苍梧县、平果县、天峨县)。

1. 强化脱贫攻坚资金保障

据悉,2017年全区进一步优化财政扶贫资金项目实施流程,加快资金使用支出进度,提高了资金使用效率和效益。全区共筹措财政扶贫资金255.8亿元,同比增长54.7%。其中,中央财政专项扶贫资金53.31亿元(含5.3亿元奖励资金),同比增长52.1%;自治区财政专项扶贫资金33.28亿元,同比增长43.4%;市县财政投入38.24亿元。2018年,全区将进一步增加自治区本级财政专项扶贫资金,确保增幅达20%以上,且超过2018年中央下达广西财政专项扶贫资金总量的30%。扶贫资金使用原则,如图4-42所示。

图 4 - 42　扶贫资金使用原则

2. 全力打好脱贫攻坚五场硬仗

产业扶贫硬仗。加大产业扶贫投入,集中资金、项目、技术等资源,重点扶持县级"5＋2"、贫困村"3＋1"特色产业发展,发挥龙头企业、农民专业合作社、贫困村创业致富带头人等主体带动作用,创新和完善利益联结机制,提高贫困户参与度,确保年内覆盖 80％ 以上的贫困户,力争全覆盖。加大电商扶贫力度,继续推进"党旗领航·电商扶贫"行动。

基础设施建设硬仗。年内修建 1 万公里通屯路,其中硬化水泥路 6 000km 以上,年度计划脱贫摘帽村 20 户以上自然村(屯)全部通砂石以上道路。易地扶贫搬迁硬仗。按照应搬尽搬要求,会同发改(移民)部门,对深度贫困村再进行一次摸底核实。督促落实"八包"责任制,加快安置点建设进度,确保年内 2016 年、2017 年计划搬迁贫困人口的入住率达 100％,2018年计划搬迁对象入住率达 60％。"八包"责任,见表 4 - 21。

表 4 - 21　"八包"责任

序　号	内　容	序　号	内　容
1	包建设进度责任	5	包工程质量责任
2	包资金监管责任	6	包搬迁入住责任
3	包后续发展责任	7	包就业创业责任
4	包稳定脱贫责任	8	包考核验收责任

村集体经济发展硬仗。自治区将出台支持发展壮大村级集体经济的若干政策措施,支持各地创新村集体经济发展模式,确保 2018 年底所有脱贫摘帽村的村集体经济年收入达到 3 万元以上。

粤桂扶贫协作硬仗。全面抓好粤桂扶贫协作框架协议 10 方面内容的落实,选择好、实施好一批帮扶项目,提高项目对贫困人口的覆盖率。

2017 年底,广西壮族自治区有建档立卡贫困人口 267 万人、贫困村 3 001 个、贫困县有 43个未脱贫摘帽。2018 年,广西坚持精准扶贫、精准脱贫基本方略,坚持现行扶贫标准,把脱贫质量放在首位,实现 116 万建档立卡贫困人口脱贫、1 452 个贫困村出列,预计 14 个贫困县摘帽。

集中攻坚深度贫困。成立了自治区深度贫困地区脱贫攻坚办公室,向深度贫困地区选派干部 8 271 人,选聘科技特派员(技术人员)811 人。筹措安排深度贫困地区财政专项扶贫资金

36.71 亿元,占中央财政下达和自治区财政安排专项扶贫资金总量的 36.8%。全区 20 个深度贫困县产业扶贫对贫困户的覆盖率达 88.79%,核桃、油茶等产业加快发展,带动贫困户 20 多万户就业。深度贫困地区 36.96 万贫困劳动力实现转移就业或就地就近就业。从 20 个深度贫困县中确定了 4 个极度贫困县,加大扶持力度。

稳定实现贫困人口"两不愁三保障"。实施教育扶贫八大帮扶计划,落实教育扶贫项目资金 162.26 亿元,共新建、改建、扩建 374 所贫困地区普惠幼儿园、1 925 所义务教育学校。资助各学段建档立卡贫困家庭学生 100.17 万人次,发放补助资金 9.64 亿元。狠抓控辍保学工作,落实县级"双线四包"责任,贫困户学生失学辍学问题得到有效遏制。落实基本医疗保障政策。建档立卡贫困人口基本医保参保率 100%。2018 年安排 11.26 亿元,实施项目 932 个,全区乡镇卫生院、村卫生室标准化建设率达 90% 以上。住房安全保障政策得到进一步落实。

着力打好"五场硬仗"。打好产业扶贫、易地扶贫搬迁、村集体经济发展、基础设施建设、粤桂扶贫协作"五场硬仗"。2016 年以来,全区 54 个贫困县建立农民专业合作社 2.8 万个,累计带动贫困户 126.81 万户。2018 年底,全区累计搬迁建档立卡贫困人口 69.33 万人(已交钥匙),搬迁入住率 99.04%。全区建制村通硬化路新增 692.8km,建设 20 户以上自然村(屯)道路 1.09×10^5 km,解决了 28.8 万人饮水安全问题。深化"携手奔小康"行动,建立"县县、乡乡、村村、村企"粤桂结对帮扶模式,覆盖贫困人口 82.49 万人。

做实扶贫基础和精准帮扶工作。加强动态管理和脱贫"双认定"。全区新识别贫困人口 3.55 万人,返贫认定 1.35 万人,按时完成 2018 年度扶贫对象信息更新和脱贫人口系统标识工作。安排 52.3 万人结对帮扶贫困户、联系贫困户学生,实现全覆盖。激发贫困人口内生动力。以村为单位开展贫困户、脱贫户和帮扶联系人"三方"见面活动,由脱贫户介绍脱贫经验、体会,增强脱贫的主动性。全区共开展"三方"见面活动 1.05 万场次,帮助贫困户解决问题 3.2 万个。加强党建促脱贫工作,全面推行农村基层党组织"星级化"管理。

加大社会扶贫力度。加强定点扶贫,全区 9 112 个定点扶贫单位投入(引进)帮扶资金 40 多亿元。开展扶贫日活动,全区参与活动的单位达 1.2 万个。推进"千企扶千村",全区 4 908 家民营企业结对帮扶 5 364 个贫困村(含摘帽村),实施帮扶项目 1.09 万个,投入(引进)帮扶资金 27 亿元。

2019 年是决胜全面建成小康社会的关键之年,也是脱贫攻坚的关键之年。广西聚焦"两不愁三保障",加快补齐贫困地区教育、医疗、住房和饮水安全等短板,全力攻克深度贫困堡垒,打好"五场硬仗",实施"五大专项行动"、夯实"五大基础",奋力实现 105 万贫困人口脱贫、1 150 个贫困村出列和 21 个贫困县摘帽,巩固脱贫成果,确保脱贫攻坚战取得决定性胜利。

2019 年计划目标任务是:完成 105 万贫困人口脱贫,实现 1 150 个贫困村出列、21 个贫困县(15 个国定贫困县、6 个区定贫困县)摘帽。

建设自治区、市、县(市、区)、乡(镇)、村五级农村电子商务公共服务平台,以自治区级电子商务公共服务平台为抓手,整合各级、各类农村电子商务平台资源,实现全区电子商务进农村和电商精准扶贫数字信息交换汇集。建立统一的自治区级电子商务线上服务平台和覆盖城乡的标准化线下服务站点,为农业企业、农民专业合作社、农村实体店、乡村旅游点、农业电子商务企业及农村个体网商、农村电子商务创业者等提供服务。(牵头单位:各市、县〔市、区〕人民政府,自治区商务厅;配合单位:自治区农业厅、林业厅、扶贫办、供销社,数字广西集团有限公司)。农产品电商公共服务平台如图 4-43 所示。

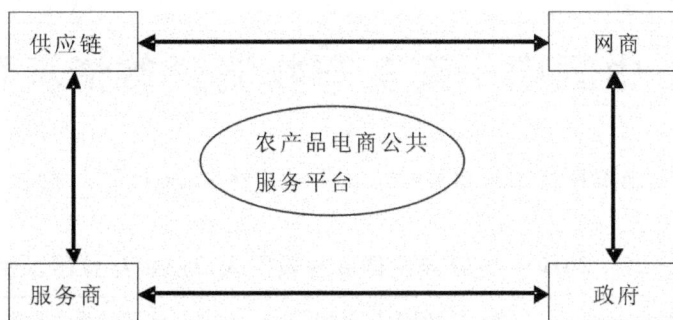

图 4-43　农产品电商公共服务平台

3. 大力实施国家电子商务进农村综合示范项目

建设县(市、区)、乡(镇)、村三级电子商务物流体系和农产品供应链体系、农产品营销体系、人才培育体系、县级公共服务中心、乡村服务站点。支持快递企业以合作模式布局农村末端市场,推进快递网络向下延伸,与供销、交通运输、金融等服务站点实现行业资源和产业链间的深度融合。推动农村流通现代化,带动农产品批零市场、农民专业合作社、家庭农场共建网上购销渠道,培育农民网络电商,推动农产品网上交易,促进产销对接,改善农村网络购物环境,形成农产品上行为主、工业品下乡为辅的双向流通体系。[牵头单位:各市、县(市、区)人民政府,自治区商务厅;配合单位:自治区财政厅、交通运输厅、农业厅、林业厅、工商局、质监局、扶贫办、供销社,人民银行南宁中心支行,数字广西集团有限公司]。

4. 大力培育"网红"农产品。

围绕 50 个自治区级特色农产品优势区,筛选有特色、有市场、有规模、适合网络销售的产品作为电商销售龙头产品,认定一批电商购销基地,形成产业分布基础数据台账。建立农产品网络销售标准体系,梳理或制定适应电子商务的农产品质量检测、分等分级、产品包装、业务规范等产品质量和服务标准,大力推广质量认证,积极培育地理标志产品、商标。积极组织引导农民专业合作社、农业产业化龙头企业与电商平台对接,开展媒体策划、品牌塑造及网络营销,提高农产品网络销售的知名度、信誉度和美誉度。[牵头单位:自治区商务厅、农业厅;配合单位:各市、县(市、区)人民政府,自治区林业厅、工商局、质监局、扶贫办、供销社,数字广西集团有限公司]。

5. 大力实施电商精准扶贫

加快推动电商扶贫与建档立卡贫困户精准关联,推进"电商＋产业＋扶贫"融合发展,组织贫困县与国内知名电商平台开展扶贫合作,开设县(市、区)扶贫馆。扶持建档立卡贫困户融入农业生产、加工、流通等各环节,探索创新"一村一店一码"、"一县一品一码"等到村到户帮扶模式,促进电商精准扶贫。

目前,阿里巴巴已与广西 39 个县(市、区)正式签订合作协议,开通农村淘宝县域 33 个,建设村点 1170 个。同时,乐村淘、京东商城、苏宁易购、村邮乐购等全国知名电商平台,争相布局广西农村实体市场,落地发展。

4.4　中国电子商务与物流脱贫情况预测

2010—2020 年全国农村贫困人口总数与贫困发生率见表 4.22。截至 2020 年,全国人口已经基本实现全部脱贫。

表 4 - 22　2010—2020 年全国农村贫困人口总数与贫困发生率

年份/年	农村贫困人口总数/万人	贫困发生率/(%)
2010	16 567	17.2
2011	12 238	12.7
2012	9 899	10.2
2013	8 249	8.5
2014	7 017	7.2
2015	5 575	5.7
2016	4 335	4.5
2017	3 046	3.1
2018	1 660	1.7
2019	551	0.6
2020	0	0

表 4 - 23 为通过灰色预测分析得到的预测数据。

表 4 - 23　全国农村贫困人口及贫困发生率

年份/年	全国农村贫困人口实际值 万人	灰色模型模拟值 万人	贫困发生率实际值 (%)	灰色模型模拟值 (%)
2010	16 567	16 567	17.2	17.2
2011	12 238	12 468	12.7	12.9
2012	9 899	10 008	10.2	10.3
2013	8 249	8 032	8.5	8.2
2014	7 017	6 447	7.2	6.6
2015	5 575	5 175	5.7	5.3
2016	4 335	4 153	4.5	4.2
2017	3 046	3 334	3.1	3.4
2018	1 660	2 676	1.7	2.7
2019	551	2 147	0.6	2.1
2020	0	1 724	0	1.7

续表

年份/年	全国农村贫困人口实际值 万人	灰色模型模拟值 万人	贫困发生率实际值 （%）	灰色模型模拟值 （%）
2021		1 383		1.4
2022		1 110		1.1

　　农村扶贫项目的开展是我国 2020 全面建设小康社会的重要一环,自建国以来我国就不断地进行大范围的扶贫举措,截至目前我国广泛地解决了农村居民的温饱问题,现今我国农村扶贫的重要工作在于解决个别贫困户生活问题加快农村经济发展,提高农村居民生活质量。

　　我国从未停下扶贫的脚步,扶贫政策取得了巨大的成绩,以 10 年为一个节点纵观我国贫困状况:1978 年我国贫困人口高达 25 000 万人,贫困发生率 30.7%,之后我国贫困人口与贫困发生率逐年递减,1988 年贫困人口 9 600 万人,比 1978 年全国贫困人口减少了 61.6%,贫困发生率也由 30.7% 下降到 11.1%,1998 年贫困人口 4 210 万人,比 1988 年全国贫困人口减少了 56.15%,贫困发生率也由 11.1% 下降到 4.8%,2008 年在调整全国贫困标准之后统计 2008 年贫困人口 4 007 万人,贫困发生率 4.2%,到 2019 年贫困人口 551 万人,贫困发生率 0.6%。再到 2020 年,我国实现贫困人口全部脱贫,达成了全面建成小康社会的任务。我国在扶贫方面主要采用三种模式,即以“闽宁模式”为代表的“区域协作扶贫”模式,以“塘约模式”为代表的“组织起来扶贫”模式和以“金寨模式”为代表的“科技产业扶贫”模式。

4.4.1　以“闽宁模式”为代表的“区域协作扶贫”模式

　　我国存在区域贫困的情况,“区域协作扶贫”模式是我国闽宁两省区不在不断地扶贫工作中探索出的特有的区域协作帮扶贫困模式。我国发展存在严重的不平衡现象,东部地区经济发展较快,人民生活水平不断提高,贫困人口有很大程度减少,相反我国西部地区由于交通不便,贸易量少,整体的经济基础比较薄弱,贫困人口数量较多,所以党中央、国务院多次组织我国东部地区帮扶西部欠发达地区,在部门与地区之间的协同合作中,已经形成了多样式,多方面的整体支援合作局面。先富者带动后来者,切实将东部地区剩余的优质产能,变成我国西部区域的高质量供给,促使地区资产的增加,促进我国去产能、促发展、稳增长的长远目标。

4.4.2　以“塘约模式”为代表的“组织起来扶贫”模式

　　帮扶贫困,不仅要扶经济,更要扶志与扶智,发挥贫困居民的主动性,调动贫困居民的脱贫积极性,在政府的组织协助下为自己的脱贫创造可能,这是政府与贫困居民的相互协作,基层工作人员作为帮扶的中坚力量,起着重要的作用。贵州安顺市平坝区乐平镇塘约村,2014 年就开始进行“组织起来扶贫”模式,采用土地入股的方式,集约生产,建立合作社,为村民开拓了一条致富的道路,充分调动村民的积极性。通过党组织、村委会、合作社“三套马车”并驾齐驱,探索实施“村社一体、合股联营”发展模式,深化农村综合改革,实现了“三权”与“三变”的良性促动。村民的腰包鼓起来了,集体资产增加了,村集体经济从 2014 年的 4 000 元提高到 2020

年的 576 万元,人均收入从不足 4 000 元提高到 2020 年的人均收入 23 162 元,实现了从国家级二类贫困村向"小康示范村"的华丽转变,走出了一条独具特色的"塘约道路"。在这条自力更生的路上,大部分村民已经成功脱贫,塘约也由贫困村中的一员成功跻身于变为"小康示范村"。

4.4.3　以"金寨模式"为代表的"科技产业扶贫"模式

光伏产业是科技产业扶贫的先导者与领航者,近几年在我国政府的大力扶持下,光伏产业得到了快速的发展。早在 2017 年,我国光伏产业就占据了全球 70％以上的份额、规模、产能全球第一,无论是光伏产业经济量还是太阳能发电设备的电池产量均居于全球首位,毋庸置疑,我国在发电市场有着举足轻重的作用。安徽省金寨县是国家级首批重点贫困县,2011 年被确定为大别山片区扶贫攻坚重点县,为了解决县内的贫困问题,金寨县引进光伏发电企业,与县内资源相结合,形成完善的产业链,经过几年的发展,金寨县的光伏产业已经远近闻名,成为科技产业扶贫的示范模板,不仅当地居民从中受益,也逐渐影响着我国其他地区的经济发展。

我国扶贫政策的发展历程可以分为三个阶段。1949 到 1977 年,在这 28 年间,我国实施了土地改革同时开始进行全国范围的设施修建,逐步建立了贫困地区的救济制度于社会保障系统。此时,我国农村的贫困人口数量已经超过 2.5 亿人。

(1)积极响应到 1985 年,我国对于不发达的地区专门设立了专项资金,支持贫困地区的经济发展与人民生活水平提高,并且发布了《关于尽快改变贫困地区落后面貌的通知》。这个通知重点针对我国的十八个贫困地区的脱贫工作,促进重度贫困地区的脱贫进度。在这一时期,我国的基础设施坚实采取"以工代赈"的建设方式,很大程度上缓解了我国的贫困情况,到 1985 年我国贫困人口为 12 500 万人比 1978 年减少了 50％。

(2)1986 年到 2000 年,我国经济发生了巨大的变化,随着国家基础建设的完善与人民生活水平的大幅提高,帮扶贫困的工作成了国家的重要任务,这一时期我国公布了《国家八七扶贫攻坚计划》,我国的扶贫工作开始大规模、有组织、有安排地开展了,1986 年随着国务院扶贫开发领导小组正式的成立,各个地域各级政府都开始进行大规模的扶贫行动,同年开始实施的贫困县制度,标志着我国扶贫思路从"人口瞄准"即政府对贫困人口的直接救济转向"区域瞄准"。1994 年我国出台了《国家八七扶贫攻坚计划》是扶贫工作中明确的行动计划纲领。

(3)2001 年至今,我国制定了《中国农村扶贫开发纲要(2001－2010 年)》《中国农村扶贫开发纲要(2011－2020)》,出台了《建立精准扶贫工作机制实施方案》,在党中央的高度重视中,我国在扶贫工作中取得了显著的成绩,我国农村贫困人口由 2001 年的 2 021 万人,在短短 20 年时间里实现了农村人口的全面脱贫。

4.4.4　四川省电子商务扶贫状况

表 4－24 为 2015—2020 年四川省农村贫困人口总数与人均可支配收入。

表 4 - 24　2015 年—2020 年四川省农村贫困人口总数与人均可支配收入

年份/年	农村贫困人口总数/万人	人均可支配收入/元
201 年	367	10 247
2016	289	11 203
2017	228	12 227
2018	179	13 331
2019	20.3	14 670
2020	0	15 929

通过灰色预测分析可得预测数据见表 4 - 25。

表 4 - 25　四川省农村贫困人口及四川省人均可支配收入

年份/年	四川省农村贫困人口实际值 万人	灰色模型模拟值 万人	四川省人均可支配收入 元	灰色模型模拟值 元
2015	367	366	17 221.0	17 203
2016	289	288	18 808.3	18 800
2017	228	227	20 579.8	20 544
2018	179	179	22 461.0	22 450
2019	50	141	24 703.0	24 533
2020	0	111	26 522.0	26 809
2021		87		29 297
2022		69		32 015

　　四川省的贫困地区大都坐落于山区,有些贫困地区地势复杂,居住条件恶劣,耕地范围多在山坡,人民所能种植的耕地面积少,并且气候复杂,影响农作物的生长,导致村民的收入甚少,有些地区温度适宜但土地贫瘠,土地质量不好,也不利于耕种,这就导致,及时广播种子,勤于劳作也无济于事。

　　四川省内有许多地区属于生态敏感地带,这些地区往往是贫困地区,这里自然灾害频繁,降雨量不均匀且主要分布在夏季,喀斯特地形的存在使得部分贫困地区地表水渗透严重,甚至出现十年九旱的严重情况,严重影响到当地居民的生活。

　　拥有较丰富的自然资源,但开发利用程度低。四川大部分贫困地区都处于自然资源相对富集的地区,能源资源、矿产资源、生物资源、旅游资源等都比较丰富,具有较大的开发潜力。但由于受资金、技术等因素的制约,目前贫困地区的自然资源利用程度非常低,大部分自然资源仍然被闲置。已经利用的自然资源,则由于掠夺式的开发而几近耗竭,再生能力差。现在的生态建设,由于政策、资金、技术、文化等的限制,效果不够理想,没有形成社会、经济、生态的良性循环,生态重建的压力依然沉重。

产业结构是一个地区经济发展的重要因素,科学合理的产业结构能够有效促进区域经济的发展,同样产业结构不合理就体现在经济上的发展缓慢甚至逐渐落后的趋势。四川省的贫困原因在经济方面主要因为产业结构的不合理,近几年产业结构也在不断地发展与改变。

四川省三大产业在近几年发展速度相对平稳,其发展方向也是由第一产业逐渐向第二第三产业发展,加大二三产业尤其是第三产业的经济占比,借助四川省位于西部地区腹地的有利地势,结合四川旅游业的发展,旅游服务,物流服务,科学文化等第三产业占比不断提高,以工业和建筑业为主的第二产业形成发展的支撑点,并把农业作为四川省经济发展的保障力量,促使四川省不断做大做强,是四川省脱贫致富的重要推动力量,也是2020年实现我国全面建成小康社会的重要一环。

基础建设是影响人民生活条件的重要因素,然而比起我国东部发达地区的设施建设,四川省存在设施落后、水平欠缺、未全面覆盖的情况,基础设施落后,许多基建年老失修,不仅在难以达到利用率,人民满意程度低,而且存在一些安全隐患。设备水平欠缺,既占用大量经济资源又因未达到利用标准而造成资源浪费。

基础建设的覆盖区域有限,大中型城市的基础建设完善,小型城市与村镇往往基础建设不全面,尤其是贫困地区,因为经济资源有限难以建设完善的基础建设,甚至很多地方近几年才开始通车,同时贫瘠的社会服务建设又阻碍区域经济的发展,落后的交通设施是导致贫困的原因之一,贫困地区的人们最怕的是没有希望,交通不便直接导致山区孩子的上学问题,上学路程远、路途危险、缺乏教学资源都成了阻碍下一代发展的问题,本应是贫困地区希望的一代人也没有了出路。

通信设施落后,在这个互联网的时代,网络不仅是人民沟通的桥梁,更是企业盈利的地方,随着电商的兴起大大小小的企业都因此获益,然而许多贫困地区虽然农作物质量高却只能低价出售,网络不便导致贫困地区的人民不会上网,不懂电商,缺少了经销的渠道,缺少了脱贫致富的一个有力途径。

四川省扶贫政策主要是依据"3+10"扶贫策略开展。"3"即,1个新十年扶贫开发《纲要》、1个扶贫开发《关于集中力量打赢扶贫开发攻坚战,确保同步全面建成小康社会的决定》、1个扶贫攻坚《决定》;"10"就是,与《决定》配套的基础、新村、产业、能力、生态、医疗卫生、文化惠民、社会保障、社会扶贫和财政金融10个扶贫攻坚《专项方案》。其中,《纲要》是规划蓝图、《条例》是法律保障、《决定》是行动指南、《方案》是操作手册,共同构成了我省扶贫攻坚的总体设计、制度安排、政策措施和工作要求。

同时四川省严格执行《教育部等六部门关于印发〈教育脱贫攻坚"十三五"规划〉的通知》,不断提升本省贫困地区的教育环境,同时,把教育资源向贫困地区倾斜,全面助力贫困地区的教育发展,提高贫困地区新一代的知识文化水平努力实现四川省教育脱贫的重要目标,坚决杜绝贫困代际传递。

四川省委办公厅印发的《四川省贫困县贫困村贫困户退出实施方案》,规定了贫困人口的退出标准,即"两不愁、三保障"贫困人民不再愁吃愁穿并且有了基本的教育、医疗、住房保障即可退出贫困;贫困村依据本村的贫困发生率作为退出贫困的主要标准,《四川省贫困县贫困村贫困户退出实施方案》规定贫困村的贫困发生率应在3%以下,贫困村的退出还应综合考虑本村的产业发展状况、基础设施完善度、村内公共服务程度等,以上条件满足后还要保证本村有可靠的集体收入,村内路面硬化,村内联通无线网络等。

1. 灵活就业给社保补贴

四川省对于具有劳动能力的 16～60 周岁的贫困人口实行定期管理,主要就其就业方面的基本状况进行统计调查,并对系统数据每半年进行一次定期更新,对于转到城镇的贫困人口,四川省政府依据贫困人员扶持政策进行补贴。就业困难人员享受就业扶持政策,见表 4 - 26。

表 4 - 26　就业困难人员享受就业扶持政策

就业情况	补贴方式
被企业招用以及通过公益性岗位安置	按单位为其实际缴纳的基本养老保险费、基本医疗保险费和失业保险费给予社会保险补贴,并给予不超过当地最低工资标准的岗位补贴
灵活就业并缴纳社会保险费	不超过其实际缴费的 2/3 给予社会保险补贴

2. 鼓励乡镇开发公益性岗位

四川省注重自我帮扶,通过提供贫困人口工作的机会,让贫困人民自立自强,改善生活状态。政府通过公益性工作岗位实现对困难家庭的过渡性安置,保证困难家庭里至少就业一人,并且依据困难人员补贴政策发放补贴。

3. 鼓励国有企业招录贫困家庭劳动者就业

四川省鼓励国有控股企业在招聘工作人员时,充分考虑应聘者家庭情况,规定部分岗位专门针对贫困家庭的就业者,并且在国有控股企业裁减员工时,尽量避免贫困家庭就业者。对于省外就业的贫困家庭,政府利用派驻域外劳务机构促进省外贫困家庭道德就业问题。

4. 落实贫困大学生创业贷款

四川省落实贫困家庭大学生实习工作补助与创业补贴等贫困家庭帮扶政策,帮助贫困大学生实现就业或见习的活动中。对于选择创业就业的贫困人员,政府给予适当的创业补贴:创业人员依据规定可领取不超过 10 万元、贷款时期不超过 2 年的创业担保贷款,并且在贷款基础利率基础上上浮 3 个百分点以内的,由财政给予贴息补助,贴息最高限额 10 万元。

5. 取得高级技师证补贴

四川省鼓励贫困人员自强不息,自主脱贫,政府提供贫困年人口不定期的技术培训与创业课程,帮助贫困人口增强自身竞争力,通过找到合适的工作而脱贫。同时对于取得职业资格证书的贫困人口给予适当的鼓励性补贴,金额介于 3 000～6 000 元。

6. 贫困家庭子女免费入读技工院校

四川省通过补贴帮助贫困家庭子女的上学问题。对于贫困家庭的就读于技工院校的贫困家庭的孩子,政府免去其每年的学费,并且在入学 1～2 年时可以申请 200 元一年的学校补助。

对于贫困程度深的四川省藏区和大小凉山彝区的贫困人员,政府鼓励其参加职业培训以提高自己的竞争力,对于参加特定培训的贫困人口给予适当的资金补助,其中创业知识培训课程补贴标准最高 1 600 元/人,技能＋创业培训课程的补助金额最高 4 000 元/人。

7. 代缴养老保险

对于贫困家庭的帮扶措施,四川省采取养老保险帮扶措施,不断增强贫困人口的参保意识,扩大贫困人口的参保面积。对于有重度残疾人的贫困家庭四川省采取 100 元/年·人的标准为其补助养老保险缴纳金。企业以个体身份缴纳养老保险的工作人员其缴纳金额依据上年度四川省城镇非私营单位的在岗职工平均工资的 40％确定。

8. 医保参保率 100％

四川省不断扩大城乡居民医疗保险的受保人数,投保范围包括建档立卡的本省贫困居民。对于享受基本医疗的建档立卡人口,如果在县域指定医院无法治疗,必须转院去外地医治的,在按规定办理完手续后,即可报销规定目录中的可给予报销的药品、诊疗和康复措施项目。

"互联网＋"助力电商创新扶贫模式。四川省电商扶贫的主要模式为"互联网＋"助力电商创新扶贫模式。以四川省巴中市平昌县为代表。平昌县原为四川省扶贫工作的重点区域,贫困程度深,现在通过电商的助力,平昌县物流畅通并且逐渐建立了电商产业园区,县内的农产品也打通了销路,卖向全国各地,成了当地贫困居民脱贫的加速器。

平昌县积极学习"互联网＋"的电商思路,结合自身的特色产品,走出一条电商扶贫的创新之路。平昌县的电商为县、镇(乡)、村三级自上而下的电商服务体系,大力发展农村电子商务,"网货下乡""农产品进城"双向流通。

作为"互联网＋扶贫"的带头者,平昌县近年来脱贫成绩斐然,村民经过政府的帮助与自己的努力大多脱离了贫困。平昌县脱贫情况,见表 4 - 27。

表 4 - 27　平昌县脱贫情况

平昌县脱贫项目	平昌县脱贫结果
贫困村退出	82 个
脱贫人数	8.3 万人
贫困发生率	15.2％降低至 5.37％
脱贫情况(2019 年)	全县脱贫摘帽

四川省的"互联网＋精准扶贫"模式,充分调动了村民的积极性,利用自身资源解决贫困问题。四川省政府做好了基础建设,互联网的全面覆盖,"四川省扶贫特产馆"组织帮扶,建设互联网学校,这些举措都助力四川省扶贫工作,2012 年四川省贫困人口 724 万人,到 2020 年实现全部脱贫。2012—2020 年我国以及四川省贫困人口,如图 4 - 44 所示。

"云养猪"搭配"云销售",四川北川打造农村电商扶贫新模式。在扶贫的道路上各地方都有其特色,四川省绵阳北川县走出了自己的特色扶贫之路。本地政府组织引导,促进企业与村民的合作共赢,运用互联网线上线下客户,实现本地的特色扶贫。

四川省绵阳北川县的"云养猪"模式要求企业与村民合作,禹珍公司就是此次"云养猪"的合作企业之一,总部坐落于四川省北川羌族自治县,是绵阳市农业产业领域的佼佼者,参与到本次的扶贫项目中,是精准扶贫的助推器。

禹珍公司为养殖户提供符合标准的猪仔,约 1 200 元左右,这笔费用可以由合作社贷款或者企业欠款来解决,养殖户则需要把猪养大,禹珍公司会以每头 3 000 元左右购买成年猪。养殖户通过专业养殖挣取差价。"云养猪"模式分布范围广,坝底乡通坪村,小坝乡永兴村、庄坪村等诸多贫困村都有合作,2017 年共计投放仔猪 8 132 头,带动农户 3 842 户,带动农户增收 1 368.56 万元。其中精准扶贫户 184 户,贫困户增收 162.49 万元。四川省"云养猪"2017 年扶贫成绩,如图 4 - 45 所示。

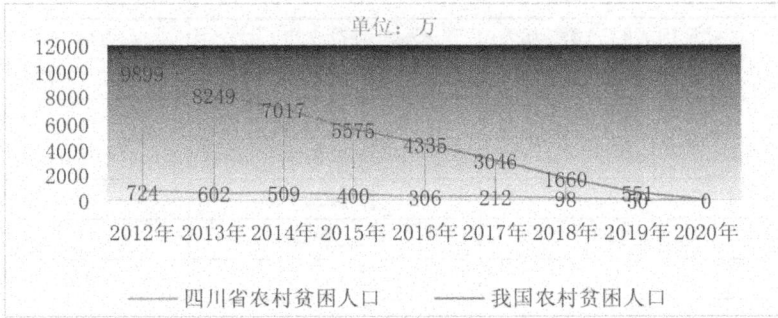

图 4-44　2012—2020 年我国以及四川省贫困人口（单位：万人）

图 4-45　四川省"云养猪"2017 年扶贫成绩

四川省"云养猪"与天猫、京东、拼多多等多家互联网企业合作，建立自己的线上品牌，通过线上门店经营把高山黑猪肉销往全国，近年来销售额不断增长，客户对于四川省高山黑猪肉的认可度越来越高，2016 年线上销售额共计 1 000 余万元，2017 年累积销售突破 2 000 万元。

如今四川省北川已经形成完整的电商产业链，有 10 000 余平方米的集 O2O 体验中心、物流仓储中心、孵化中心等功能于一体的电商产业港，同时贯穿县级、乡级与村级，真正实现了三级同步运转的高效状态。

四川 2019 年脱贫攻坚任务：55 万贫困人口脱贫，1 522 个贫困村退出。2019 年四川省扶贫目标是：争取全省脱贫 55 万人、1 522 个贫困村退出贫、31 个贫困县摘帽。到 2019 年底，四川省除凉山州外，高原藏区 2 个州以及 18 个市的贫困县全部摘帽。

四川省由于地域分布特征，本地贫困主要分布在藏区彝区等自然环境恶劣的地方，这些深度贫困的也是 2019 年脱贫攻坚战的主战场。这些脱贫对象不能一脱了之，必须保持脱贫不脱政策、不脱帮扶、不脱项目，确保高质量、可持续脱贫。2019 年四川省扶贫任务作出"三个聚焦、三个统筹"的全局布置，面向全省开始了脱贫攻坚的最后冲刺，重点抓好这 5 方面工作到明年底全省除凉山州外，高原藏区 2 个州以及 18 个市的贫困县全部摘帽。

4.4.5　云南省电子商务扶贫状况

2013—2020 年云南省农村贫困人口总数与贫困发生率，见表 4-28。

表 4-28　2013—2020 年云南省农村贫困人口总数与贫困发生率

年份/年	农村贫困人口总数/万人	人均消费支出/元	人均可支配收入/元
2013	661	8 823.8	12 577.9

续表

年份/年	农村贫困人口总数/万人	人均消费支出/元	人均可支配收入/元
2014	574	9 869.5	13 772.2
2015	471	11 005.4	15 222.6
2016	373	11 768.8	16 719.9
2017	279	12 658.1	18 348.3
2018	224	14 249.8	20 084.2
2019	66	15 780.0	22 082.0
2020	0	16 792.0	23 295.0

云南省农村贫困人口及人均可支配收入,见表4-29。

表4-29　云南省农村贫困人口及人均可支配收入

年份/年	云南省农村贫困人口实际值/万人	灰色模型模拟值/万人	云南省人均可支配收入/元	灰色模型模拟值/元	人均可支配收入/元	灰色模型模拟值/元
2013	661	661	12 577.9	8 823.8	12 577.9	12 577.9
2014	574	587	13 772.2	9 902.9	13 772.2	13 820.0
2015	471	454	15 222.6	11 081.3	15 222.6	15 177.4
2016	373	351	16 719.9	12 894.4	16 719.9	16 668.1
2017	279	272	18 348.3	14 080.4	18 348.3	18 305.2
2018	224	210	20 084.2	15 375.4	20 084.2	20 103.1
2019	66	163	22 082.0	16 789.6		22 077.5
2020	0	126	23 295.0	18 333.8		24 246.0
2021		97	12 577.9	20 020.1		26 627.3
2022		75	13 772.2	21 861.4		29 242.6

精确扶贫是一种新的工作机制和制度上扶贫措施,需要对贫困进行具体详细的区别、给予"真贫困"帮扶、在帮扶过程中不断进行过程管理,并对帮扶绩效进行考核,确保扶贫资金的高效使用实现村户脱贫,形成长久的脱贫路径。精准扶贫的实施路径,如图4-46所示。

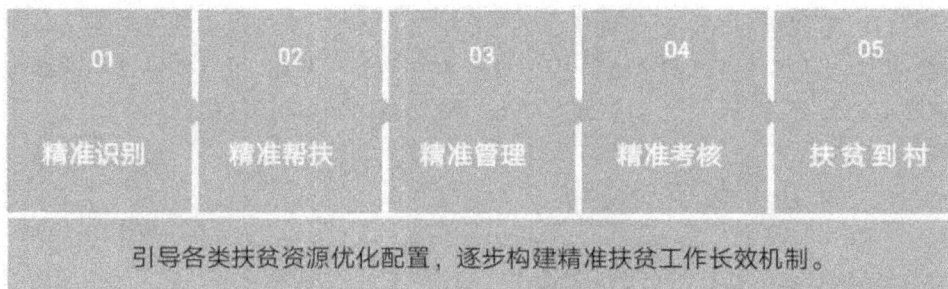

图4-46　精准扶贫的实施路径

除此之外,云南省还实施了针对贫困人口的异地搬迁行动,共计搬迁54.9万人。并且异地搬迁的安置思路也由原来的"农村复制农村"变为"城镇集中安置"。

2020 年 11 月 13 日，镇雄、会泽、屏边、广南、澜沧、宁蒗、泸水、福贡、兰坪 9 个贫困县（市）退出贫困县序列，至此，云南省 88 个贫困县全部脱贫摘帽。回首过往，从 2017 年首批 15 个贫困县（市）退出贫困县序列到 2018 年 33 个，再到 2019 年 31 个，云南贫困县脱贫摘帽步履扎实、成效卓著。如今，全省贫困村全部出列，贫困人口全部脱贫，云岭大地上延续千年的绝对贫困问题得到历史性解决，与全国同步迈进小康社会的目标任务高质量完成。

4.4.6　贵州省电子商务扶贫状况

2013—2020 年贵州省农村贫困人口总数与贫困发生率见表 4-30。

表 4-30　2013—2020 年贵州省农村贫困人口总数与贫困发生率

年份/年	农村贫困人口总数/万人	人均可支配收入/元
2013	745	11 083.1
2014	623	12 371.1
2015	507	13 696.6
2016	402	15 121.1
2017	295	16 703.6
2018	147	17 430.2
2019	30.83	20 397.36
2020	0	21 795.0

贵州省农村贫困人口及人均可支配收入，见表 4-31。

表 4-31　贵州省农村贫困人口及人均可支配收入

年份/年	贵州省农村贫困人口实际值/万人	灰色模型模拟值/万人	贵州省人均可支配收入/元	灰色模型模拟值/元
2013	745	745	8 288.0	11 083.1
2014	623	643	9 303.4	12 377.8
2015	507	485	10 413.8	13 671.0
2016	402	366	11 931.6	15 099.3
2017	295	276	12 969.6	16 676.8
2018	147	208	18 430	18 419.1
2019	30.83	157	20 397.36	20 343.5
2020	0	118	21 795	22 468.9
2021		89		24 816.3
2022		67		27 409.1

贵州省自全国开展扶贫工作以来积极响应，并在不断的摸索中找到适合本省特色的扶贫思路，历年的扶贫成绩也证明了"贵州经验"的成功，对我国扶贫攻坚工作开展具有重要意义。

以三年为一个阶段我们会发现，2010—2012 年是贵州省农村贫困人口减少程度最大的阶段，在这三年间累计减贫 6 668 万人，并且这一阶段也是贫困发生率减少幅度最大的阶段，累计贫困发生率减少 7％；2012—2014 年农村贫困人口减少 2 882 万人，贫困发生率减少 3％，从两方面来看，减贫成效仅次于 2010—2012 这一阶段；2014—2016 年这一阶段与 2016—2018 年这一阶段减贫效果类似，减少农村贫困人口 2 600 多万人，贫困发生率减少 2.7％左右，减贫进入平稳阶段。2018—2020 年，经过不懈努力，贵州省实现了贫困人口的全部脱贫。

贵州的电商扶贫之路效果显著，近年来，服务于农村贫困人口，电商扶贫结合本地特色，发展了一条从山区到城市的电商扶贫之路。依据贫困地区享有示范项目倾斜的政策，贵州省的电商之路得到了国家政策与资金的支持，并且获批了众多的国家级电商示范县。贵州省国家示范县，如图 4-47 所示。

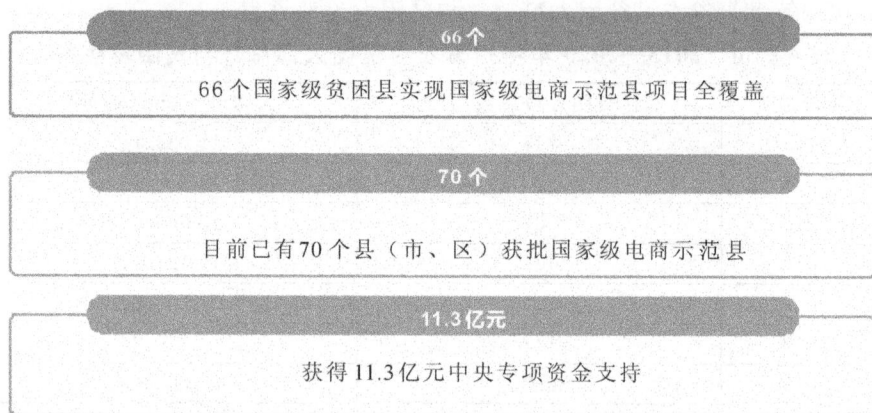

66个

66个国家级贫困县实现国家级电商示范县项目全覆盖

70个

目前已有70个县（市、区）获批国家级电商示范县

11.3亿元

获得11.3亿元中央专项资金支持

图 4-47 贵州省国家示范县

为了确保贵州省电商扶贫工作的有效执行，福州省分地区成立专项小组，由领导牵头，专门致力于本地电商发展情况，并进行年度积极响应。此外，贵州省不断进行资金助力，在 2015—2020 年间，贵州省持续输入上亿资金，助力本省的电商发展。在贵州省的不断努力下，电商发展取得了骄人的成绩。

贵州省积极联系阿里、苏宁、京东等电商平台与本地贫困县、贫困乡合作，优化资源配置，助力拓宽特色农产品的销售渠道，通过线上农产品销售，建设本地产品的完整直供链条，积极竖立本地特色品牌，通过畅销品牌的带动，形成了"一店带多户""一店带全村"的经营模式，对贫困地区的经济发展有积极影响。贵州扶贫行动，如图 4-48 所示。

"贵州省首届农业品牌发展峰会暨兴农扶贫频道上线启动仪式"

4 月

5 月

"十县联动·共力扶贫"

图 4-48 贵州省扶贫行动

大力推广贵定县"一户一码"电商精准扶贫模式，为每一个建档立卡贫困户建立一个农产品二维码，通过大数据手段全面掌握贫困户农产品销售数据，精准实现销售额反哺至贫困户。

同时,让农商数据实现"上联生产,下联销售,"通过建立农商互联大数据平台系统,解决了产销信息不对称问题,实现订单化生产。2020 年全省电商交易额突破 3 600 亿元,打造 1 000 个农产品销售特色网店,建设村级电子商务服务站 10 000 个。

4.4.7 新疆维吾尔自治区电子商务扶贫状况

2013—2020 年新疆农村贫困人口总数与贫困发生率,电子商务扶贫状况见表 4 - 32。

表 4 - 32 2013—2020 年新疆农村贫困人口总数与贫困发生率

年份/年	农村贫困人口总数/万人	人均可支配收入/元
2013	222	13 669.6
2014	212	15 096.6
2015	180	16 859.1
2016	147	18 354.7
2017	113	19 975.1
2018	64	21 500.2
2019	34.62	23 893.0
2020	0	24 447.0

新疆农村贫困人口及人均可支配收入见表 4 - 33。

表 4 - 33 新疆农村贫困人口及人均可支配收入

年份/年	新疆农村贫困人口实际值/万人	灰色模型模拟值/万人	新疆人均可支配收入/元	灰色模型模拟值/元
2013	222	222	13 669.6	13 669.6
2014	212	220	15 096.6	15 321.2
2015	180	173	16 859.1	16 703.0
2016	147	135	18 354.7	18 209.5
2017	113	106	19 975.1	19 851.8
2018	64	53	21 500.2	21 642.2
2019	34.62	65	23 893.0	23 594.1
2020	0	51	24 447.0	25 722.1
2021		40		28 041.9
2022		32		30 571.0

2013—2022 年新疆农村贫困人口总数与贫困发生率预测值,如图 4 - 49 所示。

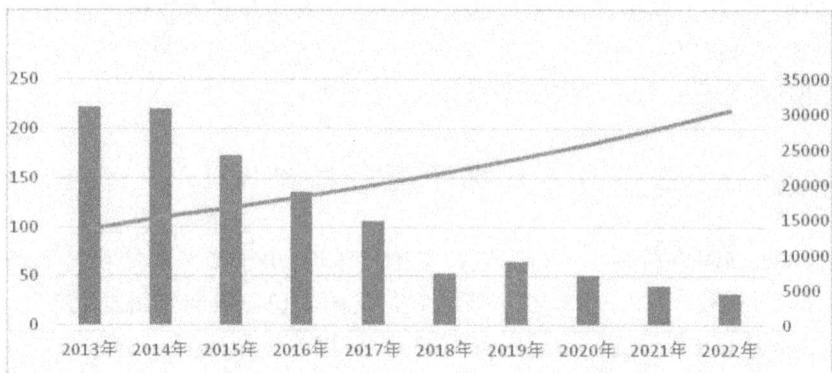

图 4-49 2013 年—2022 年新疆农村贫困人口总数与贫困发生率预测值（单位：万人／％）

4.4.8　西藏自治区电子商务扶贫状况

2013—2020 年西藏农村贫困人口总数与人均可支配收入见表 4-34。

表 4-34　2013 年—2020 年西藏农村贫困人口总数与人均可支配收入

年份/年	农村贫困人口总数/万人	人均可支配收入/元
2013	72	6 306.8
2014	61	7 317.0
2015	59	8 245.8
2016	34	9 318.7
2017	20	10 320.1
2018	15	11 520.2
2019	13	19 501.3
2020	0	21 744

西藏农村贫困人口及人均可支配收入，见表 4-35。

表 4-35　西藏农村贫困人口及人均可支配收入

年份/年	西藏农村贫困人口实际值/万人	灰色模型模拟值/万人	省人均可支配收入/元	灰色模型模拟值/元
2013	72	72.00	6 306.8	6 306.8
2014	61	62.86	7 317.0	7 363.2
2015	59	44.40	8 245.8	8 237.8
2016	34	31.36	9 318.7	9 216.2
2017	20	22.15	10 320.1	10 310.9

续表

年份/年	西藏农村贫困 人口实际值/万人	灰色模型 模拟值/万人	省人均可支配 收入/元	灰色模型 模拟值/元
2018	15	15.64	11 520.2	11 535.5
2019	13	11.05	19 501.3	12 905.7
2020	0	7.80	21 744	14 438.5
2021		5.51		16 153.5
2022		3.89		18 072.1

2013—2022 年西藏农村贫困人口总数与人均可支配收入如图 4-50 所示。

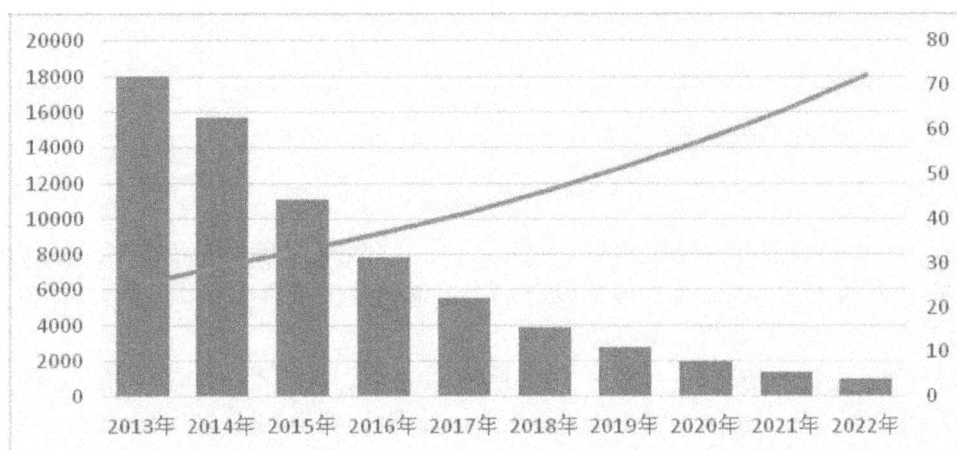

图 4-50　2013—2022 年西藏农村贫困人口总数与人均可支配收入（单位：万人/元）

4.4.9　内蒙古自治区电子商务扶贫状况

2013—2020 年内蒙古农村贫困人口总数与人均可支配收入见表 4-36。

表 4-36　2013—2020 年内蒙古农村贫困人口总数与人均可支配收入

年份/年	农村贫困人口总数/万人	人均可支配收入/元
2013	114	18 692.89
2014	98	20 559.34
2015	76	22 310.09
2016	53	24 127
2017	37	26 212.23
2018	14	28 376
2019	0	30 555.03
2020	0	31 497

内蒙古农村贫困人口及人均可支配收入见表 4 - 37。

表 4 - 37 内蒙古农村贫困人口及人均可支配收入

年份/年	内蒙古农村贫困人口实际值/万人	灰色模型模拟值/万人	省人均可支配收入/元	灰色模型模拟值/元
2013	114	114	14 877.7	14 877.7
2014	98	101	16 258.1	16 351.8
2015	76	71	17 178.5	17 146.0
2016	53	49	18 072.3	17 980.0
2017	37	34	18 945.5	18 853.9
2018	14	24	19 665.2	19 770.3
2019	1.6	17	30 555.03	20 731.2
2020	0	12	31 497	21 738.8
2021		8		22 795.4
2022		6		23 903.4

2013—2022 年内蒙古农村贫困人口总数与人均可支配收入预测值,如图 4 - 51 所示。

20 世纪 80 年代初,内蒙古农牧区没有解决温饱的贫困人口有 600 万人,贫困发生率为 67%,太多人对"贫困"有着刻骨铭心的记忆。

内蒙古地区集民族地区、革命老区、偏远地区、生态脆弱区等于一体,全区有一半以上的旗县戴着贫困的帽子,有 8 个国家集中连片特困片区县,贫困发生率高,贫困程度深,致贫原因复杂,是典型的"贫中之贫、坚中之坚"。

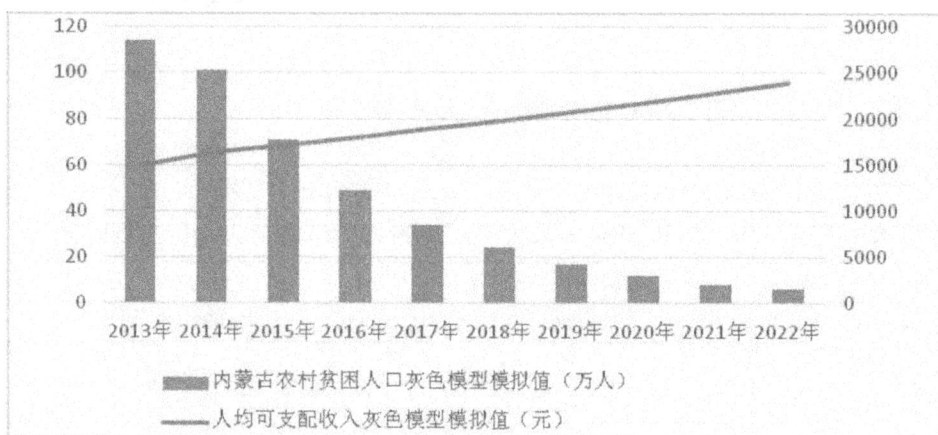

图 4 - 51 2013 年—2022 年内蒙古农村贫困人口总数与人均可支配收入预测值

天下顺治在民富,天下和静在民乐。自治区成立以来,面临着沉重的贫困人口压力,内蒙古党委、政府在全区范围内迅速开展了有计划、有组织、大规模的扶贫开发。随着国家推进社会主义新农村建设以及西部大开发政策的积极实施,贫困面逐步缩小。尤其是党的十八大以来,全区上下打响了一场前所未有的脱贫攻坚战。

2016 年底,全区贫困人口减少到 55.6 万人,贫困发生率下降到 4.1%,贫困地区基础设施建设、公共服务明显改善,义务教育、基本医疗和住房安全保障水平显著提高,上百万贫困群众精神面貌更是焕然一新。这份成绩单凝聚了内蒙古历届党委政府、各族人民群众的智慧和辛劳,来之不易。

2019 年,内蒙古自治区全年实现 14.1 万贫困人口脱贫,贫困人口由 2013 年的 157 万减少至 2019 年年底的 1.6 万,贫困发生率由 11.7% 下降到 0.11%,剩余的 676 个贫困嘎查村全部出列,全区剩余的 20 个国家级贫困旗县已经完成旗县自查、盟市初审和自治区第三方实地专项评估检查,将按程序公告全部摘帽退出。全区 57 个贫困旗县农牧民人均可支配收入增幅在 9% 以上,增幅高于全国平均水平,为 2020 年全面打赢脱贫攻坚战奠定了坚实基础。

2020 年,随着乌兰察布市商都县、化德县,兴安盟突泉县、科尔沁右翼前旗等 20 个国家级贫困旗县退出贫困旗县序列,全区所有贫困旗县全部脱贫摘帽。曾经,交通运输条件的落后,成为制约贫困地区经济发展的桎梏。当交通变得四通八达,资源、区位优势便能转化为经济优势。

4.4.10　黑龙江省电子商务扶贫状况

2013—2020 年黑龙江农村贫困人口总数与人均可支配收入见表 4-38。

表 4-38　2013 年一2020 年黑龙江农村贫困人口总数与人均可支配收入

年份/年	农村贫困人口总数/万人	人均可支配收入/元
2013	111	15 903.4
2014	96	17 404.4
2015	86	18 592.7
2016	69	19 838.5
2017	50	21 205.8
2018	27	22 725.8
2019	1.2551	24 253.59
2020	0	24 902.0

黑龙江农村贫困人口及人均可支配收入见表 4-39。

表 4-39　黑龙江农村贫困人口及人均可支配收入

年份/年	黑龙江农村贫困人口实际值/万人	灰色模型模拟值/万人	省人均可支配收入/元	灰色模型模拟值/元
2013	111	111	15 903.4	15 903.4
2014	96	102	17 404.4	17 380.3
2015	86	79	18 592.7	18 577.2
2016	69	62	19 838.5	19 856.4
2017	50	48	21 205.8	21 223.8

续表

年份/年	黑龙江农村贫困人口实际值/万人	灰色模型模拟值/万人	省人均可支配收入/元	灰色模型模拟值/元
2018	27	38	22 725.8	22 685.3
2019	1.225 1	29	24 253.59	24 247.4
2020	0	23	24 902.0	25 917.1
2021		18		27 701.8
2022		14		29 609.3

2013—2022 年黑龙江农村贫困人口总数与人均可支配收入预测值如图 4-52 所示。

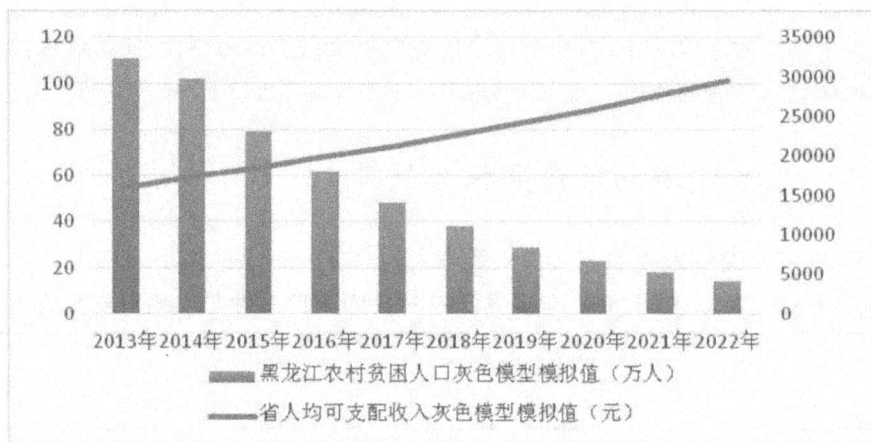

图 4-52　2013—2022 年黑龙江农村贫困人口总数与人均可支配收入预测值

4.4.11　吉林省电子商务扶贫状况

2013—2020 年吉林省农村贫困人口总数与人均可支配收入见表 4-40。

表 4-40　2013—2020 年吉林农村贫困人口总数与人均可支配收入

年份/年	农村贫困人口总数/万人	人均可支配收入/元
2013	89	15 998.1
2014	81	17 520.4
2015	69	18 683.6
2016	57	19 967.0
2017	41	21 368.3
2018	26	22 798.4
2019	1.006 3	24 563
2020	0	25 751

吉林省农村贫困人口及人均可支配收入,见表 4-41。

表 4-41　吉林省农村贫困人口及人均可支配收入

年份/年	吉林农村贫困人口实际值/万人	灰色模型模拟值万/人	吉林省人均可支配收入/元	灰色模型模拟值/元
2013	89	89	15 998.1	15 998.1
2014	81	84	17 520.4	17 498.6
2015	69	66	18 683.6	18 694.3
2016	57	52	19 967.0	19 971.6
2017	41	41	21 368.3	21 336.2
2018	26	32	22 798.4	22 794.0
2019	1.006 3	25	24 563	24 351.4
2020	0	20	25 751	26 015.3
2021		15		27 792.8
2022		12		29 691.8

2013—2022 年吉林省农村贫困人口总数与人均可支配收入预测值,如图 4-53 所示。

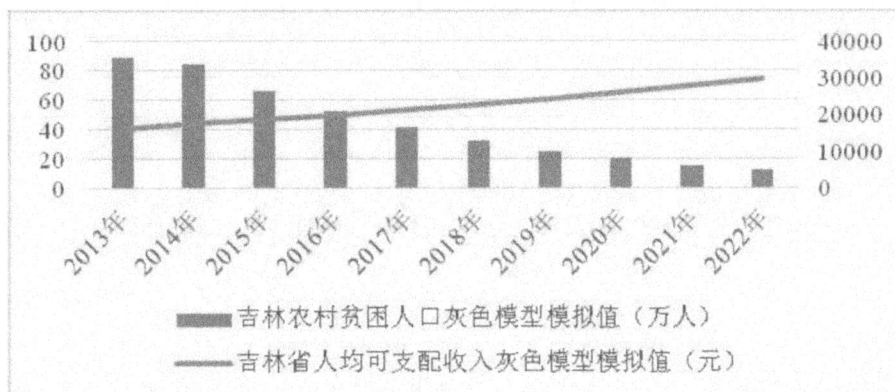

图 4-53　2013—2022 年吉林省农村贫困人口总数与人均可支配收入预测值

4.4.12　辽宁省电子商务扶贫状况

2013—2020 年辽宁省农村贫困人口总数与人均可支配收入见表 4-42。

表 4-42　2013—2020 年辽宁省农村贫困人口总数与人均可支配收入

年份/年	农村贫困人口总数/万人	人均可支配收入/元
2013	126	20 817.8
2014	117	22 820.2
2015	86	24 575.6
2016	59	26 039.7

续表

年份/年	农村贫困人口总数/万人	人均可支配收入/元
2017	39	27 835.1
2018	24	29 701.4
2019	13.56	31 820
2020	0	32 738

辽宁省农村贫困人口及人均可支配收入见表4-43。

表4-43 辽宁省农村贫困人口及人均可支配收入

年份/年	辽宁省农村贫困人口实际值/万人	灰色模型模拟值/万人	辽宁省人均可支配收入/元	灰色模型模拟值/元
2013	126	126	20 817.8	20 817.8
2014	117	118	22 820.2	22 893.7
2015	86	82	24 575.6	24 431.9
2016	59	57	26 039.7	26 073.5
2017	39	40	27 835.1	27 825.3
2018	24	38	29 701.4	29 694.8
2019	13.56	19	31 820	31 690.0
2020	0	13	32 738	33 819.2
2021		9		36 091.4
2022		6		38 516.3

2013—2022年辽宁省农村贫困人口总数与人均可支配收入预测值如图4-54所示。

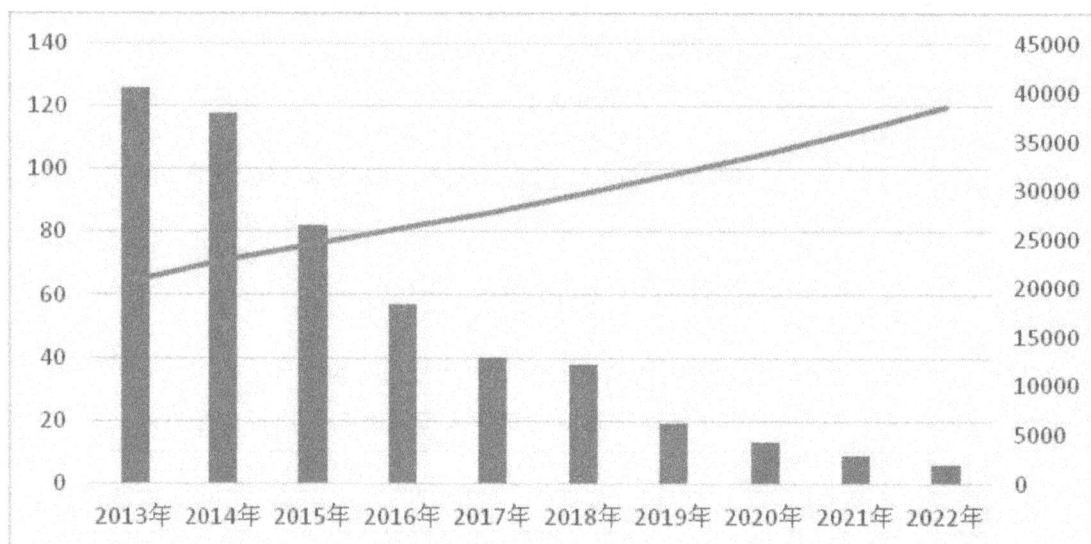

图4-54 2013—2022年辽宁农村贫困人口总数与人均可支配收入预测值(单位:万人/元)

4.4.13　安徽省电子商务扶贫状况

2013—2020 年安徽省农村贫困人口总数与人均可支配收入见表 4 - 44。

表 4 - 44　2013—2020 年安徽省农村贫困人口总数与人均可支配收入

年份/年	农村贫困人口总数/万人	人均可支配收入/元
2013	440	15 154.3
2014	371	16 795.5
2015	309	18 362.6
2016	127	19 998.1
2017	158	21 863.3
2018	67	23 983.6
2019	8.7	26 415
2020	0	28 103

安徽省农村贫困人口及人均可支配收入,见表 4 - 45 所示。

表 4 - 45　安徽省农村贫困人口及人均可支配收入

年份/年	安徽农村贫困人口实际值/万人	灰色模型模拟值/万人	安徽省人均可支配收入/元	灰色模型模拟值/元
2013	440	440	15 154.3	15 154.3
2014	371	390	16 795.5	16 765.3
2015	309	285	18 362.6	18 323.0
2016	127	209	19 998.1	20 025.3
2017	158	153	21 863.3	21 885.8
2018	67	112	23 983.6	23 919.2
2019	8.7	82	26 415	26 141.5
2020	0	60	28 103	28 570.3
2021		44		31 224.7
2022		32		34 125.7

2013—2022 年安徽省农村贫困人口总数与人均可支配收入预测值如图 4 - 55 所示。

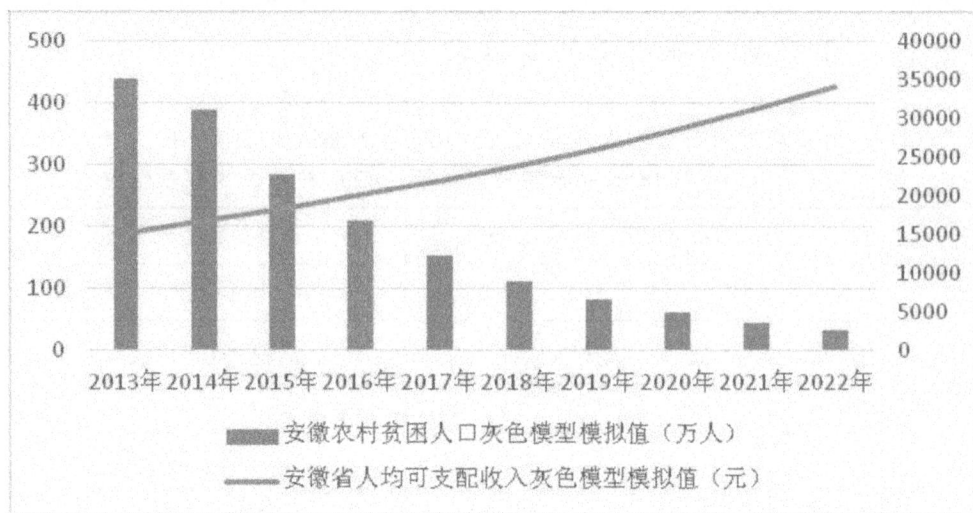

图 4-55 2013—2022 年安徽省农村贫困人口总数与人均可支配收入预测值

4.4.14 湖北省电子商务扶贫状况

2013—2020 年湖北省农村贫困人口总数与人均可支配收入见表 4-46。

表 4-46 2013—2020 年湖北省农村贫困人口总数与人均可支配收入

年份/年	农村贫困人口总数/万人	人均可支配收入/元
2013	323	16 472.5
2014	271	18 283.2
2015	216	20 025.6
2016	176	21 786.6
2017	114	23 757.2
2018	67	25 814.5
2019	5.8	28 319
2020	0	27 881

湖北省农村贫困人口及人均可支配收入见表 4-47。

表 4-47 湖北农村贫困人口及人均可支配收入

年份/年	湖北省农村贫困人口实际值/万人	灰色模型模拟值/万人	湖北省人均可支配收入/元	灰色模型模拟值/元
2013	323	323	16 472.5	16 472.5
2014	271	279	18 283.2	18 326.3
2015	216	208	20 025.6	19 968.1

续 表

年份/年	湖北省农村贫困人口实际值/万人	灰色模型模拟值/万人	湖北省人均可支配收入/元	灰色模型模拟值/元
2016	176	156	21 786.6	21 756.9
2017	114	116	23 757.2	23 706.0
2018	67	87	25 814.5	25 829.6
2019	5.8	65	28 319	28 143.6
2020	0	48	27 881	30 664.8
2021		36		33 411.8
2022		27		36 405.0

2013—2022 年湖北省农村贫困人口总数与人均可支配收入预测值如图 4-56 所示。

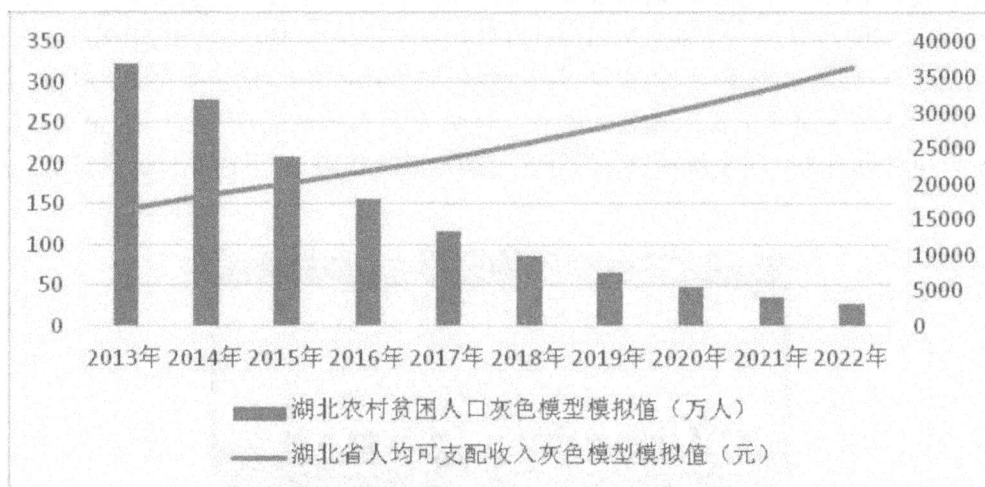

图 4-56　2013 年—2022 年湖北省农村贫困人口总数与人均可支配收入预测值

第5章 中国电子商务与物流企业精准扶贫措施

2017年9月15日至16日,全国农村电商精准扶贫经验交流会在贵阳召开,在经验交流会开始前,汪洋副总理专门接见了中国邮政集团董事长李国华、京东集团董事局主席刘强东、苏宁集团董事长张近东、阿里巴巴集团党委书记邵晓峰、一亩田创始合伙人高海燕等15家企业代表。

电商扶贫是精准扶贫的有效抓手,也是利用新技术新模式助推脱贫攻坚的创新举措。要认真落实党中央、国务院关于电商扶贫的决策部署,坚持精准方略,把握市场导向,创新发展模式,完善利益联结机制,不断提高电商扶贫精准度和实效性,让电商扶贫惠及更多贫困群众。

中国邮政、阿里巴巴集团、京东集团、腾讯集团、苏宁、顺丰集团、一亩田、中国农业银行、中粮集团、唯品会、赶街网、乐村淘、淘实惠、每日优鲜、供销e家共15家企业在会上发布"电商扶贫倡议书",苏宁集团董事长张近东代表电商企业宣读"电商扶贫倡议书",15家企业在倡议书中表态,要争做电商扶贫的参与者、实践者和领跑者,以身作则,携手同心打赢脱贫攻坚战,如图5-1所示。

图5-1 苏宁集团董事长张近东代表15家企业宣读"电商扶贫倡议书"

5.1 阿里巴巴集团电子商务精准扶贫措施

2019年,全国有超过800个淘宝村分布在各省级贫困县;63个淘宝村位于国家级贫困县,国家级贫困县的淘宝村年电商交易额接近20亿元。

阿里巴巴利用平台大数据分析市场供需关系,为贫困地区的产业决策提供专业建议;通过技术手段打造智慧农业,帮助贫困县域优化供应链;整合平台资源,形成电商脱贫资源矩阵,帮助贫困县产品提升销量及品牌影响力;通过"村播计划"、电商创业大讲堂、脱贫攻坚县域示范班、县域数字化转型培训计划等项目,帮助贫困县域培育电商人才,通过脱贫攻坚三大模式,帮助贫困地区打造品牌、提振产业、实现脱贫。

5.1.1　平台模式

整合聚划算、淘宝直播、兴农脱贫、优酷等平台资源,联动大农业、大食品等行业,帮助贫困县域培养更多的优秀商家,不断丰富县域电商生态;优化当地优质农产品的供应链,让更多的原产地"好货好品"具备"供应的能力";推动优质的平台商家对接贫困县域的优势产业,在提升消费者体验的同时,帮助当地产业实现快速发展。

5.1.2　一县一业模式

针对具备优势产业的贫困县域,用"一县两商"的方式,通过技术赋能帮助贫困县域完善供应链体系,提升当地农业产业的科技化、标准化和市场化水平,并通过新零售渠道及营销资源,帮助贫困县域产品对接更广阔的消费市场,形成成熟的地域品牌;探索通过优势产业培育带动县域整体脱贫的方法,树立县域标杆并复制推广,帮助更多的贫困县域实现由"品"到"业"的全面升级。

5.1.3　直播模式

依托淘宝直播探索"直播脱贫"新模式,持续推动平台上的网红主播、明星名人积极参与脱贫攻坚,更联动社会多方力量共同参与,共享助农扶贫盛举;开展农民主播培训,帮助贫困县域培养更多的直播人才,让田间地头都可以成为农民的直播间。

2019 年 7 月 23 日,由浙江省商务厅、发改委、扶贫办和阿里巴巴联合主办,浙江省电子商务促进中心承办的"2019 脱贫攻坚公益直播盛典—电商扶贫浙里行"活动在杭州举行。活动以"同心扶贫"为主题,采用"1+1"的形式,即一场直播盛典＋一场配套直播活动,通过发布电商扶贫案例、县长经验交流、公益明星主播带货等环节,展现浙江电商扶贫成果。3 小时内,超过千万网友同时在线观看贫困县域农产品直播销售,销售额突破 1 600 万元。2019 年,阿里巴巴脱贫基金在浙江、北京、新细、上海、重庆等地举办多场"脱贫攻坚"公益直播盛典并在网络平台及各地卫视播出,以公益的方式集中推介全国各省市贫困县域的优质产品,在提升销售额的同时,助力当地品牌打造。2019 年直播线下定点培训村播学员 4 000 人,覆盖全国 2 000 多个县(市、区),带动农产品上行 60 亿元。

5.1.4　"基地模式"对农业产业进行全链路数字化升级

"基地模式"是阿里巴巴数字农业事业部的助农创新举措,也是"亩产一千美金"助农计划升级后的核心,从聚合消费能力到聚合供应链能力,对农业产业进行全链路数字化升级。"基地模式"打破中国传统的零散乱的小农模式,建立规模化的数字化农业基地;优质农货原产地直供,让消费者吃上更安全、更有品质的食品;数字化加持的供应链,助力农民提升农产品品质,提高流通、销售各环节的效率,最终实现"让消费者吃得好,让农民赚不少"。未来阿里巴巴将建立产、供、销三大平台,在全国落地 1 000 个数字农业基地。2019 年,在哈尔滨召开的第二届中国黑龙江国际大米节暨阿里巴巴双十新米节上,阿里巴巴宣布与黑龙江 8 个大米地标品牌合作,建设标准示范基地,全程数字化品控追溯。让更多优质大米跨越山海关,走上全国民众的餐桌。

5.2 京东集团电子商务精准扶贫措施

京东发挥自身电商优势,积极担当企业社会责任,以"互联网+"创新模式践行国家扶贫战略。京东电商扶贫战略包含了产业扶贫、用工扶贫、创业扶贫和金融扶贫四大策略。

5.2.1 产业扶贫

相对于基金会、希望工程这样的"资助型"扶贫而言,产业扶贫才是治根方法。支持产业发展,让整个地区而不是一家一户脱贫;支持产业发展,让整个地区长期受益而不是一次受益;支持产业发展,甚至还可以形成辐射效应,带动周边地区脱贫。正是因为此,京东一直强调产业扶贫。

京东通过平台上的数据了解不同区域更适合的脱贫产业,再与当地政府、企业和组织等关键角色合作,来扶持对应的产业,最终生产出的商品将在京东平台销售,进而让当地贫困户100%受益。比如在乌苏里江畔扶持黑蜂,当地北纯公司打造的"北大荒"东北黑蜂蜂蜜目前已入驻京东自营平台且取得很好的效果;再比如新疆喀什地区的干果,秦巴地区的魔芋,凉山州的橄榄油,"一颗红心"猕猴桃、"福仁缘"枇杷等 50 多个品牌、扶植 6 000 家当地企业,上线贫困县商品 300 万种,累计实现销售额超过 200 亿元。

京东在开展产业扶贫的同时重视可持续发展。利用电商平台的营销能力,扶植贫困地区龙头企业,打造当地农产品品牌,带动贫困户实现就业和增收,促进县域经济发展,实现脱贫可持续性。

此外,京东还不断探索精准帮扶模式,扶贫到户。针对农村地区贷款难、授信难问题,京东充分发挥互联网金融产品优势,开创了"跑步鸡""游水鸭""飞翔鸽"等海陆空安全品类的互联网+金融+产业扶贫项目,如图 5-2 所示。

5.2.2 用工扶贫

近年来,京东在招聘配送员和仓储人员时,优先录用贫困家庭人员,累计解决 2.5 万人就业,其中多数来自建档立卡的贫困家庭,京东跟员工签订劳动合同,全额缴纳"五险一金",实现一人就业,全家脱贫。

图 5-2　京东产业扶贫项目

5.2.3　金融扶贫

京东为建档立卡贫困户提供无抵押、无担保的低息贷款,成功打造出"濮阳扶贫羊""丰宁扶贫牛"等项目。目前已发放贷款 50 多亿元,帮助 4.2 万贫困人口改善经济状况。

5.2.4　创业扶贫

京东为贫困县基层干部、企业职工和返乡青年,开展近 10 万人次的电商培训,建立 100 多家青年电商孵化中心,带动上千名贫困人员利用电商平台创业。

5.2.5　品牌扶贫

"品牌"是刘强东的扶贫方法论最为强调的关键词。贫困地区靠山吃山有不错的农产品资源,甚至不少都属于有特色的特产,但普遍都存在"小""散""非标"等问题,市场竞争力不足,同时当地农户和农企缺乏品牌意识,产品没品牌就没溢价,也难以打开销路,进而缺乏市场效益。

京东作为中国最大的电商平台之一,一直在成就各种品牌,不只是带来订单,还可以通过各种品牌包装手段成就品牌,正是因为此,京东结合自己的特长,致力于让贫困地区的农产品拥有"品牌",扶贫很重要一点是要帮贫困地区创立品牌、建立产业。只有帮扶的农特产品有了品牌,才有更好的品牌溢价,才能更好帮助当地贫困户脱贫、致富,推动贫困地区经济的可持续发展。

执行层面,京东扶贫团队会深入扶贫地分析产品进行品牌定位,在当地传授品牌知识培训品牌人才,再投入各种线上线下品牌包装资源进行品牌传播,最后通过电商平台资源形成销量,进而成就"扶贫品牌"。

5.2.6　消费扶贫

这个概念同样很新,简单地说,京东希望让社会上每个人都有扶贫的意识——扶贫是一种公益,当你购买扶贫地区的农产品时本身也是参与到扶贫中。要传播这样的概念,就需要企业和社会动用更多宣传资源,目前商务部已经牵头,央视和人民日报社都将投入免费资源来打造扶贫品牌,相信未来会有更多媒体介入到这个环节,最终形成"消费扶贫"的氛围。

2019 年 3 月 26 日上午,京东宣布在海南省试运营的第一个无人机配送站正式启用,并成功实现海南无人机首单配送。而这也是京东为响应国家号召,致力于扶贫项目开发的重要举措。就在今年两会召开期间,京东集团董事长刘强东提交的提案中就包括《关于发挥电商富农作用,打造扶贫"新通路"的提案》。由此可见,京东为进一步带领贫困地区农民实现脱贫致富,采取智力扶贫的方式,结合先进的科学技术,不断加大在扶贫方面的投入力度。

无人机项目助力扶贫,将逐步深入贫困地区。2019 年 3 月 26 日,京东无人机载着货物从海口市长流镇配送点起飞出发,并成功实现了首单配送,这意味着京东物流得到进一步的发展,如图 5-3 所示。通过在海南进行全场景的末端无人机配送试验,将为未来无人机物流标准的建立和更大规模地应用打下基础。此外,京东无人机将结合当地实际需求,在日常订单配送、精准扶贫、军民融合等方面进行尝试与积累。京东在全国建设上万个无人机机场,以实现全国绝大多数县级行政区域和乡村的全面覆盖。

图 5-3　京东无人机项目助力扶贫

京东无人机已在江苏宿迁,陕西西安、韩城,河北保定阜平县等地的 30 多个村庄实现常态化运营。京东还计划此后将逐步深入贫困地区,进一步推进无人机扶贫项目,打造"网购品下行+农产品上行"双向运营模式,来帮助贫困地区的农产品不断向外输出,从而带动一个家庭乃至一个村庄实现脱贫致富。

京东的扶贫战略除了以上策略外,在实际扶贫工作中还摸索出培训→金融→农资→追溯→物流→销售→品牌→招工等八大环节的帮扶体系。扶贫工作的重心放在打通"农产品进城"通道,以农副产品、生鲜冷链物流为突破口,帮助贫困地区的优质农副商品以最快的速度传送到城市百姓的餐桌上,带动贫困地区脱贫、扶贫对象致富。

自 2016 年 1 月与国务院扶贫办签署电商精准扶贫战略合作协议以来,京东在 832 个国家级贫困县发展合作商 6 000 余家,上线贫困地区商品 136 个品类 300 万种,实现销售额 200 亿元,累计帮扶 10 万户建档立卡贫困家庭,超过 20 万贫困群体增收 2 000～3 000 元。在电商精准扶贫领域贡献显著。

据悉,2016—2018 年,京东联合各地教育机构共举办 630 多场培训,为贫困县 13 万余人次开展电商培训,为扶贫品牌建设培养人才,已累计解决 3.6 万名贫困地区人员就业,并为快递岗位提供快递车免息贷款、食宿和岗前培训等服务。2018 年,产业扶贫、品牌扶贫和消费扶贫成为京东扶贫模式的三要素,如今京东已是国内扶贫第一品牌。

5.3　苏宁电子商务精准扶贫措施

当前,精准扶贫、精准脱贫已经进入攻坚阶段。越来越多的社会企业参与精准扶贫事业,涌现出了不少创新型的扶贫模式,从"输血"式扶贫向"造血"式扶贫转变。

当前,电商扶贫已经成为精准扶贫的成功模式之一。作为全国最大的智慧零售企业,苏宁与国务院扶贫办签订"电商扶贫战略合作框架协议"以来,已经布局 2 000 多家农村苏宁易购直营店、400 多家线上中华特色馆,带动回乡创业就业青年超过 1 万人,为 1 500 多万农民提供了高效优质的服务,全渠道实现农产品销售超 60 亿元。

作为第一个和国务院扶贫办签订全国农村电商扶贫战略合作框架协议的民营企业,近年来苏宁结合线上线下融合发展的智慧零售模式优势,探索出了一条"农户+企业+基地+电商"的 O2O 双线"造血式"扶贫路径。

苏宁精准扶贫模式为"六位一体":通过整合零售、物流、金融、科技、置业、文创、体育、投资八大产业之力,以"聚焦乡村振兴,聚力精准扶贫"为目标,以国家级贫困县为扶贫主体,依托线下苏宁易购直营店、村级加盟服务站、农村电商学院,线上中华特色馆、大聚惠、苏宁物流云等载体,打造了"六位一体"的电商扶贫模式。通过产业扶贫、就业扶贫、捐资扶贫、教育扶贫融合,实现输血造血结合、线上线下联动,推动农业产业化、产品品牌化、人才专业化,实现"投资在当地、纳税在当地、就业在当地、服务在当地、造福在当地"。

5.3.1　助销扶贫

2018 年,苏宁在业内率先将每月 7 日定为"扶贫日",以苏宁易购中华特色馆为核心平台,联动八大产业资源发起各项活动助农扶贫。2018 年上半年,中华特色馆新入驻贫困县县馆 27 个。苏宁易购直营店在贫困县新增 48 家,截至 6 月 30 日,苏宁易购直营店在全国县镇达到 2 392 家。与此同时,苏宁自主打造的电商扶贫综艺真人秀《寻味中国》上半年累计制作播出 18 期,扶贫足迹覆盖 13 个省、18 个市县,观看人次超 1 000 万,极大地推动了贵州罗甸美猴橙、威宁麦芽糖、安徽砀山黄桃、四川蒲江丑柑等众多贫困地区的农特产品通过中华特色馆走向全国消费市场。

截至 2018 年上半年,通过苏宁易购中华特色馆、大聚惠、拼购等线上渠道,以及苏宁易购直营店、苏宁小店、苏鲜生精品超市等线下业态,全渠道累计助销农产品超 10 亿元。

5.3.2　电商扶贫

宣恩县是一个地处武陵山腹地的国家级贫困县,当地经常出现大量雪莲果滞销情况。当地沙道沟镇的几个村子共计种植雪莲果 100 多亩(1 亩＝666.67 平方米),每亩产出 3 000 斤(1 斤＝500 克)左右,堆积的雪莲果一度达到 30 万斤。因交通不便、信息闭塞,无计可施的村民们一度拿来作饲料。苏宁获悉后,火速联系宣恩县人民政府和扶贫办,在最短的时间内通过苏宁易购乐拼购、大聚惠线上促销、苏宁众筹爱心认购等多种手段助力解决滞销问题,累计帮助当地售出雪莲果超 12 万斤,销售额逾 25 万元。而这些销售款中除少部分用于售后退款外,其余全部通过宣恩县扶贫办在春节前返还给当地村民。

2018 年,苏宁在全国首创、并在国家级贫困县落地推广 O2O 造血扶贫新模式"电商扶贫实训店"。苏宁将以这些实训店为基点,实施全方位就业扶贫、培训扶贫、业务扶贫和捐赠扶贫,真正为贫困户全面兜底,实实在在帮助贫困农户脱贫、认认真真培养农村电商致富带头人,扎扎实实推动贫困县县域经济的提档升级。

实训店扶贫模式在线下以苏宁易购电商扶贫实训店为主体,推动"工业品下行",同时针对建档立卡贫困户提供就业岗位,进行电商经营相关技能培训;在线上通过苏宁易购中华特色馆助销地方农特产品,为贫困县打通"农产品上行"通路。此外,实训店盈利的 70% 将捐献给当地用于扶贫事业。通过以上方式,最终实现产业扶贫、教育扶贫、就业扶贫、捐赠扶贫为一体,帮助贫困户增收脱贫。

截至 2018 年 9 月底,苏宁易购扶贫实训店已经落地近百个贫困县,北至黑龙江、南至海南,覆盖省份超 20 个,直接带动贫困县脱贫人数近 6 000 人;联合苏宁农村电商学院开展农村电商培训场次超 1.5 万场,培训人次超 20 万人。未来,苏宁易购电商扶贫实训店将继续在全国更多的贫困县加速落地。

电商扶贫实训店模式是苏宁在国内首创的精准脱贫模式,电商扶贫实训店在河北国家级贫困县沽源县正式开业,当天通过线上特色馆,仅土豆一项就售出 30t,实现销售额 20 余万元。

电商扶贫实训店模式通过属地化公司注册、目标建档立卡、贫困人员定向就业实训、线上线下营销技能培养、服务业务承接等方式,实现就业扶贫、培训扶贫在当地落地。同时,以前店后厂的方式,推动农产品上行和工业品下行,进一步激活农村电商潜力。

5.3.3　教育扶贫

在教育扶贫方面,2018 年上半年,集多媒体视频教学、小型图书馆、移动阅览室、流动电影院等多项功能于一体的"梦想大篷车苏宁号"开展"素养教育边疆行",先后开进黑龙江、内蒙古、新疆三省(自治区)六地,行程超 5 000 公里,为信息欠发达地区的孩子们带来 3D 打印、VR 体验、轻摄影等众多现代化、互联网化和多元化的科技体验。

项目直接受益孩童超 5 000 人,覆盖学生超 45 000 人。而下半年,"梦想大篷车·苏宁号"将继续向云南、福建、江苏等省进发,持续在更多地区推动素质教育均等化。

此外,2018(第三届)苏宁·爱德"足球 1＋1"公益联赛上半年也在安徽、江苏和青海三地同步启动,持续推动乡村青少年足球教育。

5.3.4　精准扶贫

在捐资扶贫方面,2018 年上半年,苏宁投资 3 亿元专项基金用于扶贫实训店建设,实训店盈利的 70% 将再次用于扶贫捐赠。此外,苏宁先后向江苏民营企业决胜全面小康社会精准扶贫基金、南京市光彩事业精准扶贫基金会各捐资 5 000 万元及 1 亿元用于扶贫基金。

此外,为扶持贫困地区的农产品产业化发展,苏宁先后向中国扶贫基金会捐资 500 万元、108 万元,分别用于扶持国家级贫困县山西隰县玉露香梨、陕西山阳县洪河寺村木耳产业发展。

基于智慧零售,苏宁已经构建起了"互联网＋精准扶贫"的新体系,并实现了规模化、产业化、可持续发展,形成了一套行之有效的电商精准扶贫"企业样本"。

2018 年 6 月 15 日苏宁易购在安徽的首家电商扶贫实训店成功落地宿州市砀山县,这是苏宁继河北、贵州、湖北、山西、甘肃等省份,依托自身 O2O 优势,构建精准扶贫长效机制在安徽又一次积极的尝试和探索。

苏宁易购电商扶贫实训店是苏宁易购在全国首创的精准扶贫模式,该模式通过属地化公司注册、目标贫困户建档立卡、贫困人员定向就业实训、线上线下营销技能培养、服务业务承接等方式,实现就业扶贫、培训扶贫在当地的落地,帮助贫困户脱贫致富。同时,以"前店后厂"的方式,通过线上中华特色馆和线下实训店推动"农产品上行"和"工业品下行",最大化挖掘和激活农村电商的潜力,振兴乡村经济。在砀山县委、县政府的指导关怀和全力支持下,苏宁易购协同安徽龙润堂生物科技有限公司,通过政企合作,将电商扶贫实训店这一新型模式引入砀山,助力砀山的精准脱贫。

苏宁易购深入了解当地老百姓的需求,在开业前对砀山县进行了深入的市场调研,并根据当地情况进行了符合当地生活习惯的消费模式调整。支撑砀山县零售业态的全面升级,苏宁易购电商扶贫实训店结合砀山当地特色,通过线上中华特色馆——砀山扶贫馆把纯天然、无污染的优质农产品推向全国消费市场,解决农特产品"出货难"的问题,并结合苏宁"任性付"等金融工具,在掌握家电需求基础上,由店员先行下单购买,货到后送货上门再收费,让当地百姓也可享受到网购平台上的"货到付款",如图 5-4 所示。

图 5-4　苏宁电商扶贫支撑砀山县零售业

同时,苏宁易购还积极对接县内贫困驿站,针对以建档立卡贫困户为核心的农村群体开展电子商务实用性培训,开放苏宁线上云平台、线下云店资源,提供讲师培训当地贫困人员,教他们学会经营,教他们使用宣传、物流、金融等各类经营工具,培育更多农村电商实用人才,帮助其掌握电商经营技能,建立产业化和品牌化的经营意识,彻底改变传统扶贫思路,由之前的"输血扶贫"转为"造血扶贫",帮助地方贫困户实现自主脱贫。

关于在砀山县扶贫工作的后期长效规划,苏宁将继续发挥业务专长,开设县级扶贫实训店,有条件的乡镇开分店,通过实际运营,助力一部分贫困人群以劳动所得脱贫、公司盈利分红脱贫。用两年时间实现电商运营人员在各村的全面覆盖,并借助苏宁线上线下平台,以及乡镇一级的零售商业网点实现 O2O 运营。与此同时,充分利用苏宁在互联网转型中的各产业优势,依托苏宁"物流云""数据云""金融云",支撑砀山县各产品零售业态的全面升级。

2018 年,苏宁把电商扶贫实训店模式在全国 100 个贫困县落地,实现规模化落地、效益化发展,真正让智慧零售扎根贫困地区,将更多的资金和资源投入到贫困县基础设施建设中来,从基础上提高贫困县的经济发展能力,帮助更多的贫困地区、贫困人群借助苏宁的智慧零售平台,通过电子商务实现精准脱贫。

5.4　腾讯精准扶贫措施

5.4.1　数字化助力精准扶贫

伴随移动互联网的普及和社交网络的崛起,以"连接"为核心的腾讯式扶贫模式逐步成型,为打赢脱贫攻坚战做好"数字化助手":①以 99 公益日为代表,腾讯通过搭设平台、打造工具和注入资源,连接各方共建互联网慈善扶贫生态;②以腾讯为村和微信支付为代表,推动数字化产品和服务下沉到基层乡村,激发内生发展动力。进入"后脱贫时代"腾讯将为乡村振兴提供更加全面的数字化助力;①腾讯将消费和产业互联网建设中的成熟经验应用于乡村,提升乡村教育和医疗服务,助力乡村发展文旅、农村电商等产业经济;②腾讯探索将 AI、大数据和区块链等前沿科技应用于乡村治理等场景,助力开创乡村振兴创新模式,如图 5-5 所示。

图 5-5　腾讯精准扶贫的四个阶段

5.4.2　激发乡村的内生发展动力

按照党和国家的部署,打赢脱贫攻坚战只是乡村振兴的第一步。经过多年的探索和实践,腾讯认识到,实现农村长效脱贫和持续发展,不能仅靠"输血",而是要从根本上释放乡村的内生动力,提升"造血"能力。基于这一洞察,"筑梦新乡村"升级为"腾讯为村",将其定义为一个乡村治理的数字化平台,通过搭建平台,为村庄提供各类互联网技术和产品,解决基层党建、村务管理、村民增收、文化建设等各种乡村治理中的难题。

截止到 2020 年 2 月 29 日,全国共有 29 个县、215 个市、845 个区县、2 395 个乡镇中的 15 176 个村庄或社区加入腾讯为村平台,认证村民超过 251 万人。腾讯为村是目前普遍认为覆盖性最好的乡村数字治理平台,如图 5-6 所示。

图 5-6　"腾讯为村"扶贫项目平台

(1)打造氛围,大事小事全村一起议。重构数字化村庄场景,有效凝聚乡村人心。空心村里"不在场"的青壮劳动力可以在为村平台上发表所见所闻所感,随时与家人乡亲们交流生活;村两委干部和村民的发言互动,也能更方便高效地把村里的事变成所有村民的事。

(2)打造名片,小乡村走向大世界。有效展示村庄个性风貌,增强城乡融合机会。"为村"平台独特的"游客"访问功能,使村庄的社会特征得以展现在亿万网友面前,让村庄有了自己的故事和个性,农产品也被赋予地域符号价值。

(3)打造平台,人才回来留得住。吸引城市人才返乡创业,夯实农村发展根基。为村管理员是"为村"平台吸引人才从城市回流农村的缩影。湖南省凤凰县大坡村加入"为村"后,村支书不熟悉互联网,向在长沙工作的女儿求助,让她担任为村管理员。2019 年 3 月,其女儿回县考取公务员,正式回乡驻村工作。

截止到 2020 年初,腾讯公益平台累计支持 1 万多家慈善机构,为超过 7 万个募捐项目筹款;超过 3 亿人次用户通过平台捐赠,总额超过 76 亿元。据统计,这些捐赠有约 92% 为扶贫类公益项目接收,涵盖产业扶贫、健康扶贫、教育扶贫、生态扶贫和文化扶贫各个领域,如图 5-7 所示。

5.4.3　以"连接"全面助力乡村发展

2019 年,微信支付在乡村地区进一步普及,帮助农民更高效、更便捷、更准确地连接城市消费者,为农村数字电商打下数字化基础。进而,腾讯新闻、微信、微视、腾讯直播等社交和内容平台,帮助村民提高"带货"能力。

图 5-7　腾讯 99 公益日精准扶贫募捐平台

2019 年,腾讯微视联合全国近百个区县,以"区县领导推荐家乡特产"等形式,将三农产品通过"短视频＋直播"进行生动展示和推广,为农民增加新的收入渠道,带动农村地区特色农业发展。2020 年春节前,腾讯微视上线"县长带货大 pk 挑战赛",共计发布近 200 条县长"带货"视频,播放量超过 1 300 万次。

5.5　唯品会电子商务精准扶贫措施

截至 2019 年底,唯品会公益助学计划累计投入超过 6 600 万元,覆盖 27 个省(自治区、直辖市)。"唯爱工坊"在全国 6 个省(自治区)捐献 11 家"唯爱＋妈妈制造非遗手工艺合作社",精准对接 18 个国家级贫困县,联合 20 多个品牌和众多设计师,为蜡染、苗绣等 35 种非遗技术打造 250 多款时尚产品。唯爱工坊累计为超过 5 000 位贫困手艺人带去超过 1 000 万元劳动报酬。

唯品会积极响应国家号召,充分发挥电商优势资源,通过互联网的先导力量和驱动作用,深入开展精准扶贫工作。从"精准扶贫和核心目标是帮助贫困群众获得可持续发展的能力,真正实现从社会扶贫到自助脱贫的目标"这一理念出发,唯品会探索出了以可持续赋能为核心、电商扶贫与教育扶贫双管齐下,实现品质消费与精准扶贫兼得的创新电商扶贫目标,如图5-8所示。

图 5-8　唯品会精准扶贫模式

在电商扶贫方面,唯品会发挥时尚电商属性,打造具有唯品会特色、具有可持续发展潜力的精准扶贫项目,通过想"消费"即公益的双赢公益实践,让更多公众参与到扶贫攻坚中来;"唯爱助农"链接高品质农产品,帮助搭建农产品销售平台,打通前端生产和终端销售,缩短贫困地区农产品与消费者的距离,通过甄选与品质等流程的支持孵化品质农产,促进农产品销售。"唯爱助农"的推出,为贫困人口高效地带来收入,通过促进贫困地区产业可持续发展助力精准扶贫,如图 5-9 所示。

图 5-9　唯品会"唯爱助农"助力电商扶贫

在教育扶贫方面,唯品会以教育赋能为导向,推出唯品会公益助学计划:①通过资助硬件建设的方式,为贫困地区学子接受学校教育提供保障;②通过对贫困学子的经济资助,精准地实现教育扶贫。2019 年,唯品会持续支持青少年综合发展,通过"助公平、提质量、促发展"三个步骤,为贫困学子构建课内教育、素质提升和未来发展三位一体的综合赋能体系,提供基础教育资金及物资支持、配套优质的素质教育服务,如图 5-10 所示。

图 5-10　唯品会公益助学助力教育扶贫

最终唯品会电商扶贫形成了品质农产和非遗传承活化两个特色板块,在为受助对象带去经济收入的同时,激发扶贫内生动力,为贫困群众搭建可持续发展的舞台。

以"唯爱＋妈妈制造"系列的产品为例,贫困手艺人从中获得的劳动报酬约占售价的30%～60%,这些非遗商品的销售所得将帮助有传统手工技艺的贫困阿妈们获得有尊严且持续的收入,同时带动外出女工返乡,有效改善留守儿童和空巢老人等社会问题,从而构建"造血式扶贫"的长效机制,如图5－11所示。

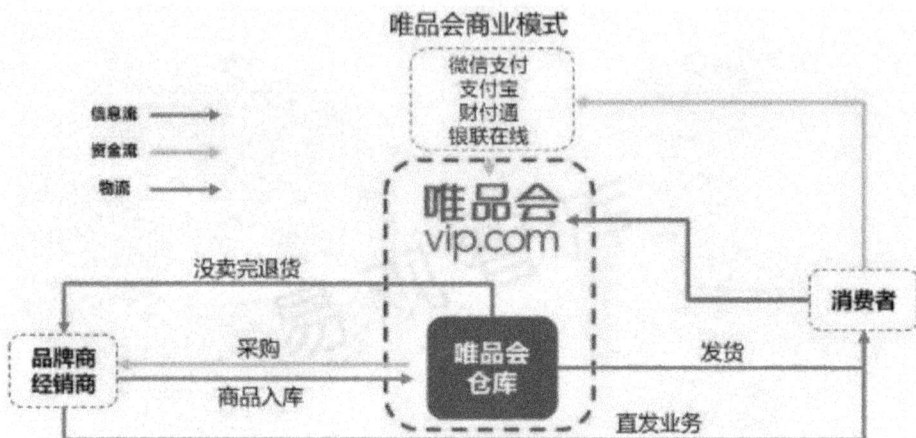

图 5－11　唯品会精准扶贫流程

唯品会将"非遗"和"电商精准扶贫"相结合,既满足了消费者的需求,又能够让贫困地区人民受益,开创性地让非遗现代生活化、时尚商品化、产业可持续化。非遗扶贫要通过八方合作,即政府主导推动,电商平台企业、公益组织、贫困户、设计师、消费者、媒体等参与,让贫困者可以真正地脱贫,消费者生活升级,推动非遗扶贫新经济发展,如图5－12所示。

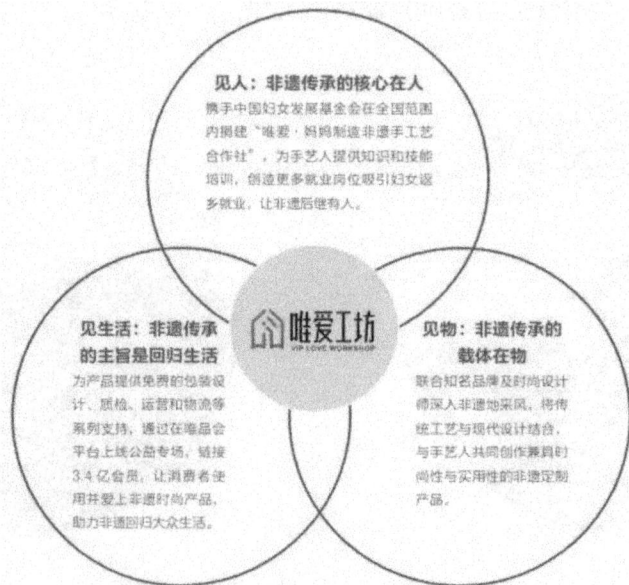

图 5－12　"唯爱工坊"打造非遗经济

5.6　顺丰精准扶贫措施

顺丰的精准扶贫措施旨在解决政府、商家、消费者关注点,探索建立农特产品全产业链"育产销运管"标准化体系,帮助农牧民增收致富,助推精准扶贫,对甘肃省产业扶贫具有积极的推动作用和很好的示范效应。顺风签订了《推动农村快递物流加快发展的框架协议》,重点在打造县乡村三级快递物流配送体系、加强特色农产品销售合作、培育特色农产品网货品牌等方面取得突破。

顺丰坚持把好的农产品运出去,更把好的农产品品牌"运"出去的助农思路,针对农产品在物流运输中的难点,利用自身的航空、冷运的网络覆盖优势、先进包装技术及快速配送能力,帮助农户扩大销售及物流网络,把深处山区的农产品保质、保鲜地送达消费者手中。2020 年,顺丰继续深耕农特产品运输市场,针对农产品上下行的服务网络覆盖全国 2 834 个县区级城市,共计服务 4 000 余个生鲜品种。为了更好地帮助农户复工复产,尽快从新冠疫情的影响中恢复,顺丰积极响应地方政府助农扶农政策,适时制定了助农扶农专项资金补贴机制,投入 3 000万元专项资金,助力全国 584 个国家级贫困县及 240 多个省级贫困县农产品上行,补贴 1157家商户,累计发件 3 644 万票,为当地农户创收约 11.56 亿。

针对地处偏远地区或交通不便地区的客户,顺丰利用物流无人机为其提供快速、便捷的高品质物流服务。服务也可在城市内部、城市间开展特殊物品的运送服务。2020 年 12 月,顺丰获批深圳市内及大湾区多条无人机飞行航线,成为首个无人机在城市开展常态化商业运营的公司。

山西顺丰速运特将玉露香梨锁定为 2017 年重点项目进行立项,成立专项项目组,与隰县政府进行深度合作。该项目已投入支干线车辆 28 台,收件车辆 30 台,打印机、巴枪等设备300 台,增设营业点部 1 个,中转场 1 个,并投入人员车辆等,设立乡村揽收点,方便农户发件,同时提供整车发运服务,冷藏车发运服务。并开通隰县玉露香梨专运干线,包括华南、华北、华中、华东、华西、东南 6 条专运干线,极大提高了玉露香梨产品的运输效率,为玉露香梨销售提供保障。(玉露香梨是山西省农科院果树研究所以库尔勒香梨为母本、雪花梨为父本杂交育成的优质中熟梨新品种,玉露香梨以汁多、酥脆、含糖高、无公害等特点。隰县种植梨树已有2 500 年历史,明清时期,隰县金梨已是皇家贡品。)

在开展业务的同时,针对不同产品的合作社及农户进行电商培训、包装运输方案输出、销售平台支持等多项服务,包含储存、包装、运输、销售等各个环节,帮助隰县打造玉露香梨产业的同时,扶持其他产业同时发展,形成以玉露香梨为中心的农业电商产业集群。

5.7　淘实惠精准扶贫措施

淘实惠作为新型农村电商平台,一直致力于农村精准扶贫的研究与落地,并且在江西省落地开花。国家级贫困县赣州市会昌县由于自然条件等原因,经济发展相对缓慢,贫困人口众多。作为一个有社会责任感的企业,淘实惠肩负起了会昌县精准扶贫的重任,针对当地经济环境特别制定出电商扶贫方案。

淘实惠参照全国其它地方电商扶贫试点的成功经验与做法,结合贫困家庭自身条件建立"一户一策"的帮扶机制,还通过培训村干部、大学生村官、致富带头人等方式,帮助贫困农户对接电商平台。淘实惠通过互联网电商打开当地商户销售渠道,例如帮助当地农户销售更多农产品,帮助当地商家销售更多工业品等,促进交易额提升,实现增收。

淘实惠计划在 2016 年 10 月底之前,在会昌县 88 个贫困村建设 200 个电商村级扶贫点和精准扶贫点。

淘实惠是一家基于"县域自生态"理念的农村电商服务平台,通过"互联网+"的方式,为广大县域和农村地区,提供平台开发与运营、小店电商化改造、县域及全国 B2B 供应链、县域及全国 B2C 网购、县村物流网络、农产品上行等一站式的农村电商配套服务。

缩短商品流通环节——通过互联网的"去中间化"减少本地商品流通环节,降低成本,节约商品利润,同时帮助本地消费者降低购买成本。以存量撬动商贸流通——存量市场,是指县域内已经存在且饱和的商贸交易量。淘实惠利用互联网工具把线下存量交易数据搬到线上,利用对存量数据的分析,以更优惠的价格采购存量商品,从而帮助农村小店降低成本,提高收益,增加收入。

淘实惠将县域传统企业的信息整合到平台,所有村级服务站的电子货架终端都能共享信息,农民通过客户端就可以搜索县城所有商家信息、产品和服务,直接可通过客户端下单购买。淘实惠的"本地精选"页面,提供一个虚拟的场景,把县城的衣食住行、金融、服务业等信息汇聚到客户端,农民在村里就能享受到便捷的服务,这将为县域商家提供新的消费流量入口,让其产品和服务从线下走到线上,从而帮助当地传统企业"触网"转型,提高竞争力。

淘实惠不是单纯地把城里的货卖到农村,赚农村居民的钱,挤压当地商贸企业的生存空间。通过搭建线上和线下融合的电商信息与交易平台,先把当地线下已经存在已久的商贸流通体系,引导到线上进行交易,这是为了得到过去所没有的商贸流通大数据。有了这些数据,淘实惠就可以通过数据分析,发现存量的商贸体系中,哪些环节是效率很低、损耗成本、存在痛点的。针对这些环节,淘实惠会提供一系列的互联网工具、运营策略、县村物流服务、其他配套服务来帮助当地的小店和传统商贸企业提升商贸流通的效率,向存量要效益。

淘实惠在每个县域落地的时候,均是与当地的合伙人进行合作,经营的主体是在当地注册。当地的淘实惠就是一个小型的农村电商服务平台,因此,当地线上和线下交易所产生的市场机会、大数据、交易额、税收都会留在本地,也能为当地培育电商人才,带动当地就业和创业。

淘实惠致力于打通县村物流,通过各县域运营中心整合当地运力,利用网络工具和共享思维,在各县域搭建第三方县村仓配物流体系,实现干线物流+县城分拨+农村服务站的全国货品流转系统。淘实惠通过搭建县村两级服务网络,突破物流、信息流、支付流、电商人才的瓶颈,提高"工业品下乡"和"农产品进城"的双向流通效率,助力当地传统商贸企业实现互联网转型。

淘实惠在各县级体验店和服务站安装了智能化的虚拟货架电子屏,农民通过屏幕即可浏览商品信息及下单,并可在店内用现金支付方式直接购买,操作简便易懂、符合农民的消费习惯,从而解决农民"买难"的问题。

淘实惠通过帮助当地农民打造农产品品牌,助力农产品的"上行"。例如,淘实惠平台上的"全国特色馆"、"地方特色馆",为每个县域开设用于展销当地农产品的专区,利用网络终端和遍布县村的线下服务站,把农村当地的特色农副产品、工业品、旅游产品直接上架到全国的淘实惠虚拟货架及网络终端,从而帮助农村当地把特色产品"上行"到全国。

据悉,全国各个县域之间,又可通过淘实惠这个大平台进行交叉交易、资源互补、抱团共进,从而形成全国大生态圈。淘实惠实现了城市与农村、工业县和农业县、沿海和内陆的产品交叉共享交易,从而解决农产品"卖难"的问题。

此外,淘实惠还解决了部分就业难题。淘实惠通过实施电商等技能培训,使贫困户至少掌握一技之长实现创业就业目标;使身体残疾的贫困人群,能通过创建村级服务站等电商方式,实现创收,进而成功脱贫。

5.8　一亩田精准扶贫措施

一亩田 APP 以人工智能、算法、大数据等先进互联网科技为基础,搭建全国最大的农产品 B2B 线上交易平台,为农产品买卖双方提供产销精准匹配,线上电商交易等平台服务。平台供应商主要有农村合作社、经纪人、种植大户、家庭农场等,采购商有农产品批发商,加工企业、超市、餐饮连锁企业、B2C 卖家、出口贸易企业等。目前平台用户数量超过 3 000 万人,其中 2 000 万个采购商用户。通过算法和数据实现精准匹配,每天有多达 30 万对有效交易撮合。

借助一亩田 APP 海量采购商资源和首页流量,为贫困地区提供个性化智能信息推送服务以及精准专业化咨询服务,采购商可以在扶贫专区直接与供应商沟通,并完成农产品支付、评价等一系列流程。

一亩田还计划联合部分贫困地区地方政府在一亩田平台举办若干期以某个贫困县(乡、村)为对象的"采购扶贫日"活动,采取流量支持等方式,为贫困地区农产品提供更多展示和交易机会。同时,组织以"采购扶贫产地行"为主题的线下产销对接活动,在当地政府支持下,动员采购商赴贫困地区考察采购,并开展电商培训。

一亩田以解决"滞销"问题为切入口,在内部发起设立"盯销"公益行动,对滞销事件尤其是贫困地区的农产品滞销事件进行查实和响应,曾参与解决农产品滞销事件近 70 起,成为电商平台中通过精准扶贫增加农民收入的典型代表。如今年 4 月,一亩田对宜昌当阳市群益村莴笋滞销问题施以援手,仅用 3 天时间,基本解决了 700 万斤莴笋滞销问题。一亩田将从提升贫困地区种植户互联网意识和能力入手,继续开展系列电商应用技能培训,教会农民借助互联网平台做一个"聪明的农民",让电商扶贫成为精准扶贫的"新利器"。

一亩田在帮助贫困地区解决农产品卖难问题的同时,还希望帮助贫困地区树立农产品品牌,不仅让农产品"卖的了",还能"卖得好"。高海燕认为,贫困县往往是农业大县,相当一部分拥有很好的生态资源和特色农产品资源。在传统的农产品流通体系里,贫困地区可能是价值洼地,但在电商带动下,互联网带来的信息对称和价值能见度效应将有望让贫困地区农产品进入一个更为公平的贸易环境,更容易实现特色优势和"产地品牌"溢价。

豆牛是一亩田平台下的农产品代销平台,覆盖全国 50 多个大型一级批发市场,合作 3 000 多个市场实力档口,累计服务货主 10 万+,合作产地 1 200 多个,现可帮助农户销售农产品约 600 万吨/年。2020 年,依托一亩田产业互联网平台优势,以全国 2 800 个县的产地货源覆盖 54 个一二级批发市场的渠道布局,通过城市中转仓,豆牛开始为销地用户提供品质稳定、原产地直达的生鲜供应链服务。目前已经在 30 多个一二线城市建立供应链体系。

5.9　每日优鲜精准扶贫措施

每日优鲜服务用户超过 3 000 万个,拥有包含每日优鲜、便利购、每日一淘、三生资本生态基金等在内的完整生态系列,形成了内部闭环,企业的实现快速造血。

2016 年开始,每日优鲜响应国家关于精准农业扶贫的号召,开始积极尝试,发起爱心助农众筹活动,解决了陕西礼泉县近 10 万吨苹果滞销的难题。在线上,每日优鲜开设了统一的"扶贫频道专区",活跃用户达到百余万,涉及的农产品达百余款,为贫困地区的农产品开辟了新的销售渠道。与此同时,通过对客户的洞察和对生鲜消费市场的大数据分析,每日优鲜反向指导贫困地区上游精准化生产,设立品牌孵化基金,推动贫困地区实现农产品生产规模化、标准化、品牌化,让农民增产又增收。

每日优鲜旗下每日一淘首创了"四个一"扶贫模式,即"打造一款特色商品,培训一支电商团队,帮扶一家龙头企业,受益一批贫困家庭。"作为一家拥有社会责任感的公司,每日优鲜希望通过这一模式缩短农产品流通链条,让种植户在辛苦劳作时不再有担心产品不好卖的后顾之忧。

国家级贫困县江西安远便是每日一淘"四个一"产业扶贫的直接受益者。据悉,过去的安远县以脐橙为主要经济作物,然而由于黄龙病泛滥,再加上传统的"收购商—中间商—平台商—消费者"运作方式,使得安远县主要农作物收成低,想要实现标准化、品牌化、创造更高的附加值难上加难。

每日优鲜在进行平台大数据分析后发现,市场目前对红薯类营养粗粮需求增加,恰好安远当地的土壤适合种植红薯,而红薯又具有种植期短、种植难度低的优势,于是推动种植户种植红薯,并在红薯丰收后,利用平台和渠道为种植的农产品找到销路,让安远红薯成为了消费者餐桌上的"爆品",使得供给侧和需求侧达成共赢。

5.10　赶街网精准扶贫措施

赶街推出的电商精准扶贫新模式"三体模式"。由政府牵头,平台组织,网商结对贫困户,实现精准扶贫——这就是赶街尝试创建的"政府＋赶街＋网商"的精准扶贫"三体模式"。这一模式对于中小农户对接互联网大市场具有重要意义。2 月 4 日,中共中央国务院发布 2018 年一号文件——《中共中央国务院关于实施乡村振兴战略的意见》,文件中重点指出要大力推进中小型农户的发展,提高农民收入。赶街这一新模式,无疑是对今年中央一号文件的很好呼应。

作为中小型农户,有着先天上的"短板",缺乏一个有效、稳定的销售途径。一边是拥有更多财富的城市人买不到优质原生态的食材;一边是能生产最好食材的环境与文化正在逐步消失,不被重视。如何让这些美丽乡村,让原本农民、小户、个性化农产品更好的连接城市,连接城市的中高端消费者。这是赶街一直努力的方向。

赶街已开启助推巴中市精准扶贫工作的新篇章。赶街与巴中联手启动"农村电商人才工程",建立了"巴中农村电商学院",由赶街提供师资和课件支持,每年为巴中提供上千人次的电商培训。在农产品上行方面,赶街优选了巴中市各区县适合互联网销售的银耳、茶叶、川明参、青花椒等优质农产品,进行梳理、策划、营销,开展广泛的资源对接,提升巴中特色农产品区域公共品牌影响力。此外,赶街面向中小农户的精准扶贫模式——赶街村货 O2O 生鲜产品体验店,也将于近日开业,赶街为其植入村货产品追溯体系和"线上+线下"的新零售销售体系,帮助本地中小农户直接对接城市消费者,实现增收致富。

2018 年以来,赶街积极响应国家"东西部协作扶贫"号召,与巴中市通江县战略合作,走出一条东西部扶贫协作新路子。合作一年多以来,双方探索出了"电商搭台、政府倡导、市场运作、农户增收、贫困户脱贫"新路子,创造了"通江电商扶贫模式"。2018 年,在以电商为带动的产业协作带动下,通江全县贫困户降至 6 669 户,21 048 人,贫困发生率降至 3.46%,成功打造了包括"青峪土猪肉""通江空山土豆""通江铁佛镇洋姜"等知名区域农产品品牌。

5.11　乐淘村精准扶贫措施

乐村淘从成立之初,就秉承全心全意为农民服务的理念,建立了六位一体战略,将走进农村和走出农村同时作为业务运营的并列重点,线上的三个业务子平台包括乐 6 集、乐县域、特色馆。相对于全国农村电商行列的其他平台,乐村淘的商业模式突出了两个重点:

(1)创造性地以乐 6 集的方式采取集中预售、集中下单、集中配送,让农民在网上赶大集,解决了农村电商物流成本高的瓶颈。

(2)在特色馆农产品上行业务聚焦一县一品,一品多区域联动,将县域农产品突破南北东西的地域性需求和春夏秋冬的季节性需求进行规模化的供给侧结构整合,实现了农产品上行的网贷化和规模化,采用独特的双向 O2O 模式,将走进农村与走出农村相结合,让广大农民消费群体享受更多的互联网+时代红利。

乐淘村帮助贫困地区销售土豆,从 2015 年开始,依托线上"乐村淘特色馆",开启土豆网销序幕。通过线上线下联合,将静乐、岚县、和顺、娄烦、右玉五个国定贫困县的土豆销到全国各地,累计销量达到上千万公斤,打响了山西土豆品牌。

"互联网+农产品"一直都是乐村淘重要运营模式之一,从 2015 年 9 月乐村淘特色馆上线至今,优先销售贫困县农特产品,销量显著。如临县红枣、武乡小米、中阳核桃、繁峙大杏、原平香瓜、山东地瓜等上百种农产品,通过乐村淘走向全国,解决了农产品滞销难题,促进农民尤其是贫困农民增产增收,趟出了一条电商扶贫的新路。

5.12　美菜网精准扶贫措施

美菜网扶贫运作模式是借助互联网的力量,将农村千家万户的农产品与城市千万中小餐厅连在一起,通过建设一条自建仓储、物流、配送、创新升级农产品的供应链,一端链接田间地头,一端链接市场和城市消费,实现农户和餐厅的直接交付。极大地减少了农产品到餐桌的中间环节,既为餐厅节省了人力物力,降低了采购成本,又方便了千万农户,解决了困扰他们多年的农产品卖难和价格低廉两大难题。

早在美菜网成立之初就响应国家打赢脱贫攻坚战的号召。他们通过农产品上行,以产业化的模式,解决农民卖菜难的问题,如与农民建立稳定合作,不断积累形成量大且稳定的农产品规模,在保证好货源的同时,产生价格优势,借此来打通流通环节。且"以销定产"在量和质上都从市场需求出发,倒逼生产端的升级转型,从而打破了传统的农业模式。

通过自建仓储、物流体系,解决农产品流通高损耗、低效能的问题,对农民来说,这样的方式不仅减少了压货的风险,降低了损失,并且可以优化部分种植户、养殖户、食品加工企业的产品销路,从而提高农民的收入,也帮助当地农村实现脱贫致富。

同时,美菜网创立了信息化平台,解决农商之间的信息不对称的问题。以 2017 年启动的"美菜 SOS 精准扶贫全国采购计划"为例,即美菜网为推动精准扶贫计划的有力行动。具体来讲,"美菜 SOS 计划"就是当美菜网扶贫应急小组接到助销信息时,会第一时间启动应急小组,由小组相关人员赶赴农产品助销现场考察,核实完信息,会紧急开启助销行动,以切实帮扶,做到精准扶贫,精准脱贫。

美菜网先后在平台上增设了滞销菜信息收集窗口,如"美菜扶贫专区""POP 平台"等。通过滞销菜窗口,帮助内蒙古、山东、安徽、河北等 13 个地区销售滞销农产品共计 2 480 万斤,通过扶贫专区,帮助北京周边贫困地区农民销售农产品近 5 000 万斤,挽回经济损失约 1.1 亿元。不到一年时间,该计划因多次助销全国各地的滞销农产品,扶贫成效也得到了各地政府、企业、农民合作社和种植大户的广泛认可。

第6章 中国电子商务精准扶贫模式

6.1 中国现有电子商务农村
精准扶贫模式

6.1.1 集散地＋电子商务发展模式

该模式的代表是陕西武功模式,陕西省武功县确立了"建设西北电子商务第一县"目标,探索"买西北、卖全国"的营销模式。

武功模式的主要做法:以园区作载体,大力吸纳外地电商到当地注册经营。园区不仅聚集了农产品生产、加工、仓储、物流和销售等各类企业,还聚集了西北五省30多类300多种特色农产品。以人才为支撑。搭建电商孵化中心、产品检测中心、数据保障中心、农产品健康指导实验室四大平台;实施免费注册、免费提供办公场所、免费提供货源信息及个体网店免费上传产品、免费培训人员、在县城免费提供 Wi-fi 等五免政策。

启示:由于武功县的"铁公机"优势明显,对电子商务的物流、供应链等方面产生很强的支撑。同时,政府思路明确,搭建了各项平台,并给予各种扶持政策,使农村电子商务得到较好发展。

6.1.2 线上线下深度融合＋进城下乡互动交易模式

1. 陕西山阳模式

山阳位于陕西省商洛南部,基于拥有丰富的自然资源,山阳县依托自有电商平台和电子商务配套服务,形成"线上线下深度融合＋进城下乡互动交易"机制,加快形成产业集群,带动县域经济跨越发展。

(1)搭建"三级平台",畅通网销渠道。县上先后建成了"大秦岭农特产电子商务(山阳)展示体验馆"、电子商务孵化服务中心、网货品控分拣包装供应中心、农村淘宝运营中心,京东特产山阳馆等电商平台。

(2)加强"三大建设",完善配套服务。加快物流体系建设,依托中国邮政,整合"四通一达"等民营快递企业15家,把物流快递覆盖到全县18个镇办和3大景区,采取"带车加盟"的办法,把乡村投递员发展成为快递送货员,物流快递覆盖到全县190个村,覆盖率达到80%。

（3）创新"三大模式"，带动农户增收。建立"电商＋订单＋农户"模式，引导电商企业与农户合作，签订订单收购协议，农户按订单种植；建立"电商＋合作社（公司）＋农户"模式，引导电商企业与种植、养殖合作社合作，签订产销收购协议，合作社按协议生产；建立"电商＋服务站＋代运营"模式，引导电商企业与各村级电商服务站合作，委托服务站代收各类农副产品、代销企业生产的各类产品。

2. 陕西照金模式

照金通过搭建"逛集网－照金商城"电商平台，建设铜川本地特色产品馆，将本地农副特产组织进馆、上网销售，开展农网对接活动，促进农产品网上营销。

（1）细化线上平台建设。一是"进城农特产品"：通过整合农村当地的名优农特产，形成具有地理标示的拳头产品，进入城市人民的手中。二是"下乡生活用品"：直接和众多知名生产、生活品牌厂商对接，去掉中间层层代理环节，以最实惠的价格和不变的售后服务面向广大的农民消费者，方便生产，改善生活。

（2）强化线下产业链建设。一是线下体验店的建设，建立县域电子商务运营中心、研发基地，镇级农村电子商务服务中心，村级电商服务站。二是农副产品的整合。将农副产品进行系统的整合，进行售前、售中、售后进行一条龙服务。三是物流建设。铜川市政府呼吁"村村通"、"废旧资源回收车"和海尔售后车等社会车辆资源加入物流环节，搭载"闪电侠"物流 APP 软件，形成具有铜川特色的"定时、定点、定向和支点、结点、中心"相结合的双向物流体系。

6.1.3　电子商务综合服务商＋网商＋传统产业

该模式代表是"遂昌模式"，所谓"遂昌模式"，就是以本地化综合服务商为驱动，带动县域电子商务发展，促进地方传统产业发展，尤其是农业及农产品加工业的发展。

遂昌模式的主要做法：该模式的核心是"综合服务商"。即"遂昌网商协会"下属的"网店服务中心"，其主要职能为制定并推行农林产品的产销标准；统一制作商品的数据包（图片、描述等）用于支撑网上分销商选货和网销；统一仓储，为网络分销商的订单统一发货并提供售后服务。

启示："网店服务中心"在遂昌农产品电商化的过程中起了非常重要的作用，其通过"统一采购、统一仓储、统一配送、统一物流、统一包装"等零成本开店的运营服务，使看似无序的"农产品"向"商品"变身，而且降低了网商的技术和资金门槛，使网商实现零库存经营。

6.1.4　区域电商服务中心＋青年网商

该模式的代表是浙江丽水模式。丽水模式的主要做法：青年创业＋基地。鼓励农村青年互联网创业，构建"一核八心"电子商务集聚区，建立区域电商服务中心，建设市、县两级电商创业园。

团委帮扶＋信贷。该市团委向部分行政村整村授信，给信用村发放 3 000 万元贷款，主要用于解决农村电商发展资金瓶颈。

启示:丽水的建设模式为"政府投入、企业运营、公益为主、市场为辅",通过政府服务与市场的有效结合,吸引大量人才和电商主体回流取得成功。

6.1.5　专业市场＋电子商务

该模式的代表是河北清河模式,"清河模式"是我国电商集群发展的一种典型模式,与专业市场的带动密不可分。

清河模式的主要做法:建成新百丰羊绒(电子)交易中心。吸引国内近 200 家企业进行羊绒电子交易。建立 B2C 模式的"清河羊绒网"、O2O 模式的"百绒汇"网,100 多家商户在此平台设立网上店铺。实施品牌战略。清河有 12 个品牌获中国服装成长型品牌,8 个品牌获得河北省著名商标,24 家羊绒企业跻身"中国羊绒行业百强"。"清河模式"能够被认定为我国电子商务领域的一种典型模式,一方面缘于清河在电子商务领域取得的重大成绩;另一方面,清河电子商务发展较其它地区有自己鲜明的特点,与其它地区大多依靠农村自发组织或协会的拉动作用不同,清河电子商务的迅速发展与专业市场的带动密不可分。

启示:由于有强大的传统产业和专业市场作支撑,清河羊绒电商的商品价格低、供应链的效率高、行业竞争力强。

6.1.6　生产方＋电商公司

该模式的代表是吉林通榆模式,通榆电商作为全国第三个农村淘宝的试点县纳入了"千县万村"的发展战略。

通榆县为发展电子商务,2013 年末,在当地县委县政府的鼎力支持和深入参与下,由社会力量投资成立了一家电商公司,形成的电商模式是:生产方＋电商公司。该公司在当地具备相对较好的电商运营能力,属企业性质。跟"遂昌模式"中的"服务商"类似,电商企业也是"通榆模式"的核心:它左手整合生产方(农户、生产基地、合作社或农产品加工企业等)的产品(小米、绿豆、燕麦和竹豆等),右手经淘宝平台卖出。

该模式的关键特点:①以网上直销为主,也有少部分产品经网络分销商卖出,且多是外地的网络分销商。②注册了统一的品牌"三千禾"来统一所有农产品的包装、销售和服务。③县委县政府从各部门抽调了精干力量组成了"通榆县电子商务发展中心",来全力配合电商公司的工作。

启示:政府整合当地农产品资源,系统性委托给具有实力的大企业,进行包装、营销和线上运营,地方政府、农户、电商企业、消费者及平台共同创造并分享价值,既满足了各方的价值需求,又带动了县域经济的发展。

6.1.7　农产品供应商＋联盟＋采购企业

该模式的代表是"货通天下农商产业联盟",该联盟的运营总部位于上海,属于 B2B 的一种。联盟的主要任务是为采、供双方提供以交易为核心的多种服务,联盟从达成的交易中收取1％～3％的服务费。

"货通天下农商产业联盟"的主要做法:通过联盟平台组织会员,实现销售型"大企业"和生产型"小农户"的产销对接。通过交易平台运营管理,有效匹配农产品需求和供给。在实际交易中,平台不仅为供需双方提供订单撮合、拍卖销售、委托采购、支付结算等交易服务,还根据销售方需求建立一套农产品的品质标准和质量检验、缺陷折扣的交易流程。通过提供社会化服务,整合生产、加工、销售产业链。例如,定向为会员企业提供农产品信息、种养技术、加工技术、农资保障、管理咨询服务等。

启示:农商产业联盟模式在整合农业产业链、降低市场交易成本和推动农业生产的规模化、产业化、专业化和服务的社会化等方面,具有积极意义。

6.1.8 其他模式

1. 甘肃成县模式

成县是"中国核桃之乡"。这里工业经济差,山地较多,农林产品丰富。成县模式大概可以概括为单品引爆、系统跟进、日趋完善、立体发展,走了一条以县域电商生态建设(包括推进体系、配套体系、公共服务体系三大体系建设)为主要内容,以草根创业(包括农村网店、本土电商企业、本土电商平台三种类型)为主要特征,以脱贫减贫(通过五条渠道)为主要目的,以促进"三农"发展为主要成效的"3353"发展路子的模式。

成县模式的主要做法:微博、微信、博客助力电商发展。县委书记带领四大班子,开通实名微博,开展微博问政、微博助农活动,为群众排忧解难;营造氛围,引来企业资助。用微博微信将成县推广出去,引来很多企业在成县投资,国家级的电子商务基地——陇南电子商务孵化园落户成县。

启示:从一个强有力的带头人到全体公务员的共同行;从单品到产业的发展;从自媒体到全渠道;从电商助农到电商扶贫的生态系统;开放包容的互联网生态体系建设。在资源有限的情况下,县域电商可集中优势兵力做好"单品突破",然后带动其它商品共同发展。成县电商的模式比较简单,但他们走出了"爆品拉动,多品畅销"的路子。

2. 江苏沙集模式

"沙集模式"指的是农户自发地使用市场化的电子商务交易平台变身为网商,直接对接市场;网销细胞裂变式复制扩张,带动制造及其他配套产业发展,各种市场元素不断跟进,塑造出以公司为主题、多物种并存共生的新商业生态;这个新生态又促进了农户网商的进一步创新乃至农民本身的全面发展。"沙集模式"的核心要素是"农户＋网络＋公司",要素间相互作用、滚动发展,形成信息网络时代农民的创业致富新路。

沙集模式的路径独特:农民自发开网店→细胞裂变式复制→网销带动工业→其它产业元素跟进→激发更多的农户网商创新＝产业链不断拓展/规模迅速扩张/经济社会发展。沙集模式适用于传统产业不突出的地域。

6.2　中国现有电子商务企业精准扶贫模式

6.2.1　阿里巴巴淘宝村模式

"淘宝村"指的是大量网商聚集在农村,以淘宝为主要交易平台,形成规模效应和协同效应的电子商务生态现象。简单的说就是最小以行政村为单位,村民为经营个体的一种模式。淘宝村模式主要由农村网商,电子商务交易平台以及消费者三部分构成。一般来说,它具有连接市场和商家,融供产销于一体、组织结构稳定、能够最大化实现困难群众受益的特点。但另一方面,它的集中化水平较低,各商户之间的交流合作存在一定阻碍。

1. 淘宝村的主要特点

(1)农民网商占据主导地位。从电子商务发展的驱动主体上看,淘宝村是农户自己变身为网商直接对接市场,并在当地农村电子商务的发展中起了主导作用。

(2)集群性。淘宝村的网商大多经营同一品类产品,形成了一个网络产业集群,这种集群性可显著增强该地区网商的群体竞争力。

(3)协同性。协同性得益于农村"熟人社会"的社会属性,主要体现在产品内部流通、经验分享等方面。

(4)淘宝村的可复制性。淘宝村与农村电子商务的其他模式对比,应该说,淘宝村更具有可复制性。

2. 淘宝村的分类

以淘宝村形成路径依赖为依据,将其划分为货源依赖型、产业依赖型、产业引领型、规划引进型等4类。货源依赖型淘宝村。货源依赖型淘宝村,是指村落依赖附近充足的流通货源而发展形成的淘宝村。大量物美价廉的商品吸引了当地村民和外地创业者开设淘宝网点。产业依赖型淘宝村。产业依赖型相关淘宝村,是指村落依赖当地特有的产业基础而发展形成的淘宝村。产业引领型淘宝村。产业引领型淘宝村,是指村落通过淘宝引领着当地的产业变革、转型、升级,催生了新的产业发展。规划引进型淘宝村。规划引进型淘宝村,是指和关机构通过规划设计,打造产业链完善的服务平台,再有针对性地引进电商企业形成集群效应明显的"淘宝村"。

6.2.2　京东电子商务精准扶贫模式

2016 年 1 月,国务院扶贫办与京东集团签署《电商精准扶贫战略合作框架协议》,京东依托自身电商优势,在全国开展电商精准扶贫计划。京东的电商扶贫战略,包含了产业扶贫、用工扶贫、创业扶贫和金融扶贫四大策略,并在实际扶贫工作中摸索出:培训→金融→农资→安全→运输→销售→品牌→招工等八大环节的帮扶体系。扶贫工作的重心放在打通"农产品进城"通道,以农副产品、生鲜冷链物流为突破口,帮助贫困地区的优质农副商品以最快的速度传送到城市百姓的餐桌上,以带动贫困地区脱贫。

京东电商精准扶贫主要做法:

1. 建立 200 个贫困县试点电商扶贫

京东与各级政府部门及合作伙伴一道,打造了 50 个"互联网＋扶贫"示范区,进行 200 个贫困县电商扶贫示范试点,建立 200 个贫困地区线上地方特产馆。

2. 企业派骨干,挂职贫困县

京东与众多合作高等院校携手,共建校园电商人才生态圈。在华南师范大学发起成立了广东省高校电子商务人才孵化基地暨创业就业训练联盟,对来自贫困家庭的学生,提供电商实习实训机会、电商大讲堂学习、创新创业项目孵化指导等帮扶措施。京东与北京物资学院签署战略合作协议,共建京东电子商务学院。

京东联合农资公司、科研院所等对农户进行种养殖技能培训,从选种子、施肥再到防病虫害等环节层层把关,提升产品品质。京东在陕西与富钾农资公司合作,帮助农民购买优质低价化肥、农药,为农户提供果树栽培、果园管理等培训,并提供优质的售后服务。京东还选派一批中层管理团队赴贫困地区挂职,推动当地的特色优势产业与京东采销部门对接,成为首家向政府部门派驻扶贫干部的电商企业。

此外,京东实施了"互联网＋县域经济"系列培训项目,向农村青年持续提供网络营销、电商运营等专业技能培训,已经为贫困地区培训近万名基层干部和企业家、运营人员,并大规模组织了贫困家庭青年群体的电商扶贫培训。

启示:与现有一些电商扶贫的做法不同,京东实施的"互联网＋"精准扶贫战略,不仅仅是对国家既有扶贫路径的有效补充,也是在企业和市场层面构建了全新的精准扶贫平台和渠道,形成了政府、市场、社会互促共进、协同发力的大扶贫格局,是电商扶贫模式的全新升级,提供了精准扶贫的综合解决方案。

京东"互联网＋"精准扶贫模式通过提供丰富的培训支持,有效增强贫困农户能力;通过与政府扶贫举措有效协同,实现扶贫的"乘数效应";通过有效统筹社会帮扶资源,构建"人人皆愿为、人人皆可为、人人皆能为"的社会帮扶网络。

6.2.3　苏宁电子商务精准扶贫模式

苏宁是全国第一家和国务院扶贫办签订"全国农村电商扶贫战略合作框架协议"的民营企业。苏宁利用线上、线下融合发展的渠道优势,探索出了电商扶贫、产业扶贫和公益扶贫"三合一"的新路径,开创了"互联网＋精准扶贫"的新模式,构建了以智慧零售引领的精准扶贫新体系。

具体来说,就是以农村电商业务作为切入点,依托线下苏宁易购县镇店、电商扶贫实训店、农村电商培训学院,线上中华特色馆、大聚惠、物流云等载体,带动众多贫困县、贫困村、贫困户来销售当地特色的农副产品,拓宽贫困户的增收渠道。打造了"六位一体"的电商扶贫模式。苏宁电商扶贫主要做法:

1. 线上发力——网上铺就脱贫路

面对农产品"有产品没价格、有产品无品牌"、产业附加值低的困境,苏宁发挥自身技术和市场优势,通过线上发力,有效对接供需方,破解贫困地区"资源限制",开辟了脱贫攻坚的"新通路",在扶贫工作中发挥越来越重要的作用。

2.线下发力——打造"造血"全流程

苏宁的互联网扶贫模式是为一个贫困村镇推广一款特色农产品,为一个贫困县打造一个优势产业,多产业联动带动当地产业集群发展,多渠道配合解决销售问题,逐渐形成特色化、精准化、社会化、产业化的电商扶贫思路,真正实现精准扶贫、脱贫。

苏宁还制定了品牌塑造和人才培养的双向计划。一方面针对农村"地域广阔、分布较散、运量不大"的特点,苏宁依托自身特有的渠道优势挖掘贫困县、贫困村、贫困户的特色农副产品,协助贫困地区打造"特产基地"和"电商产品示范基地",建立苏宁易购大聚惠与农产品众筹常年直采基地,帮助他们卖出好价钱,卖出品牌;另一方面,苏宁将针对性地开展定点电子商务培训,打造"双创与返乡青年等电商示范项目",通过电商培训,令贫困地区人民能够跟上电商发展速度、实现创富增收。

6.2.4　电商产业园区模式

电商产业园区(全称电子商务产业园区)是以电子商务为发展主线,重点构建以 B2B,B2C为核心的电子商务交易技术平台,重点引进电子商务、信息软件、设计研发、仓储物流等一系列围绕电商产业发展的企业,重点依托并持续优化电子商务产业链的专业园区。具体而言:"电商产业园就是为成长型和创新型电商及电商服务企业提供产业载体和增值服务的一种高科技园区开发模式。通过电商、地产和金融的有机融合,实现多方共赢。"

当前,我国电商产业园的发展模式也有多种,下述介绍 6 种模式:

1.政府主导型

以优惠政策带动发展,该开发模式是我国大多数电商园区选用的管理体制,一般由省市区领导组成的领导小组负责重大决策,所在地市政府成立开发区管理委员会。

2.政企合一型

以灵活机制带动发展,该开发模式的园区往往具有一定的政府背景,开发区管委会与电子商务园区建设公司实行两块牌子,一套人马,主要职能机构合署办公,既具有行政职能又具有经济职能,管委会行使市区级管理权限。

3.企业主导型

以市场化机制带动发展,这类园区主要以民营的建设运营开发公司来投资管理,在国内经济发达地区的电商园区大多采用这一模式。市场化运作,有较大的抗风险能力。

4.社区主导型

以独特社区和物业带动发展,该模式主要是靠电商园区功能布局完善合理,物业形态特色鲜明,形成对客户极强的吸引力。该模式的园区客户往往在满足基本办公需求的基础上,更加追求品味及个性化的空间环境。

5.产业主导型

以区域产业带动发展,该模式下的电商园区主要是在现有电商产业发展的带动下形成和发展壮大,在沿海开放城市形成的产业带优势地区大多采用这一模式。

6.服务主导型

该模式主要是靠完善进驻服务带动:通过为入园企业提供一系列包括人力资源、技术、资本、市场等诸多方面的组织、管理和服务,帮助企业顺利生存、快速发展壮大。完善的进驻服务不仅为初创企业提供基础型服务,降低了创业风险,同时为高成长企业提供发展型、延伸型服务,满足个性化需求。

6.3　中国电子商务精准扶贫创新模式分析

6.3.1　电商与农村三产融合发展模式

当前,中国农村一二三产业融合还处于初级发展阶段,而电子商务作为一种依托现代信息技术进行的新型商务活动,是推动一二三产业深度融合的重要引擎。

电商带动中国农村三产融合发展模式中:

1.一产重点解决品种和规模的问题

即依据电商大数据、电商云等技术手段,实现农村生产环境的智能感知、预警、决策和分析、专家在线指导,引导农村生产,为农村生产提供精准化品种和规模种植、可视化管理和智能化决策,解决适合中国农村实际情况和特色的品种选择及与之相匹配的市场需求生产规模问题。

2.二产重点解决标准和品质问题

即以农产品的深加工带动农业发展为主要目标,对特色农产品、生产经营主体和产地进行统一编码,建立农产品电子化产地编码和溯源码编码体系,开具产地证明,依据标准化操作规程定制生产档案,依据全面质量管理理念,记录农产品生产加工全过程质量安全信息,建立包括门户网站、手机短信和触摸屏信息服务终端的农产品质量等安全溯源通道和相关机制,解决农产品生产过程中无标可依或有标不依,导致农产品品质缺乏公信力的问题。

3.三产重点解决品牌和信息问题

在抓好农产品生产的同时,应着力打造农产品、民俗产品、乡村旅游等知名品牌和"一村一品"的主体培育。应支持重点龙头企业与农村合作社共同打造农产品品牌,同时积极指导营销,创新农产品营销渠道和强化服务监管。在信息方面,前期注重依据相关信息解决农村资源优化配置问题,中期注重农产品生产加工的数字化、智能化和精准化问题,后期注重依托物联网、大数据、云计算、VR 等信息技术实现特色农产品线上和线下精准营销。

6.3.2　"物流＋电商"协同发展模式

面对中国农村电子商务与物流合作尚处于较低水平和层次的问题,基于云技术、人工智能、物联网等大数据技术,挖掘市场趋势数据、用户行为数据、流量数据、订单数据、采购数据、库存数据等,设计面向精准扶贫并符合中国省区县农村实际情况的全过程、全环节、全方位,社会化服务的"物流+电商"一体化协同发展模式。该模式将电子商务和客户有机结合,构建从农户—电商平台—配送物流—客户终端,就目标、服务、运作模式、规范等方面协同合作的闭环式农特产品物流电商一体化全产业链模式。

具体来说:二者要以动态开放的理念,在整个产业供应链框架下,建立统一的运作模式,共建公共信息服务平台,整合社会物流信息,合理仓储和保管,科学运输和配送,倡导企业物流管理、物流规划方案、物流信息等方面的增值性服务,并共同协定统一的服务和评价标准,明确相互责任分配和合作机制,确立电子商务与物流企业合作的规范,最终形成平台效应,实现物流网、配送网、服务网、信息网四网融合的一体化合作共赢,协同发展。

该模式应具备供应链网络库存管理能力,提供多模式支持,多服务主体支持,供应链可视化,能够支持作业流程控制,能够智能化的驱动仓库作业,提高效率;提供 RF 支持,保证更精确的仓库作业,提供多种格式的 EDI 数据导入,提供 VMI,CrossDocking,MIT 等支持。另外,模式中,可将物流链融入到电子商务下的交易链中,形成上游供应商与电子商务企业、供应企业与配送中心、中游配送中心与电子商务企业、下游电子商务企业与客户间的多向的、复合的交易链,达到提升物流服务和扩展电子商务平台的双赢。

6.3.3　电超对接双流通模式

传统的农超对接双流通模式是以城市配送中心为载体实现农村与城市超市和便利店的双向流通。电超对接双流通模式则是以网络电商平台为载体、以城乡物流配送体系、连锁商业网点为依托,通过线上线下 O2O 融合发展,经过严格的实名认证、资质审核和服务验证,构建化肥、农药、种子、生活用品等工业品能下乡到户,水果、蔬菜等农特产品能上行到超市、便利店及客户中端的一种可实现门到门的产销一体化市场双流通体系。

该模式与传统农超对接双流通模式相比,减少了城市配送中心等中间流通环节,可实现一站式对接,信息传输及配送流通速度更快、成本更低,效率更高,更吻合农产品常年生产,集中使用、单位体积价值较低、仓储和资金使用规模大,效率低等特性,对接更加精准、高效。

该模式主要是通过电子商务,经过严格的实名认证、资质审核和服务验证,为优质农产品进入超市搭建网络虚拟电商平台,可通过农民和商家直接签订意向协议书,或通过当地政府向双方担保,农民和商家再签订意向协议书,由农民通过电商平台向超市、菜市场和便民店等商家直供水果等农产品,同时不需要任何中介、代理、批发、零售等中间环节,直接在电商平台上购买上述商家的化肥、农药、种子、生活用品等农用工业品并送到农村千家万户。

该体系将现代电子商务流通方式引向广阔农村,将千家万户的果农与千变万化的大市场对接起来,构建市场经济条件下的产销一体化链条,市场需要什么,农民就生产什么,既可避免生产的盲目性和随机性,稳定农产品销售渠道和价格,同时,还可减少流通环节,降低流通成本,给消费者带来实惠,实现政府、商家、农民和消费者四方共赢。

若农业基地距离城市较近,可采取具有"互动、体验、信任"三位一体特性的农业基地+互联网+社区 O2O 社区电商新模式,经过严格的实名认证、资质审核和服务验证,获取更快捷、便利、高效的服务。该模式可使贫困地区群众享受与城市居民相同的网购便利化,促进特色农产品销售,提升农产品的商品化、标准化、品牌化和整体发展水平,以产业发展带动农民脱贫工作。

6.3.4 农村企业带动模式

企业是市场的主要部分,能够清晰地感知市场的走向和需求,所以将扶贫活动与市场结合,对扶贫工作的进行有很大帮助。农村企业带动下的扶贫活动有很强的可持续性。企业对管理机制的要求严格,利用市场的创新服务就可得到成功的运营平台,有利于农村电商服务的进行。

在技术创新方面,为了得到更好的发展和满足自身情况的需要,该模式需要引进大量的技术人才,使得农村企业拥有快速的创新能力,为农村精准扶贫的建设提供更为先进的技术支持。

农村企业虽然有其先进性,但同时也存在着诸多不足。在农村建立农村企业是比较困难的。人才匮乏,资金短缺,技术不足等问题在农村企业中较为常见,且这些问题都会影响企业的生存与发展。解决此类问题的过程是复杂的,且必须以符合国家和地区的政策为基础。一般农村企业经营的是本地的农产品,但农产品的经营情况不稳定,容易受到各方因素的影响,从而对农村企业造成不利影响。

企业能够引导帮扶对象参与项目,参与电商产业链。企业通过增加员工数量,进而扩大生产规模。企业能够集中生产农产品或则对农产品进行升级加工。企业对规模扩大,会提高农民的就业率,使农民获得稳定的收入

6.3.5 电商+可视农业模式

电商+可视农业模式是电商平台与视频与感应信息技术以及传统农业的结合,是电子商务精准扶贫充分创新的一种模式。它主要是把互联网、物联网、云计算以及雷达技术及现代视频技术融合,应用于农业生长的各个环节,将农作物或牲畜生长过程的模式、手段和方法呈现在公众面前,让消费者能够放心购买优质产品。既能解决食品安全问题,又能解决农副产品销售难的问题,还能得到产前订单,让农产品升级卖到好价钱。

在生态环境优良的基地及天边地头装上监控系统设备,使农产品的生产方式全面呈现在网络上,不仅实现对农产品的远程监管,而且达到让消费者都能放心购买的目的。通过科学有效的互联网行动,来解决食品安全问题、农副产品无销路、好产品卖不到好价钱等问题。

信息化、科学化的管理方式促进了可视农业电商平台的发展,日渐精益的互联网技术为其提供了建设和运营的基础,其中互联网技术中的大数据分析为可视农业分析客户需求,为充分满足客户需要打下了坚实的基础。互联网技术的发展促使可视农业发展适应市场化运作,使得农业的各个环节实现互联网化经营,电商化为农村季节性、区域性的农产品滞销问题提供了可靠的解决方案,从而进一步促进农业经济的快速发展。

电商+可视农业模式是信息文明与农业文明碰撞、交织、融合、延展的过程,是信息技术和农业的创新融合,改变了农业价值链,改善农业生产环境,提高农业生产效率,彻底转变农业生产者、消费者观念和组织体系结构,为农产品创造更大的经济价值。

6.3.6　合作社运营模式

合作社是一种组织形式,能够将需要帮扶的人员集中到一起。在进行电子商务精准扶贫的过程中,一种合适的组织形式是极为重要的,合作社的运营为进行电子商务精准扶贫提供了较大的便利。通过运营合作社,能够使农业产业规模化,便于深度挖掘农产品的价值,形成具有代表性的品牌。农产品有了品牌的加持,再通过电子商务活动,会得到更大的利益,从而达到让农民脱贫致富的目的。

一般来讲,因为合作社的结构稳定,内部的交流合作相对便捷。合作社会为扶贫工作提供高效全面的服务,因为合作社的人员一般都位于生产的第一线,所以通过合作社能够增加对扶贫工作的重点部分的了解,以及掌握扶贫对象所需要的信息,从而进行对应的专业服务。同时,农民对合作社较为熟悉,合作社将农村的从业人员集中到一起,通常他们最能了解农民的意愿,代表农民的利益。因此,使用运营合作社这种形式,有利于更好地满足农民的需求,从而实现扶贫致富的目标。所以,合作社在精准扶贫方面有很强的优势。

抛弃旧观念,转变新观念。电商未进入扶贫项目时,农户经常遇到产品滞销的问题,形成了"先产业、后销售"的模式。电商的发展转变了农民的生产模式,网萌联合农业合作社和家庭农场产业大户,引导贫困人口基于互联网发展新型农业产业模式,使其成为农产品销售市场的主体,逐步地将自己从农品的销售端逆向转化成供应端。新模式下,农户首先会考虑打通农产品的销售市场,之后积极地关注市场农作物的发展动态,根据市场的需求生产适销对路的产品。这种模式不仅节约了资源,也增加了农民的收入,促进了产品的升级转化,电子商务应用于扶贫,构造了供应链(贫困户和农产合作社)+产品孵化(品牌和包装)+营销策划+营销(销售和分销)的产业扶贫生态体系。

以合作社为龙头,推动特色产业发展。通过合作社的龙头带动作用,实现了"一村一品"的发展模式,使特色产业和主导产业成为了定远县农村发展的产业支撑。电子商务公共服务中心以家庭农场、合作社为电商产业发展的节点,以特色农产品生产基地和特色农业为重点服务对象,强化对农产品品牌、供应链、销售、物流服务等体系的服务,使得农特产品在网上的销售量不断增多,提高了特色产品的名气,以合作社为节点,电商构建销售体系的模式改变了农特产品流通不畅的缺陷,本地产品开始销往全国各地。

6.3.7　中国农村区域集散地+电子商务模式

"集散地"的规划充分发挥了交通便利,仓储和物流发达的优势。构建该种模式一定要有便捷的交通和开阔的地理优势,这样才可以更好地汇集各地的农产品,建立当地乃至全国重要的物流和仓储节点。在物流和集散地优势的基础下(见图6-1),为电子商务提供了最核心的竞争力——供应链,继而能提升当地电子商务整体的竞争力。以完善配套的电商园区为主要依托,可以大力吸纳外地电商到当地注册经营,可以更好地整合整篇区域的资源,突破本地物产有限的约束,使商品更集中,买卖客商更多,信息交流更快。

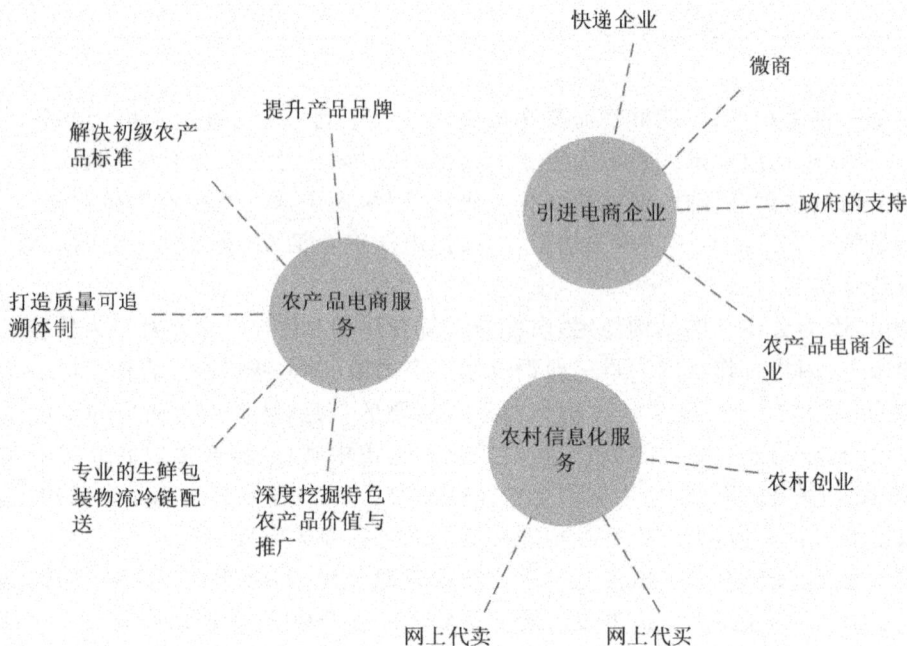

图 6-1　集散地＋电子商务模式

6.3.8　农产品＋网络直播模式

近年来,随着电商经济、网上购物、移动支付的发展,打破了地域、时间和信息等对传统销售渠道的限制,直播带货这一新型电商模式在中国得到了迅猛的发展。

这种模式可以有效地缓解城乡供需矛盾,减少了产品流通的环节,让农村乡镇的优质产品直达到消费者手中,提高了产品的信息透明度,可以让消费者更加全面的了解产品,增加了消费者对农村商户的信任,保证了产销的有效对接。在让城市居民获得优质产品的同时,增加了农民收入,实现了消费扶贫、精准扶贫;电商直播带货模式的推广能够扶持当地农户打造特色农产品品牌形象,引导农产品像更优质、更安全的方向发展,促使农村地区农产品电商生态重塑、配套产业链转型升级等朝着纵深方向发展。

如淘宝网专门针对国家级贫困县开通了"脱贫直播频道",帮助当地农民脱贫致富;快手平台开展了一系列乡村扶持计划,截至 2019 年 9 月已帮助超过 500 万户的国家级贫困县用户;部分贫困县通过"县长＋网红＋明星"的直播带货模式,在线销售当地特色农产品。2019 年中国电子商务大会公布数据显示,目前电商扶贫已覆盖了全国 28 个省区的 1 016 个县,其中包括国家级贫困县 737 个,占全国贫困县总数的 88.6%。

6.4　中国电子商务物流精准扶贫创新模式分析

随着农村经济的发展,中国各省农村物流体系不断完善。然而,由于广大农村地区经济环境和地理环境的巨大差异,中国各省农村物流资源的分布也十分不均衡,农村物流系统的组织模式差异很大,但可以概括如下,基于网络的农村现在直销模式(见图 6-2)、供应链整合模式及第三方物流模式,如图 6-3 所示。

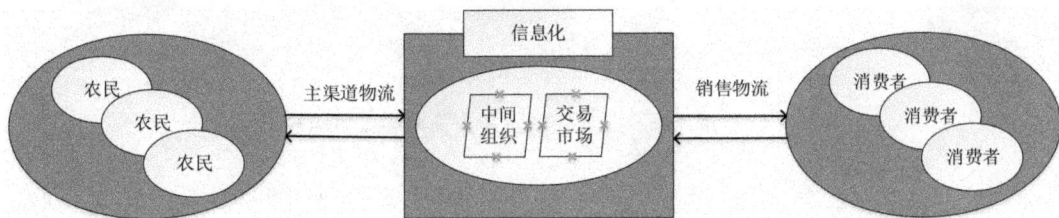

图 6-2　供应链整合流程

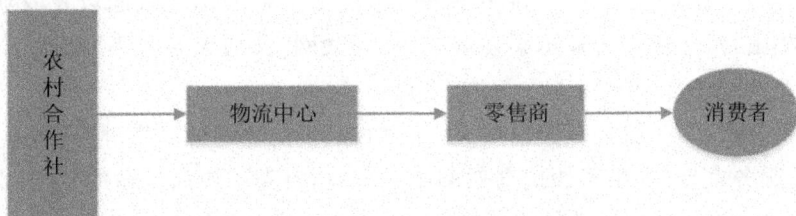

图 6-3　第三方物流模式

　　基于网络的直接方式是及时获取农业材料,通过农产品市场信息网络的农产品,农产品通过传真或网络信息查询、农业使用,电话和其他电子设备交易谈判,完成农产品的业务流程。然而,基于网络的这种模式对于中国各省农村偏远地区来说物流技术水平落后,首先是通过信息技术的应用,解决在运输和存储问题的农产品,然后要保证物资及时供应。

　　其中,供应链中的中间组织可以是加工企业、批发市场,它也可以是一个零售商,所以在供应链整合流程中有三种各自模式,如图 6-4～图 6-6 所示。

图 6-4　加工公司＋农户的物流组织模式

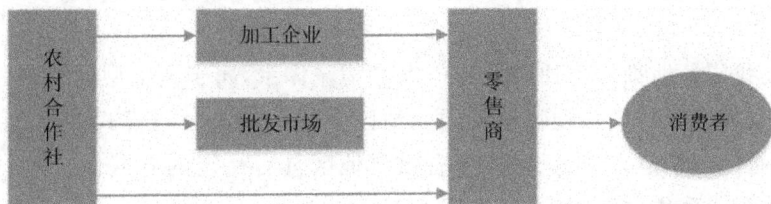

图 6-5　零售企业＋农户的物流组织模式

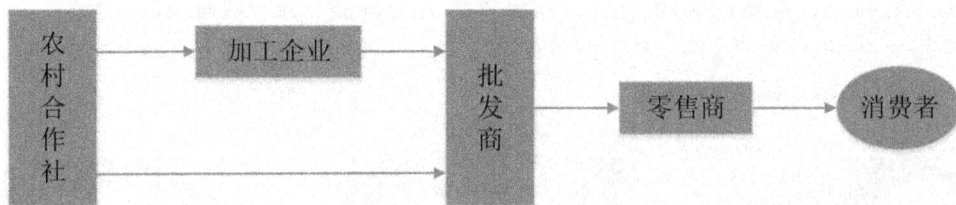

图6-6 批发商＋批发市场＋零售商的物流组织模式

6.4.1 邮政＋快递＋电商模式

近些年来,随着我国淘宝、京东、拼多多等电子商务平台的迅速崛起以及农业领域的电商扶持政策的密集出台,在快递行业迅猛发展以及"互联网＋"的大趋势下"邮政＋快递＋电商"这一模式逐渐在精准扶贫中得到了广泛的应用。

邮政作为我国最基础、覆盖范围最广、送达方式最多的快递服务商、附有各县各村通邮、通商、便利大众的服务宗旨,提供了快捷高效的邮递支撑,提高了快递运输的效率,保证了农产品的运出速率,促进农产品进入电商平台。"邮政＋快递＋电商"这一模式基于邮政快递的优势,优化了农产品进入城市的中间环节,缩短了运输时间,让买家拿到新鲜高品质的农特产品同时,也降低了物流运输费用,并且实现了创新农户产销模式。对农户进行电商培训,并鼓励其在电子商务平台上开设个人店铺,使得农户可以利用电商平台和物流体系实现农产品进城,实现自产自销,解决农产品的滞销等问题,减少农户销售产品的成本,增加收入。

让农副产品搭上电商快车,利用电商物流体系使农产品覆盖全国各地,有效地解决农民销售难、渠道窄的问题;实现互联以产促销,有效推进农业及电子商务物流发展现代化,优化形成产销对接机制,与多平台、多合作商建立长期稳定销售渠道,农户及邮政一同完善相关物流流程及设施,使农产品走向全国市场,走进千家万户;优化相关物流流程的同时一并实现了高质量,打造绿色优质的商业品牌,实现农产品销售机制质量优、速度快,实现精准扶贫,助力脱贫攻坚。

6.4.2 大中型物流公司＋地区中小型物流公司模式

邮政企业在我国各地都有着比较完善的电商物流体系,属于大中型的物流公司,如图6-7所示,以邮政企业为例分析大中型物流公司＋地区中小型物流公司模式。邮政企业基本设立在城镇街道,交通便利的地方,相反中国各省农村地区具有一定的分散性,所以中国各省农村要是单靠和邮政企业合作的话,整个物流成本就会大大增加。

再加上近几年来,电子商物流的流行,邮政企业古老单一的物流模式已经难以满足现代中国各省农村市场的要求,邮政企业物流体系和运营模式都需要做出相应的改变。为了解决邮政企业难以满足中国各省农村物流市场的问题,邮政企业毅然决定选择和中国各省农村各中小物流企业合作的模式来满足中国各省农村当地的物流市场的需求。

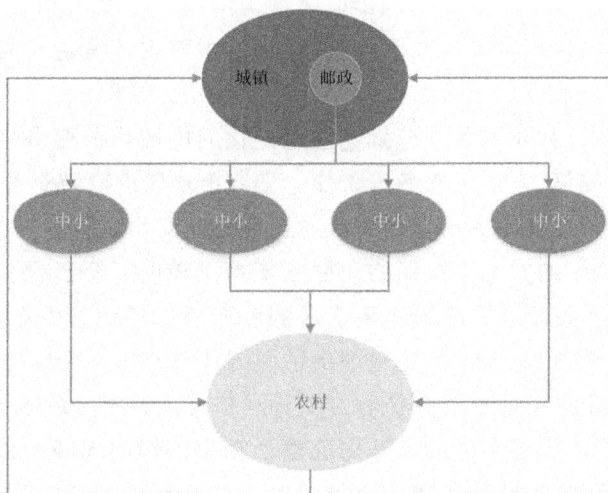

图 6－7　邮政＋中小物流

　　邮政企业和中国各省农村各中小物流企业通过合作共赢,把邮政物流系统和各种小物流企业的物流系统相结合,从而形成信息融合,在结合后的大物流系统中选择最佳运输路线,并把在城镇往农村的物流,让各中小物流来做,这样一来,邮政企业不但不用投入更多的物流成本,还可以满足中国各省农村电商物流市场的需求,达到完善中国各省农村电商物流体系的目的,而且通过和各中小物流企业合作的模式对于邮政企业发展现代化标准物流体系有很大帮助。而对于各中小物流企业,它们存在由于公司周转资金的有限,并且规模也相对邮政来说较小,在自主发展中国各省农村电商物流市场时是有很大难度和风险的。

　　而通过和邮政企业的合作模式,各中小物流公司相当于拥有了邮政企业这个后台支柱,大大减少了中小物流企业独自发展时的风险,并且通过与邮政企业合作的模式,可以增加个中小物流公司的资金实力,各中小物流公司就可以在稳定开发中国各省农村电商物流市场的同时逐渐完善它们的物流体系建设,并快速壮大各公司的发展规模。

6.4.3　第三方物流主导的物流模式

　　由于物流业的快速发展,中国各省农村也出现了大量的第三方物流企业,而"第三方物流下的农村电商物流供应链模式"也是在此前提下提出的发展中国各省农村电商物流的新模式。该模式是通过分散在城市各地的众多第三方物流企业和中国各省农村当地的电商物流服务平台共同努力下研究和发展中国各省农村电商物流市场。

　　城市规模较大的物流公司负责中国各省农村电商物流体系的建设,农村产品物流的管理和运营以及生产——运输——销售——会计财务——售后等工作的运行,而中国各省农村的电商物流服务平台则负责中国各省农村综合商物体系、电商物流信息服务平台、农村物流基础设施、网络覆盖面积等方面的建设。

　　该模式作为一种现代化物流模式下的新的供应链的管理模式,目前已经运用到了中国各省农村电商物流发展中,这种模式建设了"城市商贸企业—第三方物流—农村电商物流服务平台一农村自助服务站点"四个环节双向的供应链结构网络。在城市和农村交界处建立现代化的物流中心,该物流中心包括自建仓库和物流办公室,主要功能是进行货物储存、二次加工和货物中转。

然后在中国各省城市和农村各地分别建立现代化的电商物流服务中心,通过这些服务中心完成展示样品,和接收订单,产品服务等工作。把城市地区的商贸企业作为供应链的上游客户,将它们的产品销售信息发布到中国各省农村自建的电商物流服务平台上,从而使中国各省农村农民通过最简单直接的方式在电商物流服务平台下单购买自己需要的产品。同时,通过这个双向服务平台,农民也可以将中国各省农村的农产品销售信息发布到电商物流服务平台上,从而使得农产品的销路大大增加,这也解决了中国各省农村农产品销路少的问题。

在这种模式下,整个供应链的运作流程和流程运作方式都由上游第三方物流企业管理的,而中国各省农村下游则需要配合上游保证完成整个物流工作的闭环。该模式下,上游物流公司强有力的执行了运营能力,构建了第三方物流下的中国各省农村电商物流供应链完整体系,进一步实现了中国各省农村农产品"走出去"和城市产品"引进来"的双向物流过程。

由于中国各省农村电商物流人才的缺乏,在发展中国各省农村电商物流过程中,也时常会出现一些难以解决的专业性问题,中国各省农村还没有形成一个完整的物流体系,也不具备良好的物流管理人才,所以与早已发展成熟的邮政等企业合作,也避免了中国各省农村物流人才缺乏的弊端,成熟的企业提供物流人才和技术,帮助中国各省农民做好产品的整个物流管理工作,或者邮政企业派人对中国各省当地物流人进行专业培训,培养出中国各省农村自己的物流人才,也可以利用大型企业的渠道,慢慢发展出中国各省农村自己的完整物流体系。

6.4.4 农村智慧物流模式

可依托互联网、大数据、云计算、物联网等智能化技术,搭建智慧农村电商物流体系架构,使农村电商物流系统能如同人一般,具有思维、感知、学习、推理判断和自行解决农村电商物流中某些问题的能力。

主要通过 RFID、传感器、移动通信技术等,加强物流信息编码、物流信息采集、物流载体跟踪、自动化控制、管理决策支持、信息交换与共享等领域的物流信息技术创新,实现配送货物自动化、信息化和网络化。重点推进 RFID、物联网、云计算技术在农村电商物流智能化管理方面的应用。

在农产品流通过程中获取信息从而分析信息做出决策,使农产品从源头开始被实施跟踪与管理,提高农村电商物流企业运作的信息化、标准化、智能化、智慧化、专业化水平,打通农产品物流信息链,推进全程透明可视化管理,提高农村专业化物流和供应链服务水平,推动农村电商物流企业从传统走向现代,从低端走向智能。

在智慧农村电商物流配送网络方面,以农产品基地为中心,立足区域公路、铁路等资源,率先依托 RFID、互联网、大数据、云计算、物联网等智能化技术,打造城际配送网、城市配送网和城乡配送网"三网"融合模式。

进而,各方协同合作,将集货、分货、仓储、运输、包装、咨询等服务功能结合起来,建立可靠的质量和安全保障,形成多层次物流配送网络,为客户提供差异化的快速响应配送服务。在农村冷链智慧电商物流建设方面,以冷库和冷链配送中心为依托,在城市社区和村镇布局建设农产品共同配送末端网点,形成层级合理、规模适当、需求匹配的冷链农产品电商物流仓储配送体系,实现农村精准扶贫的目的。

6.4.5　农村物流共同配送模式

中国大部分的农村物流基础设施的建设比较落后,信息不发达等等因素影响了电子商务物流精准扶贫的发展和落实。所以建全农村的物流配送系统对于电子商务物流精准扶贫是非常必要的。

我国农村消费者的分布范围较广且相距都很远,而且农村的交通运输建设也比较落后,所以为了减少配送的成本,提高配送的效率,充分的利用农村地区的物流资源,各物流公司可以考虑合作共同建设统一的配送点,在农村地区实现物流的共同配送。

农村物流共同配送模式的具体运作为:各合作的物流公司共同出资分别在一定范围内的农村区域建立统一的物流配送点,配备相应的物流设施设备,招聘统一的物流作业人员,统一处理该区域内所有的物流订单。

各物流公司的物流订单在送达统一配送站点之后,安排专人负责指定区域内所有物流订单的配送服务。这一模式不仅使得物流资源得到了充分的利用,有效地降低了配送成本,同时物流服务的水平也得到了显著的提高。

6.4.6　"双超对接＋双向物流"模式

中国各省各农村地区供销合作社应以"农超对接"为突破口,在精准扶贫具体实施大环境下,大力推进本省各县级地区农产品产销对接工作,对口帮扶取得较好成效。在这个过程中低效物流增加成本,城乡消费品价格上升。通过对这个过程各个环节进行合理规划、资源整合、重组流程、构建可以城乡双向互动、线上电商超市与线下超市相结合的农超对接新模式如图6-8所示,可以有效降低商品成本,促进城乡共同发展。

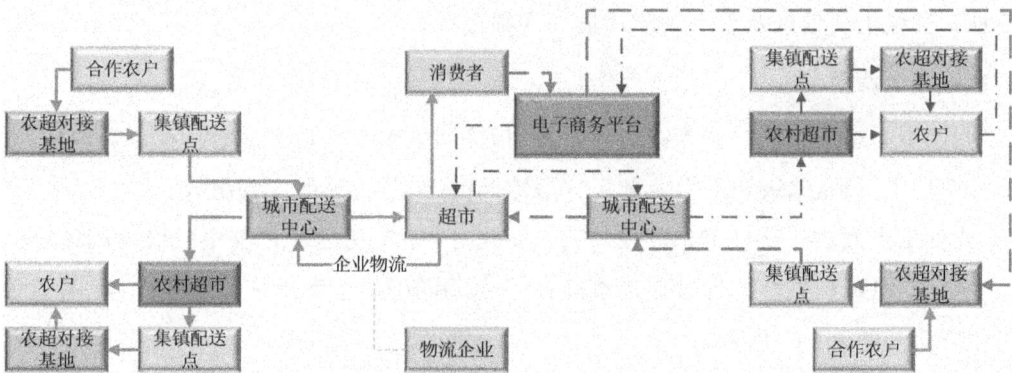

图 6-8　"双超对接＋双向物流"模式

城市配送中心是整个过程模式的主要节点,是城市与农业物资的中心环节。根据农民的需要由城市配送中心和大连锁超市贸易中心的皮卡车的订单下的城市配送中心的农村超市、城镇分布点,城市配送中心根据载荷情况,通过集中物流将货物运到各城镇和农村超市配送点,农村超市和城镇布局将不同的农民需要被发送到一个合作和对接的基础上,从农民自身的接。相反,农副产品的运输将通过合作家庭和对接基地送到农村超市或城镇配送点,然后由城市配送中心往返送到城市超市门店和商贸中心。

1. 农产品上行过程

线下商超已经入驻电商平台,消费者可通过电商平台选购线下商超的所有商品,农超对接基地根据电商平台的订单,去农户田地里现场采摘,够整车的运输量就直接运输到本企业在各省份各城市所在的配送中心,由配送中心依据客户订单量分布情况运输到超市各网点仓库,由超市分拣客户订单,客户可去超市自提,或者超市根据满减情况免费配送给消费者。

2. 工业产品下行过程

农户通过电商平台下单,入驻电商平台的线下商超发货,快递企业将农户所需要的农资运输到快本企业所在的城市配送中心,由配送中心发往农超对接基地,农户前往农超对接基地自提。

3. 基于区块链技术的农产品预警和追溯

种植基地以及收购现场都安装有监控,运输车辆配备温度、湿度等各种传感器,以及快递企业本身有的 GPS 系统,实时的将各个环节的农产品信息及运输信息上传至企业区块链平台,并对运输过程中的产品可能出现的质量问题进行预警,将预警结果返回区块链平台,供管理者决策避免质量问题发生,同时消费者可以通过扫描产品包装上的二维码,查看所有想要了解的信息。"双超对接＋双向物流"模式的追溯和预警机制如图 6-9 所示。

如图 6-10 所示展示了质量预警过程。以苹果销售为例,识别图 6-11 的二维码即可得到图 6-12 和图 6-13 的结果。消费者扫描农产品信息追溯二维码,可清晰地看到该产品的基本信息和种植生长信息及整个物流运输的详细过程。

4. 预警人员调度

(1)调度中心组织架构。调度线分为 2 级:指挥调度中心＋地区二级调度。调度中心组织架构如图 6-14 所示,二级调度由业务区营运部调度组、分拨区调度部组成。

(2)调度工作方法。通过信息监控和数据变化分析,发现运营过程中的隐性问题,确定对公司产生影响,对可预见性的异常启动事前预警,运用预案,避免或减少即将发生的异常影响。调度工作方法如图 6-15 所示。

業務流通方式

电子商务平台

農戶　农超对接基地　企业城市配送中心　超市　消费者

RFID技术、GPS技术、二维码技术、电子标签、各种传感器

数据传输　　智能合约（预设数据规则）

节点1　节点2　节点3　节点4　节点5　节点6　节点7　节点8

区块链

验证数据完整性

数据分类

隐私数据　　基础数据

区块　上一区块　数据存入区块　下一区块

节点1　节点2　节点7　节点8

企业自身检测数据库

预警系统

追溯系统

预警系统

企业自身系统

终端（消费者、利益方）

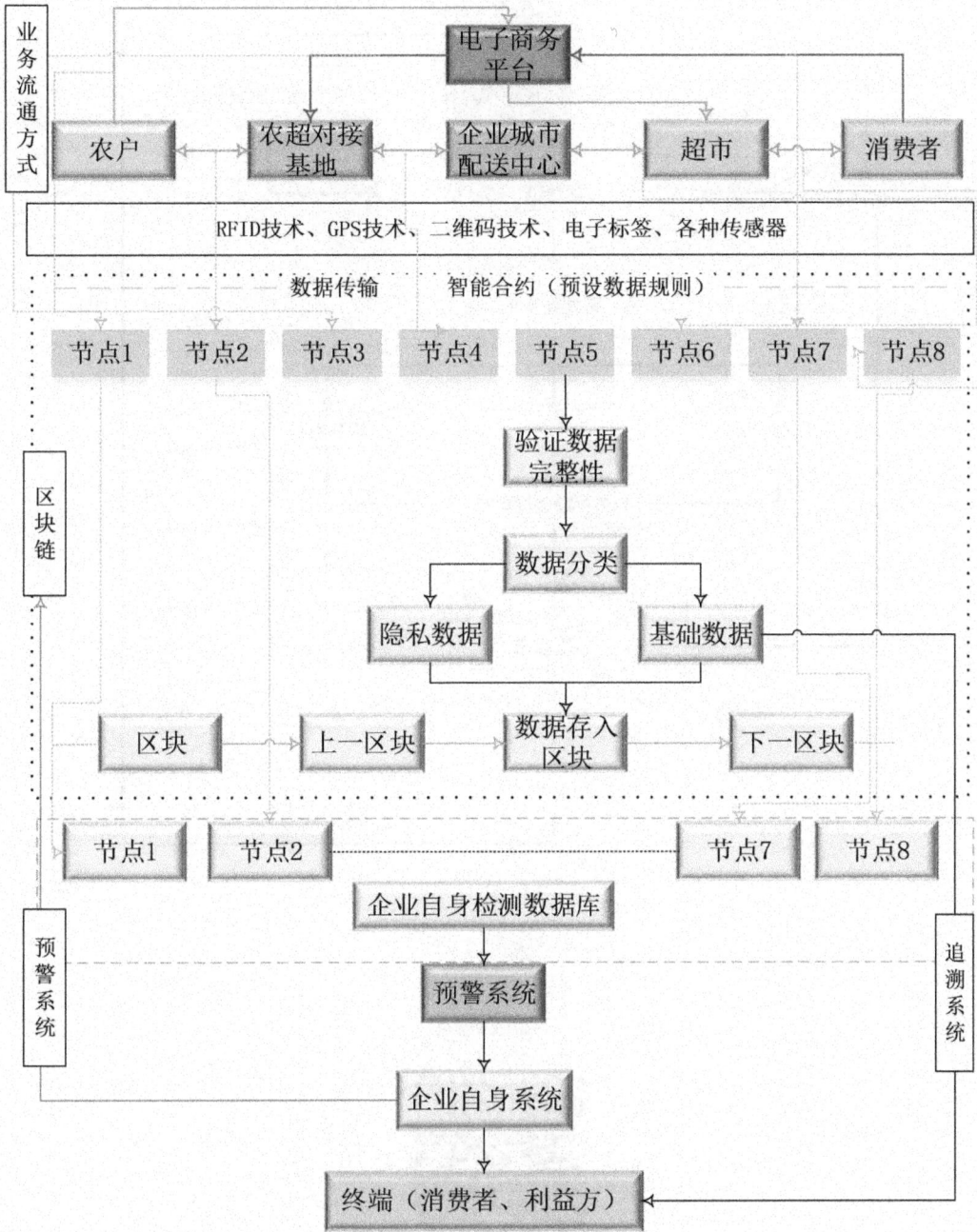

图 6-9　"双超对接＋双向物流"模式的追溯和预警

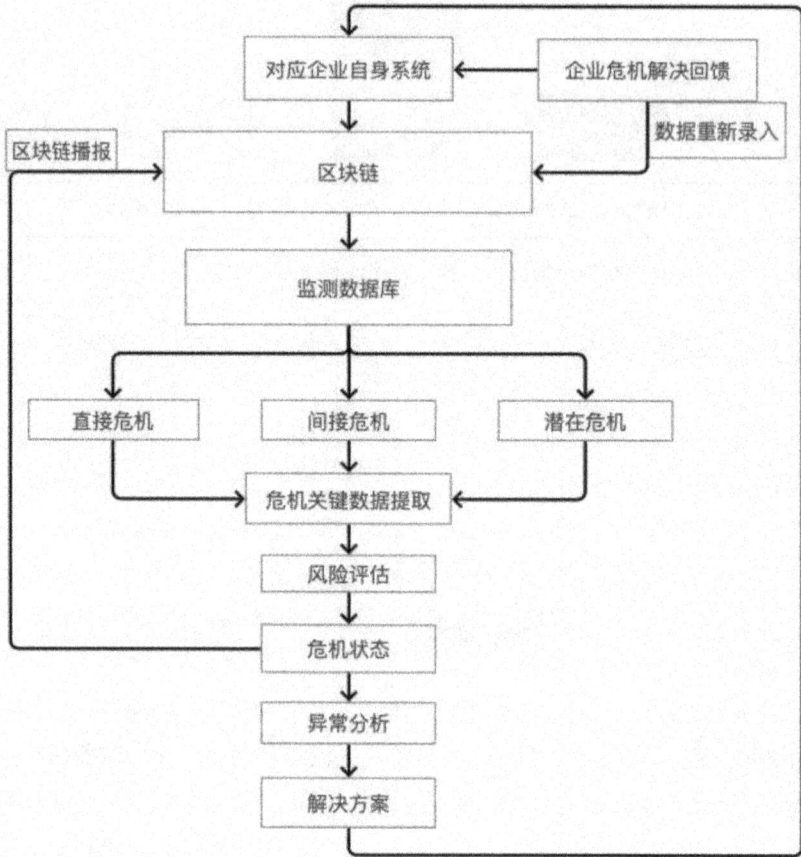

图 6-10　质量预警过程

图 6-11　商品信息及物流追溯二维码

基本信息

中文名:	味道:
红富士苹果	果肉紧密、口感
甜美、清脆	
种植方式:	日照时间:
采用酵素打药施肥	2000小时

种植概况

300亩地将近三个足球场大小，整齐的种植着一排排苹果树，苹果果树的土壤是天然的黄土地，这里昼夜温差大、光照充足、空气湿润，而且环境无污染，这对苹果的生长有很大的好处。用山上流下来的山泉水灌溉，用羊粪做有机肥，给果树提供养分。为了保证每颗果子都能得到充分的养分，一年中果树至少要修剪两次。除此之外，他们还会在苹果上色期，在地上铺上银色的锡箔纸，阳光照射到锡箔纸上后，会通过锡箔纸反射到苹果上，这样即使阳光找不到的果子底部，都能得到充足的光照。

品种信息

作物种类：农产品A
种子类别：杂交种
检测日期：见封口
质量保证期：12个月
种子经营许可证号：农种经许字（2016）第***号
植物检疫证号：植产检第12345620160001号

图 6-12 商品基本信息

图 6-13 商品物流信息

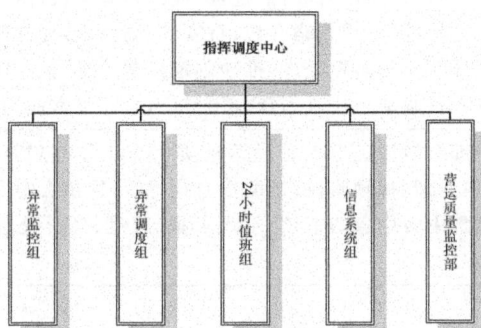

图 6-14 指挥调度中心组织框架

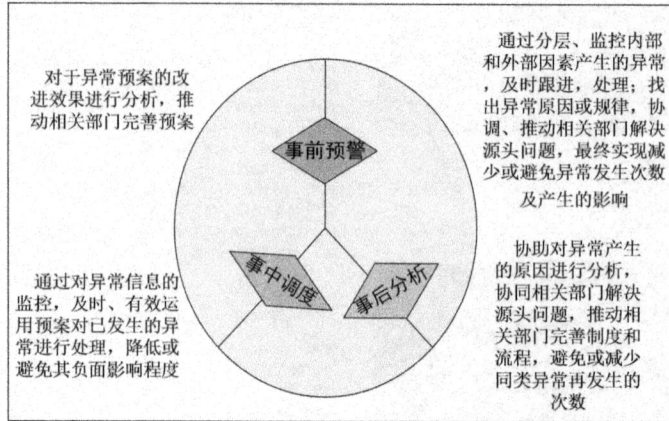

图 6-15 调度工作方法

(3)调度人员职责见表 6-1。

表 6-1 调度人员职责表

小　　组	主要职责
订舱组	1.主导舱位预订,监控外围机场舱位预订; 2.结合航空资源使用情况,提前对全货机、散航资源进行调配; 3.针对不同业务周期特点,确定重点监控产品(时令水果、大闸蟹、唯品会、猎狐、重货快运等快件); 4.航班异常处理,协助网规部门调整发运路由
24 小时值班组	1.统筹安排非工作时间调度部值班工作; 2.联动客服针对客诉需求工单进行系统内流转处理,提升客户满意度; 3.统筹全区内外部重大事件及自然灾害事件应对;持续完善预案体系及升级机制; 4.负责中转运输环节异常跟进调整工作; 5.利用视频监控平台进行实时视频监控; 6.通过异常分析各职能、地区存在问题,每日输出规则、标准、执行端存在问题并推动改善; 7.产品运营底盘专项 OMCS 系统推广
监控组	1.统筹节假日营运安排、业务高峰应对; 2.联动客服针对客诉时效类需求跟进解决,提升客户满意度; 3.主动对超异常快件时效挽救,提升超异常快件挽救效果; 4.特定快件(集团战略客户、特安件、高风险)异常监控与处理跟进; 5.全环节异常监控处理,推动制定异常处理指引,解决异常; 6.日常资源动态投入系统应用推广,建立日常应用机制
场地运营组	1.协助中转场负责人处理营运类所有工作,包括但不限于质量分析、IE 流程设计、工单处理、视频监控、调度指令执行等,提供参考及改善建议; 2.负责中转信息的审核、录入上报、跟进、异常处理,监督、指导现场信息处理的规范化

第7章 中国电子商务精准扶贫绩效评价

绩效是指某组织或个人为了达到某种目标而采取的各种行为的结果。绩效评价是某组织依照预先确定的标准和一定的评价程序,运用科学的评价方法、按照评价的内容和标准对评价对象的工作能力、工作业绩进行定期和不定期的考核和评价。是指运用一定的评价方法、量化指标及评价标准,对某部门为实现其职能所确定的绩效目标的实现程度,及为实现这一目标所安排预算的执行结果所进行的综合性评价。绩效评价的过程就是将员工的工作绩效同要求其达到的工作绩效标准进行比对的过程。

7.1 基于战略导向的电子商务精准扶贫质量管理绩效模型概述

电商精准扶贫战略是对质量战略、发展战略、基建战略、物流速递战略、电商合作战略、扶贫信息开发战略、扶贫对象培养战略、资源开发战略等各种战略的统称。战略导向是指电商精准扶贫采取的一切行动都必须依据战略指导实施,也就是说电商精准扶贫的一切经营管理活动都应当和电商精准扶贫的发展战略保持一致。电商精准扶贫战略导向的质量管理绩效模型则是以质量战略目标分解为基础的质量战略绩效管理模型。该模型以电商精准扶贫质量战略的高度确定其发展思路,理顺内部运营脉络,不断提升组织质量绩效,最终实现电商精准扶贫质量战略目标。为实现这个目标,首要考虑的是质量战略的执行力,即电商精准扶贫质量战略压力传递,聚焦目标等。

基于战略导向的电商精准扶贫质量管理绩效模型,就是以如图7-1所示的战略地图模型为导向,实现电商精准扶贫质量战略绩效、电商质量绩效和电商物流质量绩效的战略协同,确保质量战略目标的有效分解并引导电商员工培养电商精准扶贫所需的核心专长与质量技能。

战略地图由平衡记分卡的创始人罗伯特·卡普兰(Robert S. Kaplan)和戴维·诺顿(David P. Norton)提出(见表7-1)。在电商精准扶贫中使用平衡记分卡只能搭建战略架构,而缺少对战略的具体详细而多方面系统的描述,电商精准扶贫战略的制定者和实施者会因为没有详细地描述战略,不能达成战略共识。

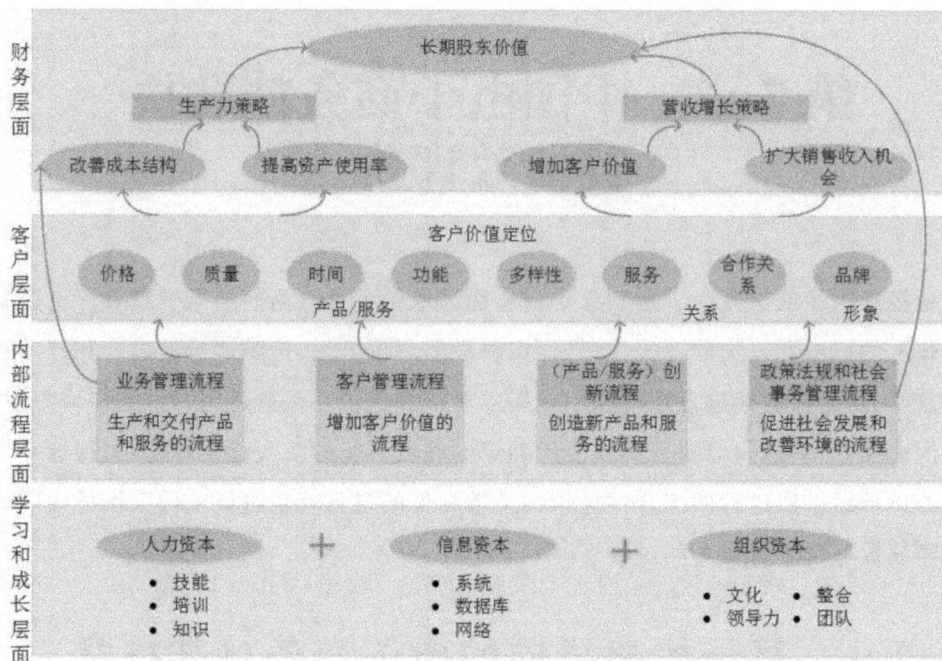

图 7-1　战略地图的一般性模型

表 7-1　电商精准扶贫平衡记分卡

战略主题	战略目标	指　标
帮扶对象收入增长战略	提高农产品出售收入	现有农产品销量增长率
	新增农产品种类收入	新增农产品销量增长率
电商精准扶贫企业提升利润	丰富服务方式	服务类产品总量
	提高资产使用率	资产周转率
可信赖的电商精准扶贫企业	提升帮扶区域面积	帮扶面积广度
	实现服务精准	服务产品使用频率 服务产品意见投诉率
建立与帮扶对象的伙伴关系	使帮扶对象充分了解电商精准扶贫项目	帮扶对象对电商的产品的使用频率 帮扶对象满意度指数
	提高帮扶对象获利能力	销售毛利率
电商精准扶贫企业技术创新	开发新能源汽车	技术创新效益额
	新车型开发	新产品研发周期
		新产品数目
电商精准扶贫企业安全/控制损失	禁止物流货运事故	物流货运事故率
	杜绝物流信息差错	物流错件数量
提高电商精准扶贫质量	使用质量优良的运输车辆	运输车辆抛锚率

续表

战略主题	战略目标	指　标
扩大帮扶产品的销售规模	扩大销售地域	销售地域覆盖率
	平台化建设	宣传投放率
提升提高电商精准扶贫人员能力	提高员工素质、技能	培训完成率
	选择优秀的新员工	新员工考评达标率
	留住人才	核心人才保留率
构建电商精准扶贫信息沟通平台	加强电商精准扶贫人员信息管理	建立电商精准扶贫人员信息管理系统
	倾听电商精准扶贫人员建议	电商精准扶贫人员建议数

如图 7-1 所示,与平衡计分卡相比,战略地图是以平衡计分卡的四个方面为核心,包括财务层面、帮扶对象层面、内部层面、学习与成长等四个层面,运用这四个方面目标的相互关系而绘制的电商精准扶贫战略因果关系图。战略地图的核心内容主要有:电商精准扶贫通过运用人力资本、信息资本和组织资本等无形资产(学习与成长),才能创新和建立战略优势和效率(内部流程),进而使电商精准扶贫把特定价值带给帮扶对象(帮扶对象),从而实现全面脱贫(财务)。

7.2　关注核心业务的扶贫绩效模型分析

电子商务精准扶贫业务流程通常比较复杂,图 7-2 所示为业务流程管理倡议组织(BPMI)所示的标准业务流程模型图,这些业务流程因其复杂程度高经常会导致企业遇到阻碍,为了扫除或削弱这些阻碍,企业往往会重点关注企业核心业务流程。关注核心业务流程的企业一般多数是流程型企业(组织)。

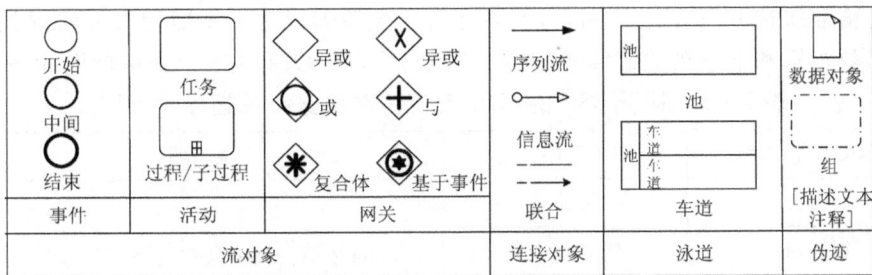

图 7-2　BPMI 所示的标准业务流程模型图

电商精准扶贫对核心业务流程分析的应用中,应非常关注核心项目中各个流程上的质量绩效,在这一步骤中,首先要做好各项质量考核指标的实现流程,梳理及构建质量关键控制指标的建立。梳理并构建质量关键控制指标一般从现有的 ERP 上线流程中提取流程质量绩效指标,包括流程的产出绩效和过程绩效,使之成为电商精准扶贫部门 KPI 库和电商员工电商精准扶贫岗位 KPI 库的一部分,作为两个层级的绩效考核 KPI 指标,纳入整个的电商精准扶贫部门和员工(岗位)的电商精准扶贫 KPI 考核(KPI 的来源还有工作任务分解,电商岗位说明书提取等)。具体做法为:识别电商精准扶贫部门与电商精准扶贫岗位相关的 ERP 线上流程里的电商精准扶贫过程质量绩效,提取电商精准扶贫岗位流程质量 KPI 指标,电商精准扶贫岗位流程质量 KPI 指标反映的是该岗位直接参与的全部流程中与其有关的流程的过程电商精准扶贫质量绩效指标,每个电商精准扶贫岗位形成一张电商精准扶贫岗位流程质量 KPI 表,电商精准扶贫岗位流程质量绩效的考核人是流程中该岗位的流程步骤的下一个流程步骤的执行人。电商精准扶贫岗位流程质量 KPI 表是集合了相关的电商精准扶贫全部流程质量的过程质量绩效指标表。

同时采用电商精准扶贫流程质量绩效清除目前电商部门周边质量绩效考核不利影响(打分缺乏清晰依据、影响分、缺乏公平性等)的优化方式。可以采在电商精准扶贫部门的周边质量绩效中增加电商精准扶贫部门所属相关流程质量的产出绩效考核指标的措施,与之前的外部领导成员打分共同构成电商精准扶贫部门外部周边的质量考核指标。说明:电商精准扶贫部门所属的相关流程并非电商精准扶贫部门参与的全部的流程,是该电商精准扶贫部门业务活动的实施状况对下一个电商精准扶贫部门的业务活动的实施有重大影响的流程。

关注电商精准扶贫核心业务流程的质量管理绩效模型,可以让电商精准扶贫企业重新审视自己的内部电商精准扶贫质量管理状况,清晰电商精准扶贫重点业务流程质量,更加规范内部运营的电商精准扶贫质量管理,并且能够使电商精准扶贫企业清楚地分析出电商精准扶贫质量价值和质量问题产生的根源,同时提升电商企业的电商精准扶贫质量管理高度,让电商企业电商精准扶贫内部质量管理能够真正服从于电商企业的整体利益。

7.3 基于平衡记分卡＋关键绩效指标的电子商务精准扶贫绩效评价概述

BSC＋KPI 法把 BSC 的"财务、帮扶对象、内部经营流程、学习与成长"这四个不同绩效维度看成电商精准扶贫 KPI 的主控因素,然后在每个主控因素之下按照相关方法寻找和设定每一级关键绩效指标和下一级关键绩效指标。基于 BSC 的 KPI 绩效管理指标设计图见表7-2。

表 7-2　基于 BSC 的 KPI 电商精准扶贫绩效指标设计图

BSC 绩效维度	KPI 主控因素	说　明
财务	财务类	
帮扶对象	帮扶对象类	可依电商精准扶贫的情况将关键
内部经营流程	内部经营流程类	绩效指标分类并可分为若干层次
学习与成长	学习与成长类	

BSC 与 KPI 都是提高电商精准扶贫绩效水平的战略管理工具,然而因其理论指导不同下的方法运用,BSC 与 KPI 在思想基础、指标设定、指标运用等方面不尽相同。BSC 与 KPI 的相同之处表现在:思想基础层面,BSC 与 KPI 都是一种整体性的电商精准扶贫绩效管理工具,并

且都是开始于一个总目标,寻找衡量指标,设定分目标,掌控行动;指标设置层面,BSC 与 KPI 的主要目的都是体现电商精准扶贫各个维度或主成分的绩效,BSC 与 KPI 的分解设定均是为了体现电商精准扶贫绩效方面或上一级指标的绩效;指标运用层面,任意一项电商精准扶贫指标均可由更细的指标组成,使用各级、各类电商精准扶贫指标展开以实际情况为基础的评价,电商精准扶贫作为电商精准扶贫方向的指引和范围的约束,可设定为检查标准,进而形成制定计划、分配资源、监控行动、检查考核的工具。

BSC 与 KPI 的不同之处表现在:思想基础层面,BSC 将实现电商精准扶贫总目标的绩效分割成不同的维度,不同的维度之间具有清晰的因果支撑关系,形成了一个绩效控制和发展循环;KPI 则要求分析和寻找影响电商精准扶贫总目标实现的主要控制绩效因素,各主控绩效因素之间不存在明显的逻辑关系,但它们共同构成了总目标的组成部分。电商精准扶贫设定层面,BSC 从绩效维度中设定电商精准扶贫,KPI 从主控绩效因素中设定电商精准扶贫;电商精准扶贫运用层面,由 BSC 不同维度分解出的电商精准扶贫之间具有明显的逻辑关系,而由 KPI 不同主控绩效因素分解的电商精准扶贫之间没有明显的逻辑关系,但却并不影响该电商精准扶贫的分解和应用。

KPI 是对电商精准扶贫目标的直接分解,一级级分解建立的电商精准扶贫体系,并且实施成果导向的考核;但与 BSC 相比,KPI 的要素基本是相互独立的,没有体现彼此的联系,也没有超前与滞后之分。它的分解与落实都是以既定电商精准扶贫目标为核心的,不能突出部门或个人的特色及职能。比较而言,使用 KPI 绩效考核的落实层面没有得到战略管理意义的深化。BSC 能够将因果关系引入到电商精准扶贫绩效考评体系中,增强了电商精准扶贫绩效考评体系的功能,也提高了电商精准扶贫绩效考评体系在电商精准扶贫管理中的地位和作用。BSC 将电商精准扶贫多元化目标归为可计量的财务、帮扶对象、内部运营和学习成长四个方面,对电商精准扶贫的战略进行全面的考评。其内涵在于关注过程而非仅仅结果,形成由一系列因果链条贯穿起来的一个有机整体。KPI 制定方法如图 7-3 所示。

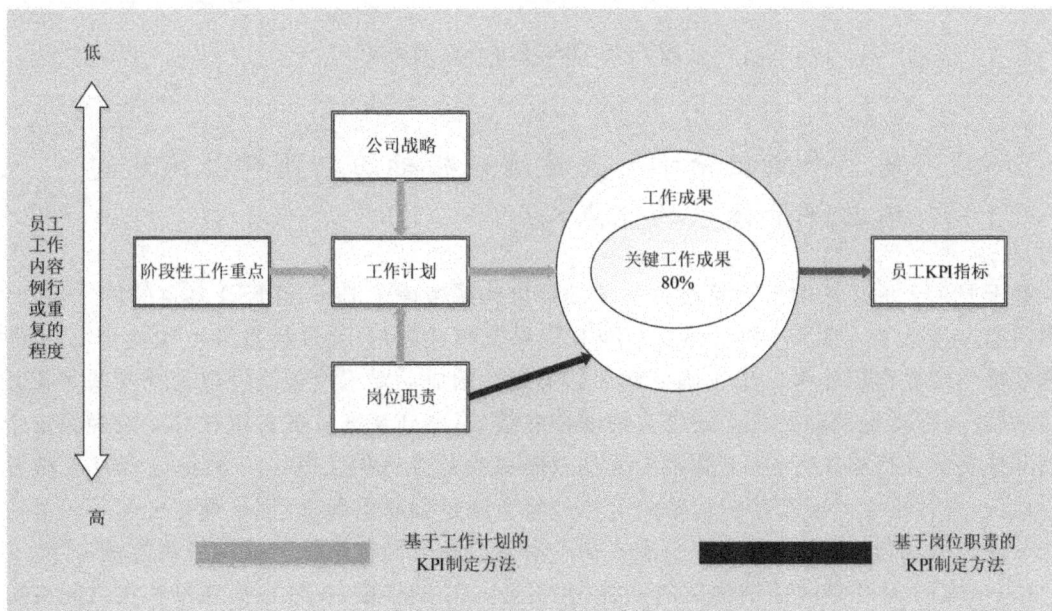

图 7-3　KPI 制定方法

如图7-4所示BSC法有4个层面,BSC能使电商精准扶贫及时修改并调整战略,并随时反映学习所得。应用BSC评估系统可以鼓励电商精准扶贫各级领导积极投身于战略执行过程,而不是简单的监督电商精准扶贫的财务结果,其对财务电商精准扶贫不足的弥补是通过补充非财务电商精准扶贫来完成的。BSC是由通向长远目标的"绩效发展循环系统"建立的绩效指标体系。BSC板块建立后,可能会用到KPI方法。如果把BSC混同于KPI,就会忽略BSC板块间、电商精准扶贫间的支撑关系。并不是全部的KPI电商精准扶贫都应归入BSC,有些KPI电商精准扶贫固然重要,但不能突出电商精准扶贫的战略和价值定位。

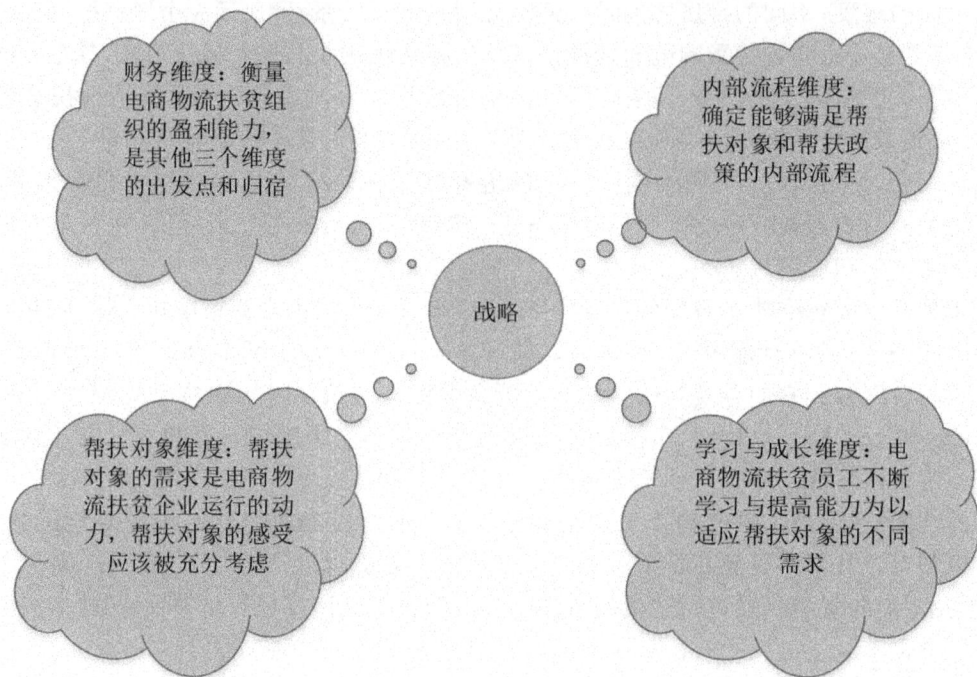

图7-4　BSC法的4个层面

7.3.1　基于平衡记分卡＋关键绩效指标的电商精准扶贫的绩效评价体系的优点

基于BSC＋KPI法的电商精准扶贫绩效评价体系考虑了BSC与KPI各自的特性,将BSC与KPI优点整合在了共同,利用相互之间有因果支撑关系的BSC绩效维度构建了KPI的电商精准扶贫绩效指标体系。通过确认和评估关键性的成功要素及关键性电商精准扶贫及其过程,并以此为标准定期和员工沟通电商精准扶贫绩效,电商精准扶贫各级领导就能确保整个电商精准扶贫参与战略执行,使电商精准扶贫战略成为每个人的工作。平衡记分卡将战略置于中心地位,有效将电商精准扶贫战略制定与战略实施过程联系起来,使平衡记分卡不仅是一种绩效考评方法,而且演化成为电商精准扶贫一套有效的电商精准扶贫战略管理方法。

BSC＋KPI系统是高度结构化的系统,并不是KPI的堆砌,KPI电商精准扶贫之间有着必然的逻辑关系。该系统真正的关键是制订电商精准扶贫战略,电商精准扶贫战略是核心,是本质,KPI 只是表象,电商精准扶贫不同部门的 KPI 及其数量和数值都因部门的战略不同而存在很大的差异。没有电商精准扶贫战略,KPI 就没有意义。BSC＋KPI 系统既在 BSC 理论思想的指导下,将电商精准扶贫质量管理绩效工作形成了一个有效控制和发展的循环,同时又可以运用 KPI 体系的构建方法,使电商精准扶贫比较方便地将电商精准扶贫战略目标进行分解产生操作性强的战术目标,并用这些目标监测和调整电商精准扶贫的质量活动。使电商精准扶贫考评视野从只注重电商精准扶贫内部评价,扩大到电商精准扶贫外部利益相关者,并且以全新的眼光重新考察电商精准扶贫内部。

通过 BSC 及 KPI 电商精准扶贫进行绩效考核,实现了电商精准扶贫外部平衡和内部平衡之间的平衡,定性衡量和定量衡量的平衡,短期衡量与长期衡量的平衡及成果衡量与动因衡量的平衡。但是,在 BSC＋KPI 体系中,BSC 的理论基础仍然缺乏,其在创新,内部运营,帮扶对象和财务方面因果驱动并不是很严密,财务投入也比较大,考评电商精准扶贫设置的难度也较大,KPI 设置的合理性也需要实践进行进一步检验。

另外,BSC 绩效考核模式,必须充分认识到 BSC 的平衡原则和缺陷因素,分清主次,集中精力抓住电商精准扶贫的主要矛盾;立足于关键部门和关键岗位,立足于该部门或岗位急需解决的问题,立足于量化而不是模糊,立足于精简而不是庞杂,建立一套可执行的 KPI 电商精准扶贫体系,使 KPI 考核不但维系着日常质量工作的有效运行,也将为 BSC 年度目标的实现提供最基本的措施保障,形成一个互相补充、互相促进、互相影响的、基于 BSC 的 KPI 电商精准扶贫绩效体系。

基于 BSC＋KPI 法的电商精准扶贫绩效体系分析评价是绩效考核实施的内部评价质量绩效考核运行状况和经基于 BSC＋KPI 法的电商精准扶贫质量绩效主管部门认可的评价。评价相关人员均应坚持和遵守坚持以事实和客观证据为判定依据的原则、坚持考核结果与实际情况对照的原则及坚持独立、公正的原则,以保证评价的公正性和有效性。

7.3.2　基于平衡记分卡＋关键绩效指标的电商精准扶贫指标体系构建思路和步骤

确定电商精准扶贫绩效考核指标是 BSC＋KPI 法电商精准扶贫绩效体系的中心环节,是进行电商精准扶贫绩效考核的基本要素,制定科学有效的电商精准扶贫绩效考核指标是电商精准扶贫绩效考核取得成功的保证。

1.建立电商精准扶贫体系的总体思路

按照 20/80 法则和 SMART 原则,运用关键绩效指标法从电商精准扶贫业绩评价体系中提炼出电商精准扶贫级质量 KPI 体系,根据电商精准扶贫级质量关键指标,按照流程重点、部门职责之间联系的原则,提取部门级的电商精准扶贫质量关键绩效指标,然后根据部门级的电商精准扶贫质量关键绩效指标以及岗位职责提取员工级的电商精准扶贫质量关键绩效指标,进而建立起电商精准扶贫绩效考核指标体系。

2.电商精准扶贫关键绩效指标的提取程序与方法

围绕电商精准扶贫战略目标的要求,同时覆盖电商精准扶贫业绩考评,利用"头脑风暴法"和"鱼骨图法",找出电商精准扶贫关键成功因素,进一步确定电商精准扶贫关键绩效指标。

（1）确定电商精准扶贫级质量KPI。首先，通过访谈及文献调研对电商精准扶贫战略目标进行梳理，并绘制电子商务精准扶贫整体及各电商精准扶贫战略地图。其次，为了设计电商精准扶贫级质量关键绩效指标，利用鱼骨图的方法对电商精准扶贫的质量关键成功因素范围进行了分析。

（2）部门级KPI。在确定电商精准扶贫级KPI后，根据战略地图确定部门相关联的质量目标，然后确定部门级的质量战略地图，部门质量业绩考核责任书来确定部门级的质量KPI。

（3）确定员工质量KPI。在电商精准扶贫级和部门级质量KPI确定之后，各部门的主管根据电商精准扶贫级质量KPI、部门质量KPI、岗位质量职责和业务流程质量，采用与分解电商精准扶贫级质量KPI相同的方法，将部门质量关键绩效指标进一步细分，分解出员工个人质量KPI。

3. 电商精准扶贫指标体系的层次结构与分类

电商精准扶贫指标体系可呈现层次分明的结构，一般可分为电商精准扶贫级质量关键绩效指标、部门级质量关键指标和员工级电商精准扶贫质量关键绩效指标三个层次。

电商精准扶贫KPI电商精准扶贫体系包括三个层面的指标：第一个层面是电子商务精准扶贫企业级的电商精准扶贫质量KPI，是通过基于电商精准扶贫战略的关键成功要素法分析得来的；第二个层面是部门级的电商精准扶贫质量KPI，是根据公司级电商精准扶贫质量KPI、部门级电商精准扶贫质量职责、业务流程电商精准扶贫质量分解而来的；第三个层面是员工个人的电商精准扶贫质量KPI，是根据部门电商精准扶贫质量KPI、岗位电商精准扶贫质量职责和业务流程电商精准扶贫质量演化而来的。这三个层面的指标共同构成电商精准扶贫质量关键绩效指标体系。在三个层级的电商精准扶贫质量KPI之间建立纵向分解关系，保证工作任务的落实和战略目标的实现。上一级电商精准扶贫质量KPI是下一级电商精准扶贫质量KPI分解的约束和依据，下一级电商精准扶贫质量KPI是对上一级电商精准扶贫质量KPI的落实和支撑。

通过电商精准扶贫质量KPI指标体系的建立，把电商精准扶贫质量战略目标通过自上而下的层层分解落实为部门和员工个人的具体电商精准扶贫质量工作目标，将电商精准扶贫质量战略转化为内部过程质量和活动质量，从而确保电商精准扶贫质量战略目标的实现。通过电商精准扶贫质量KPI，可以落实电商精准扶贫质量战略目标和业务质量重点，传递电商精准扶贫质量价值导向，有效激励员工电商精准扶贫质量，促进电商精准扶贫员工质量绩效的改进与提升，电商精准扶贫质量KPI体系不仅成为电商精准扶贫员工质量的约束机制，同时发挥电商精准扶贫质量战略导向的牵引作用，通过提高员工个人电商精准扶贫质量绩效最终实现电商精准扶贫质量绩效的提高。

建立电商精准扶贫绩效指标分类框架。可将电商精准扶贫绩效指标分为三类：即战略 & 计划类电商精准扶贫质量绩效指标、流程电商精准扶贫质量绩效指标、职责任务类电商精准扶贫质量绩效指标。通过三种方法和提取来源来建立电商精准扶贫质量KPI指标库。这三类指标存在一定程度上的交叉重复，比如战略 & 计划电商精准扶贫质量指标与结果性流程电商精准扶贫质量绩效指标有一定的交叉重复。而上述电商精准扶贫质量绩效指标体系又可以分为牵引性电商精准扶贫质量指标和保障性质量指标。

牵引性电商精准扶贫质量指标是纵向分解电商精准扶贫质量指标,是由电商精准扶贫质量战略地图、电商精准扶贫质量关键成功要素及电商精准扶贫质量战略目标层层分解获得,其目的在于分解电商精准扶贫质量战略目标,保证电商精准扶贫质量战略有效执行。纵向分解电商精准扶贫质量指标是由电商精准扶贫质量战略地图、电商精准扶贫质量关键成功要素及电商精准扶贫质量战略目标层层分解获得,其目的在于分解电商精准扶贫质量战略目标,保证电商精准扶贫质量战略有效执行。纵向分解电商精准扶贫质量指标按照平衡计分卡的方式分为四类,即"财务类电商精准扶贫质量指标、客户类电商精准扶贫质量指标、运营类电商精准扶贫质量指标、学习成长类电商精准扶贫质量指标"。

保障性电商精准扶贫质量指标是电商精准扶贫横向流程质量指标,来源于现行核心流程质量(特别是 ERP 流程);它是从流程的整体输出及流程中(服务中)各电商精准扶贫关键活动质量的输出中提取出来电商精准扶贫质量绩效指标。其目的在于提高和保障电商精准扶贫质量运营效率。电商精准扶贫横向流程质量指标来源于现行核心流程质量(特别是 ERP 流程);它是从电商精准扶贫流程质量的整体输出及流程中(服务中)各电商精准扶贫质量关键活动的输出中提取出来电商精准扶贫质量绩效指标。其目的在于提高和保障电商精准扶贫质量运营效率。

电商精准扶贫横向流程质量指标包括电商精准扶贫过程质量绩效指标与结果质量绩效指标,过程质量绩效指标是从流程中(服务中)各电商精准扶贫质量关键活动的输出中提取出来的有关质量、数量、时间、成本、安全等方面的质量绩效指标;结果性质量绩效指标是流程中(服务中)各项电商精准扶贫质量活动整体最终输出结果,它是流程中(服务中)各相关部门与岗位的"共享考核质量指标",该类质量指标与纵向分解质量指标有较多重复。

电商精准扶贫过程性流程质量绩效指标所依附的电商精准扶贫质量活动由哪个部门或岗位执行,该绩效指标就考核哪个部门或岗位。电商精准扶贫结果性流程质量绩效指标是与该流程中(服务中)执行任务的各部门/岗位都相关,较难明确界定出来哪一家部门/岗位为该指标承担唯一电商精准扶贫质量责任,它往往属于多个部门或岗位共享性电商精准扶贫质量绩效指标。

7.3.3　基于平衡记分卡＋关键绩效指标的电商精准扶贫的绩效评价的目的及作用

1. 基于 BSC＋KPI 法的电商精准扶贫绩效评价模型的目的

(1)分析评价基于 BSC＋KPI 法的电商精准扶贫绩效体系的适宜性、有效性、优劣性并及时完善该体系,促使该体系能够持续有效地满足及促进 ISO9000、卓越绩效等标准及电商精准扶贫的长期质量战略协调发展要求。

(2)通过落实各单位部门电商精准扶贫质量管理绩效工作的责任和任务,及时发现该电商精准扶贫质量管理绩效体系在电商精准扶贫、各部门考核过程中存在的问题及难点,评价该电商精准扶贫质量管理绩效体系的优劣性,及时纠正问题及难点并不断完善该电商精准扶贫质量管理绩效体系。

（3）电商精准扶贫质量绩效评价结果供电商精准扶贫、各部门制定电商精准扶贫质量工作计划和决策时参考，保证企业、各部门总体电商精准扶贫质量战略目标的实现。

（4）依据基于BSC＋KPI法的电商精准扶贫绩效评价结果，对员工及时提供的电商精准扶贫质量绩效反馈提供具有针对性的建议，使员工的电商精准扶贫质量工作成绩能得到及时肯定，以增强其信心。

2. 基于BSC＋KPI法的电商精准扶贫绩效评价模型的作用

（1）通过基于BSC＋KPI法的电商精准扶贫绩效体系评价，可以快速察觉基于BSC＋KPI法的电商精准扶贫绩效工作过程中的问题和难点并且能够及时完善。

（2）通过基于BSC＋KPI法的电商精准扶贫绩效体系评价，可以明确基于BSC＋KPI法的电商精准扶贫绩效体系的优劣性，及时发现绩效管理体系的瓶颈所在并根据其优劣性及瓶颈问题，有针对性地对绩效管理体系进行改进与完善。

（3）通过基于BSC＋KPI法的电商精准扶贫绩效体系评价，能够了解电商精准扶贫整体、各部门乃至每个员工的绩效工作状况，评价结果可作为电商精准扶贫、各部门制定电商精准扶贫质量工作计划和电商精准扶贫质量战略决策时的一项参考依据。

7.3.4　基于平衡记分卡＋关键绩效指标的中国电商精准扶贫的绩效评价的组织和人员要求

1. 评价组织

成立由基于BSC＋KPI法的电商精准扶贫绩效委员会参加的绩效考核体系绩效评价小组，并确定一名组长，如图7-5所示。

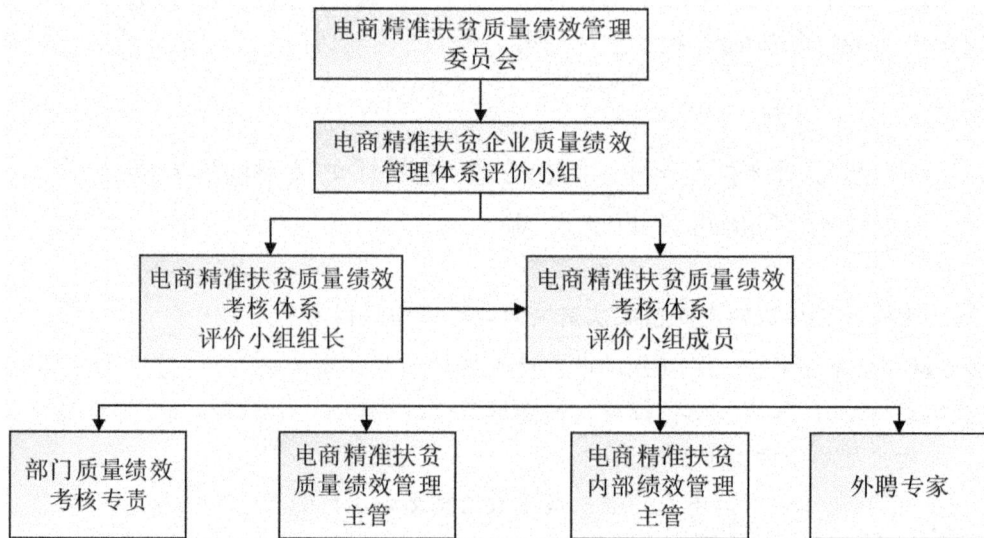

图7-5　中国电子商务精准扶贫绩效管理评价组织图

2. 评价人员

评价小组人员应经过基于 BSC＋KPI 法的电商精准扶贫绩效考核培训,具有相关专业技术知识,掌握电商精准扶贫绩效考核流程及内容,熟悉电商精准扶贫部门的生产、经营、管理情况。评价人员包括各部门绩效考核专责、电商精准扶贫内部绩效管理主管及外聘专家组成。小组人数由电商精准扶贫绩效管委会自行确定。

7.3.5　基于平衡记分卡＋关键绩效指标的中国电商精准扶贫的绩效评价的程序和周期

1. 基于 BSC＋KPI 法的电商精准扶贫绩效评价模型的评价程序

一般而言,基于 BSC＋KPI 法的电商精准扶贫绩效体系程序可以按以下进行:制定基于 BSC＋KPI 法的电商精准扶贫评价计划→成立基于 BSC＋KPI 法的电商精准扶贫评价小组→基于 BSC＋KPI 法的电商精准扶贫评价准备→基于 BSC＋KPI 法的电商精准扶贫评价实施→编写基于 BSC＋KPI 法的电商精准扶贫评价报告和不合格报告→基于 BSC＋KPI 法的电商精准扶贫评价结果处置→基于 BSC＋KPI 法的电商精准扶贫考核奖惩。

也可按如图 7-6 所示程序进行分析:各部门选定基于 BSC＋KPI 法的电商精准扶贫绩效体系分析评价人员,应从熟悉、了解基于 BSC＋KPI 法的电商精准扶贫绩效的人员之中产生;对基于 BSC＋KPI 法的电商精准扶贫绩效分析评价人员进行培训,掌握正确有效的基于 BSC＋KPI 法的绩效分析评价方法;明确分析基于 BSC＋KPI 法的电商精准扶贫评价的责任人;收集整理分析基于 BSC＋KPI 法的电商精准扶贫评价结果;分析基于 BSC＋KPI 法的电商精准扶贫评价结果数据:基于 BSC＋KPI 法的电商精准扶贫绩效结果分析,找出基于 BSC＋KPI 法的电商精准扶贫绩效差距,进行原因分析(是否体系自身原因),若否,进行基于 BSC＋KPI 法的电商精准扶贫绩效环境分析(如配合、协作、资源配置等)若是,进行本期与上期基于 BSC＋KPI 法的电商精准扶贫绩效评价结果对比分析;综合分析,提出基于 BSC＋KPI 法的电商精准扶贫绩效改进意见;制定基于 BSC＋KPI 法的电商精准扶贫绩效改善计划并执行。

2. 基于 BSC＋KPI 法的电商精准扶贫绩效评价模型的评价周期

基于 BSC＋KPI 法的电商精准扶贫绩效体系评价唯有符合、适应基于 BSC＋KPI 法的电商精准扶贫及其质量管理绩效工作发展的自身规律,才能促进电商精准扶贫质量管理绩效工作的健康发展,否则,反而成为电商精准扶贫质量管理绩效工作的障碍。而且,基于 BSC＋KPI 法的电商精准扶贫绩效评价活动本身也需要一定的费用,并花费分析评价专家和管理人员的一定时间。因此,每次分析评价应该有一定的周期间隔,建议基于 BSC＋KPI 法的电商精准扶贫绩效体系整体评价一年评价一次,各部门及单位每次绩效考核周期结束后均需对其绩效管理体系的优劣性进行分析评价。

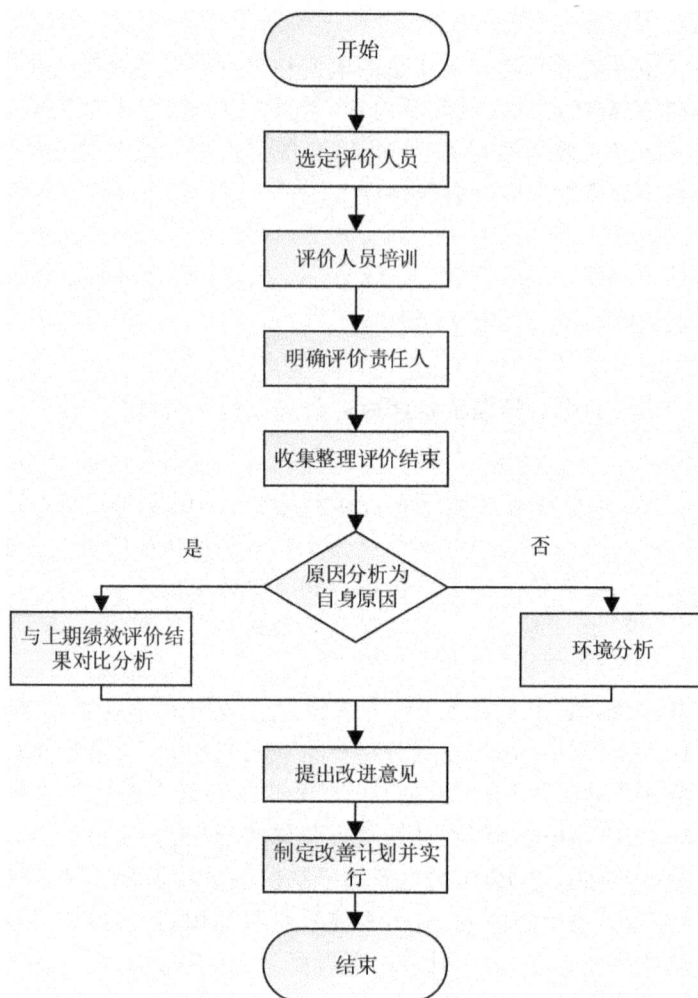

图 7-6　基于 BSC＋KPI 法的电商精准扶贫绩效评流程

7.4　基于平衡记分卡＋关键绩效指标的中国电子商务精准扶贫绩效评价模型构建及评价

基于 BSC＋KPI 法的中国电商精准扶贫绩效评价模型构建，要着眼于从电子商务精准扶贫的层次审视电商精准扶贫绩效评价体系，而非单个电商精准扶贫的质量管理绩效评价体系。

7.4.1　基于平衡记分卡＋关键绩效指标的中国电商精准扶贫的绩效评价模型构建步骤

基于 BSC＋KPI 法的中国电商精准扶贫绩效评价模型即基于 BSC＋KPI 法的电商精准扶贫战略绩效管理评价模型，必须基于 BSC＋KPI 法的电商精准扶贫发展战略，以市场为导向，缩短反应时间、创新质量、技术与服务,重视电子商务精准扶贫团队协作,面向长远进行电商精准扶贫绩效评价,进而提高电子商务精准扶贫整体管理水平。基于 BSC＋KPI 法的电商精准扶贫战略绩效评价模型需要多种方法融会贯通、取长补短,而不是通过一种方法就能够建立,这样才能建立适应电子商务精准扶贫相对复杂的内外部环境的质量协调战略绩效管理整合模型。

通过基于 BSC＋KPI 法的电商精准扶贫绩效评价模型,使电商精准扶贫战略目标,在电商精准扶贫的各级组织和员工中上下沟通、达成共识、层层分解、传递,引导电子商务精准扶贫全体成员为电子商务精准扶贫整体质量目标的实现和可持续发展做出贡献。具体做法首先要厘清电子商务精准扶贫整体质量战略地图及各电商精准扶贫、各部门的电商精准扶贫质量协调战略地图,建立起电商精准扶贫战略地图与电商精准扶贫及部门电商精准扶贫质量战略地图之间的接转关系,将之转化为具体的电商精准扶贫质量协调战略目标与行动方案,并作为相关责任单位的电商精准扶贫质量协调绩效考核指标。

基于以上考虑,电商精准扶贫绩效模型,是复杂系统构成的整合模型,包括了电商精准扶贫关键绩效指标与工作任务考核的模型整合,同时包括纵向分解形成的电商精准扶贫牵引性指标与横向流程提取的保障性指标等的模型整合。

(1)结合电商精准扶贫发展战略,利用平衡计分卡(BSC)方法对电商精准扶贫目标进行分解。对于电子商务精准扶贫来说,电商精准扶贫现成的一些质量业绩目标,不一定能够全面反映电商精准扶贫状况,因而电子商务精准扶贫要结合自身质量战略与电商精准扶贫业绩考核要求进行目标分解。

(2)将平衡计分卡及其 4 个维度的指标,量身定做到电商精准扶贫及质量部门,将电商精准扶贫及其部门的平衡计分卡在组织的愿景和战略下进行整合。进而将部门指标分解到岗位,使员工明白自己对电商精准扶贫战略目标实现的作用并作为员工用以衡量自己工作绩效的标准,这样各个岗位的员工才能有的放矢,岗位关键绩效指标的实现支撑部门指标的实现。

(3)电子商务精准扶贫业务流程(服务)的顺畅保证电商精准扶贫战略目标的实现。顺畅的业务流程(服务)使电商精准扶贫的每个员工在日常工作的每个环节都能体现电商精准扶贫质量协调战略目标、使命和价值观导向,使质量协调战略目标化为行动,再以行动来实现电商精准扶贫的质量协调战略目标。

(4)利用流程分解方法确定岗位关键绩效指标(KPI)。在为各个岗位设计质量绩效评价指标时,根据流程分解的结果按照职能和职称等的区别对各个评价涉及的岗位进行分类,设计出一个大的指标体系;然后根据每个岗位所赋有的和组织的战略密切相关的核心职能或职责,对已有的指标体系框架进行具体化,从而设计出个性化的质量绩效评价指标。

(5)根据流程分析确定岗位质量职责。岗位质量职责是电商精准扶贫内每一个岗位包括的具体质量工作内容和责任,对每一个岗位的质量工作内容及有关因素做全面系统的描述和记载,并指明担任这一岗位的人员必须具备的知识和能力。确定质量岗位职责是设计电商精准扶贫绩效系统的重要依据,它对电商精准扶贫绩效评价的作用,表现在评价的质量内容必须与质量工作的内容密切相关,尽力减少评价指标中缺失的部分和受污染的部分。

7.4.2 平衡记分卡的模型构建

Robert S. Kaplan 等人提出了"平衡记分卡"(Balanced Scorecard 简称 BSC)评价模型体系。Balanced Scorecard 基于 Robert Kaplan 和 David Norton 的方法论。通过 Balanced Scorecard 作为执行战略和监控过程的工具,超越了传统的仅靠财务衡量电商精准扶贫业绩的方法,它通过"财务、客户、内部经营流程、学习与成长"这 4 个不同的维度,把电商精准扶贫战略转化为一套全方位的运作目标和绩效指标,来系统地衡量、控制和提升组织的业绩,Balanced Scorecard 模型示意图如图 7 - 7 所示。Balanced Scorecard 体现了财务指标和非财务指标的平衡,电商精准扶贫的长期目标和短期目标的平衡,结果性指标与动因性指标之间的平衡,电商精准扶贫组织内部群体与外部群体的平衡,领先指标与滞后指标之间的平衡。

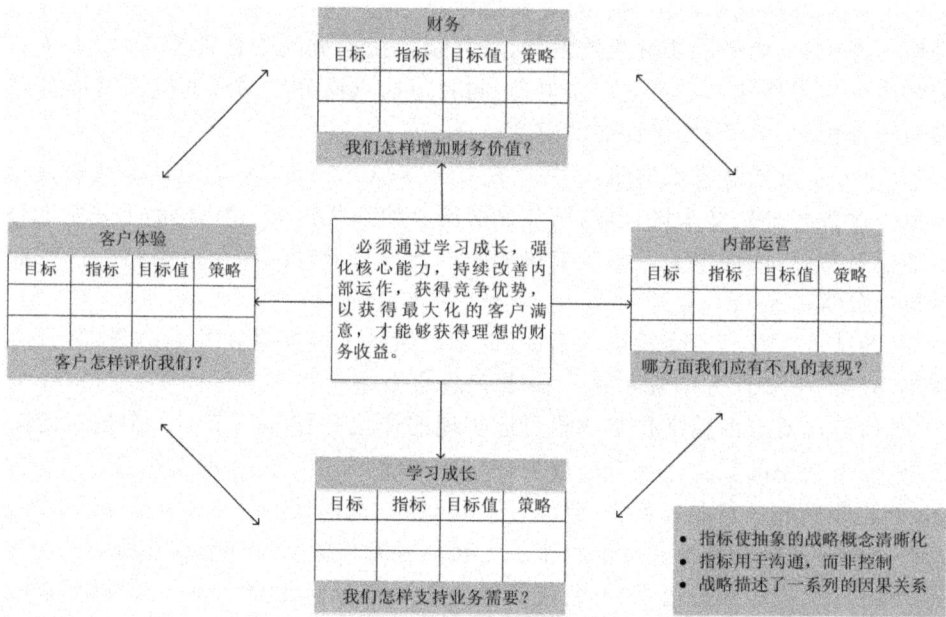

图 7 - 7 Balanced Scorecard 模型示意图

Balanced Scorecard 不仅是一种评价体系而且是一种管理思想的体现,其最大的特点是集评价、管理、沟通于一体,即通过将短期目标和长期目标、财务指标和非财务指标、滞后型指标和超前型指标、内部绩效和外部绩效结合起来,使管理者的注意力从短期的目标实现转移到兼顾战略目标实现。该体系分别从财务角度、顾客角度、内部过程角度、学习和创新角度建立评价体系。其中,财务角度指标显示电商精准扶贫的战略及其实施和执行是否正在为供应链的改善做出贡献;顾客角度指标显示顾客的需求和满意程度;内部过程角度指标显示电商精准扶贫的内部效率;学习和创新角度显示电商精准扶贫未来成功的基础。

使用 Balanced Scorecard 的组织创造了一个能够均衡反应财务、顾客、内部业务流程和创新的关键指标体系。运用 Balanced Scorecard 的目的是通过给经理提供包括有形资产和无形资产在内的、更为广泛的视角和观点,以使经理能做出更好的决策。

7.4.3 基于平衡记分卡的中国电子商务精准扶贫关键指标 绩效评价模型构建

关键绩效指标(Key Performance Indicators,简写为 KPI)是通过对电商精准扶贫内部流程的输入端、产出端的关键参数进行设置、取样、计算、分析,来衡量流程绩效的一种目标式量化管理指标,是把电商精准扶贫的战略目标分解为可操作的工作目标的工具,是电商精准扶贫企业绩效管理的基础。KPI 可以使电商精准扶贫企业各部门主管明确部门的主要责任,并以此为基础,明确员工的绩效指标。

执行 KPI 体系的目的是建立一种机制,将电商精准扶贫企业战略转化为内部过程和活动,以不断增强电子商务精准扶贫核心竞争力并保证电商精准扶贫企业持续地取得高效益。应用 KPI 的前提假定是电商精准扶贫企业员工采取了一切必要的行动以达到事先确定的目标;应用 KPI 时,将宏观战略目标进行层层分解并产生了可操作性的战术目标,用这些目标监测和调整了电商精准扶贫企业的经营活动。可以采用"纵向分解、横向提取"的方法建设 KPI 指标体系。

纵向分解以战略目标及上级单位要求为分解对象,对电商精准扶贫企业战略目标的要求,综合运用维度结构(时间结构、内容结构)分解法和驱动因素分解法进行分解,获取电子商务精准扶贫各组织层级的牵引性指标,然后采用 OBS 法,将关键指标与电子商务精准扶贫责任部门(责任人)建立起关联。

横向提取是从横向角度,按电子商务精准扶贫业务流程运行的方向,突破电商精准扶贫企业职能职责壁垒,基于业务活动内容和结果,提取出保障性指标,促进电商精准扶贫企业业务部门、职能部门、业务单元之间互相协调,发挥电子商务精准扶贫组织的协同性,从而有利于电商精准扶贫企业关键绩效指标的达成。KPI 体系模型构建思路和设计程序如图 7-8 和图 7-9所示。

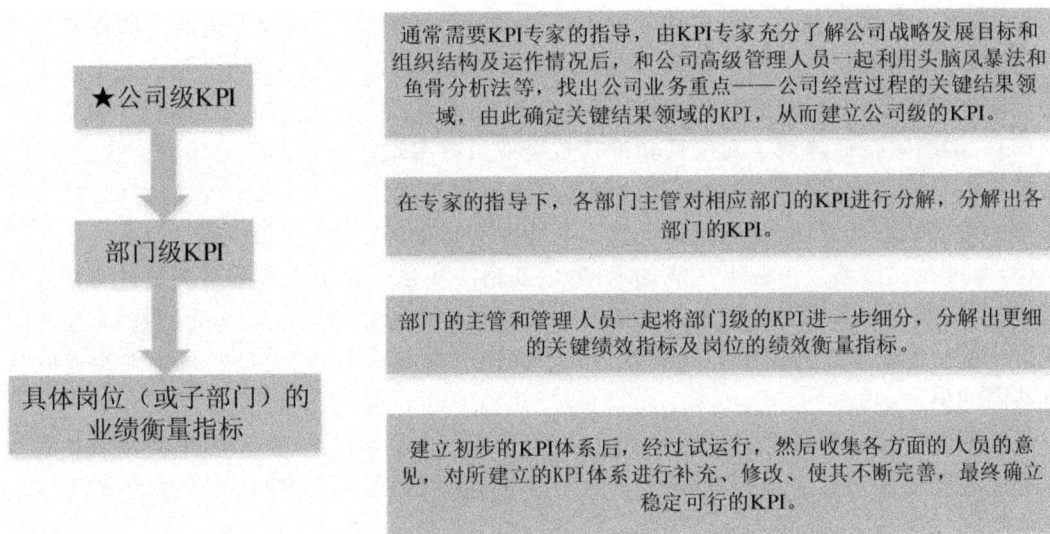

图 7-8 中国农村电商精准扶贫 KPI 体系模型构建思路图

1、确定工作产出	→	2、建立考核指标	→	3、设立考核标准	→	4、审核KPI指标
★明确组织目标，自上而下逐级确认增值产出 ★绘制客户关系图 ★为各项工作产出划分权重		★针对不同工作产出确定使用的指标类型 ★利用SMART原则设计考核指标 ★为各项考核指标划分权重		★设定基本标准与卓越标准 ★确定由谁来进行考核 ★明确如何对各项标准进行考核		★指标与标准的客观性 ★指标与标准的全面性 ★指标与标准的可操作性 ★提供反馈及修正信息

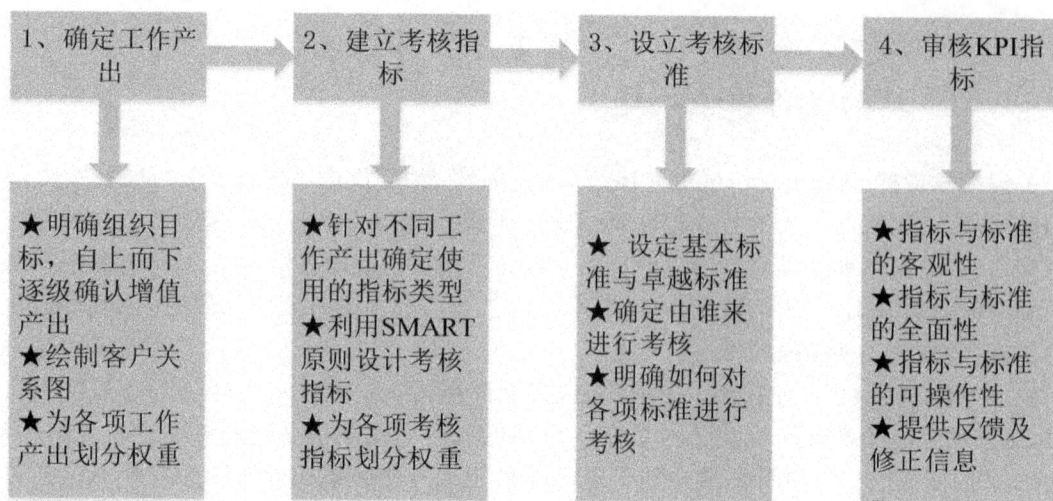

图 7-9　中国电商精准扶贫 KPI 体系模型设计程序图

　　建立电商精准扶贫 KPI 这个体系不仅可以成为电商精准扶贫企业员工的激励约束手段，更可以作为战略实施工具使用。该体系指标的构成是通过财务与非财务指标相结合，既体现关注短期效益，又兼顾长期发展的原则；电商精准扶贫 KPI 的作用是其本身不仅传达了结果，也传递了电商精准扶贫产生结果的过程；将电商精准扶贫 KPI 的值和权重用于电商精准扶贫企业绩效考核体系中，推进了电商精准扶贫企业战略的实施。

　　KPI 符合一个重要的管理原理——"二八原理"。在一个电商精准扶贫企业的价值创造过程中，存在帕累托"20/80"的规律，即 20% 的骨干人员创造电商精准扶贫企业 80% 的价值，即 80% 的工作任务是由 20% 的关键行为完成的。因此，必须抓住 20% 的关键行为，对之进行分析和衡量，这样就能抓住绩效评价的重心。建立明确的切实可行的关键绩效指标体系，是做好电商精准扶贫企业绩效管理的关键。其有以下几层含义：

　　(1)关键绩效指标是用于评估和管理被评估者绩效的定量化或行为化的标准体系。也就是说，关键绩效指标是一个标准体系，它必须是定量化的，如果难以定量化，那么也必须是行为化的。如果定量化和行为化这两个特征都无法满足，就不是符合要求的关键绩效指标。

　　(2)关键绩效指标体现了对电商精准扶贫企业目标有增值作用的绩效指标。这就是说，关键绩效指标是针对电商精准扶贫企业目标起到增值作用的工作产出而设定的指标，基于关键绩效指标对绩效进行管理，就可以保证真正对企业有贡献的行为受到鼓励。

　　(3)通过在关键绩效指标上达成的承诺，电商精准扶贫企业员工与管理人员就可以进行工作期望、工作表现和未来发展等方面的沟通。关键绩效指标是进行绩效沟通的基石，是电商精准扶贫企业中关于绩效沟通的共同辞典。有了这样一本辞典，管理人员和员工在沟通时就可以有共同的语言。

　　电商精准扶贫企业在不同时期关注的经营、管理重点会随着市场环境、电商精准扶贫企业内部环境的变化而变化。电商精准扶贫企业不同时期所关注的 KPI 体系称为战略导向的 KPI 体系，如图 7-10 所示。

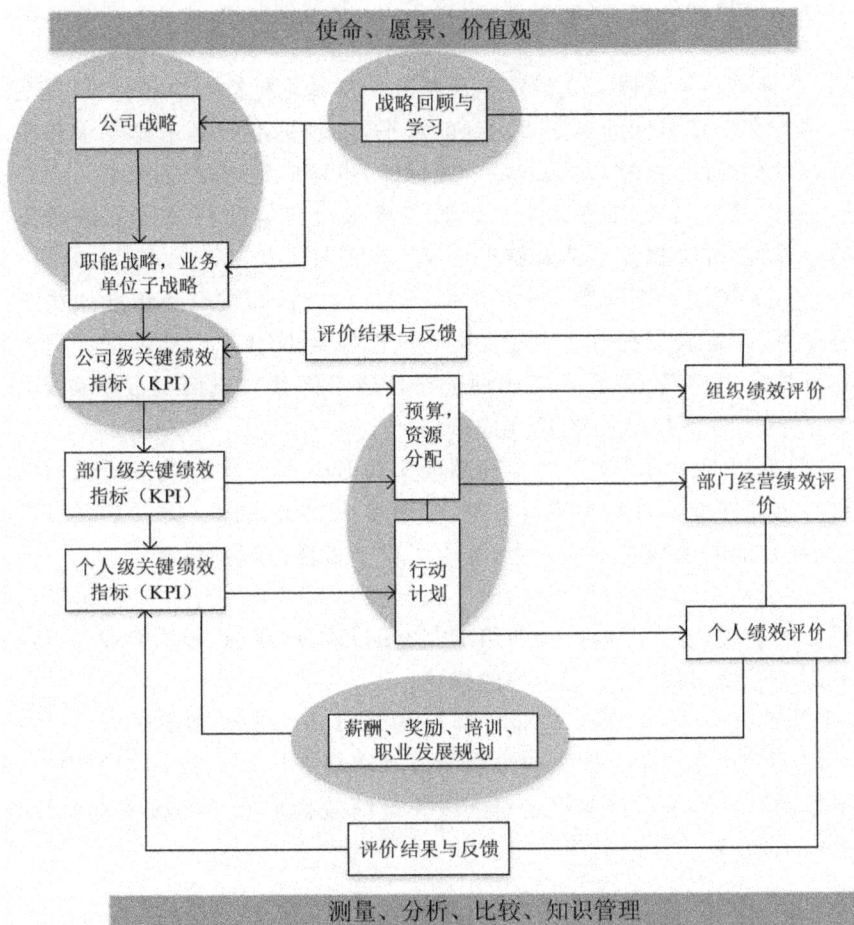

图 7-10 以 KPI 为核心的中国电商精准扶贫战略管理图

战略导向的电商精准扶贫 KPI 指标体系与传统的指标体系相比,在假设前提、考核目的、指标产生、指标来源、指标构成及作用、收入分配体系与战略的关系等方面有较大区别。战略导向的电商精准扶贫 KPI 指标体系对于电商精准扶贫企业的绩效管理有重大意义:首先,丰富了电商精准扶贫 KPI 指标体系的内涵;其次,成为电商精准扶贫战略管理的一个子系统;最后,它是对绩效考核理念的创新。

电商精准扶贫企业不同时期所关注的电商精准扶贫 KPI 体系的集合就称为电商精准扶贫 KPI 库。电商精准扶贫企业必须建立动态开放的电商精准扶贫 KPI 库以适应各种权变因素对电商精准扶贫 KPI 指标体系的影响。电商精准扶贫 KPI 库设计一般符合如下要求。清晰地描述考核对象的增值工作产出,每一项工作产出都能提取绩效指标,具有各项增值性产出的相对重要性等级,易与和实际绩效水平比较。设计电商精准扶贫关键绩效指标库应经过以下 4 阶段。

(1)确定电商精准扶贫工作产出。该阶段的主要任务是自上而下地明确电商精准扶贫目标,逐级确定增值产出;绘制客户关系图;为各项产出划分权重。

(2)建立评估指标。该阶段应首先针对不同的电商精准扶贫工作产出选择使用的关键指标类型。可供选择的指标类型有：数量型、质量型、成本型和时限型。之后应根据 SMART 原则设计评估指标，也即指标的提炼。

（3）设定评估标准。该阶段应先设定电商精准扶贫基本标准与卓越标准，随后确定由谁来进行评估和评估方案。基本标准是期望达到的水平，卓越标准则是未作要求和期望但可达到的绩效水平。评估标准的描述形式可以是定性描述，也可以是定量描述。

（4）审核电商精准扶贫 KPI 库指标。该阶段要求审核电商精准扶贫指标与标准的客观性、全面性、可操作性，并且提供反馈及修正信息。

电商精准扶贫关键绩效指标库的设计一般有两种思路，即按电商精准扶贫组织结构分解和按经营流程分解，通常有三种方式来建立电商精准扶贫 KPI 库。即依据部门承担责任的不同建立电商精准扶贫 KPI 库；依据职类职种工作性质不同建立电商精准扶贫 KPI 库；依据平衡记分卡(BSC))建立电商精准扶贫 KPI 库。

（1）依据部门承担责任的不同建立电商精准扶贫 KPI 库。该方式主要强调部门从本身承担责任的角度对电商精准扶贫目标进行分解，进而形成评价指标。优点是突出了部门的参与性，缺点是可能导致战略稀释现象的发生，忽略了对于责任流程的体现。

（2）依据职类职种工作性质不同建立电商精准扶贫 KPI 库。该方式突出了对电商精准扶贫组织具体目标的响应，各专业职能按照组织制定的每一项目标，提出专业的响应措施。缺点是增加部门管理的难度，指标缺乏对过程的描述。

（3）依据平衡记分卡(BSC)建立电商精准扶贫 KPI 库。该法把 BSC 的"财务、客户、内部经营流程、学习与成长"这四个不同绩效维度看成电商精准扶贫 KPI 的主控因素，然后在每个主控因素之下按照相关方法寻找和设定每一级关键绩效指标和下一级关键绩效指标，从而建立电商精准扶贫 KPI 库。

7.4.4 基于平衡记分卡＋关键绩效指标的中国电商精准扶贫的绩效评价模型特点

1. 全面性和战略性

基于电商精准扶贫 KPI 的绩效管理体系，以电商精准扶贫战略为核心，对电商精准扶贫战略目标进行由上而下的层层分解；每个下一级的电商精准扶贫指标都是根据上一级电商精准扶贫指标的关键成功因素进行分解提取而来得到的保障性电商精准扶贫指标，层层分解最后转化为员工的电商精准扶贫关键绩效指标。这样的指标分解方式，保障了指标体系的系统性、可操作性和完整性，使各指标最终落实到具体的岗位上，并在与员工的电商精准扶贫关键绩效指标之间建立了一个桥梁与纽带，确保了每位员工的工作都是为实现电商精准扶贫目标服务，最终实现战略目标。

2. 重点性和针对性

关注电商精准扶贫核心业务流程质量，突出重点性，根据岗位提取电商精准扶贫质量考核指标，提高针对性。对于不同的部门、岗位层级和特点，有针对性的设定相应的电商精准扶贫质量考核重点：对负有领导责任、以结果为导向的岗位如部门主任的考核以电商精准扶贫质量 KPI 和重点电商精准扶贫质量工作事项为主，主要以执行电商精准扶贫质量任务、完成领导交办电商精准扶贫质量任务的岗位。

3.完整性与逻辑性

以平衡计分卡为核心的电商精准扶贫质量管理绩效体系,保证了各级电商精准扶贫质量指标体系的完整性与逻辑性,保证了电商精准扶贫质量战略目标的聚焦于传递,并以自身的持续改进机能促进了有效运行与持续完善,对电商精准扶贫质量管理提升起到了积极的推动作用,已经成为持续健康发展的重要手段。

4.程序性和创新性

电商精准扶贫企业、部门电商精准扶贫质量指标体系,从电商精准扶贫质量战略目标按照自上而下的程序,采取平衡计分卡与电商精准扶贫质量关键成功因素法相结合进行创新分析设计。指标体系设计应用平衡计分卡和关键成功因素法,综合上级单位每年电商精准扶贫质量工作要求,结合电商精准扶贫文化和电商精准扶贫愿景,从财务、客户、内部运营、学习与成长四个维度,设计出电商精准扶贫质量关键成功因素(QCSF)和与之相对应的电商精准扶贫质量关键绩效指标(QKPI),并整合组织运作的核心流程,提取电商精准扶贫流程质量绩效指标。

7.4.5　基于平衡记分卡＋关键绩效指标的中国电商精准扶贫绩效评价模型的评价标准

基于 BSC＋KPI 法的电商精准扶贫绩效评价模型的指标评价要求(标准):

(1)基于 BSC＋KPI 法的电商精准扶贫企业质量战略契合度与年度重点质量工作承载度。即在现行的电商精准扶贫绩效制度支撑下,电商精准扶贫企业发展质量战略分解目标和年度重点质量工作的实现程度。

(2)是否有益于促进电子商务精准扶贫各部门和岗位自发地去完善电商精准扶贫质量管理工作,实现自下而上的电商精准扶贫质量精细化。

(3)判断电商精准扶贫纵向质量指标是否分解到底、横向质量指标是否全面覆盖。

(4)电商精准扶贫质量指标在纵向是否具有一致性和横向是否具有协同性。

(5)在电商精准扶贫绩效指标层级分解指标时是否出现了责权不匹配的现象。

(6)电商精准扶贫绩效考核指标设置是否与电商精准扶贫企业各项扶贫质量指标具有一致性及完备性。

(7)电商精准扶贫关键性绩效考核指标设置是否具备合理性和代表性。

7.4.6　基于平衡记分卡＋关键绩效指标的中国电商精准扶贫绩效评价模型的整体绩效评价

基于 BSC＋KPI 法的电商精准扶贫绩效模型整体绩效评价可以从流程(服务)维度、运营成效、绩效管理稳定性三方面进行评价。

1.流程(服务)维度

流程(服务)维度可根据以下内容进行评价:

(1)电商精准扶贫绩效考核流程(服务)是否具备流畅性。

(2)电商精准扶贫绩效考核范围及内容是否与电商精准扶贫企业业务流程(服务)相一致。

(3)电商精准扶贫绩效考核结果是否能够反映电商精准扶贫企业业务流程(服务)内部存在的问题并有效改正。

(4)电商精准扶贫绩效考核结果是否能够促进电商精准扶贫企业业务流程(服务)的不断完善与发展。

(5)判断电商精准扶贫流程(服务)是否具有有效性。

(6)判断电商精准扶贫流程(服务)效率的高低。

(7)判断电商精准扶贫流程(服务)周期是否符合实际情况。

(8)判断电商精准扶贫流程(服务)成本是否符合相关规定。

2. 运营成效

运营成效可根据下述内容进行评价:

(1)用历史分析的方法将人员、资金、设备设施、时间等实际使用情况与预算、历史数据及标杆单位的数据相比较,判断是否实现了资源的优化配置和成本投入的持续走低。

(2)尤其关注是否最大程度低利用好了长期以来形成的管理资源。

(3)由领导对现行电商精准扶贫全员绩效管理制度与体系进行评价,通过与标杆单位绩效进行对比,判断现行的电商精准扶贫全员绩效管理体系是否真正对电商精准扶贫企业的业绩产生了促进作用。

(4)由领导判断现行的电商精准扶贫全员绩效管理体系是否真正对电商精准扶贫企业长短期目标的进展产生了促进作用。

(5)员工评价电商精准扶贫全员绩效管理是否真正达到其提高员工个人的业绩,持续改进,共同提高的根本目的。

(6)员工是否真正自觉自愿地参与到电商精准扶贫全员绩效管理中来。

3. 绩效管理稳定性

电商精准扶贫绩效稳定性从电商精准扶贫考核周期、组织结构、绩效管理体系的开发性三方面进行评价。主要评价以下内容:

(1)电商精准扶贫考核周期。

1)电商精准扶贫绩效考核周期时间设置是否符合电商精准扶贫企业的实际情况。

2)电商精准扶贫绩效考核周期的设置是否有利于促进电商精准扶贫企业业务流程的进程速度。

3)电商精准扶贫绩效考核周期的设置是否有利于促进电商精准扶贫企业全体员工质量工作任务的完成效率。

4)电商精准扶贫绩效考核周期的设置是否能够督促和激励电商精准扶贫企业全体员工的质量工作积极性。

5)电商精准扶贫绩效考核流程是否能够在考核周期内顺利进行并按期完成。

(2)组织结构。

1)电商精准扶贫绩效考核结果是否能够真实反映电商精准扶贫企业及部门组织结构及其职能设置的合理性及有效性。

　　2)电商精准扶贫绩效考核是否能够促进电商精准扶贫企业扶贫质量等组织机构的良好运行。

　　3)电商精准扶贫绩效考核过程及反馈结果是否能够促进组织结构的不断自我完善。

　　4)电商精准扶贫绩效考核结果是否能够发现电商精准扶贫企业组织结构及其职能存在的问题并及时修正。

　　(3)电商精准扶贫绩效体系的开发性。

　　1)判断电商精准扶贫绩效系统是否始终处于动态的、可调整,可改进的状态。

　　2)对可能做出的电商精准扶贫企业扶贫战略、工作目标和各项业务的具体管理要求等宏观微观调整是否具备足够的适应性和快速反应能力,从而体现一种制度的张力。

　　电商精准扶贫绩效文化根据以下内容进行评价:

　　(1)判断电商精准扶贫绩效体系的运行是否能够纠正电商精准扶贫绩效过程中产生的不良文化并产生良好的绩效文化并能不断自我完善。

　　(2)判断电商精准扶贫绩效文化是否与电商精准扶贫企业文化相一致并能促进电商精准扶贫企业文化的良性发展。

　　电商精准扶贫绩效信息系统根据以下内容进行评价:

　　(1)判断电商精准扶贫绩效信息系统是否能够良好运行。

　　(2)判断电商精准扶贫绩效信息系统是否能够促进电商精准扶贫绩效的有效运行。

　　中国农村电商精准扶贫绩效体系整体评价满分 100 分,评价准则见表 7-3。

表 7-3　基于 BSC＋KPI 法的中国电商精准扶贫绩效体系整体评价准则

X 电商精准扶贫体系整体评价准则					
指标体系 20 分	绩效管理制度体系　55 分			绩效文化 15 分	绩效管理信息系统 10 分
	流程或服务 20 分	绩效管理 运营成效 20 分	绩效管理 稳定性 15 分		
电商精准扶贫 战略契合度 5 分	流程或服务 有效性 5 分	资源与成本 5 分	体系开发性 5 分	纠正与完善 5 分	运行良好 5 分
年度重点工作承载度 5 分	流程或服务 效率 5 分	领导满意度 10 分	考核周期 5 分	与电商精准扶贫 文化一致性 10 分	促进绩效管理 5 分
指标一致性及完备性 5 分	流程或服务 周期 5 分	员工支持度 5 分	组织结构 5 分		
指标合理性及针对性 5 分	流程或服务 成本 5 分				

　　说明:基于 BSC＋KPI 法的电商精准扶贫绩效体系绩效管理体系评价小组,应根据上述评价标准及评价准则逐项依次对应评价标准,酌情对电商精准扶贫企业整体质量管理绩效体系进行评分,评价总分达到 85 分及以上者为优秀,达到 70~85 分者为良好,达到 60~70 分者为合格,未达到 60 分者为不合格。

7.4.7 基于平衡记分卡＋关键绩效指标的电商精准扶贫绩效评价模型考核周期结束后评价

基于 BSC＋KPI 法的电商精准扶贫绩效评价模型考核周期结束后的评价,可对电商精准扶贫各部门进行电商精准扶贫绩效考核周期结束后评价分析。电商精准扶贫各部门绩效考核周期结束后从考核体系设计科学性、考核标准全面、客观及公正性、考核多视角性、考核体系易理解性和适用性、考核结果反馈性、资源节约性、考核方法选择的恰当性、与其他活动相关性及电商精准扶贫战略目标细化到各岗位等几个维度进行分析评价。

1. 基于 BSC＋KPI 法的电商精准扶贫绩效考核体系设计是否具备科学性

主要评价内容为:

(1)考核目的是否明确。

(2)电商精准扶贫考核方和被考核方是否都能充分清楚地了解绩效考核的目的。

(3)考核内容、项目设定以及权重设置等是否具有相关性,非随意性。

(4)绩效考核体系是否具备严肃性及政策上的连续一致性。

2. 基于 BSC＋KPI 法的电商精准扶贫绩效考核标准是否具备全面、客观及公正性

主要评价内容为:

(1)各职能部门关键性考核指标是否能够全面、客观、公正的反映电商精准扶贫的各项工作任务及职责。

(2)能够量化的考核指标是否能够准确量化。

(3)不能量化的指标,根据赋值标准是否能够全面、客观、公正的进行评判。

(4)赋值标准是否合理。

(5)考核结果是否能够使被考核者感到信服。

(6)考核者和被考核者是否认为绩效考核评估结果得出后,绩效考核工作就完成了,而未对考核中发现的问题进行持续的后续改进。

3. 基于 BSC＋KPI 法的电商精准扶贫绩效考核角度是否具备多视角性

主要评价内容为:

(1)考核者是否包括考核者的上级、同事、下属、被考核者本人以及客户等。

(2)是否实施各项相关指标的综合考核,并得出相对客观、全面精确的考核意见。

(3)是否出现了必要的考核人员的缺位导致评价结果失真的现象。

4. 基于 BSC＋KPI 法的电商精准扶贫绩效考核体系是否具备易理解性和实用性

主要评价内容为:

(1)实施本绩效考核体系过程中,考核人员和员工是否进行了及时、细致、有效的沟通。

(2)员工对绩效考核体系的管理思想和行为导向是否明晰。

(3)员工是否常常对考核产生各种曲解和敌意。

(4)是否对所实施的绩效体系的科学性、实用性、有效性和客观公平性表现出强烈的怀疑。

(5)是否对体系的认识产生心理上和操作上的扭曲。

(6)部门职工是否普遍认为绩效评估只是为了利益分配,而无其他作用。

(7)若发生上述现象之一,考核人员是否和员工进行深入的沟通和交流,并仔细分析原因,找到问题症结所在,及时进行完善与修正并及时反馈给员工。

5. 基于 BSC＋KPI 法的电商精准扶贫考核结果是否具备反馈性

主要评价内容为:

(1)考核者本人是否真正了解绩效考核的意义与目的。

(2)考核者是否愿将考核结果及其对考核结果的解释反馈给被考核者。

(3)被考核者是否知道考核者对自己哪些方面感到满意,哪些方面需要改进。

(4)考核者是否无意识或无能力将考核结果反馈给被考核者。

6. 基于 BSC＋KPI 法的电商精准扶贫考核资源是否具备节约性

主要评价内容为:

(1)电商精准扶贫职能部门在实施绩效考核中,通过各种资料、相关信息的收集、分析、判断和评价等流程,产生的各种中间考核资源和最终考核信息资源,这些信息资源是否充分运用到人事决策、员工的职业发展、培训、薪酬管理以及人事研究等多项工作中去。

(2)是否造成上述宝贵的绩效信息资源的巨大浪费。

(3)管理人员是否滥用考核资源,凭借考核结果对员工实施严厉惩罚,以绩效考核信息威慑员工,而不是利用考核信息资源来激励、引导、帮助和鼓励员工改进绩效、端正态度、提高能力。

7. 基于 BSC＋KPI 法的电商精准扶贫绩效考核方法的选择是否恰当

主要评价内容为:

(1)是否将业绩考核结果用于职工奖金的分配。

(2)是否能够指导被考核者识别能力上的欠缺。

(3)是否利用业绩考核结果来指导部门制定培训计划。

(4)考核结果是否适合于平衡部门各方利益相关者。

(5)考核方案是否能够对部门员工起到督促及激励作用。

(6)是否能够使部门的绩效管理水平有所提升。

8. 电商精准扶贫考核过程及结果是否与部门内外其他活动相关联

主要评价内容为:

(1)部门的绩效考核是否与工作分析相关联。

(2)部门的绩效考核是否与职位升降工作相关联。

(3)部门的绩效考核是否与工资调整工作相关联。

(4)部门的绩效考核是否与培训工作相关联。

(5)绩效考核与绩效文化的长效机制是否相关联。

(6)部门岗位考核是否与员工考核相关联。

(7)部门整体绩效考核是否与员工个人绩效考核相关联。

(8)部门的绩效考核是否与其他环节的工作相关联。

(9)以上关联是负相关的需特别注明并及时改正。

9. 基于 BSC＋KPI 法的电商精准扶贫部门的战略目标是否完全细化到各个直管单位及岗位

主要评价内容为:

（1）部门员工是否普遍认为绩效考核不仅仅是人力资源部的工作范畴。

（2）各部门领导是否大多只做关于绩效考核的指示却并未具体指导。

（3）部门的战略目标是否完全细化到各个直管单位及岗位。

本部职能部门绩效考核周期结束后绩效评价准则见表 7-4。满分为 100 分。

表 7-4　各部门考核周期结束后评价准则

某中国电商精准扶贫企业各部门质量考核周期结束后分析评价准则	
体系设计科学性	15 分
考核标准全面、客观及公正性	15 分
考核角度多视角性	10 分
考核体系易理解及实用性	10 分
考核结果反馈性	10 分
资源节约性	10 分
考核方法选择的恰当性	10 分
与其他活动的相关性	10 分
电商精准扶贫战略目标细化到各岗位	10 分

说明：各部门考核周期结束后，电商精准扶贫企业质量管理绩效体系评价小组应根据上述评价标准及评价准则逐项依次对应评价标准，酌情进行评分。评价分数达到 85 分及以上者为优秀，达到 70~85 分者为良好，达到 60~70 分者为合格，未达到 60 分者为不合格。

基于 BSC+KPI 法的电商精准扶贫绩效体系评价结果需有基于 BSC+KPI 法的电商精准扶贫绩效体系分析评价道德监督机制，由基于 BSC+KPI 法的电商精准扶贫企业质量管理绩效委员会专门接受举报并进行调查、处置的制度性安排。分析评价过程中，不可避免地会出现一些人员对评价结果提出质疑。他们的诉求不论是否正确，都应得到认真地对待，并给予一周的诉求处理时间，这既是对进行分析评价的人员负责，也是对电商精准扶贫企业广大员工负责。评价工作小组需按时将基于 BSC+KPI 法的电商精准扶贫企业各部门质量绩效评价报告提交基于 BSC+KPI 法的电商精准扶贫绩效委员会。

应将电商精准扶贫企业质量管理绩效体系评价的过程及结果公布于电商精准扶贫企业全体，增加透明度，接受电商精准扶贫企业员工监督，充分发挥广大职工互相监督的主观能动性，形成一个有形与无形相结合的较完整的电商精准扶贫企业质量管理绩效体系评价监督体系。通过建立这种完善的监督机制，可以促进公平、公正的电商精准扶贫绩效评价环境的形成，防止弄虚作假，为电商精准扶贫企业质量管理绩效体系评价工作提供良性竞争的公平环境。评价公示要充分借助和利用信息技术，特别是电子商务精准扶贫内部网络的传播功能，可建立评价档案查询系统，把每次评价过程及结果都公布在电子商务精准扶贫内部网站上。对电商精准扶贫绩效体系评价优秀的部门及个人可在电商精准扶贫企业主页向全国乃至全世界展示出来。

7.5　基于平衡记分卡＋关键绩效指标的中国电商精准扶贫绩效评价模型的持续改进

基于 BSC＋KPI 法的电商精准扶贫绩效模型评价结束后,应写出评价报告和不合格报告。对评价效果、问题、不合格项产生的根源要进行分析研究,制定纠正和预防措施,并向有关员工明示,鼓励员工积极参与电商精准扶贫企业质量管理绩效体系评价及持续改进工作。主要改进方向如下。

7.5.1　建立统一的电商精准扶贫考核平台

应提升基于 BSC＋KPI 法的电商精准扶贫绩效实效,建立统一的基于 BSC＋KPI 法的电商精准扶贫考核平台。基于 BSC＋KPI 法的电商精准扶贫绩效体系应用平衡计分卡方法,管理内容覆盖到生产、经营、管理提升等电商精准扶贫相关的各个方面,逐步体现出电商精准扶贫绩效的实际效果。这些基于 BSC＋KPI 法的电商精准扶贫考核服务于电子商务精准扶贫纵向专业质量管理,是电商精准扶贫绩效体系的补充。随着基于 BSC＋KPI 法的电商精准扶贫绩效体系的成熟,将逐步将所有的专业考核统一到电商精准扶贫绩效考核平台之中,以保证上下的协调一致和高效的工作结果。

7.5.2　逐步完善电商精准扶贫体系

应综合应用基于 BSC＋KPI 法的电商精准扶贫绩效结果,逐步完善基于 BSC＋KPI 法的电商精准扶贫体系。依托基于 BSC＋KPI 法的电商精准扶贫绩效结果在质量管理方面成功应用的经验,将逐步拓展基于 BSC＋KPI 法的电商精准扶贫绩效结果与基于 BSC＋KPI 法的电商精准扶贫战略质量管理各模块的深度对接。

7.5.3　建立电商精准扶贫绩效长效机制

应塑造基于 BSC＋KPI 法的电商精准扶贫企业质量绩效文化,建立基于 BSC＋KPI 法的电商精准扶贫绩效长效机制。着重精细化管理,强调基于 BSC＋KPI 法的电商精准扶贫战略执行力,继续推进基于 BSC＋KPI 法的电商精准扶贫绩效文化建设,强调基于 BSC＋KPI 法的电商精准扶贫绩效的战略导向,强调精细化管理思想的贯彻落实,强调高效执行力的长效机制,是下一步基于 BSC＋KPI 法的电商精准扶贫绩效工作的一个重点。

第8章 中国电子商务物流精准扶贫绩效评价

8.1 中国电子商务物流精准扶贫绩效评价概述

当前的中国电商精准扶贫绩效评价模型,大多对电商物流精准扶贫战略的关注度不足,主要表现在当前的电商精准扶贫质量管理绩效考核体系并没有把和电商物流精准扶贫质量战略业绩有关的关键成功因素考虑在评价范围内,所以没能达到电商精准扶贫质量管理绩效考核的战略导向作用。

8.1.1 中国电子商务物流精准扶贫绩效评价的概念

中国电子商务物流精准扶贫绩效评价,就是在之前的物流精准扶贫视角的绩效管理基础上,理顺中国电子商务物流精准扶贫发展思路,重视中国电子商务物流精准扶贫企业及其他内部相关企业的核心业务流程绩效,规范中国电子商务物流精准扶贫企业的内部管理,依照预先确定的标准和一定的评价程序,运用科学的评价方法、按照评价的内容和标准对评价对象的工作能力、工作业绩进行定期和不定期的考核和评价。中国电商物流精准扶贫战略性绩效评价管理系统是一个循环的动态系统,它包扩的每个环节紧密联系、环环相扣,任何一环的脱节均会致使战略绩效管理的失败。中国电商物流精准扶贫管理绩的核心是中国电商物流精准扶贫绩效。

8.1.2 中国电子商务物流精准扶贫绩效的概念

中国电商物流精准扶贫绩效应以物流精准扶贫战略目标为核心,完善中国电商物流精准扶贫绩效考核指标体系,增强中国电商物流精准扶贫绩效的质量战略导向性。中国电商物流精准扶贫绩效考核指标体系是贯穿"三层"绩效管理体系的主线。以中国电商物流精准扶贫战略目标为业绩考核指标体系的核心,本着"突出主营业务质量、全面综合评价、指标考核科学"的原则,通过对中国电商物流精准扶贫战略目标的分解,结合中国电商物流精准扶贫考核指标、行业对标指标、年度以业绩责任书和各单位职能部门的管理要求,建立科学的中国电商物流精准扶贫关键绩效指标体系,使得中国电商物流精准扶贫战略目标通过各项考核指标及考核制度得以细化和落实。

同时中国电商物流精准扶贫绩效考核指标体系应引进中国电商物流流程管理思想,加强业绩指标的过程管理,夯实管理基础。引入流程管理理念,把各项业绩考核指标看作一项工作流程的输出,通过研究指标的实现流程,清晰关键控制环节或要素,增加过程控制指标。这样可以最大限度地杜绝绩效考核走入"重结果而轻过程;注重量增却忽视质改"的误区。

1. 以中国电商物流精准扶贫战略为导向

通过建立以中国电商物流精准扶贫战略为导向的绩效管理模式,将建设"卓越绩效"、"全面质量管理"、"精准扶贫""高质量"等现代农村电商物流扶贫任务,融入到中国电商物流精准扶贫企业各部门的日常扶贫活动中,激发电商物流配送人员发挥出最大潜力,并将其各项扶贫活动引导到为实现该目标而努力的轨道上来,进一步发挥中国电商物流精准扶贫战略的牵引作用。

2. 明晰中国电商物流精准扶贫绩效评价的目标

(1)要落实中国电商物流精准扶贫责任和任务,评价结果供相关部门制定中国电商物流精准扶贫工作计划和决策时参考,保证中国电商物流精准扶贫总体战略目标的实现;

(2)着重在中国电商物流精准扶贫水平和绩效创造上进行经营管理过程和人员素质考核,为薪酬、奖惩、晋升和岗位调整提供依据,激励和约束被考核者;

(3)着重中国电商物流精准扶贫在产品或服务质量控制、协调和改进等能力和能力适应程度上进行考核,用作潜力开发和工作培训凭据;

(4)基于中国电商物流精准扶贫视角,通过有效的协调沟通和反馈,为改进和调整中国电商物流精准扶贫政策提供依据,促进中国电商物流精准扶贫管理水平提升。

3. 建立中国电商物流精准扶贫绩效的理念

中国电商物流精准扶贫绩效理念的建立在其绩效考核过程发挥着重要的作用。中国电商物流精准扶贫绩效评价人员要能够清除意识到中国电商物流精准扶贫绩效需要绩效考核,却不单单只是绩效考核。中国电商物流精准扶贫绩效需要通过一系列的步骤对组织运行效率和结果实施控制与掌握,它的本质就是依据提高和改善中国电商物流精准扶贫绩效这一根本性目标,通过被考核人员的参与和不间断的动态沟通,以完成中国电商物流精准扶贫绩效目标。中国电商物流精准扶贫绩效是一个完整的系统,包括中国电商物流精准扶贫绩效计划、动态的中国电商物流精准扶贫绩效沟通、中国电商物流精准扶贫绩效考核、中国电商物流精准扶贫绩效诊断与辅导、考核中国电商物流精准扶贫评价结果等多个环节。

4. 高度重视中国电商物流精准扶贫绩效考核制度

高度重视中国电商物流精准扶贫绩效考核制度和考核工作的开展,直接关系到中国电商物流精准扶贫发展战略的高度。

在现有物流绩效评价模型的基础上,本书中的中国电商物流精准扶贫(能力)评价模型研究主要研究基于神经网络的中国电商物流精准扶贫动态 QFD 绩效评价模型这种新型的中国电商物流精准扶贫绩效评价模型,如图 8-1 所示。

对于基于神经网络的中国电商物流精准扶贫动态 QFD 绩效评价模型研究方面。由于在QFD 的质量屋中,帮扶对象需求与中国电商物流精准扶贫技术特性之间由矩阵的形式表现出线性关系,然而事实上,两者之间并非完全的线性关系,所以把神经网络的概念渗入到 QFD模型中构建基于神经网络的中国电商物流精准扶贫动态 QFD 绩效评价模型,表示帮扶对象需求与中国电商物流精准扶贫技术特性之间的非线性关系。

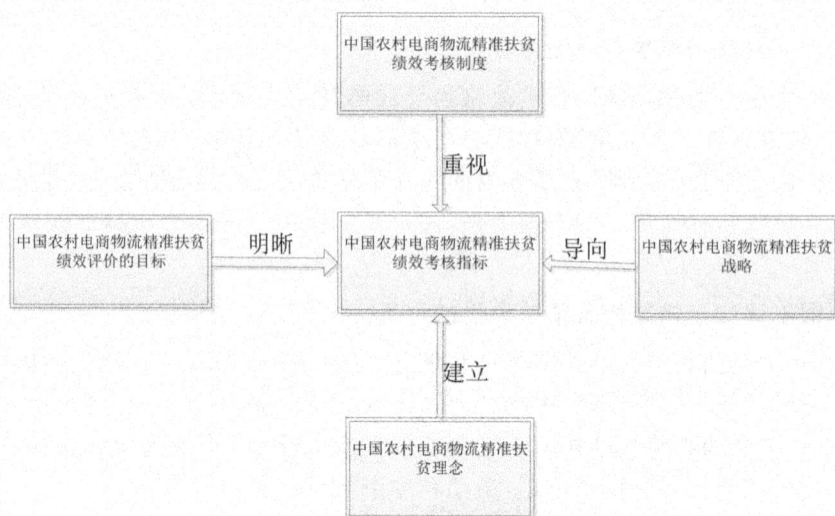

图 8-1　中国电商物流精准扶贫绩效考核指标体系建立理念

8.2　QFD 的构建

建立中国电商物流精准扶贫质量屋之前,需要先对中国电商物流精准扶贫帮扶对象需求和服务能力的相关指标进行确定,在上述相关指标确定之后,通过中国电商物流精准扶贫多名物流专家的反复讨论,归纳两者之间相关性,建立质量屋相关矩阵,这样方便之后根据矩阵的大致相关性合理地由帮扶对象需求的评分获得服务能力指标的评分。

8.2.1　中国电商物流精准扶贫帮扶对象需求指标的获取

中国电商物流精准扶贫帮扶对象需求是指中国电商物流精准扶贫帮扶对象的需求、意见、感知和要求。中国电商物流精准扶贫物流精准扶贫企业只有采取多种方法充分的了解帮扶对象需求,才能设计出更精准的扶贫服务。中国电商物流精准扶贫企业 QFD 实施的关键是中国电商物流精准扶贫企业帮扶对象需求的获取,成功的获取中国电商物流精准扶贫企业帮扶对象需求是进行后续工作的基础。中国电商物流精准扶贫扶贫企业帮扶对象需求获取的一般流程如图 8-2 所示。

1. 清晰调查内容

调查内容是对中国电商物流精准扶贫企业帮扶对象需求信息的获取,不仅包括中国电商物流精准扶贫企业帮扶对象的基本型需求,还包括能提升帮扶对象经济改善程度的期望型需求,同时要积极发现能提高中国电商物流精准扶贫企业帮扶对象忠诚度的兴奋型需求。

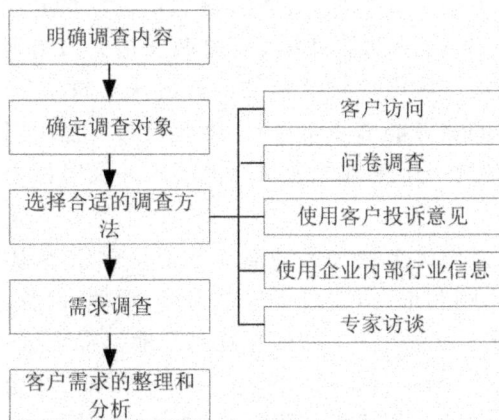

图 8-2　中国电商物流精准扶贫帮扶对象需求获取步骤

2. 确定调查对象

调查对象主要包括中国电商物流精准扶贫企业的帮扶对象,物流精准扶贫物流部门的相关人员,物流精准扶贫企业的运营物流配送人员、物流精准扶贫企业经验丰富的专业化人才等。物流精准扶贫企业帮扶对象物流精准扶贫人员调查必不可少,这是了解物流精准扶贫企业帮扶对象需求最直接的途径;物流运营部的物流配送人员是物流精准扶贫企业物流精准扶贫直接与帮扶对象接触的人员,他们对帮扶对象需求有深刻的了解;物流方面的专业化人才能从宏观上把握帮扶对象需求,并且对帮扶对象的潜在需求也有一定的了解,有利于需求信息收集的全面化。

3. 选择适合的调查方法

帮扶对象需求的调查方法主要有帮扶对象访问,问卷调查,专家访谈,以及使用中国电商物流精准扶贫企业或行业内部的信息和帮扶对象投诉意见等。

4. 需求调查

确定了调查对象和调查方法之后,就要进行具体的中国电商物流精准扶贫企业帮扶对象需求调查工作,对物流精准扶贫企业帮扶对象需求的调查要细致、全面。物流精准扶贫企业帮扶对象的需求有时是模糊、抽象的,需要将这些模糊的需求用具体化的语言表示。

5. 客户需求的整理和分析

经过以上调查,获得中国电商物流精准扶贫企业帮扶对象需求的主要指标,对其进行分类整理并以阶层化的方式陈列得到完整的帮扶对象需求结构,如图 8-3 所示。之后采用调查表的形式,邀请帮扶对象,物流精准扶贫部分物流配送人员及电商物流精准扶贫方面的专业人才对帮扶对象需求的内容进行补充及给出各指标权重打分,进一步完善帮扶对象需求的内容并获得各需求指标的权重。

中国电商物流精准扶贫的帮扶对象需求指标:

(1)可靠性。可靠性是指中国电商物流精准扶贫帮扶对象希望物流精准扶贫可以可靠、准确地履行服务承诺,所提供的服务能有一定的质量和数量保证。货物一旦发生毁损或者数量短缺,就会造成中国电商物流精准扶贫帮扶对象在一段时间内无法获得需要的货物,增加其等待时间,导致生产过程中的不确定性增加,可能影响生产活动的正常进行,降低中国电商物流精准扶贫帮扶对象的效率。将质量可靠和数量可靠两项指标归结到可靠性的需求之下。

(2)及时性。及时性是指中国电商物流精准扶贫帮扶对象希望物流精准扶贫企业可以快速提供服务,保证帮扶对象的业务能够正常进行,因此及时性是中国电商物流精准扶贫帮扶对象对中国电商物流精准扶贫的一个基础的和重要的要求。及时性主要包括交货及时和投诉处理及时。

(3)保证性。保证性是指中国电商物流精准扶贫帮扶对象希望物流精准扶贫企业有一定的资源能够保证服务过程的顺利进行,这可以包括人员、管理、设备,信息化以及物流精准扶贫企业形象,人员水平、管理水平,设备资源和信息化水平能够保证服务过程顺利有效的进行,良好的物流精准扶贫企业形象较易获得帮扶对象对于物流精准扶贫企业的信任。

(4)物流成本。成本指在获得相应物流服务的同时所发生的相关费用的总和。对于中国电商物流精准扶贫企业帮扶对象而言,在能得到相同服务质量的情况下,总希望付出的成本能够越低越好,因此物流成本是帮扶对象的一个重要需求之一。物流成本既包括当前的成本,又包括在市场发生改变的情况下的成本应变能力。

(5)创新性。创新性是指在满足基础服务的基础上,为中国电商物流精准扶贫企业帮扶对象提供一些意想不到的能给物流精准扶贫企业帮扶对象带来好处的服务,这具体就包括提供个性化服务,增值服务,以及在服务过程中应对变化的柔性。物流精准扶贫企业为帮扶对象提供的增值服务和个性化服务的能力越强,就越能满足帮扶对象变化的需求;物流精准扶贫企业的柔性越好,就越能应对帮扶对象的需求发生改变的情况,及时的满足变化的帮扶对象需求。

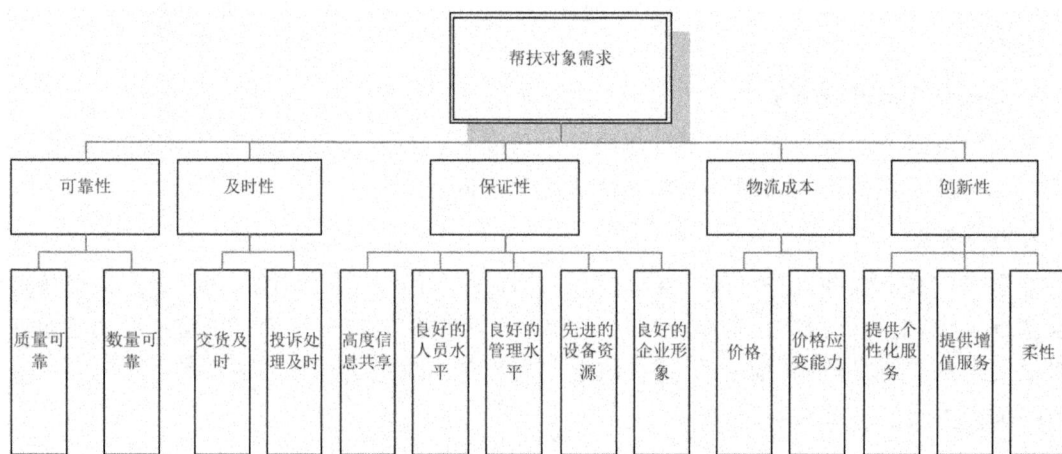

图 8-3　中国电商物流精准扶贫帮扶对象需求层次表

8.2.2　中国电商物流精准扶贫服务能力指标的获取

在获取了如图 8-3 所示的 14 项需求指标后,组织中国电商物流精准扶贫企业的高层领导及物流专业技术人员进行头脑风暴,针对物流精准扶贫企业的实际情况,可以提出以下 24 项服务能力指标。主要包括:货物完好率,货物准确率,账货相符率,货物准时送达率,帮扶对象投诉处理及时率,紧急交货完成率,信息共享率,信息技术利用率,信息技术完备率,运营成本,交易成本,物流配送人员平均文化素质水平,管理者素质,出勤率,物流配送人员工作效率,组织结构水平,业务流程,物流精准扶贫信誉,物流精准扶贫规模,财务状况,仓储设备利用率,运输设备利用率,货物翻包率,技术创新及发展能力。为了便于观察,将这些服务能力指标同样进行归类整理,以阶层化的方式陈列,如图8-4所示。

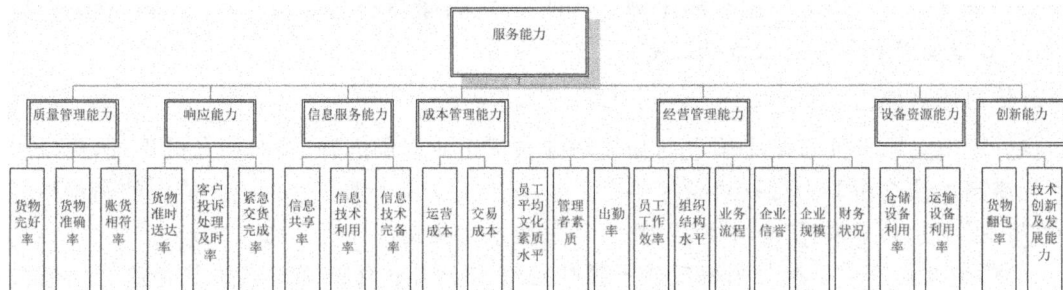

图8-4 物流服务能力阶层化表示

1. 质量管理能力

质量管理能力是中国电商物流精准扶贫企业的一项重要的服务能力,保证货物完好、准确是帮扶对象对中国电商物流精准扶贫企业的基本要求,货物完好率、货物准确率、账货相符率这几项指标可以归属于该项能力之中。

(1)货物完好率。货物完好率是指一定时期内,从仓库收货开始一直到将货物交付给帮扶对象的整个过程中完好货物的数量占总货物数量的比例,对于收货前检查出的货物破损,主要是由供应商负责,不需要计入该比例的计算过程中。货物完好率直接与中国电商物流精准扶贫企业在对货物进行存储、运输过程中的操作规范相关,其计算式为:货物完好率=完好的货物数量/货物总数量。

(2)货物准确率。货物准确率是指一段时间内按照中国电商物流精准扶贫帮扶对象要求的零件品牌、型号、数量以及KOLLY号完成发货的数量占总发货数量的百分比,由于发货人员人为失误造成的错发货物的现象可能会导致帮扶对象由于没有收到正确的零件而延误种植或生产的情况发生,其直接体现了中国电商物流精准扶贫企业专业化服务的能力。计算式为:货物准确率=准确发货的数量/发货的总数量。

(3)账货相符率:账货相符率一般情况下是通过测定一段时间内发生的盘点中,实际库存货物与账面货物相符的货物数量占总的存储货物数量的比率来进行评定的,但是由于中国电商物流精准扶贫企业的盘点一般不是进行全库盘点,而是进行抽样盘点,因此不能由该方法测定,可以通过在一段时间内进行的盘点中,账货相符货物数量占总的盘点货物数量的比例来进行测定。其计算式为:账货相符率=账货相符的货物数量/盘点货物总数量。

2. 响应能力

响应能力是指中国电商物流精准扶贫企业为帮扶对象提供服务的及时性。货物准时送达率,帮扶对象投诉处理及时率,紧急交货完成率这几项指标可以归属于响应能力之内。

(1)货物准时送达率。货物准时送达率是指在一段时间内,货物按时送达帮扶对象的次数占总送货次数的比例,对于进行JIT生产的帮扶对象来说,只有货物准时送达,才能保证帮扶对象的生产过程正常进行,其计算式为:货物准时送达率=准时送达货物的次数/送货总次数。

（2）帮扶对象投诉处理及时率。帮扶对象投诉处理及时率是指在一定时期内,在规定时间内解决帮扶对象投诉处理的次数占总的帮扶对象投诉次数的比例,其计算式为:帮扶对象投诉处理及时率＝规定时间内解决帮扶对象投诉处理的次数/帮扶对象投诉处理总次数。

（3）紧急交货完成率。紧急交货完成率是指在一定时间内,按时完成紧急交货的次数占帮扶对象要求紧急交货服务的次数的比例。其计算式为:紧急交货完成率＝完成的紧急交货次数/帮扶对象要求紧急交货服务的次数。

3. 信息服务能力

良好的信息服务能力是中国电商物流精准扶贫企业提供准确、及时服务的保证,更是中国电商物流精准扶贫企业为帮扶对象提供全方位综合服务的基础。信息服务能力的衡量指标主要可以包括信息共享率,信息技术利用率,信息技术完备率。

（1）信息共享率。信息共享率反映了帮扶对象与中国电商物流精准扶贫企业之间的合作程度,高度的信息共享能够帮助帮扶对象及时了解货物信息,合理安排采购计划,保证自身JIT生产的完成;同时共享信息也可以帮助物流物流精准扶贫企业及时发现帮扶对象潜在需求,从而为帮扶对象提供更为全面的服务。

（2）信息技术利用率。信息技术利用率是指对已有的信息技术的利用程度,如果物流精准扶贫企业拥有良好的信息技术,但是却没有得不到良好的利用,就会造成资源的浪费,同时也不利于能力的提高。

（3）信息技术完备率。信息技术完备率是指中国电商物流精准扶贫企业已有的信息技术的水平。中国电商物流精准扶贫企业拥有的信息技术水平是提升物流精准扶贫信息服务能力的基础,随着RFID,GPS,EDI等物流信息技术的迅速发展,中国电商物流精准扶贫企业要提升自身的扶贫竞争力,必须不断地提升自身的信息技术完备率。

4. 成本管理能力

成本管理能力对中国电商物流精准扶贫企业提供服务的价格和物流精准扶贫企业自身业绩都有着重要的影响,提升成本管理能力是中国电商物流精准扶贫企业的重要任务之一。成本管理能力主要是指对中国电商物流精准扶贫企业的运营成本和交易成本的管理,运营成本是指中国电商物流精准扶贫企业日常经营活动所发生的各种成本,交易成本是指中国电商物流精准扶贫企业为进行交易活动所必须发生的各种成本。

5. 经营管理能力

中国电商物流精准扶贫企业的经营管理能力是指中国电商物流精准扶贫企业内部的管理水平,良好的农村电商物流企业经营管理能力是物流精准扶贫提供良好服务的保证。经营管理能力的指标可以包括物流配送人员平均文化素质水平,管理者素质,出勤率,组织结构水平,业务流程,物流精准扶贫流程,物流精准扶贫信誉,物流精准扶贫规模,财务状况等。

6. 设备资源能力

设备资源能力是指中国电商物流精准扶贫企业拥有的保证服务能力的设备资源的水平,仓储设备利用率和运输设备利用率两个指标可以归结在设备资源能力之下。

7. 创新能力

创新能力是中国电商物流精准扶贫企业提供增值服务的保证,随着物流行业竞争的加剧,中国电商物流精准扶贫企业创新能力的重要性日益凸显。创新能力的指标可以包括货物翻包率和技术创新及发展能力。

（1）货物翻包率。货物翻包率是指中国电商物流精准扶贫企业进行翻包货物的数量占总的货物数量的比例。货物翻包是指对货物进行开箱操作，按照需要的数量重新装箱的业务。货物翻包需要良好的技术和人员素质做保证。其计算公式为：货物翻包率＝翻包货物的数量/总货物数量。

（2）技术创新及发展能力。中国电商物流精准扶贫企业要想在激烈的市场竞争中站稳脚跟，不能只依靠采用传统的方式提供仓储、运输等传统的物流服务，而应该从技术及业务方面谋求创新，提升自身的技术创新及发展能力，为帮扶对象提供更为专业化、更为个性化的服务。技术创新及发展能力主要包括物流技术的创新和物流业务的创新两方面，其中技术的创新主要是指在使用现代化的物流设施设备的硬件技术和组织高效率物流的计划、管理和评价的方法等软件技术方面的能力。业务的创新主要是指根据帮扶对象需求提供个性化的增值服务，诸如循环取货，线路规划等。

8.2.3　质量屋的建立

确定了中国电商物流精准扶贫企业帮扶对象需求和物流精准扶贫企业的服务能力相关指标之后，通过多名物流专家的反复讨论，归纳两者之间相关性，建立质量屋相关矩阵，方便之后根据矩阵的大致相关性合理地由帮扶对象需求的评分获得服务能力指标的评分。矩阵中用"△"代表弱相关；"○"表示一般相关；"◎"表示非常相关。建立中国电商物流精准扶贫企业服务能力质量屋关联矩阵见表8－1。

表 8－1　中国电商物流精准扶贫企业服务能力质量屋关系矩阵

帮扶对象需求	服务能力																							
	A	B	C	D	E	F	G	H	I	J	K	L	M	N	O	P	Q	R	S	T	U	V	W	X
质量可靠	◎											○												
数量可靠		◎	◎	○		△	○					△												
交货及时				◎		◎	○	○	△			○			○		△				△	△		
投诉处理及时					◎		○	○	△			○			○		△							
高度信息共享						◎	○	◎			△		○						△					△
良好的人员水平								△				◎	◎	○	○									
良好的管理水平								△					○	◎	○	○	◎							
先进的设备资源																					◎	◎		
良好的物流精准扶贫形象	△	△	△	△	△	△	△				○	○						◎	◎	◎			△	
价格						△	○			◎	◎									△			△	
价格应变能力						△	○	△	○	◎		△								△				

续表

帮扶对象需求	服务能力																							
	A	B	C	D	E	F	G	H	I	J	K	L	M	N	O	P	Q	R	S	T	U	V	W	X
提供个性化服务							○	△	△			△	△				△		△				△	◎
提供增值服务							◎	○	○			△	○				△		△				◎	○
柔性				△	△	○	◎	△				△	△				○		△	△	△			◎

注:A—货物完好率,B—货物准确率,C—账货相符率,D—货物准时送达率,E—帮扶对象投诉处理及时率,F—紧急交货完成率,G—信息共享率,H—信息技术利用率,I—信息技术完备率,J—运营成本,K—交易成本,L—物流配送人员平均文化素质水平,M—管理者素质,N—出勤率,O—物流配送人员工作效率,P—组织结构水平,Q—业务流程,R—物流精准扶贫信誉,S—物流精准扶贫规模,T—财务状况,U—仓储设备利用率,V—运输设备利用率,W—货物翻包率,X—技术创新及发展能力。

构建了中国电商物流精准扶贫企业帮扶对象需求与服务能力的质量屋之后,邀请物流精准扶贫企业高层管理人员和物流方面的专业人才根据上面确定的关系矩阵和之前获得的帮扶对象需求权重的评分,对不同组的服务能力指标进行评分,两组分值共同构成动态 QFD 神经网络的训练样本。通过对所获数据的分析,经过进一步处理,可保留 20 组数据,作为待用的训练样本。

8.3　神经网络的构建

BP 神经网络是由 Rumelhant 和 McClelland 于 1986 年提出的,是一种单向传播的多层前向网络。它由输入层、输出层和隐含层层(或称中间层)组成,输入信号由输入节点依次传过各中间层节点,然后传到输出节点,每一层节点的输出只影响下一层节点的输入。其结构如图 8-5 所示。

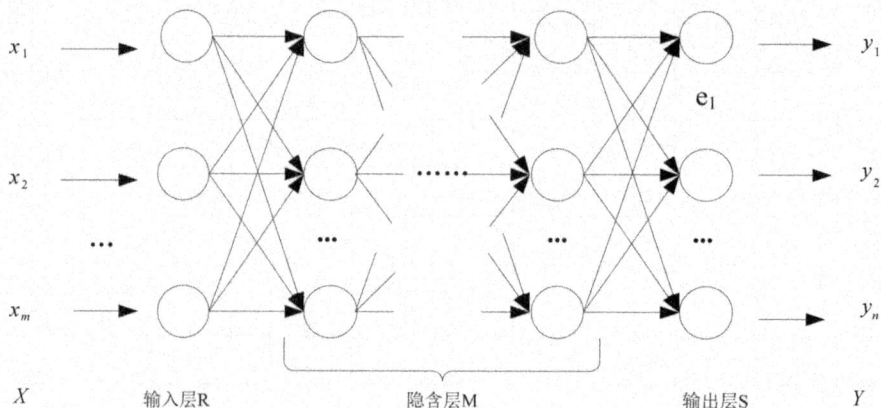

图 8-5　BP 神经网络图

BP 神经网络在设计时需要确定网络层数,每层神经元的个数,传递函数、训练方法及相关参数;神经网络构建之后,使用确定的训练样本对网络进行训练,直到输出的误差到达可接受程度,即完成对网络的训练;之后将仿真数据通过构建好的神经网络进行仿真,获得仿真结果。

BP 神经网络的基本思想是学习过程由信号的正向传播和误差的反向传播两个过程组成。正向传播时,输入样本从输入层输入,经隐含层逐层处理后传向输出层。若输出层的输出与期望结果不符,则进入误差的反向传播阶段,即将输出误差以某种形式通过隐含层逐层向输入层反传,并将误差分摊给各层的全部单元,从而获得各层单元的误差信号,用该误差信号作为修正各单元权值的依据。通过周而复始的进行信号的正向传播和误差的反向传播,完成网络的学习训练过程,此过程一直进行到网络输出的误差减小到可接受的程度,或进行到预先设定的学习次数为止。

将神经网络应用到中国电商物流精准扶贫企业 QFD 模型时,按照差产生式的规则,中国电商物流精准扶贫企业 QFD 可以表述为,如果要满足帮扶对象需求 R(i),就需要实现服务能力指标 S(j),按产生式推理网络向神经网络转化的原则,中国电商物流精准扶贫企业 QFD 可用神经网络图 8-6 表示。

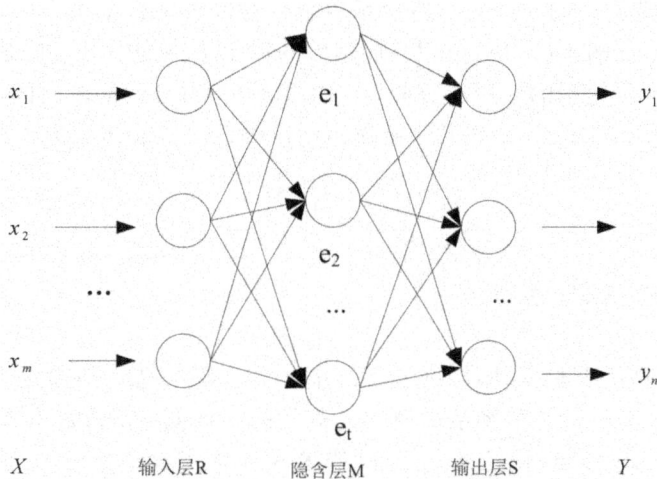

图 8-6　基于神经网络的动态 QFD 模型

8.3.1　网络的层数

图中除了输入层 R 和输出层 S 以外,为了降低误差,增加精度,还增加了一个隐含层 M 。其中 X 表示输入,X 与 R 神经元相联结的权值是中国电商物流精准扶贫企业帮扶对象需求的重要度,Y 为神经元 S 的输出,其值表示服务能力指标的权重;输入层 R 和输出层 S 之间的联结值表示中国电商物流精准扶贫企业帮扶对象需求与中国电商物流精准扶贫企业服务能力的关系矩阵。

8.3.2　每层神经元节点数

输入层 R 和输出层 S 的神经元个数分别为中国电商物流精准扶贫企业帮扶对象需求个数 m 和服务能力指标个数 n。隐层节点数的个数理论上尚没有一个清晰的规定。隐层节点数如果太多会导致学习时间过长,过少会造成网络不能很好地学习,需要训练的次数也多,训练精度也不高,容错性差。一般认为,隐层节点数与求解问题的要求、输入输出节点数的多少都有直接关系,在确定隐层节点数时参考前人经验,则有

$$t = \sqrt{m+n} + a \tag{8-1}$$

式中,t 为隐含层节点个数,m 为输入层节点个数,n 为输出层节点个数,a 为 $1 \sim 10$ 之间的常数。

8.3.3　传递函数

BP 神经网络经常使用的神经元的传递函数包括对数 S 形函数,正切 S 形函数和线性函数,对数 S 形函数的输出范围为 $(0,1)$,正切 S 形函数的输出范围为 $(-1,1)$,而线性函数输出范围为 $(-\infty,+\infty)$,这里所使用的应用于服务能力的提升的 QFD 网络输出的是服务能力的权重,其值在 $(0,1)$ 之间,所以选取对数 S 形函数作为传递函数。其表达式为

$$f_j(x) = \frac{1}{1+\mathrm{e}^{-x}} \tag{8-2}$$

8.3.4　训练方法选择

BP 神经网络的算法有很多种,标准的 BP 算法学习规则是一种梯度下降的学习算法,其权值的修正是沿着误差性能函数梯度的反方向进行的。梯度下降算法有递增模式和批处理模式两种模式,MATLAB 神经网络工具箱提供的多种训练函数都是属于批处理模式的训练函数,主要可以分为普通训练函数和快速训练函数。为了达到快速收敛的目的,此处的神经网络的训练函数选择快速训练函数中的有弹回的 BP 算法(trainrp),其可以有效消除 S 形函数带来的梯度幅度对网络训练的影响。

8.4　基于神经网络的中国电子商务物流精准扶贫企业(QFD)绩效评价

使用 QFD 方法确定了中国电商物流精准扶贫企业的 14 项帮扶对象需求指标和 24 项服务能力指标之后,就可以构建神经网络模型进行训练,自适应调整,直到精度符合要求。

8.4.1　中国电商物流精准扶贫企业帮扶对象需求权重的确定

中国电商物流精准扶贫企业帮扶对象需求的权重表明了各项需求对帮扶对象的重要性。由于帮扶对象需求的二级指标要素较多,对帮扶对象采用问卷调查法获得权重时,帮扶对象很难给出客观、准确的评价,不方便确定帮扶对象的关键需求。可以三角形模糊数的隶属函数与AHP 方法相结合来确定帮扶对象需求的权重,使结果更合理。

三角形模糊数的隶属函数是模糊数学的一个重要概念之一,它通过建立一个从论域到 $[0,1]$ 上的映射,可以很方便地表示出事物某些性质的模糊性或属于某个模糊概念的程度,它可以把元素对模糊集合的归属程度恰当地表示出来,这就形成了隶属度的概念。隶属度就是表示出了因素集合与评价集合之间的一种模糊隶属关系,通过隶属函数计算出隶属度,就可以清楚地了解到能力指标在多大程度上隶属于某个评价尺度。对于三角形模糊数及其基本运算,用 $F(R)$ 表示 R 上的全体模糊数集合,假设 $M \in F(R)$。对任意的 $x \in R$,其属于 M 的隶属度函数表示为

$$u_M(x) = \begin{cases} \dfrac{x-a}{b-a}, & x \in (a,b) \\ \dfrac{x-c}{b-c}, & x \in (b,c) \\ 0, & \text{其他} \end{cases} \qquad (8-3)$$

此处 M 即为三角模糊数,式(8-3)中,$a \leqslant b \leqslant c$,$a$ 和 c 表示 M 的下界值和上界值,b 为 M 的隶属度为 1 的中值。该模糊数可以表示为如图 8-7 所示的图形。在 QFD 的应用中,a,b,c 和 x 根据对各层指标进行两两比较获得,判断矩阵的标度见表 8-2。其中 x_1 和 x_2 为进行两两比较的指标的值。

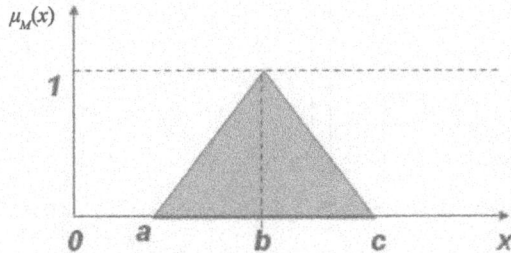

图 8-7　三角形模糊数

表 8-2　模糊判断矩阵标度定义

重要度差别	x_1 标度	x_2 标度
x_1 与 x_2 同样重要	1	1
x_1 比 x_2 稍微重要	3	1/3
x_1 比 x_2 明显重要	5	1/5

续表

重要度差别	x_1 标度	x_2 标度
x_1 比 x_2 强烈重要	7	1/7
x_1 比 x_2 极端重要	9	1/9
介于以上之间	2,4,6,8	1/2,1/4,1/6,1/8

模糊 AHP 的一致性检验。在层次分析法中,需要对判断矩阵进行一致性检验,可用三角形模糊数代替精确比例构建判断矩阵,但是在进行一致性判断时,必须要使用实数。因此此处需要将模糊数映射成一个实数。对于三角形模糊数,最能代表其本质特征的是该模糊数所表示的三角形的中心。因此在一致性判断时可以使用三角形模糊数的重心,其重心的计算公式为

$$x_c = \frac{4b+a+c}{6} \tag{8-4}$$

模糊层次法确定帮扶对象需求新权重。建立递阶层级结构模型。根据之前收集的中国电商物流精准扶贫企业帮扶对象需求层次表建立一个含有目标层、准则层、指标层的中国电商物流精准扶贫企业帮扶对象需求指标递阶层次构模型,如图 8-8 所示。

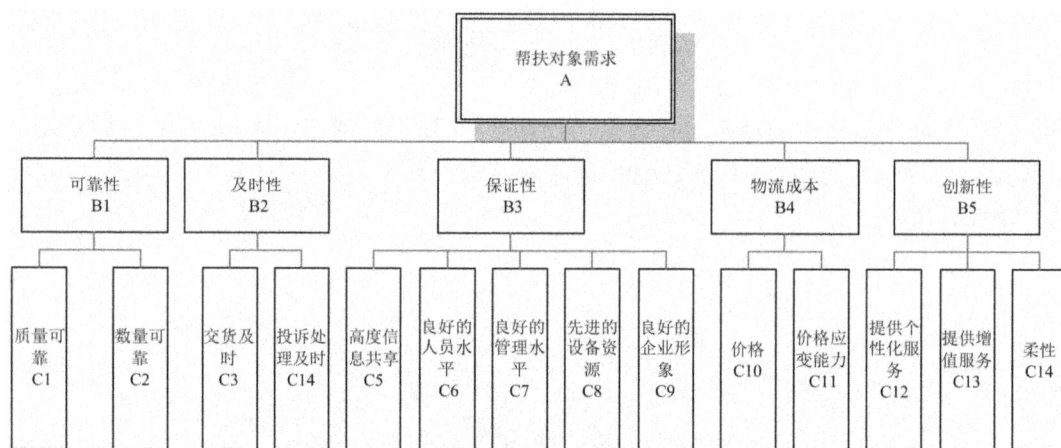

图 8-8　中国电商物流精准扶贫企业帮扶对象需求指标递阶层次模型

构造判断矩阵计算权重。根据以上中国电商物流精准扶贫企业帮扶对象需求的结构模型,构造两两判断矩阵,为了保证最后得到的权重的客观性,本文在确定权重时,确定中国电商物流精准扶贫企业骨干人员及负责人(3 人),物流精准扶贫项目中物流部门相关领导(3 人),业内专家(3 人)以及物流精准扶贫企业有资深工作经验的配送人员(4 人)和物流精准扶贫项目中物流部门资深配送人员(2 人)的 5 组评审人员,通过对 5 组评审人员的访谈,分别得到五组成员对各项指标的两两比较结果,之后采用均值的方法获得最终的判断矩阵,见表 8-3。

表 8 - 3　评审人员选定标准

评审人员数量/人	评审人员条件要求
4	物流精准扶贫企业资深工作经验的配送人员
3	1.物流精准扶贫企业骨干人员及负责人； 2.物流精准扶贫项目中物流部门相关领导； 3.业内专家
2	物流精准扶贫项目中物流部门资深配送人员

对 B 层指标构造判断矩阵并计算权重。中国电商物流精准扶贫企业帮扶对象需求准则层要考虑的因素有 5 个，分别为可靠性(B1)，及时性(B2)，保证性(B3)，物流成本(B4)和创新性(B5)。应用模糊层次分析法让五组人员进行判断,得到判断矩阵见表 8 - 4。

表 8 - 4　B 层指标判断矩阵

A	B1	B2	B3	B4	B5
B1	(1, 1, 1) (1, 1, 1) (1, 1, 1) (1, 1, 1) (1, 1, 1)	(1, 1, 2) (1, 1, 1) (1, 1, 1) (1, 1, 1) (1, 1, 2)	(1, 2, 2) (1, 1, 1) (1, 2, 3) (1, 1, 2) (1, 1, 2)	(1, 2, 2) (1, 2, 3) (1, 2, 3) (1, 1, 2) (2, 2, 3)	(2, 3, 3) (2, 3, 4) (3, 4, 5) (1, 2, 2) (2, 2, 3)
B2	(1/2, 1, 1) (1, 1, 1) (1, 1, 1) (1, 1, 1) (1/2, 1, 1)	(1, 1, 1) (1, 1, 1) (1, 1, 1) (1, 1, 1) (1, 1, 1)	(1, 1, 2) (1, 1, 1) (1, 1, 2) (1, 1, 2) (1, 1, 1)	(1, 1, 2) (1, 2, 3) (1, 1, 2) (1, 1, 2) (1, 2, 2)	(1, 2, 3) (2, 3, 4) (3, 4, 5) (1, 2, 2) (1, 2, 2)
B3	(1/2, 1/2, 1) (1, 1, 1) (1/3, 1/2, 1) (1/2, 1, 1) (1/2, 1, 1)	(1/2, 1, 1) (1, 1, 1) (1/3, 1/2, 1) (1/2, 1, 1) (1, 1, 1)	(1, 1, 1) (1, 1, 1) (1, 1, 1) (1, 1, 1) (1, 1, 1)	(1, 1, 1) (1, 2, 3) (1, 1, 1) (1, 1, 1) (1, 2, 3)	(1, 2, 2) (2, 3, 4) (1, 2, 2) (1, 1, 2) (1, 1, 1)
B4	(1/2, 1/2, 1) (1/3, 1/2, 1) (1/3, 1/2, 1) (1/2, 1, 1) (1/3, 1/2, 1/2)	(1/2, 1, 1) (1/3, 1/2, 1) (1/3, 1/2, 1) (1/2, 1, 1) (1/2, 1/2, 1)	(1, 1, 1) (1/3, 1/2, 1) (1, 1, 1) (1, 1, 1) (1/2, 1/2, 1)	(1, 1, 1) (1, 1, 1) (1, 1, 1) (1, 1, 1) (1, 1, 1)	(1, 2, 2) (1, 1, 2) (1, 2, 2) (1, 1, 2) (1, 1, 1)
B5	(1/3, 1/3, 1/2) (1/4, 1/3, 1/2) (1/5, 1/4, 1/3) (1/2, 1/2, 1) (1/3, 1/2, 1/2)	(1/3, 1/2, 1) (1/4, 1/3, 1/2) (1/5, 1/4, 1/3) (1/2, 1/2, 1) (1/2, 1/2, 1)	(1/2, 1/2, 1) (1/4, 1/3, 1/2) (1/2, 1/2, 1) (1/2, 1, 1) (1/2, 1/2, 1)	(1/2, 1/2, 1) (1/2, 1, 1) (1/2, 1/2, 1) (1/2, 1, 1) (1, 1, 1)	(1, 1, 1) (1, 1, 1) (1, 1, 1) (1, 1, 1) (1, 1, 1)

B1 和 B3 的 5 个比较模糊值,可以通过以下方式整合为为一个模糊值,即

$$(1+1+1+1+1)/5=1, \quad (2+1+2+1+1)/5=1.4, \quad (2+1+3+2+2)/5=2$$

所以 B1 比 B2 的模糊值为 $(1,1.4,2)$,对其他比值可做相似处理,得到模糊矩阵,即

$$\bar{B}=\begin{bmatrix} (1,1,1) & (1,1,1.4) & (1,1.4,2) & (1.2,1.8,2.6) & (2,2.8,3.4) \\ (0.8,1,1) & (1,1,1) & (1,1.2,1.8) & (1,1.6,2.4) & (1.6,2.6,3.4) \\ (0.57,0.8,1) & (0.67,0.9,1) & (1,1,1) & (1,1.4,1.6) & (1.2,2,2.4) \\ (0.4,0.6,0.9) & (0.43,0.7,1) & (0.767,0.8,1) & (1,1,1) & (1,1.4,1.8) \\ (0.32,0.38,0.57) & (0.36,0.42,0.77) & (0.45,0.57,0.9) & (0.6,0.8,1) & (1,1,1) \end{bmatrix}$$

获得判断矩阵后,要对其进行一致性检验,将上述模糊矩阵映射为实数,可得矩阵为

$$\bar{B}=\begin{bmatrix} 1 & 1.07 & 1.43 & 1.83 & 2.77 \\ 0.97 & 1 & 1.27 & 1.63 & 2.53 \\ 0.79 & 0.88 & 1 & 1.37 & 1.93 \\ 0.62 & 0.71 & 0.83 & 1 & 1.4 \\ 0.40 & 0.47 & 0.60 & 0.8 & 1 \end{bmatrix}$$

由公式 $\lambda_{\max} \approx \frac{1}{n}\sum_{i=1}^{n}\frac{(AW)_i}{W_i}=\frac{1}{n}\sum_{i=1}^{n}\frac{\sum_{j=1}^{n}a_{ij}W_j}{W_i}$ 求得 $\lambda_{\max} \approx 5.250$。由公式 $CI=\frac{\lambda_{\max}-n}{n-1}$ 求得 $CI=0.0626$,进而由公式 $CR=\frac{CI}{RI(n)}$ 是否小于 1 来判断判断矩阵是否符合一致性。其中 $RI(n)$ 可由表 8-5 查得。

表 8-5 平均随机一致性指标

n	1	2	3	4	5	6	7	8	9	10	11	12	13	14
RI	0	0	0.52	0.89	1.12	1.26	1.36	1.41	1.46	1.49	1.52	1.54	1.56	1.58

查表得出 $CR=0.0559<1$,从而判断出该判断矩阵满足一致性要求。

计算权重。完成一致性检验后,就可以按照三角模糊数的计算公式计算得到 B 层指标的权重为

$$(w_{B1},w_{B2},w_{B3},w_{B4},w_{B5})=(0.318,0.294,0.219,0.133,0.035)$$

C 层指标的各自权重为

$$(w_{C1},w_{C2})=(0.5,0.5), \quad (w_{C3},w_{C4})=(0.670,0.330)$$

$$(w_{C5},w_{C6},w_{C7},w_{C8},w_{C9})=(0.520,0.209,0.078,0.172,0.020)$$

$$(w_{C10},w_{C11})=(0.745,0.255), \quad (w_{C12},w_{C13},w_{C14})=(0.378,0.327,0.295)$$

每个指标在层次总排序中的值等于该指标准则层中所占的权重乘以准则层在总的目标层所占的权重,计算得到各个指标的权重:

$$Tw_{C1}=w_{C1}\times w_{B1}=0.159176, \quad Tw_{C2}=w_{C2}\times w_{B1}=0.159176$$

$$Tw_{C3}=w_{C3}\times w_{B2}=0.197167, \quad Tw_{C4}=w_{C4}\times w_{B2}=0.097119$$

$$Tw_{C5}=w_{C5}\times w_{B3}=0.114038, \quad Tw_{C6}=w_{C6}\times w_{B3}=0.045905$$

$$Tw_{C7}=w_{C7}\times w_{B3}=0.017207, \quad Tw_{C8}=w_{C8}\times w_{B3}=0.037681$$

$$Tw_{C9}=w_{C9}\times w_{B3}=0.004425, \quad Tw_{C10}=w_{C10}\times w_{B4}=0.099057$$

$$Tw_{C11} = w_{C11} \times w_{B4} = 0.033\ 935, \quad Tw_{C12} = w_{C12} \times w_{B5} = 0.013\ 251$$

$$Tw_{C13} = w_{C13} \times w_{B5} = 0.011\ 474, \quad Tw_{C14} = w_{C14} \times w_{B5} = 0.010\ 343$$

由此得出帮扶对象需求新权重为：

$$
\begin{aligned}
RI = [&0.159\ 176 \quad 0.159\ 176 \quad 0.197\ 167 \quad 0.097\ 119 \quad 0.114\ 083 \quad 0.045\ 905\ 462 \\
&0.017\ 21 \quad 0.037\ 681 \quad 0.004\ 425 \quad 0.099\ 057 \quad 0.033\ 935 \quad 0.013\ 251 \\
&0.011\ 474 \quad 0.010\ 343]^{\mathrm{T}}
\end{aligned}
$$

8.4.2　中国电商物流精准扶贫企业服务能力绩效综合评价

在确定了中国电商物流精准扶贫企业服务能力指标及其相应权重之后，就需要完成对服务能力的综合评价。可将中国电商物流精准扶贫企业服务能力的评价等级分为优，良，中，差，极差五个等级，评价集合设置 $E = \{E1, E2, E3, E4, E5\} = \{极差, 差, 中, 良, 优\}$，将 5 个评价尺度赋予五个分值，分别为 $V = (50, 60, 70, 80, 90)^{\mathrm{T}}$。

中国电商物流精准扶贫企业服务能力指标中有定量指标也有定性指标，对其隶属度的计算方法稍有差别，应分别对这两种指标进行隶属度计算。本文的定量指标主要包括货物完好率，货物准确率，账货相符率，货物准时送达率，帮扶对象投诉处理及时率，紧急交货完成率，物流配送人员平均文化素质水平，出勤率，员工工作效率，仓储设备利用率，运输设备利用率和货物翻包率等。

中国电商物流精准扶贫企业本身有内部 KPI 的统计，对于这些定量指标的表现情况公司都有一定的统计，通过对公司 KPI 的统计分析，可以得出各定量指标的绩效值。但由于各定量指标具有不同的量纲，无法直接进行比较，因此在进行隶属度的计算之前，首先要对各个指标进行无量纲化处理，获得指标的标准值后在进行计算。

指标的无量纲化处理。对于指标值越大越好的正指标来说，则有

$$
t_i = \begin{cases}
1, & p_i \geqslant \max p_i \\
\dfrac{p_i - \min p_i}{\max p_i - \min p_i}, & \min p_i < p_i < \max p_i \\
0, & p_i \leqslant \min p_i
\end{cases} \tag{8-5}
$$

式中，$\min p_i$ 表示中国电商物流精准扶贫企业能接受的该指标的最小值，$\max p_i$ 表示中国电商物流精准扶贫企业期望达到的该指标的最大值，p_i 表示中国电商物流精准扶贫企业目前在该指标上的实际值，t_i 表示对指标进行无量纲化处理后的标准值。

对于指标值越小越好的负指标来说，则有

$$
t_i = \begin{cases}
1, & p_i \leqslant \min p_i \\
\dfrac{\max p_i - p_i}{\max p_i - \min p_i}, & \min p_i < p_i < \max p_i \\
0, & p_i \geqslant \max p_i
\end{cases} \tag{8-6}
$$

式中，$\min p_i$ 表示中国电商物流精准扶贫企业期望达到的该指标的最小值，$\max p_i$ 表示中国电商物流精准扶贫企业能够接受的该指标的最大值，p_i 表示中国电商物流精准扶贫企业目前在该指标上的实际值，t_i 表示对指标进行无量纲化处理后的标准值。

对于指标取适中值最好的指标来说，则有

$$t_i = \begin{cases} \dfrac{p_i - \min p_i}{\mathrm{mid} p_i - \min p_i}, & \min p_i < p_i < \mathrm{mid} p_i \\ 1, & p_i = \mathrm{mid} p_i \\ \dfrac{\max p_i - p_i}{\max p_i - \mathrm{mid} p_i}, & \mathrm{mid} p_i < p_i < \max p_i \\ 0, & p_i \leqslant \min p_i \quad \text{or} \quad p_i \geqslant \max p_i \end{cases} \qquad (8-7)$$

式中,$\min p_i$ 表示中国电商物流精准扶贫企业能够接受的该指标的最小值,$\max p_i$ 表示中国电商物流精准扶贫企业能够接受的该指标的最大值,$\mathrm{mid} p_i$ 表示期望达到的该指标的最优值,p_i 表示中国电商物流精准扶贫企业目前在该指标上的实际值,t_i 表示对指标进行无量纲化处理后的标准值。

在以上公式中,指标的最大值 $\max p_i$,最小值 $\min p_i$,中值 $\mathrm{mid} p_i$ 等主要是通过查阅中国电商物流精准扶贫企业的历史数据以及对中国电商物流精准扶贫企业的高级管理者进行访谈,结合后目前的行业现状获得,中国电商物流精准扶贫企业的现值主要是通过对中国电商物流精准扶贫企业的年 KPI 进行统计计算,以此来代表中国电商物流精准扶贫企业服务能力相关指标的大致情况,指标的具体计算过程见表 8-6。

表 8-6　中国电商物流精准扶贫企业定量指标的无量纲化结果

指　标	实际值 p_i	最小值 $\min(p_i)$	中值 $\mathrm{mid}(p_i)$	最大值 $\max(p_i)$	标准值 t_i
货物完好率 D1	98.06%	90%		100%	0.806 452
货物准确率 D2	96.67%	85%		99.98%	0.778 816
账货相符率 D3	99.90%	90%		100%	0.99
货物准时送达率 D4	99.12%	80%		100%	0.956 14
帮扶对象投诉处理及时率 D5	77.78%	60%		98%	0.467 895
紧急交货完成率 D6	96.55%	75%		98%	0.937 031
员工平均文化素质水平 D12	11.82	9		15	0.47
出勤率 D14	83.33%	70%		95%	0.533 333
员工工作效率 D15	73.91%	60%		90%	0.463 768
仓储设备利用率 D21	81.53%	50%	90%	95%	0.788 25
运输设备利用率 D22	84.23%	50%	90%	95%	0.855 75
货物翻包率 D23	3.16%	0%		10%	0.316 206

对中国电商物流精准扶贫企业指标进行完无量纲化处理获得标准值后,就可以带入隶属度函数,得出各个指标的隶属度,对于定量指标主要采用正态分布的隶属函数对指标进行计算,计算公式参考了张翠华等人的研究,具体求得各定量指标对各等级的隶属度见表 8-7。

表 8-7　定量指标的隶属度

指　标	极　差	差	中	良	优
货物完好率 D1	0	0.002 8	0.117 6	0.566 7	0.312 9

续表

指　标	极　差	差	中	良	优
货物准确率 D2	0	0.004 7	0.154 6	0.586 0	0.254 7
账货相符率 D3	0	0	0.011 3	0.266 6	0.722 1
货物准时送达率 D4	0	0.000 1	0.018 5	0.325 0	0.656 4
帮扶对象投诉处理及时率 D5	0.013 2	0.257 9	0.576 7	0.147 9	0.004 3
紧急交货完成率 D6	0	0.000 2	0.024 1	0.359 8	0.615 9
员工平均文化素质水平 D12	0.012 8	0.253 8	0.578 0	0.150 9	0.004 5
出勤率 D14	0.004 2	0.146 1	0.575 9	0.260 3	0.013 5
员工工作效率 D15	0.014 1	0.266 0	0.573 9	0.142 0	0.004 0
仓储设备利用率 D21	0	0.003 9	0.141 2	0.580 9	0.274 0
运输设备利用率 D22	0	0.001 1	0.068 3	0.504 0	0.426 6
货物翻包率 D23	0.104 1	0.545 5	0.327 7	0.022 5	0.000 2

　　定性指标的隶属度计算。本书的定性指标主要包括中国电商物流精准扶贫企业管理者素质,组织结构水平,业务流程,企业信誉,中国电商物流精准扶贫企业规模,财务状况,技术创新及发展能力等指标。此外,中国电商物流精准扶贫企业信息共享率,信息系统利用率,信息系统完备率虽然也可以用具体的百分数来表示,更像是定量的指标,但其具体数值很难通过计算或者统计获得,而且这三个指标更多的是表示的一种程度,因此在这里把他们作为定性指标进行处理;此外运营成本和交易成本由于其还可以分为很多具体的成本指标,因此其整体的成本值也很难用数值来表示,因此也将其作为定性指标进行处理,如图 8-9 所示。

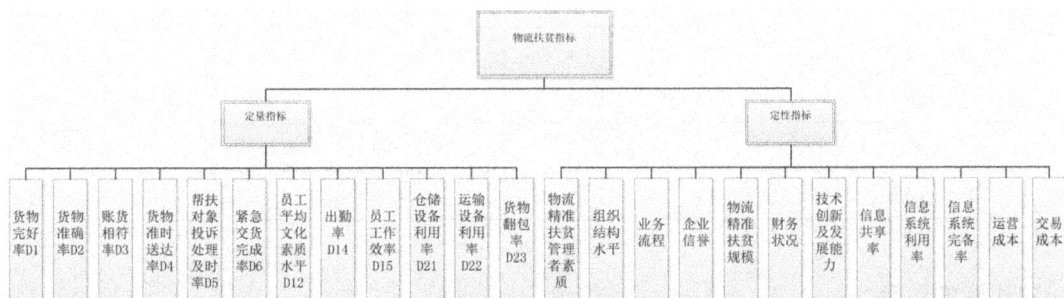

图 8-9　中国电商物流精准扶贫企业指标分析

　　对于定性指标的绩效,主要是通过中国电商物流精准扶贫企业相关人员打分获得,要求打分人员必须具有 5 年以上物流行业的工作经验,了解当前物流行业的现状及发展趋势,并且对中国电商物流精准扶贫企业的具体情况有很清楚的了解,这样才能给出客观公正的打分。

1. 评价人员的选择

　　所选择的人员主要包括中国电商物流精准扶贫企业扶贫部门的领导以及资深员工,他们是中国电商物流精准扶贫中直接与扶贫打交道的部门,在对中国电商物流精准扶贫企业进行选择时就对服务中国电商物流精准扶贫企业的情况进行了深刻了解,在具体服务过程中更是要监测中国电商物流精准扶贫企业各项指标的变化情况,以便对是否继续与中国电商物流精准扶贫企业保持合作作出合理判断,因此其对中国电商物流精准扶贫企业服务能力的具体情况有着很深的了解,并且会给出公正的评分;此外还包括中国电商物流精准扶贫企业高层领导,中国电商物流精准扶贫企业物流运营部的主管人员及有资深经验的员工,这些人员由于身处物流精准扶贫业务之中,并且有着充分的想要提高自身服务能力的想法,因此其会基于自身对物流行业扶贫的了解与自身公司具体情况相对比,给出真实情况的打分。

2. 建立能力等级的分值集合

同样将定量指标的服务能力分为 5 个等级:极差,差,中,良,优,采用 10 分的量值让评价人员对定性指标的表现情况进行打分,每个评价等级的标准分值和各人员评价的分值进行平均获得最终评价值见表 8 - 8。

表 8 - 8　定性指标的评价结果

指　标	等级标准					评价值
	极差	差	中	良	优	
信息共享率 D7	0～2	2～4	4～6	6～8	8～10	3.4
信息系统利用率 D8	0～2	2～4	4～6	6～8	8～10	3.8
信息系统完备率 D9	0～2	2～4	4～6	6～8	8～10	4.266 7
运营成本 D10	0～2	2～4	4～6	6～8	8～10	6.666 7
交易成本 D11	0～2	2～4	4～6	6～8	8～10	7.666 7
管理者素质 D13	0～2	2～4	4～6	6～8	8～10	7.066 7
组织结构水平 D16	0～2	2～4	4～6	6～8	8～10	5.133 3
业务流程 D17	0～2	2～4	4～6	6～8	8～10	5.066 7
物流精准扶贫信誉 D18	0～2	2～4	4～6	6～8	8～10	7.466 7
物流精准扶贫规模 D19	0～2	2～4	4～6	6～8	8～10	8.066 7
财务状况 D20	0～2	2～4	4～6	6～8	8～10	7.4
技术创新及发展能力 D24	0～2	2～4	4～6	6～8	8～10	4.466 7

3. 计算隶属度

如果只是根据评价值所处的区间来简单判断某项指标所处的评价等级则会过于绝对,主要存在着以下两方面问题:首先,对于评价值位于相邻的评价等级的交点位置的指标很难清晰的判断出其属于哪个区间,例如如果某项指标的分值为 2,则判断该项指标属于"极差"或者"差"的评价等级都不完全正确;其次,对于处于同一评价等级内但分值不同的指标不具有区分度,例如如果某两项指标的分值分别为 8.1 和 9.9,虽然其都处于"优"的评价等级内,但是其绩效还是存在着一定的差别。

基于以上原因的考虑,仍然使用隶属函数来确定指标隶属于各个不同评价等级的程度。依据上文的评价集合分割方法,本文共分割了 5 个评价等级:极差,差,中,良,优,其取值范围

分别为 $(0,2),(2,4),(4,6),(6,8),(8,10)$，当指标的评价值越接近某个评价取值范围的中点时，就表明该指标隶属于该评价等级的程度越高；越远离中点时，表明该指标隶属于该评价等级的程度越低；当评价值恰好位于中点时，就表明该指标完全隶属于该评价等级；当评价值位于两个评价等级的交点位置时，其各自以 50% 的概率隶属于这两个评价等级。对于"极差"这个评价等级，由于其不再存在比其更小的评价等级，因此其左端不存在交叉点的位置，此处定义当 $0 \leqslant$ 评价值 $\leqslant 1$ 时，其都完全隶属于"极差"这个评价等级；同理，对于"优"这个评价等级也不存在右端的交叉点位置，因此定义 $9 \leqslant$ 评价值 $\leqslant 10$ 时，其完全隶属于"优"这个评价等级。其分布图如图 8-10 所示。

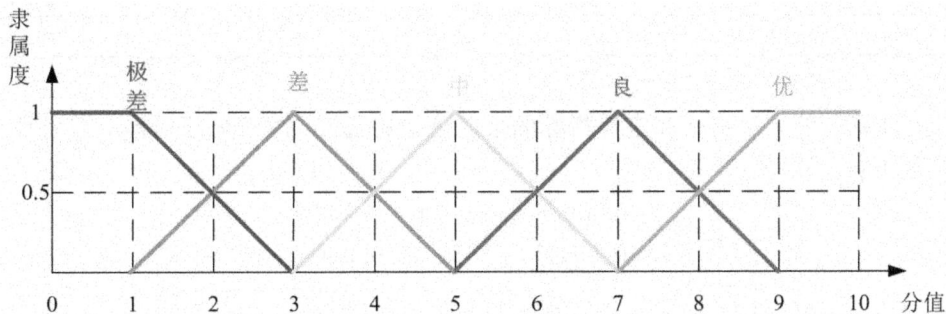

图 8-10 定性指标的隶属函数分布图

$$\mu_1(p_i) = \begin{cases} 1, & 0 \leqslant p_i \leqslant 1 \\ \dfrac{3-p_i}{3-1} = \dfrac{3-p_i}{2}, & 1 < p_i \leqslant 3 \\ 0, & 其它 \end{cases} \quad \mu_2(p_i) = \begin{cases} \dfrac{p_i-1}{3-1} = \dfrac{p_i-1}{2}, & 1 \leqslant p_i \leqslant 3 \\ \dfrac{5-p_i}{5-3} = \dfrac{5-p_i}{2}, & 3 < p_i \leqslant 5 \\ 0, & 其它 \end{cases}$$

$$\mu_3(p_i) = \begin{cases} \dfrac{p_i-3}{5-3} = \dfrac{p_i-3}{2}, & 3 \leqslant p_i \leqslant 5 \\ \dfrac{7-p_i}{7-5} = \dfrac{7-p_i}{2}, & 5 < p_i \leqslant 7 \\ 0, & 其它 \end{cases} \quad \mu_4(p_i) = \begin{cases} \dfrac{p_i-5}{7-5} = \dfrac{p_i-5}{2}, & 5 \leqslant p_i \leqslant 7 \\ \dfrac{9-p_i}{9-7} = \dfrac{9-p_i}{2}, & 7 < p_i \leqslant 9 \\ 0, & 其它 \end{cases}$$

$$\mu_5(p_i) = \begin{cases} \dfrac{p_i-7}{9-7} = \dfrac{p_i-7}{2} & 7 \leqslant p_i \leqslant 9 \\ 1 & 9 < p_i \leqslant 10 \\ 0 & 其它 \end{cases} \tag{8-8}$$

将表中的指标评价值带入隶属度函数中，获得各指标的隶属度见表 8-9。

表 8-9 定性指标的隶属度

指 标	较 差	差	中	良	优
信息共享率 D7	0	0.8	0.2	0	0
信息系统利用率 D8	0	0.6	0.4	0	0
信息系统完备率 D9	0	0.366 7	0.633 3	0	0
运营成本 D10	0	0	0.166 7	0.833 3	0

续表

指 标	较 差	差	中	良	优
交易成本 D11	0	0	0	0.666 7	0.333 3
管理者素质 D13	0	0	0	0.966 7	0.033 3
组织结构水平 D16	0	0	0.933 3	0.066 7	0
业务流程 D17	0	0	0.966 7	0.033 3	0
物流精准扶贫信誉 D18	0	0	0	0.766 7	0.233 3
物流精准扶贫规模 D19	0	0	0	0.466 7	0.533 3
财务状况 D20	0	0	0	0.8	0.2
技术创新及发展能力 D24	0	0.266 7	0.733 3	0	0

对以上计算出的定量指标和定性指标的隶属度进行总结,得到全部指标对各等级的隶属度矩阵 **E** 如下:

$$
E=\begin{bmatrix}
0 & 0.002\ 8 & 0.117\ 6 & 0.566\ 7 & 0.312\ 9 \\
0 & 0.004\ 7 & 0.154\ 6 & 0.586\ 0 & 0.254\ 7 \\
0 & 0 & & 0.011\ 3 & 0.266\ 6 \\
0 & 0.000\ 1 & 0.018\ 5 & 0.325\ 0 & 0.656\ 4 \\
0.013\ 2 & 0.257\ 9 & 0.576\ 7 & 0.147\ 9 & 0.004\ 3 \\
0 & 0.000\ 2 & 0.024\ 1 & 0.359\ 8 & 0.615\ 9 \\
0 & 0.8 & & 0.2 & \\
0 & 0.6 & 0.4 & 0 & 0 \\
0 & 0.366\ 7 & 0.633\ 3 & 0 & 0 \\
0 & 0 & 0.166\ 7 & 0.833\ 3 & 0 \\
0 & 0 & 0 & 0.666\ 7 & 0.333\ 3 \\
0.012\ 8 & 0.253\ 8 & 0.578\ 0 & 0.150\ 9 & 0.004\ 5 \\
0 & 0 & 0 & 0.966\ 7 & 0.033\ 3 \\
0.004\ 2 & 0.146\ 1 & 0.575\ 9 & 0.260\ 3 & 0.013\ 5 \\
0.014\ 1 & 0.266\ 0 & 0.573\ 9 & 0.142\ 0 & 0.004\ 0 \\
0 & 0 & 0.933\ 3 & 0.066\ 7 & 0 \\
0 & 0 & 0.966\ 7 & 0.033\ 3 & 0 \\
0 & 0 & 0 & 0.766\ 7 & 0.233\ 3 \\
0 & 0 & 0 & 0.466\ 7 & 0.533\ 3 \\
0 & 0 & & 0.8 & 0.2 \\
0 & 0.003\ 9 & 0.141\ 2 & 0.580\ 9 & 0.274\ 0 \\
0 & 0.001\ 1 & 0.068\ 3 & 0.504\ 0 & 0.426\ 6 \\
0.104\ 1 & 0.545\ 5 & 0.327\ 7 & 0.022\ 5 & 0.000\ 2 \\
0 & 0.266\ 7 & 0.733\ 3 & 0 & 0
\end{bmatrix}
$$

中国电商物流精准扶贫企业服务能力的模糊评价结果为

$$F=W \cdot E=[0.004\ 485\ 78 \quad 0.257\ 869\ 806 \quad 0.308\ 244\ 801 \quad 0.265\ 163\ 816 \quad 0.167\ 545\ 797]$$

进行归一化处理,得

$$F' = [0.004\ 470\ 981 \quad 0.257\ 019\ 073 \quad 0.307\ 227\ 877 \quad 0.264\ 289\ 019 \quad 0.166\ 993\ 05]$$

根据 $V=(50,60,70,80,90)^{\mathrm{T}}$,计算服务能力的评价结果为 $U=F' \cdot V=73.32$。

8.4.3　中国电商物流精准扶贫企业服务能力绩效综合评价的改进

从该评价结果可以看出,中国电商物流精准扶贫企业的服务能力介于中和良之间,并且离中较近,处于一个不好不坏的位置,这样的程度肯定是不够的。要想与国际先进的中国电商物流精准扶贫企业进行竞争,必须要保证让自身的服务能力提升到良甚至是优的评价等级。

我们可以看出中国电商物流精准扶贫企业当前的服务能力并不令人满意,有必要在现有基础上提升自身服务能力,从而为帮扶对象提供更好更快的服务,提高帮扶对象经济改善程度,提升自身的市场竞争实力。

为了提升中国电商物流精准扶贫企业服务能力,就需要采取相应的措施提升其各服务能力指标,从而达到整体提高服务能力的目的,根据其各个指标的重要性不同,采取的改进力度肯定也不尽相同。

但如果直接选择重要性较高的指标进行改进,则可能出现一种情况就是虽然某个指标的重要性极高,但是其在物流精准扶贫中的完成情况很好,此时如果在这方面投入大量的资源,则会造成一定程度的资源浪费,同时也不能起到很好的提升服务能力的目的;此外还有一些指标可能相对不太重要,但其完成情况相对而言很差,因此其对服务能力的整体影响也较大,但却没有对其进行改善。基于以上原因的考虑,我们在选择待改进指标时,不能只根据其重要性进行选择,应该使用同时考虑到其实现情况的改进重要性来进行选择。

要计算指标改进的重要度,首先要计算出指标需改进的程度,各服务能力指标需要改进的程度主要是根据中国电商物流精准扶贫企业的现状和各个指标的目标进行计算获得,定义其计算公式如下:

对于指标越大越好的正指标为

$$g_i = \begin{cases} \dfrac{q_i - p_i}{q_i} & q_i \geqslant p_i \\ 0 & q_i < p_i \end{cases} \tag{8-9}$$

对于指标越小越好的负指标为

$$g_i = \begin{cases} \dfrac{p_i - q_i}{q_i} & p_i \geqslant q_i \\ 0 & p_i < q_i \end{cases} \tag{8-10}$$

对于取适中值最好的指标来说,则有

$$g_i = \begin{cases} \dfrac{q_i - p_i}{q_i} & q_i \geqslant p_i \\ \dfrac{p_i - q_i}{q_i} & q_i < p_i \end{cases} \tag{8-11}$$

式中,g_i 代表指标改进程度的绝对值,p_i 代表该指标目前的实际值,q_i 代表指标的目标值。其中 p_i 已由上文出获得,对于定量指标的 q_i 主要是通过查阅中国电商物流精准扶贫企业的管理手册中对于各能力指标目标值的期望值来气确定,对于定性指标的 q_i 主要是通过对中国电商物流精准扶贫企业管理人员的访谈,认为中国电商物流精准扶贫企业的服务能力应该达到良以上的水平才算达标,因此此处把定性指标的目标值人为地规定为良和优中间的分值 8 分。在获得了指标改进程度的绝对值之后,进行归一化处理,获得指标改进程度的相对值 g'_i。

最后通过公式 $w_{g'_i} = g'_i \times w_i$,计算指标改进的重要性程度,具体计算过程见表 8-10,获得指标改进的重要性之后,按照改进的重要性程度对指标进行排序,其结果见表8-10。

表 8-10 服务能力指标改进的重要度

指　标	实际值 (p_i)	目标值 (q_i)	差值 $(q_i - p_i)$	改进程度绝对值 (g_i)	改进程度相对值 (g'_i)	指标重要性 (w_i)	改进的重要度 $(w_{g'_i})$	改进重要度排序
货物完好率 D1	0.980 6	1	0.019 4	0.019 4	0.004	0.044 2	0.000 2	19
货物准确率 D2	0.966 7	0.999 8	0.033 1	0.033 1	0.006 9	0.042 4	0.000 3	15
账货相符率 D3	0.999	1	0.001	0.001	0.000 2	0.041 1	0.000 009	22
货物准时送达率 D4	0.991 2	1	0.008 8	0.008 8	0.001 8	0.068 2	0.000 1	20
帮扶对象投诉处理及时率 D5	0.777 8	0.95	0.172 2	0.181 3	0.037 8	0.029 8	0.001 1	9
紧急交货完成率 D6	0.965 5	0.95	0	0	0	0.053 3	0	23
信息共享率 D7	3.4	8	4.6	0.575	0.119 8	0.116 5	0.014	1
信息系统利用率 D8	3.8	8	4.2	0.525	0.109 4	0.119 1	0.013	2
信息系统完备率 D9	4.266 7	8	3.733 3	0.466 7	0.097 2	0.067 2	0.006 5	3
运营成本 D10	6.666 7	8	1.333 3	0.166 7	0.034 7	0.029 9	0.001	10
交易成本 D11	7.666 7	8	0.333 3	0.041 7	0.008 7	0.040 6	0.000 4	13
员工平均文化素质水平 D12	11.82	15	3.18	0.212	0.044 2	0.101 9	0.004 5	4
管理者素质 D13	7.066 7	8	0.933 3	0.116 7	0.024 2	0.038 8	0.000 9	11
出勤率 D14	0.833 3	0.95	0.116 7	0.122 8	0.025 6	0.011 8	0.000 3	14
员工工作效率 D15	0.739 1	0.9	0.160 9	0.178 7	0.037 2	0.065 9	0.002 5	6
组织结构水平 D16	5.133 3	8	2.866 7	0.358 3	0.074 7	0.003	0.000 2	18
业务流程 D17	5.066 7	8	2.933 3	0.366 7	0.076 4	0.026 5	0.002	7
物流精准扶贫信誉 D18	7.466 7	8	0.533 3	0.066 7	0.013 9	0.002 7	0.000 04	21

续表

指　标	实际值 (p_i)	目标值 (q_i)	差值 ($q_i - p_i$)	改进程度绝对值 (g_i)	改进程度相对值 (g'_i)	指标重要性 (w_i)	改进的重要度 ($w_{g'_i}$)	改进重要度排序
物流精准扶贫规模 D19	8.066 7	8	0	0	0	0.002 7	0	24
财务状况 D20	7.4	8	0.6	0.075	0.015 6	0.018 7	0.000 3	16
仓储设备利用率 D21	0.815 3	0.9	0.084 7	0.094 1	0.019 6	0.019 5	0.000 4	12
运输设备利用率 D22	0.842 3	0.9	0.057 7	0.064 1	0.013 4	0.020 2	0.000 3	17
货物翻包率 D23	0.031 6	0.1	0.068 4	0.683 8	0.142 5	0.017 4	0.002 5	5
技术创新及发展能力 D24	4.466 7	8	3.533 3	0.441 7	0.092	0.021 9	0.002	8

　　针对以上分析结果,可清晰地看出各个指标对中国电商物流精准扶贫企业服务能力改进的重要度,因此在对中国电商物流精准扶贫企业服务能力进行实际改进时,尤其是在资源有限的情况下,应重点对改进重要度较高的指标进行改进,对中国电商物流精准扶贫企业服务能力的提高能起到一个很好的效果。

　　根据指标待改进的重要性程度,将指标分为以下 4 类:

　　第一类:需要高度重视,集中力量优先进行改进的指标。

　　第二类:需要引起重视,采取一定的措施进行改进的指标。

　　第三类:有一定的改进的必要性,但如果资源紧缺,可以考虑暂时不进行改进。

　　第四类:对当期中国电商物流精准扶贫企业服务能力的影响较小或者完成情况较好,暂时不需要改进的指标。

　　具体分类方法见表 8-11。

表 8-11　指标分类表

类　别	特　点	待改进指标	
		指标	改进的重要性
第一类	需要高度重视,集中力量优先进行改进的指标	信息共享率 D7	0.014
		信息系统利用率 D8	0.013
		信息系统完备率 D9	0.006 5
		员工平均文化素质水平 D12	0.004 5

续表

类　别	特　点	待改进指标	
		指标	改进的重要性
第二类	需要引起重视,采取一定的措施进行改进的指标	货物翻包率 D23	0.002 5
		员工工作效率 D15	0.002 5
		业务流程 D17	0.002
		技术创新及发展能力 D24	0.002
		帮扶对象投诉处理及时率 D5	0.001 1
		运营成本 D10	0.001
		管理者素质 D13	0.0009
第三类	有一定的改进的必要性,但如果资源紧缺,可以考虑暂时不进行改进	仓储设备利用率 D21	0.000 4
		交易成本 D11	0.000 4
		出勤率 D14	0.000 3
		货物准确率 D2	0.000 3
		财务状况 D20	0.000 3
		运输设备利用率 D22	0.000 3
		组织结构水平 D16	0.000 2
		货物完好率 D1	0.000 2
		货物准时送达率 D4	0.000 1
第四类	对当期物流精准扶贫服务能力的影响较小或者完成情况较好,暂时不需要改进的指标	物流精准扶贫信誉 D18	0.000 04
		账货相符率 D3	$9E-06$
		紧急交货完成率 D6	0
		物流精准扶贫规模 D19	0

第9章 中国电子商务与物流精准扶贫措施

9.1 建立良好的电子商务与物流精准扶贫发展环境

电子商务与物流在助力农村精准脱贫过程中发挥着至关重要的作用,电商与物流扶贫不仅能够提高当地人民的生活水平,还对优化产业结构有重要意义。

应坚持电子商务与物流精准扶贫问题导向,解放思想,以扶贫主体期待和需求为导向,聚焦重点扶贫领域、热点扶贫问题,找准电子商务与物流精准扶贫政策落实的"堵点",着力解决影响电子商务与物流精准扶贫的突出体制机制问题,营造鼓励子商务与物流精准扶贫的社会氛围,特别是要为中小子商务与物流精准扶贫企业发展提供有利条件,为子商务与物流精准扶贫高新技术企业成长建立加速机制。

另外,需要从子商务与物流精准扶贫基础设施建、人才培养、特色农产品品牌建设、农村信征体系建设等诸多方面着手,推动子商务与物流精准扶贫的发展使其真正的惠及人民,帮助更多的贫困人口脱贫致富。

9.1.1 进一步加强农村物流和网络基础设施建设

完善的基础设是拓展农村市场的关键,公路运输是广大农村地区基本的运输方式,直接影响农民增产、增收和农村发展。但是农村尤其是山区,受地理条件限制较大,交通工具运输效率低,严重制约着农村电子商务的发展。

精准化交通运输网络,加大资金投入,精心规划贫困地区公路建设、自然村通水泥路建设、农村客运网络建设、完善道路基础设施,加快县、乡、村三级的公路升级改造,发展农村交通运输事业,保证最后一公里的畅通,尤其是贫困地区与外界的无障碍交通,此外,加快推进贫困地区产业路和旅游路的建设。

精准强化农村冷链设施建设,针对大多数农产品在贮藏、运输、配等诸多环节需要一定的温度控制等问题,统筹布局保鲜冷链基础设施,建立配套的冷库和仓储中心,规范农产品冷链物流流程,完善农产品冷藏、分选、加工、包装、配货和检测功能,打通农产品上行通道。

精准建设信息网络,互联网是电商发展的必要载体,但贫困地区仍有网络基础设施不健全,宽带费用高、网速慢等突出问题。全面推进信息进村入户,提升农村地区宽带用户接入速率和普及水平是大力发展电商的必经之路。鼓励线上线下融合等新消费模式发展,鼓励物流公司与贫困地区合作整合物流资源,降低物流成本、畅通物流体系,推动贫困地区物流发展。

9.1.2　完善电子商务态体系建设

积极引进具有进软件开发、冷链物流、营销运营、摄影美工、防伪追溯、金融服务、人才培训等功能的各级企业,建立完整成熟的电商扶贫服务体系。加大开放县级、镇级、村级电商运营中心力度,形成产品展示、质量检验、双渠道运营、物流运输、售后服务的一体化运作模式。增加电商服务站、服务点的建设数量。

建立表彰奖励制度,将电商企业、电商商户、电商服务站等参与电商扶贫、助力贫困户就业、创业增收,推动农产品上行等工作的开展情况,作为电商工作绩效奖励的重要依据。

9.1.3　强化事前物流行业统筹规划

政府在对"乡村振兴"事项进行规划的同时,对贫困地区物流行业的发展也应有系统规划,确保物流行业有序就位。对物流行业的发展给予相应的重视,确保在推进"乡村振兴"进程中,物流行业与其它产业有效配合,避免造成不必要的瓶颈。

9.1.4　建立多方位宣传渠道

加强集群宣传和日常宣传 ,普及宣传与专项宣传相结合,实施一系列有计划、有步骤、有重点的专题宣传推广方案,充分利用广播、电视、广告牌、宣传标语等传统媒介和微博、微信、网站、论坛等新兴媒体,多形式、多方位、多渠道地宣传电商与物流精准扶贫发展动态、创新模式、政策解读、示范经验和典型案例,营造集群浓厚的电商与物流扶贫发展氛围。

9.2　加大电子商务与物流精准扶贫各要素投入与模式创新

电商与物流扶贫虽已取得显著成效,但仍存在不少亟待解决的困难,如运营难、产业难、整合难、配套难、人才难等,既要突破瓶颈,确保电商扶贫进村入户,又要创新电商与物流扶贫模式,在决战脱贫攻坚上路小康。

9.2.1　积极推进贫困地区信征体系建设

由于贫困地区征信系统不完善,电商平台难以对农户信用评级,开展融资服务具有较大的风险。政府应当出台电商信用体系包括信息披露、信息共享、失信惩罚制度,为电商的发展营造良好的环境。

网络交易数量是电商平台进行信用体现建设的重要参考,同时,为转移部分风险,鼓励在农村开展保险业务,发展政策性农业保险、扶贫保险、涉农信贷保险等产品。有效地降低电商扶贫的风险,获得更多投资,"小贷+保险+电商"的扶贫模式,通过保险和担保的双重风险控制,农户面临损失时更有保障。

　　引导金融机构为电商扶贫提供专项信贷支持,研发、推广信贷产品,丰富金融产品供给优化支付服务,大力推广第三方支付,实现新型支付工具覆盖电商扶贫区域。

9.2.2　加快贫困地区特色农产品品牌建设

　　实施品牌带动战略,鼓励符合条件的电商和物流企业申报品牌培育项目扶持计划,深度挖掘贫困地区特色农产品,对当地展开全面调查,整合各方资源,按照市场需求及地方差异性,对农产品进行分类,统筹纳入电商体系,努力实现"一县一业,一村一品"的基本目标。

　　标准化是适应当下市场的必然要求,提高农户的品牌化意识,将非标准化农产品转化成标准产品,将贫困地区当地特色高产的农产品,打造成网红产品,为其注册品牌的同时,借助现代化的营销手段,打响品牌知名度。

　　同时,加强农产品质量监管,拟定地方质量标准。通过标准制定、示范到落实的各个环节,完善农产品质量标准体系,利用宣传引导、监督检查、政策鼓励等手段,提高农户和企业对农产品质量安全的重视程度。深度挖掘贫困地特色文化,开发独具民族风情的商品手工艺品,通过提升农产品的附加价值,延长产业链,充分利用现有的新媒体手段,赋予农产品吸引人的故事,使农户实现增收。

9.2.3　注重人才吸收与培养

1.积极引进、留住高水平物流人才

　　积极引进高层次创新人才,实用深挖乡土情结,落实人才保障。通过积极的政策支持,鼓励在外学成的年轻人返乡创业,鼓励在电商行业有实践经验的人群投身农村发展与扶贫事业。举办高层次创新人才、实用技术人才等各类人才交流会、人才招聘会、科技洽谈会等活动,积极与各大高校开展合作,实现人才对接,组织企业赴定点院校招聘人才,帮助企业引进各类所需的人才。

　　加大力度留住人才,为高层次创新创业人才提供创业服务、社保转接、职称评定、档案代理等手续办理"绿色通道"。积极创造条件,对于产业发展急缺的高层次人才,给予适当的奖励,通过项目留人、技术应用留人,集中财政、高校、科研院所等力量,留住人才获得长远发展。

2.针对性做好培训工作

　　借助于报纸、新闻、电视、广播、会议等手段,向广大农户积极宣传电商与物流知识对于脱贫致富的重要性,以调动他们参与走向脱贫致富之路的积极性。全面开展电商人才培训活动,尽量建立覆盖县、乡镇、村、贫困户的五级培训网络,实现农业科技、电商技能、金融知识的全方位培训,自上而下有序开展培训活动,干部领导其带头作用。

　　有条件的地区可成立专业的电商人才培育学院、电商和电商扶贫研究所。形成三阶段式培养模式:首先对县级领导班子、相关部门负责人对县域电商物流、县域农村电商物流模式与农产品上行等基本知识进行培训;其次培训对象是中心乡镇人员,包括乡镇领导、大学生村官、电商创业人员、返乡大学生、产业大户等,培训内容可进一步细化到电商物流创业路径指导、电

商物流平台运营等;最后是对有明确意向的电商物流创业者,可根据具体实际情况进行专题培训,如流量经营、活动策划、网络营销、品牌运营、创意美工、微商实操等内容。

9.2.4　创新精准扶贫模式

现有的电商扶贫模式把渠道商视为主体,主要作用是对接市场,架起沟通农户与消费者的桥梁,将农产品销售后的利润与贫困户共享,推进电商扶贫,创新电商扶贫模式是必然趋势。

着眼于整条产业链的融合,各个主体密切协同形成集品控、物流、营销为一体的服务体系,倒逼形成"精细农业",使农产品产业链可视化可追溯。拓宽电商扶贫渠道,构建以互联网为基础的双渠道营销模式,前期政府给予部分资金补贴鼓励农户积极参与电商经营,后期渠道成熟后,可考虑构建大范围的直营店和物流服务站。

建立综合平台实现城乡合作和交流,推动电商和区域经济发展,达到精准扶贫的目标。在村镇设立扶贫驿站,主要负责农户的农产品并进行销售,同时解决农产品销售和剩余劳动力的问题;通过一体化的物流平台,实现生鲜产品的城乡互通。

9.3　大力推进物流企业精准扶贫进程

物流企业尤其是快递物流是创新扶贫模式由"输血"向"造血"转变的重要支撑力量。物流发展的好坏影响扶贫效果的维持程度,较好的物流发展对返贫有一定的抑制作用。各类物流企业尤其是国企理应强化政治担当,履行国企责任,创新思路紧密结合帮扶贫困村实际,完善保障机制,加强组织调度,坚决打赢精准扶贫攻坚战。

9.3.1　扩大物流企业在农村地区设施网络布局

各大物流企业依托现有物流网点的基础上,尤其注重与经验丰富的中国邮政密切合作,整合农村物流网点,建立并完善县级物流配送中心、乡镇分站和村级终端公共服务站,补充农村物流的短板,加强区域和城乡的互联互通。

加快推进农村物流快递基础建设,完善快递信用机制,加强对农村物流快递基础设施的建设,并出台鼓励农村快递市场发展的政策,进一步提升农产品寄递通道的便捷和高效。同时推进快递配送纳入公共服务管理,建立健全行业信用机制,推动快递行业消费者黑名单制度的建立,保障快递从业者的合法权益,强化行业信用体系建设,推动行业健康可持续发展。

9.3.2　培育发展骨干物流企业及产业园区

中国各省电商物流的发展,龙头企业是关键。贫困地区在规划及推动物流行业发展的过程中,应保持适当超前节奏,考虑培育发展物流骨干或龙头企业,根据主导特色产业的需求构建物流园区和集散中心。龙头企业不仅是中国各省物流发展的核心竞争力,也是中国各省物流的技术创新和服务中心。龙头企业规模的大小以及服务质量的好坏决定着中国各省电商物流的发展水平。因此要根据中国各省当地的产业布局,因地制宜选择技术含量高,竞争能力强的企业进行大力扶植,引进先进的管理理念,和优秀的管理人才,通过政策和资金的支持,培养出中国各省独有的特色企业。从而带动整个中国各省电商物流的发展。

9.3.3　建立农村物流共同配送模式

物流企业间的合作可以实现合作共赢,物流企业根据自身的专业特点和资金实力,可有针对性的提供专业化、标准化、个性化物流服务。

加快完善农村物流基础设施末端网络,鼓励有条件的地区建设面向农村地区的共同配送中心。农村消费者具有分布分散的特点,再加上基础设施相对落后,物流企业独立开展业务各自为营,难以控制成本。共同配送业务的开展可有效降低成本,提高配送效率。具体做法:针对同一目标客户,物流公司共同出资建立配送站,完成配送站基础设施建设,不同物流公司订单到达配送站后,由专门工作人员负责辖区内配送工作。

9.3.4　加大合作深度,发挥扶贫示范效应

物流企业应当积极开发扶贫项目,主动与贫困县对接,挖掘可开发领域整合多方资源,促进扶贫项目落地。同时加强与地方政府部门的合作,争取政府对物流设施规划的支持,如仓储中心和分拨中心的建设。尤其是邮政,利用其三级运营体系优势,以全省仓储中心、邮件集散中心和农村投递服务网络为依托,应充分发挥其在农村物流配送领域的资源和能力优势,引导贫困户积极参加农产品上行的产业链中。打通城乡通路致富之路,促进城乡商贸双向流通,在扮演好解决电商扶贫中"最初一公里""最后一公里"的角色基础上,跳出传统物流服务者的身份,加强与各类电商平台的合作,整合资源,降低扶贫成本,提升运营效率。

9.4　电子商务物流精准扶贫措施

电子商务物流精准扶贫今后具体实施措施主要从精准对接消费者客户、精准建设信息网络、精准吸纳农民就业、精准布局基础设施、精准规划物流网络和精准发展特色电商六方面进行,如图 9-1 所示。

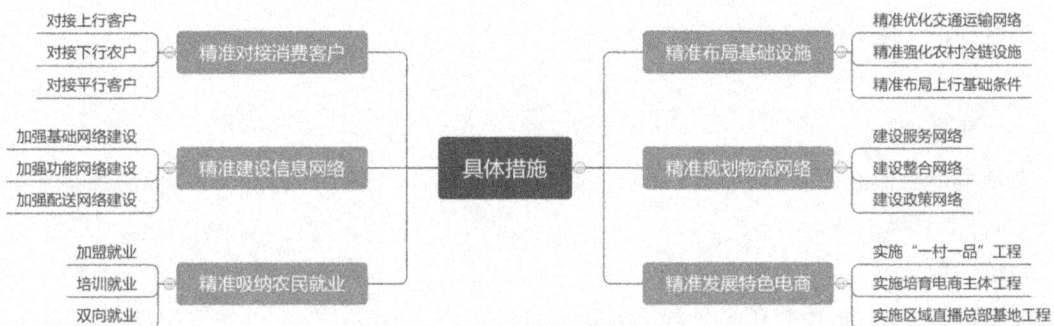

图 9-1　电商物流精准扶贫具体措施

9.4.1 精准对接消费客户

1.对接上行客户

拓宽贫困地区农产品销售途径,以线上线下相结合的方式,对接大型商超、社区,开设农产品专柜、专区、专馆,集中销售贫困地区特色农产品。

2.对接下行农户

鼓励电商企业积极对接贫困地区农户,依托京东、拼多多、淘宝等电商平台开展专场销售、产地直播等活动,宣传贫困地区农产品和特色商品,帮助贫困地区拓宽产品销售和物流渠道。

3.对接平行客户

移动互联网经济下,贫困地区应积极搭建全网、多屏、跨平台的产品销售渠道,通过举办优质农产品选品对接会等活动,宣传当地特色商品,实现与各电商企业选品渠道的对接。

9.4.2 精准建设信息网络

1.加强基础网络建设

完善电信普遍服务补偿机制,加快农村信息基础设施建设和宽带普及。促进宽带网络提速降费,结合农村电子商务发展,持续提高农村宽带普及率。增强农民使用智能手机的能力,帮助农民运用移动互联网拓宽电子商务渠道和畅通物流信息通道。

2.加强功能网络建设

打造集物流信息采集、信息处理、信息发布、信息查询等功能于一体的农村物流综合信息服务平台,加强电商物流企业与运输、商贸流通、供销、邮政等多部门的信息网络衔接,实现资源共享、多站合一、功能集中的综合信息化服务。

3.加强配送网络建设

推进乡村基层农村物流节点的信息化升级改造和标准化配置,把农村物流终端服务推送到广大农户。实现农村物流仓储、运输、加工、配送、货代等上下游企业信息的互联互通,提高物流环节的智能化水平。广泛采用条形码、射频识别等先进的物流信息技术,增强企业对物流信息的掌控和有效管理,提高企业综合服务水平。

9.4.3 精准吸纳农民就业

1.加盟就业

鼓励电商物流企业在贫困地区设立加盟点,通过输出管理、技术和人才,带动当地产业发展,吸纳当地农民就业。

2.培训就业

鼓励行业组织、高校和相关机构到贫困地区开展技能培训,专业化培养一批农村电商、冷链物流、农产品储运加工等技术人才。

3. 双向就业

引导具有实践经验的电商物流从业者从城镇返乡创业,带动农村电商物流产业发展;鼓励农民接受专业培训,向物流企业输出货运司机、装卸搬运工、仓储保管员、快递配送员等岗位人才,促进农村劳动力进城就业。

9.4.4　精准基础设施的布局

基础设施建设是完善农村物流服务体系的先导条件,也是拓展农村物流市场的关键所。

1. 精准优化交通运输网络

加快县、乡、村三级公路改造提升,加强与高速公路、铁路和产业集聚区的衔接,加快推进贫困地区旅游路、产业路建设,逐步完善贫困地区交通基础设施网络,提升交通通达性。

2. 精准强化农村冷链设施

在贫困地区统筹布局建设通风贮藏库、气调贮藏库、机械冷库等农产品产地仓储保鲜冷链基础设施,规范农产品冷链物流流程,保障农产品上行通道的持久畅通。

3. 精准布局上行基础条件

贫困县布局县域物流产业园和分拨中心,实现仓储、物流、交易等功能多元化,为农村物流体系提供基础支撑。贫困乡布局田头市场,完善农产品预冷(冷藏)、分选、加工、包装、配货和检测等功能,构建农产品集聚地。贫困村布局扶贫车间,以合作社模式集约化发展特色农产品、特色手工艺品等乡村产业。

9.4.5　精准规划物流网络

1. 建设服务网络

统筹县级物流配送和运输服务体系,建设县级农村物流中心,强化货运物流、商贸物流、邮政快递、农资配送的业务对接;加快乡镇运输服务站建设,完善乡镇运输服务站布局;建立健全村级农村物流服务点,发展紧密型农村物流联系网点,实现农村物流各类物资"最后一公里"和"最初一公里"的有序集散和高效配送。

2. 建设整合网络

推动客运、货运、邮政、快递、供销社等相关企业单位共享资源,在贫困地区建设共享网点、开行共享线路,有效降低运输成本。

3. 建设政策网络

推动公路收费站撤销合并,提高公路通行效率、降低公路运输成本;加大政策支持,对开通扶贫专线的物流企业给予一定的线路补贴。

鼓励贫困地区因地制宜新建或改建一批产地仓、气调库、冷藏冷冻保鲜库等设施,以租赁、共享等方式降低参与消费扶贫企业的运营成本。鼓励供销合作社、邮政和大型电商企业、商贸流通企业、农产品批发市场等,整合产地物流设施资源,推动产地仓升级,增强仓储、分拣、包装、初加工、运输等综合服务能力,探索建立从产地到餐桌的冷链物流服务体系。深入实施快递下乡工程,完善贫困地区快递服务网络,支持快递企业与农业、供销、商贸企业加强合作。通过这一系列的强有力的措施,让现代物流成为助推消费扶贫的有力帮手,让贫困地区农产品上网更便捷,销售更顺畅,费用更低廉,从而进一步加快深度贫困地区的脱贫攻坚步伐。

设立"扶贫驿站",实现精准扶贫在村镇设立相应的扶贫驿站,扶贫驿站可以使贫困人口缓解现状,逐渐脱离贫困。其次,扶贫驿站主要负责收购农户的农产品并对农产品进行出售,既解决了农产品销售问题,也解决农村剩余劳动力问题,长期发展可提高附近地区整体 GDP,经过时间积累,最终实现精准扶贫。

实现生鲜产品的城乡互通农村地区生产的生鲜食品,比如蔬菜、瓜果、牛肉、羊肉等,通过一体化物流平台向外出售,城市客户可根据相应的网站或者手机 APP 下单,经过人员汇总后再发送到村镇的扶贫驿站,以保证产品的"新鲜度"。关于物流配送路线可分为城市、乡镇和偏远乡村三条主线,前者每日配送,后者考虑到运输成本和需求量的因素是每两天配送。生鲜食品来源于乡镇,配送到城镇,实现了城乡互通。

实现电子商务的城乡互通随着互联网的快速普及,城镇居民通过上网订购需要的生鲜食品,而一些没有上网条件的乡镇可以去扶贫驿站进行订购,或者通过手机 APP,无论是城市还是乡镇,都可以通过互联网购买生鲜食品,实现电子商务的城乡互通。

9.4.6 精准发展特色电商

农村电商是转变农业发展方式的重要手段,是精准扶贫的重要载体。加快农村电商发展,有利于促消费、扩内需,推动农业升级、农村发展、农民增收。

1. 实施"一村一品"工程

整合当地农产品资源,以一个村(或几个村)为单位,发展市场潜力大、区域特色明显、附加值高的主导产品和产业,标准化、规模化、市场化打造特色农产品品牌。

2. 实施培育电商主体工程

充分发挥现有市场资源和第三方平台作用,培育多元化农村电子商务市场主体,鼓励各类社会资源加强合作,构建农村购物网络平台,实现优势资源的对接与整合。

3. 实施区域直播总部基地工程

发挥贫困地区现有电商龙头企业集聚带动效应,依托特色农产品、特色手工艺品等产业优势,加强与国内专业机构与短视频、直播电商平台的合作,打造农村电商直播经济产业总部,助力农村电商产业发展。

参考文献

[1] 李永飞.中国农村电子商务精准扶贫模式和路径研究[M].武汉:武汉大学出版社,2020.

[2] 李永飞.服务供应链质量协调理论和模型研究[M].北京:科学出版社,2017.

[3] 屈莉莉.电子商务经济学[M].北京:电子工业出版社,2015.

[4] 张鸿.城乡宽带发展与农村信息化建设研究[M].北京:中国社会科学出版社,2014.

[5] 张基温,张展为,冯光明,等.电子商务原理[M]北京:电子工业出版社,2009.

[6] 张雷.注意力经济学[M].杭州:浙江大学出版社,2002.

[7] 张建明,洪大用,刘少杰,等.中国人民大学中国社会发展研究报告:2016[M].北京:中国人民大学出版社,2017.

[8] 刘璐琳,彭芬.中国精准扶贫与案例研究[M].北京:中国人民大学出版社,2019.

[9] 汪三贵.当代中国扶贫[M].北京:中国人民大学出版社,2019.

[10] 冯明放,彭洁.中西部连片特困地区生态移民问题探索[M].成都:西南交通大学出版社,2017.

[11] 纪志耿.新中国成立以来党领导农村公益事业发展的历史进程与基本经验研究[M].成都:四川大学出版社,2017.

[12] 纳克斯.不发达国家的资本形成[M].北京:商务印书馆,1986.

[13] 广西社会科学院,广西壮族自治区扶贫开发办公室.广西脱贫攻坚报告[M].南宁:广西人民出版社,2018.

[14] 朱信凯,彭超.中国反贫困[M].北京:中国人民大学出版社,2018.

[15] 李晓琴.四川省旅游扶贫模式创新与实践研究[M]成都:四川大学出版社,2018.

[16] 纪志耿.新中国成立以来党领导农村公益事业发展的历史进程与基本经验研究[M].成都:四川大学出版社,2017.

[16] 李敏.林区村级治理能力减贫机制研究[D].西安:西北农林科技大学,2020.

[17] 申小宇.精准扶贫背景下涉农资金整合现状及改进对策的研究[D].济南:山东农业大学,2020.

[18] 《强化"四个意识" 决胜全面小康》编写组.强化"四个意识" 决胜全面小康[M].北京:新华出版社,2016.

[19] 汪东亮,胡世伟.BOT模式在旅游扶贫中的应用研究[M].成都:四川大学出版社,2016.

[20] 中共宁夏回族自治区委员会党史研究室,宁夏回族自治区扶贫开发办公室,宁夏中共党史学会.宁夏扶贫开发史研究[M].银川:宁夏人民出版社,2015.

[21] 张耀武.宁夏扶贫实践与创新研究[M].银川:宁夏人民出版社,2013.

[22] 易秋香.电子商务背景下的农村快递发展问题研究[M].南京:东南大学出版社,2018.

[23] 胡广伟.互联网商务模式[M].南京:南京大学出版社,2017.

[24] 刘桓,高志坚,程艳红,等.电子商务基础与应用[M].北京:人民邮电出版社,2017.

[25] 王学东.电子商务管理[M].重庆:重庆大学出版社,2017.

[26] 魏修建,严建援,张坤.电子商务物流[M].北京:人民邮电出版社,2017.

[27] 毛利.网络金融与电子商务协调发展研究[M].哈尔滨:北方文艺出版社,2018.

[28] 赫希曼.经济发展战略[M]北京:经济科学出版社,1991.

[29] 厄普霍夫,艾斯曼,克里舒那.成功之源:对第三世界国家农村发展经验的总结[M].汪立华,等译.广州:广东人民出版社,2006.

[30] 西奥多·W·舒尔茨.改造传统农业[M].梁小民,译.北京:商务印书馆,2006.

[31] 刘天放.电商助农让精准脱贫走上"快车道"[N].兰州日报,2020 - 05 - 22(5).

[32] 张茜岚.苏宁与扶贫办合作电商扶贫[N].北京日报,2015 - 09 - 26(7).

[33] 中办国办印发《关于创新机制扎实推进农村扶贫开发工作的意见》[N].人民日报,2014 -01 - 26(A05).

[34] 方堃.电商扶贫为民族地区脱贫攻坚注入活力[N].贵州民族报,2020 - 05 - 15(A02).

[35] 魏晓妍.创新农村电商发展模式为深化城市活力建设注入新动能[N].鞍山日报,2020 - 05 - 13(A03).

[36] 夏庆.物流精准扶贫带动农民增收致富[N].现代物流报,2020 - 05 - 06(A02).

[37] 江德斌."电商扶贫"实现多赢[N].长春日报,2020 - 04 - 28(7).

[38] 谋划好"十三五"时期扶贫开发工作并确保农村人口 2020 年如期脱贫[N].人民日报,2015 - 06 - 28(A06).

[39] 陈宁,李晓曼.农村电商精准扶贫的机制及发展路径研究[J].营销界,2020,21(5):69 - 70.

[40] 李永飞,毛凤霞.电子商务促进陕西果业精准扶贫和可持续发展动力分析[J].农村经济与科技,2016,27(23):121 - 122.

[41] JALALI A A, OKHOVVAT M R, OKHOVVAT M. A new applicable model of Iran rural e - commerce development[J]. Procedia Computer Science,2011, 3: 1157 - 1163.

[42] DAI Y, WU J. The upgrading of local industrial cluster embedded in global value chain[J]. Computer Society, 2011, 10: 458 - 460.

[43] GARRIGGOS - SIMON F J,ALCAMI R L, RIBERA T B, et al. Social networks and Web 3. 0: their impact on the management and marketing of organizations[J]. Management Decision, 2012, 50(10): 1880 - 1890.

[44] HUMPHREY J, SCHMITZ H. How does insertion in global value chains affect upgrading in industrial clusters[J]. Regional Studies, 2002, 36: 1017 - 1027.

[45] JOHANNESSENA J A, OLSEN B. The future of value creation and innovations: Aspects of a theory of value creation and innovation in a global knowledge economy [J]. International Journal of Information Management, 2010, 30(6): 502 - 511.

[46] LI Y F, SU Q, ZHENG J. Supply chain coordination based on sensitive customer quality demand[J]. Advances in Information Sciences and Service Sciences, 2012, 4 (19): 264 - 269.

[47]　BORGES M, HOPPEN N，LUCE F B. Information technology impact on market orientation in e – business [J]. Journal of Business Research,2009，62：883 – 890.

[48]　MOLLA A，PESZYNSKI K. E – Business in Agribusiness：Investigating the E – Readiness of Australian Horticulture Firms [J]. International Journal of ICT and Human Development,2011，31 (2)：1 – 18.

[49]　RAYMOND H A. Technology value as a dynamic strategic framework[J]. European Business Review，2010，22 (5)：556 – 571.

[50]　SAUNILA M，UKKO J. A conceptual framework for the measurement of innovation capability and its effects[J]. Baltic Journal of Management，2012，7(4)：355 – 375.

[51]　BOSONA T，GEBRESENBET G，NORDMARK I，et al. Integrated logistics network for the supply chain of locally produced food，Part I：Location and Route Optimization Analyses [J]. Journal of Service Science and Management,2011,4(2)：174 – 183.

[52]　TUROWSKI K. Agent – based e – commerce in case of mass customization. International Journal of Production Economics,2002，75(1)：69 – 81.

[53]　WANG J G，ZHANG X B，HU X J，et al. Survey on logistics service mode based on cloud computing//ZHANG R T，ZHANG I J，LIU K C，etal. LISS 2013：Proceedings of 3rd International Conference on Logistics，Informatics and Service Science[C]. Berlin：Springer，2015，321 – 327.

[54]　ZHANG X，CHEN R. Examining the mechanism of the value co – creation with customers[J]. Production Economics，2008，116：242 – 250.

[55]　YEUNGH W C，COE N M. Toward a dynamic theory of global production networks [J]. Economic Geography，2015，91(1)：29 – 58.

[56]　陈文浩."联网＋精准扶贫"实践与探索[J].中国经贸导刊,2016,3(8):70 – 72.

[57]　代正光.国内外扶贫研究现状及其对精准扶贫的启示[J].甘肃理论学刊,2016,14(4):143 – 147.

[58]　胡俊波.农产品电子商务发展模式研究:一个模式构想[J].农村经济,2011,22(11):111 – 113.

[59]　黄承伟,刘欣."十二五"时期我国反贫困理论研究述评[J].云南民族大学学报(哲学社会科学版),2016,33(2):42 – 50.

[60]　姜长云.推进农村一二三产业融合发展的路径和着力点[J].中州学刊,2016,18(5):43 – 49.

[61]　解梅娟.电商扶贫:"互联网＋"时代扶贫模式的新探索[J].长春市委党校学报,2016,11(2):12 – 15.

[62]　李海平,刘伟玲.农村电子商务存在的问题与模式创新[J].陕西科技大学学报.2011,29(2):189 – 191.

[63]　李玲芳,徐思远,洪占卿.农村电子商务:问题与对策[J].中共福建省委党校学报,2013,3(5):70 – 74.

[64]　李玮,王璐.河南省农村电子商务发展思路与对策[J].河南科技学院学报,2016,36(3):

42 - 45.

[65] 李新泉.浅析电子商务对我国农业经济的影响[J].商业文化(下半月),2011,10(9):
112 - 115.

[66] 李煊.农村电商的双边市场模式[J].中外企业家,2014(33):10 - 16.

[67] 李昇菲,张德亮.对我国农村电子商务发展的思考[J].云南农业大学学报(社会科学版),2007,14(2):14 - 17.

[68] 李永飞,毛凤霞.电子商务促进陕西果业精准扶贫和可持续发展动力分析[J].农村经济与科技,2016,27(23):121 - 122.

[69] 李永飞,苏秦.考虑质量改进的双渠道供应链协调研究[J].软科学,2015,29(7):35 - 39.

[70] 凌守兴.我国农村电子商务产业集群形成及演进机理研究[J].商业研究.2015,34(1):24 - 29.

[71] 刘可.村电子商务发展探析[J].经济体制改革,2008,28(6):171 - 174.

[72] 刘其强,丁斌.农村电子商务与新型城镇化建设[J].中国国情国力,2016,14(1):22 - 23.

[73] 苗齐.中国农村贫困的变化与扶贫政策取向[J].中国农村经济,2006,20(12):55 - 61.

[74] 聂林海."互联网+"时代的电子商务[J].中国流通经济,2015,21(6):28 - 36.

[75] 任宗哲,白宽犁,裴成荣.陕西经济发展报告:2015[M].北京:社会科学文献出版社,2015.

[76] 邵占鹏.农村电子商务的兴起与新兴城镇化的破局[J].汉江大学学报,2015,11(32):23 - 24.

[77] 孙沁."互联网+扶贫":湘西州电商扶贫模式初探[J].农业科技与信息,2016,13(28):115 - 116.

[78] 唐麒.浅谈网络经济中梅特卡夫法则及其应用[J].无锡职业技术学院学报,2006,10(3):79 - 80.

[79] 汪向东,王昕天.电子商务与信息扶贫:互联网时代扶贫工作的新特点[J].西北农林科技大学学报(社会科学版),2015,15(4):98 - 104.

[80] 汪向东.电商扶贫15字诀[J].农产品市场周刊,2015,5(23):46 - 47.

[81] 夏琦.濉溪县"后扶贫时代"脱贫成效的稳定性研究[D].合肥:安徽财经大学,2020.

[82] 汪向东.互联网时代我国减贫扶贫新思路:"沙集模式"的启示[J].信息化建设,2011,6(2):6 - 9.

[83] 王刚.基于我国农村电子商务发展的关键要素解析[J].现代商业,2017,17(22):90 - 91.

[84] 王嘉伟."十三五"时期特困地区电商扶贫现状与模式创新研究[J].农业网络信息,2016,7(4):17 - 21.

[85] 魏霜.浅谈电子商务在我国农业中的应用[J].商场现代化,2007,2(9):155 - 156.

[86] 文雁兵.包容性增长减贫策略研究[J].经济学家,2015,9(4):82 - 90.

[87] 张枢盛,陈继祥.颠覆性创新的框架分析及技术的角色[J].科技进步与对策,2013,30(2):1 - 4.

[88] 张彤.试分析"互联网＋"电商扶贫模式[J].理论研究,2016,11(3):36－40.

[89] 张喜才.电子商务进农村的现状、问题及对策[J].农业经济与管理,2015,12(31):77－78.

[90] 郑瑞强.精准扶贫政策的理论预设、逻辑推理与推进机制优化[J].宁夏社会科学,2016,19(7):118－122.

[91] 郑颖洁,刘燕妮,胡列格.基于电子商务的农产品物流组织模式构建[J].经济物流,2008,2(11):52－55.

[92] 朱君璇.新农村建设视角下的我国农业电子商务发展策略[J].农业经济,2008,5(11):93－94.

[93] 李平云,杜晓娟.村电子商务能否成为乡土社会的托举新力:基于乡村电子商务产业的研究[J].住宅与房地产,2015,15(S1):1－2.

[94] 林洁.农村电商的发展现状研究[J].南方农机,2015,11(1):94－95.

[95] 刘岩,李娜.吉林省农村电商与物流互动发展实证研究[J].综合运输,2017,22(8):105－110.

[96] 李梓华.浅谈我国农村电商物流发展对策[J].北方交通,2017,14(1):88－89.

[97] 刘子杨,赵静."互联网＋"背景下农村电商物流新发展[J].中国商论,2017,11(22):18－19.

[98] 余鹏.驻马店市农村电商物流发展面临的困境与出路[J].企业科技与发展,2018,21(3):17－19.

[99] 康莉.电商助推乡村产业振兴研究:以陕西省安康地区为例[J].陕西行政学院学报,2020,34(2):96－100.

[100] 王龙一.精准扶贫背景下对农业产业扶贫模式的研究[J].农家参谋,2020,23(17):7－8.

[101] 刘柱建."互联网＋"背景下农村电商扶贫实施路径探讨[J].农家参谋,2020,22(17):34.

[102] 罗梦婕,孟菁菁.农村电商助力扶贫模式现状及问题:以陕西宁强县为例[J].农家参谋,2020,17(15):41.

[103] 丁京.电子商务介入精准扶贫问题分析:以安徽省岳西县为例[J].晋城职业技术学院学报,2020,13(3):27－29,45.

[104] 谭汉元.农村电子商务扶贫的应用与对策[J].中国管理信息化,2020,23(9):124－125.

[105] 李晓瑜.秦巴山区电子商务扶贫机制研究[J].农村经济与科技,2020,31(8):203－204.

[106] 朱迎,刘海二,高见.互联网金融有助于实现农村金融普惠[J].新金融,2015,16(2):60－63.

[107] 吴玉宇,杨姗,张蔚怡."互联网＋产业链":农村金融内生化的新路径[J].西部论坛,2015,13(5):12－19.

[108] 方胜,吴义勇.互联网金融在金融扶贫中的角色定位[J].农村金融研究,2017,16(3):56－60.

[109] 李耀清,黄瑞刚,覃丹婧.基于"互联网＋"思维的新时期金融精准扶贫模式研究[J].区域金融研究,2017,19(5)：12－19.

[110] 谭静.创新互联网金融发展助力农村精准扶贫[J].农业经济,2017,6(10)：137－138.

[111] 张岩,王小志.农村贫困地区实施电商扶贫的模式及对策研究[J].农业经济,2016,6(10)：58－59.

[112] 马宇轩.河南省农村电商扶贫存在的问题及对策研究[J].现代营销(下旬刊),2020,29(4)：108－109.

[113] 陈立耀.京东扶贫模式的启示[J].农家之友,2020,22(2)：30－32.

[114] 冉昊.政府治理下的精准扶贫:机理、模式与挑战[J].科学社会主义,2019,45(4)：74－79.

[115] 杜永红.乡村振兴战略背景下网络扶贫与电子商务进农村研究[J].求实,2019,34(3)：97－108,112.

[116] 梁俊山,方严英.我国互联网精准扶贫的现状、困境及出路:以龙驹镇农村淘宝为例[J].电子政务,2019,31(1)：76－85.

[117] 岳娅,王国贤.云南农村电子商务扶贫的对策建议[J].宏观经济管理,2018,25(7)：73－78.

[118] 张夏恒.电子商务进农村推动精准扶贫的机理与路径[J].北京工业大学学报(社会科学版),2018,18(4)：26－32.

[119] 王鹤霏.农村电商扶贫发展存在的主要问题及对策研究[J].经济纵横,2018,29(5)：102－106.

[120] 李秋斌."互联网＋"下农村电子商务扶贫模式的案例研究及对策分析[J].福建论坛(人文社会科学版),2018,33(3)：179－188.

[121] 颜强,王国丽,陈加友.农产品电商精准扶贫的路径与对策:以贵州贫困农村为例[J].农村经济,2018,28(2)：45－51.

[122] 王盈盈,谢漪,王敏.精准扶贫背景下农村电商关系网络与地方营造研究:以广东省五华县为例[J].世界地理研究,2017,26(6)：119－130.

[123] 李延平,陈琪.西部农村"互联网＋"职业教育精准扶贫的制度创新[J].电化教育研究,2017,38(12)：32－36,43.

[124] 张夏恒.西部山区县电商扶贫路径研究:以陕西凤县为例[J].当代经济管理,2017,39(7)：45－48.

[125] 李向阳.电子商务为精准扶贫提供新引擎[J].人民论坛,2017,44(10)：64－65.

[126] 都永浩,丁岚峰,左岫仙.职业教育服务少数民族和民族地区精准扶贫精准脱贫研究:以黑龙江省为例[J].黑龙江民族丛刊,2017,18(1)：50－57.

[127] 黄云平,冯秋婷,张作兴,等.发展农村电子商务推动精准扶贫[J].理论视野,2016,24(10)：73－77.

[128] 李武,邱国斌.少数民族贫困地区精准扶贫的困境与路径:基于农产品供应链创新的视角[J].云南民族大学学报(哲学社会科学版),2016,33(5)：119－123.

[129] 张玉强,李祥.集中连片特困地区的精准扶贫模式[J].重庆社会科学,2016,27(8)：64－70.

[130] 万薇,周鹏.精准扶贫政策下农村电子商务发展现状与对策研究[J].山西农经,2019, 37(22):72-73.

[131] 刘仲妮,成鹏远,严铠,等.中国农村电子商务助力精准扶贫分析与展望[J].农业展望, 2019,15(5):23-26.

[132] 王晶.邮政服务"三农"助力精准扶贫的实践探讨[J].邮政研究,2019,35(2):25-27.

[133] 马艺文,王雯,王宏伟.精准扶贫视角下农村电商的发展探究[J].湖北农业科学,2018, 57(19):98-102.

[134] 盛倩倩.精准扶贫背景下中国农村电商发展的机遇与挑战[J].湖北农业科学,2017,56 (22):4374-4377.

[135] 范越.浅析"互联网+"电商模式下的农村精准扶贫[J].商讯,2020,33(28):136-137.

[136] 汤飞飞.浅析精准扶贫背景下农村电商发展探究[J].农村经济与科技,2020,31(17): 152-153.

[137] 国雪莲,朱忠贵.精准扶贫背景下农产品电商存在的问题与对策研究[J].农村经济与 科技,2020,31(17):188-189+275.

[138] 黄金超,吕晓敏.电子商务助农精准扶贫对策研究[J].商场现代化,2020,31(15):30- 32.

[139] 武虹岑.精准扶贫背景下我国农村电子商务发展现状及对策[J].乡村科技,2020,19 (17):48-49,51.

[140] 陈岩,王文会.农村电商何以精准扶贫[J].人民论坛,2020,32(15):106-107.

[141] 闫志云.精准扶贫视角下农村电商发展的问题及对策分析[J].中小企业管理与科技 (中旬刊),2020,23(3):53-54.

[142] 张健,赵宁.农产品电商精准扶贫长效机制构建研究[J].全国流通经济,2020,25(5): 11-12.

[143] 王雪宜.农产品电商品牌精准化扶贫路径研究[J].农村经济与科技,2020,31(2): 243-244.

[144] 李银淑,孟令玺.拼多多"以拼代捐"精准扶贫模式研究[J].现代经济信息,2019,19 (24):343.

[145] 刘牧.当代中国农村扶贫开发战略研究[D].长春:吉林大学,2016.

[146] 周海琴.农村电子商务助力农民反贫困的机理和效果研究[D].北京:中国社会科学院 研究生院,2012.

[147] 李姗.金融精准扶贫现状及问题研究[D].济南:山东大学,2020.

[148] 韩小伟.改革开放以来中央单位定点扶贫研究[D].长春:吉林大学,2020.

后　　记

电子商务与物流扶贫是一种新型扶贫模式,各类市场主体利用"互联网+"技术,依托电子商务与物流业态,帮助贫困地区人口实现农产品产销对接、休闲农业和乡村旅游宣传推介,或者通过互联网购买所需的生产生活资料,以及提供信息、技术、资金、物流等一系列服务,从而达到提高贫困地区居民收入水平,缩小城乡差距,提高贫困地区扶贫脱贫效率的目的。

电子商务与物流通过打破地域间的距离限制,降低了贫困地区农产品的交易成本,实现了农产品的市场价值,同时高效传播贫困地区的产品故事、旅游品牌,帮助贫困地区把"农区变景区,田园变公园,产品变礼品,民房变客房",从而提高贫困地区农民群众收入,实现脱贫致富。但是,随着中国电子商务与物流精准扶贫的快速推进,陕西、新疆、四川、云南等多地出现电子商务与物流精准扶贫相关实践缺乏理论指导,理论与实践相互脱节,实践者由于缺少理论指导,出现扶贫工作举步维艰,扶贫绩效结果不理想,扶贫成果难以巩固等现象。

(1)本书的学术价值。

本书从系统的角度,将精准扶贫理念引入,系统分析中国电子商务与物流对精准扶贫的影响及作用机理,阐述中国电子商务与物流促进精准扶贫的原理与机制、理论与方法,更好地认清电子商务与物流对中国精准扶贫的促进作用,丰富电子商务及物流理论研究的内容。

本书设计了符合中国区县实际的具体电商与物流精准扶贫、脱贫分析框架、新理论、新模式,给出了针对性的中国电商与物流精准扶贫、脱贫发展对策和建议,是对原有电商与物流扶贫研究的拓展,是对电商与物流扶贫研究内容的进一步丰富和完善,将为中国地区、中国电商与物流扶贫实践和研究提供新的思路。本书可揭示中国电商与物流扶贫的动态演变规律,定量刻画中国电子商务与物流精准扶贫绩效评价机制,对管理科学与工程学科发展动向具有较高的理论指导价值。

(2)本书的应用价值。

本书以中国电子商务与物流精准扶贫为研究对象,系统地介绍了中国电子商务与物流精准扶贫的概念、特征、相关理论、现状及模式等,构建了基于 BSC+KPI 法、神经网络等的电子商务与物流精准扶贫绩效评价体系,提出了针对中国电子商务与物流精准扶贫发展现状的对策和建议。

本书是对原有电商与物流扶贫、脱贫研究的拓展,是对电商与物流扶贫研究内容的进一步丰富和完善,将为中国电商与物流扶贫理论和实践研究提供新的指导思路。本书依托电子商务与物流业态,帮助贫困地区人口实现农产品产销对接、休闲农业和乡村旅游的宣传、互联网购买生活用品,为中国贫困户提供电商与物流真实、准确的信息,从而达到提高贫困地区居民收入水平,缩小城乡差距,提高贫困地区的脱贫率,促进贫困地区农产品网上交易平台搭建,完善贫困地区电子商务人才技术培训制度、帮助贫困地区提升其特色产业的目的。

本书将为中国在电子商务与物流精准扶贫、脱贫规划、开发、建设、管理及贫困人口参与等方面的政策制定或修订提供依据,为解决目前中国电子商务与物流精准扶贫所面临的问题提供指引和思路,对提高中国电子商务与物流扶贫精准度,加快推进在电子商务与物流扶贫领域践行精准扶贫理念,推动物联网、区块链、大数据、5G 等科学技术发展具有重要的现实意义。本书还为中国农村经济社会的可持续健康发展提供基础依据,为我国脱贫攻坚及扶贫事业发展提供新理论和实践新模式,带来新变革,为完成国家精准扶贫的宏伟目标提供理论指导,对具体的精准扶贫实践具有借鉴意义。

　　本书总结了中国部分省级行政区以及部分企业的电子商务与物流精准扶贫模式和中国农村电子商务与物流精准扶贫创新模式,有利于相关机构根据实际情况选择更好的扶贫模式,提高效率,节约成本。本书构建了中国电子商务与物流精准扶贫的绩效评价模型,能够把精准扶贫的成果更加直观地呈现出来,方便进行后续的改进和提升。根据中国电子商务与物流精准扶贫的发展现状,本书提出了有针对性的对策和建议,为解决目前中国电子商务与物流精准扶贫所面临的问题提供了指引和思路,对提高中国电子商务与物流扶贫精准程度,加快推进在电子商务与物流扶贫领域践行精准扶贫理念具有现实意义。

　　本书有助于降低中国贫困家庭生产和销售的不确定性和盲目性,有效地提高农产品的流通速度,降低经营成本,不断提升贫困人口利用电商和物流的创业、就业能力,拓宽贫困地区特色优质农副产品销售渠道和贫困人口增收脱贫渠道,使农产品在流通过程中实现价值增值,提高经济效益。本书将成为发展中国贫困地区和贫困家庭现代农业,繁荣中国农村经济重要的突破口,促进中国农村电商和精准扶贫、脱贫工作可持续发展,并最终实现中国农村全面精准扶贫、脱贫直至实现全面小康的目的。

著　者

2021 年 6 月